W0256300

Sicherungs-infrastrukturen

Springer
Berlin
Heidelberg
New York
Barcelona
Budapest
Hongkong
London
Mailand
Paris
Santa Clara
Singapur
Tokio

Volker Hammer (Hrsg.)

Sicherungs-infrastrukturen

Gestaltungsvorschläge für Technik, Organisation und Recht

Springer

Volker Hammer (Hrsg.)

provet
Kasinostraße 5
D-64293 Darmstadt

Mit 18 Abbildungen

ISBN-13: 978-3-540-60081-7   e-ISBN-13: 978-3-642-79900-6
DOI: 10.1007/978-3-642-79900-6

Die Deutsche Bibliothek – CIP-Einheitsaufnahme
Sicherungsinfrastrukturen: Gestaltungsvorschläge für Technik, Organisation und Recht/
Volker Hammer (Hrsg.). - Berlin; Heidelberg; New York; Barcelona; Budapest; Hong Kong;
London; Mailand; Paris; Tokyo: Springer, 1995
NE: Hammer, Volker (Hrsg.)

Umschlaggestaltung: Künkel + Lopka Werbeagentur, Ilvesheim
Satz: Reproduktionsfertige Vorlage vom Herausgeber
SPIN 10505890   33/3142 - 5 4 3 2 1 0 - Gedruckt auf säurefreiem Papier

Eine neue Infrastruktur zur Sicherung von Telekooperation?

Brauchen wir - wie zur Wasser- und Energieversorgung oder zum Transport von Gütern und Nachrichten - eine *neue Infrastruktur* zur Sicherung von Informationsverarbeitung und Telekooperation? Stehen wir, in Anlehnung an eine Methapher von Braun,[1] vor der Geburt eines neuen sozio-technischen Sauriers?

Informationssysteme werden vernetzt, Anwendungssysteme der Datenverarbeitung werden kompatibel gestaltet und sollen nach Zwecken ihrer Benutzer zusammenwirken. Telekooperation ist die von Organisatoren und Technikentwicklern entworfene Zukunft der Informationsverarbeitung im Verwaltungs- und Dienstleistungsbereich. Nicht mehr nur in begrenzten Gruppen, in denen "jeder jeden kennt", sondern zwischen beliebigen, auch bisher einander unbekannten Partnern soll telekooperativ gehandelt werden.

Mehr als mit herkömmlichen Formen der technischen Informationsverarbeitung werden mit Telekooperationtechnik Kooperationsakte auf technische Systeme verlagert, Dritte an ihrer Ausführung beteiligt und den Kooperationspartnern durch zeitliche und räumliche Entkopplung die unmittelbare Kontrolle über die Kooperationssituation entzogen. Drängender als bisher entsteht ein Sicherungsbedarf für offene Telekooperation. Nicht nur für Telekooperationsanwendungen, auch für die Sicherungsprobleme schlagen die Techniker bereits eine Lösung vor: Chipkarten und öffentliche Schlüsselsysteme. Beides ist technisch bis zur Anwendungsreife entwickelt und in kleinem Maßstab auch erpobt.

Allerdings stellt sich für die *offene Telekooperation*, den "großen" telekooperativen Anwendungen in Rechtspflege, Verwaltung, Handel, Dienstleistungen oder Zahlungsverkehr, das Problem, daß zusätzlich zur Lösung mathematischer und technischer Aufgaben eine gesellschaftliche Einbettung der Sicherungsmaßnahmen erforderlich ist. Insbesondere wird eine Verwaltung der Schlüssel der Telekooperationspartner benötigt. Zur Ausgestaltung dieser "Sicherheitsverwaltung" gibt bisher nur wenige Vorstellungen. Es ist offen, wer welche Aufgaben übernehmen soll, welche Zusicherungen für Anwender gelten werden, welche sozialen Voraussetzungen für ihre Realisierung geschaffen werden müssen, welche Folgen für die Anwender und die Gesellschaft entstehen und welche

---

[1] Braun 1991, 1.

Nutzung gesellschaftlich erwünscht ist. Für Entwickler, Organisatoren und Technikgestalter stellen sich viele, die Zukunft unserer Gesellschaft prägende Entwicklungs- und Gestaltungsprobleme.

Eine neue Infrastruktur

Telekooperation ist verletzlich. Sie kann ausgeforscht, manipuliert oder behindert werden, ihre Sicherungsprobleme sind in vielen Anwendungsbereichen ähnlich. Naheliegend wäre deshalb, ähnlich den Telekommunikationsdiensten auch elektronische Sicherungsdienste als "Basisfunktionen" bereitzustellen. Die Anwendungspotentiale der neuen Sicherungstechnik könnten in diesem Sinne zu einer oder mehreren gesellschaftsweiten Sicherungsinfrastrukturen führen. Noch ist unbestimmt, wie umfangreich und verästelt künftige Sicherungsinfrastrukturen sein werden, dies wird sich erst in den nächsten Jahren herausstellen. Sicherungsinfrastrukturen werden jedenfalls in der einen oder anderen Form ihren Teil zur Lösung von Sicherungsproblemen beitragen, denn bereits heute gewinnt Sicherungstechnik für die Informationsverarbeitung ein deutlich höheres Gewicht.

Die anwendungsbezogenen Sicherungsfunktionen zum Erzeugen und Prüfen digitaler Signaturen und zum Ver- und Entschlüsseln werden als zusätzliche Komponenten in viele Softwaresysteme integriert werden. Unabhängig davon, ob die öffentlichen Schlüsselverfahren nur gezielt als Hilfstechnik für bestimmte Anwendungen eingesetzt oder ob die Sicherungsinfrastruktur als eigenständiger Dienstleistungsbereich etabliert wird, sollen *viele* Teilnehmer mit Unterstützung der Sicherungstechnik telekooperativ handeln. In jedem Fall dürfte also mit weitreichenden Auswirkungen zu rechnen sein. Wenn soziale Folgen allerdings erst beachtet werden, wenn die Technik implementiert und die Organisationen der Schlüsselverwaltung aufgebaut sind, werden nur noch wenige Spielräume zur Gestaltung bestehen. Aus diesem Grund sollten bereits heute Anstrengungen unternommen werden, um die neue Sicherungstechnik sozialverträglich anzulegen.

Am Beginn einer Gestaltungsdiskussion

Die Volkswagen-Stiftung förderte das Projekt "Soziale und politische Implikationen einer künftigen Sicherungsinfrastruktur", in dem vorlaufend Folgen des Einsatzes von Sicherungsinfrastrukturen abgeschätzt und Vorschläge zu ihrer sozialverträglichen Gestaltung entwickelt wurden. Mit diesem Band wird der zum Jahresende 1994 überarbeitete und um zwei Beiträge ergänzte Abschlußbericht des einjährigen Forschungsprojekts vorgelegt. Vorteilhaft für die dringend notwendige Untersuchung war ein vorangegangenes umfangreiches Forschungsprojekt der Projektgruppe verfassungsverträgliche Technikgestaltung - provet e.V. In dem vom Bundesministerium für Forschung und Technologie geförderten Vorhaben "Verletzlichkeit und Verfassungsverträglichkeit rechtsverbindlicher Telekooperation", das von provet gemeinsam mit der Gesellschaft für Mathematik und Datenverarbeitung (GMD) von 1990 bis 1993 durchgeführt worden war, konnten viele Fragen zur Anwendung digitaler Signaturverfahren bearbeitet und technische Gestaltungsvorschläge praktisch erprobt werden.[2] Die dort gewonnenen Erkenntnisse zur Schlüsselverwaltung waren eine unverzichtbare Grundlage der hier entwickelten Forschungsergebnisse.

Die Gestaltung von Sicherungsinfrastrukturen wird zwar in Standardisierungsgremien, von Herstellern oder in interessierten Anwenderkreisen diskutiert, soziale Gestaltungskriterien und -ziele sind bisher allerdings kaum formuliert. Das Projekt und die vorliegende Untersuchung sind daher der erste Versuch, im wissenschaftlichen Raum eine Diskussion zur sozialverträglichen Gestaltung von Sicherungsinfrastrukturen zu initiieren. Dazu war im ersten Teil die Ausgangssituation der Technikgestaltung zu bestimmen. Die Beiträge des zweiten Teils erörtern ausgewählte Probleme der Sozialverträglichkeit künftiger Sicherungsinfrastrukturen. Die letzten Beiträge des Bandes untersuchen die Frage, ob und wie gesellschaftliche Gestaltungsziele erreicht werden können.

Dieses Forschungsziel erforderte eine interdisziplinäre Vorgehensweise, die hier aus der Sicht der Informatik, der Rechtswissenschaft und der Psychologie verfolgt wurde. Entsprechend machen die Beiträge auf unterschiedliche Schwerpunkte und Optionen eines Gestaltungsprozesses aufmerksam und bieten spezifische Lösungsmodelle an. Da die Sicherungsinfrastruktur zu neuen Wechselwirkungen zwischen Technik, Organisation und Recht führt, können die diziplinären Fragen allerdings nicht "für sich" stehen, sondern sind durch viele Bezüge miteinander verknüpft. Im Forschungszusammenhang von provet konnten die Beiträge erörtert und abgestimmt werden.

Teil I: Ausgangssituation der Technikgestaltung

Im "Szenario künftiger Sicherungsinfrastrukturen für Telekooperation" wird die Notwendigkeit öffentlicher Schlüsselverfahren begründet und in ihre Technik eingeführt. Darauf aufbauend wird in einer konditionalen Prognose ein Szenario mehrerer Sicherungsinfrastrukturen in einzelnen Anwendungsbereichen entwikkelt. Dieses Szenario und einige Varianten des erwarteten Trends bilden die Grundlage für die weiteren Beiträge.

Der Beitrag "Gestaltungsbedarf und Gestaltungsoptionen für Sicherungsinfrastrukturen" motiviert die Technikgestaltung für Sicherungsinfrastrukturen nach normativen Kriterien. Er stellt Determinanten und Gestaltungsoptionen für Sicherungsinfrastrukturen dar und vertieft dabei die Kenntnisse ihrer Technik und Organisation.

Teil II: Ausgewählte Gestaltungsprobleme

Sicherungsinfrastrukturen können selbst wiederum als Sicherheitsproblem diskutiert werden. Von ihnen könnten künftig große Teile der Telekooperation und damit vielfältige und weitreichende Prozesse beispielsweise der Warenwirtschaft, der Produktion, der Telekommunikation, des Zahlungsverkehrs und der öffent-

---

[2]   Vgl. provet/ GMD 1994a; provet/ GMD 1994b, provet-PB 11.

lichen Verwaltung abhängen. Störungen in der Sicherungsinfrastruktur könnten auf diese Prozesse durchschlagen und dadurch große Schäden verursachen. Im Beitrag "Exemplarische Verletzlichkeitsprobleme durch die Anwendung von Sicherungsinfrastrukturen" wird gezeigt, daß je nach realisierter Gestaltungsalternative der Infrastruktur und der Sicherungstechnik die Verletzlichkeit verändert wird.

Ähnlich weitreichend sind die Folgen für das Rechtssystem. Ob es um Fragen des Beweiswertes elektronischer Willenserklärungen, der informationellen Selbstbestimmung, des Verbraucherschutzes oder der Berufsfreiheit geht - sie alle werden von Sicherungsinfrastrukturen berührt. Ein Schwerpunkt beschäftigt sich deshalb mit der "rechtlichen Gestaltung informationstechnischer Sicherungsinfrastrukturen". Er stellt Anforderungen und Alternativen für die Einordnung von Sicherungsinfrastrukturen in das Rechtssystem der Bundesrepublik vor.

Der Einsatz von Verschlüsselungsverfahren wirft auch Fragen für die innere Sicherheit auf. Ihr Einsatz zum Schutz der Telekommunikation vor der Kenntnisnahme Dritter könnte die Arbeit der Sicherheitsbehörden behindern. Das Spannungsfeld zwischen in Telekommunikationsdiensten erstmals technisch durchsetzbaren Schutzrechten der Bürger und Sicherheitsinteressen der Allgemeinheit wird als rechtliches Spezialproblem unter dem Titel "Die Kryptokontroverse" diskutiert. Hier ist die rechtliche Auflösung des Zielkonflikts relevant, da aus ihr unmittelbar Auflagen für die Träger von Sicherungsinfrastrukturen folgen können und sich mittelbar Konsequenzen für die Freiheitsgrundrechte und die Rechtssicherheit der Bürger ergeben werden.

Sicherungsmaßnahmen werden in der Praxis nur teilweise von Technik und Recht determiniert. Mindestens gleichwertig sind Fragen der sozialen Integration. So ist die Bedeutung und der Umgang mit eigenhändigen Unterschriften sozial eingeübt. Unter welchen Bedingungen digitale Signaturen und Sicherungsinfrastrukturen künftig eine äquivalente soziale Funktion erfüllen können, wird im Kapitel "Digitale Sicherheit und Sicherheitskultur" untersucht. Dieser Beitrag entstand in einem weiteren, ebenfalls von der Volkswagenstiftung geförderten Forschungsprojekt zum Thema "Psychologische Technikfolgenforschung und Gestaltung im Bereich Telekooperationstechnik". Für eine Bewertung und Gestaltung von Sicherungsinfrastrukturen aus psychologischer Sicht werden weitere empirische Ergebnisse benötigt. Stärker als in den anderen Beiträgen werden dazu Forschungsfragen formuliert.

Teil III: Praktische Gestaltung von Sicherungsinfrastrukturen

Sicherungsinfrastrukturen sollen Nutzungsoptionen - Sicherungsmöglichkeiten - für viele Zwecke bereitstellen. Mit ihrer Hilfe, so die Hoffnung, werden Hürden für den Ausbau von Informationstechnik-Anwendungen abgebaut. Damit werden aber auch die Wirkungen von Sicherungsinfrastrukturen nicht nur unmittelbar im Umfeld der Sicherungsprobleme der Telekooperation auftreten. Soziale und politische Implikationen von Sicherungsinfrastrukturen umfassen dann auch die *mittelbaren Folgen*, die sich aus ihrer Bereitstellung ergeben. Der Beitrag

"Grenzen der Gestaltung von Sicherungsinfrastrukturen" umreißt zu erwartende Einflüsse des Einsatzes von Sicherungsinfrastrukturen auf die Gesellschaft. Er stellt die Gestaltung von Sicherungsinfrastrukturen in einen größeren Kontext, indem er untersucht, welche mittelbaren Folgen überhaupt durch sie beeinflußt werden können und welche Probleme sich ihr entziehen.

Die Gestaltung von Sicherungsinfrastrukturen ist, insbesondere für Anwendungen zum Zweck rechtsverbindlicher Telekooperation, in hohem Maße auf Rechtsregeln zur Gewährleistung der Rechtssicherheit angewiesen. Dazu sind einerseits praktische Erfahrungen mit dem Aufbau und den Leistungen von Sicherungsinfrastrukturen erforderlich, andererseits müssen hohe Risiken für das Rechtssystem und die Telekooperationspartner vermieden werden. Der letzte Beitrag plädiert daher für eine schrittweise "Rechtspolitische Gestaltungsstrategie für Sicherungsinfrastrukturen".

Zwar stellt Joerges fest, daß Infrastrukturen "nie in einem definitiven Sinn einem Design" folgen: Viele Akteure versuchen, in vielen Einzelentscheidungen die Ausgestaltung nach ihren Interessen zu beeinflussen.[3] Soll deshalb aber auf Gestaltung verzichtet werden? Um so dringender scheint doch die gesellschaftliche Diskussion und Meinungsbildung über die Gestaltungsziele für Sicherungsinfrastrukturen geboten. Und gerade deshalb gilt: Würden die Beiträge dieser Aufsatzsammlung über einige Einzelentscheidungen die Gestaltung von Sicherungsinfrastrukturen so beeinflussen, daß sie verfassungsnützlicher, weniger verletzlich und anwendergerechter ausfallen, wäre ihr Ziel erreicht. Vielleicht können sie beim "Bebrüten" des "neuen Dinosauriers" helfen und so seine Größe und seinen Charakter ein wenig beeinflussen. Da die Sicherungsinfrastruktur für Telekooperation noch keine konkrete Gestalt angenommen hat, kann dieses heute vielleicht noch leichter als in wenigen Jahren erreicht werden.

Eine Vorfassung der hier vorgelegten Ergebnisse wurde in einem Workshop des Forschungsprojekts präsentiert. Die Kritik und Anregungen aus den Diskussionen wurden für die Überarbeitung dieses Endberichts aufgegriffen. Bei den Teilnehmern des Workshops und allen weiteren Gesprächspartnern möchten wir uns für ihre Unterstützung und die Anregungen herzlich bedanken. Besonderer Dank gilt der Volkswagen-Stiftung, die durch ihre großzügige Förderung das Forschungsprojekt ermöglichte.

Darmstadt, im März 1995

Volker Hammer

---

[3]   Joerges 1992, 65f.

Inhaltsverzeichnis

Abbildungsverzeichnis

1. Szenario künftiger Sicherungsinfrastrukturen für Telekooperation

Volker Hammer, Michael J. Schneider

Nachdem die Weiterentwicklung der Anwendungen von Informationstechnik in den letzten Jahren stark auf den unternehmensinternen und individuellen Bereich konzentriert war, ist gegenwärtig ein starker Trend zu offener, institutionsübergreifender Telekooperation zu erkennen. Durch den Medienwechsel von Papier auf Elektronik können neue technische Möglichkeiten genutzt werden. Gleichzeitig ist Telekooperation aber auch spezifischen Manipulationsmöglichkeiten ausgesetzt. Herkömmliche technische Sicherungsmaßnahmen sind für offene Telekooperation allerdings unzureichend. Neuere technische Sicherungsfunktionen sind jedoch an umfangreiche technische, organisatorische und soziale Voraussetzungen geknüpft, wenn sie Erfolg haben sollen. Erforderlich wird eine *Sicherungsinfrastruktur*[1], deren Beschaffenheit, Voraussetzungen und Folgen allerdings noch weitgehend unbekannt sind.[2] Um durch vorlaufende Technikfolgenforschung die Chancen, Risiken und Gestaltungsoptionen bestimmen zu können, wird ein Szenario künftiger Sicherungsinfrastrukturen benötigt.

Der vorliegende Beitrag entwickelt und begründet ein solches Szenario. Dazu wird im ersten Kapitel der zukünftige Bedarf an Sicherungsdiensten für offene Telekooperation abgeleitet. Der zweite Abschnitt zeigt, daß zwar vielfältige herkömmlich Sicherungskonzepte bestehen, diese aber den Anforderungen offener Telekooperation nur unzureichend gerecht werden. Erreicht werden können diese erst mit Sicherungsinfrastrukturen für den Einsatz öffentlicher Schlüsselverfahren. Die möglichen Entwicklungslinien und Gründe für mehrere anwendungsspezifische Sicherungsinfrastrukturen werden schließlich im dritten Kapitel vorgestellt.

---

[1] Zum Begriff der Infrastruktur und dessen Relativität siehe Hammer, Kap. 2., 42 ff., in diesem Band und ausführlich Hammer 1994d, provet-AP 150i.

[2] Siehe dazu die Vorhabensbeschreibung Hammer/ Roßnagel 1993, provet-AP 114.

1.1   Telekooperation - eine sichere Sache?

Neue Formen der Zusammenarbeit zwischen Menschen oder Organisationen, die auf umfangreicher Unterstützung durch Informations- und Kommunikationstechnik gründen, bieten viele Vorteile. Sie bergen aber auch Risiken, die in den herkömmlichen Formen der Zusammenarbeit nicht oder selten auftraten. Daher sind für eine Reihe neuer Sicherungsprobleme Lösungen zu suchen, die die elektronische Telekooperation zu einer "sicheren Sache" machen können.

1.1.1   Telekooperation in der Informationsgesellschaft

Informations- und Kommunikationstechnik unterstützt schon heute die Arbeit von Menschen durch zahlreiche Hilfsmittel am Arbeitsplatz. Sie birgt jedoch weitere Potentiale, insbesondere wenn es gelingt, die Systeme der Einzelarbeitsplätze so miteinander zu kombinieren, daß auch die Zusammenarbeit zwischen ihnen technisch unterstützt wird (*Telekooperation*[3]). Für hoch formalisierbare Aufgaben wird dies in geschlossenen Systemen bisher schon teilweise geleistet. Viele Probleme müssen aber flexibler, in der Verantwortung der jeweiligen Sachbearbeiter und institutionsübergreifend bearbeitet werden. Telekooperation hat dann gegenüber herkömmlicher papiergestützter Zusammenarbeit eine Reihe von Vorteilen, die ihre Verbreitung in den nächsten Jahren fördern werden:

- Zusammenarbeit, die den Austausch von Dokumenten erfordert, kann *schneller* und *kostengünstiger* erfolgen, wenn die Dokumente in elektronischer Form mit Hilfe von internen Datenübertragungs- oder öffentlichen Telekommunikationsdiensten übermittelt werden.
- Die Zusammenarbeit kann *entfernungsunabhängig* erfolgen, ohne daß Laufzeitunterschiede eine Rolle spielen müssen. Die Organisatoren von Arbeitszusammenhängen können dadurch andere Formen der Zusammenarbeit wählen.
- Die Zusammenarbeit kann *zeitlich entkoppelt* werden, indem auf asynchrone Telekommunikationsdienste zurückgegriffen wird. Dennoch sind beispielsweise gegenüber herkömmlichen asynchronen Kommunikationsformen (Briefpost) keine wesentlichen Laufzeiten zu berücksichtigen. Die Kooperationspartner gewinnen dadurch Freiheitsgrade für die Organisation der eigenen Arbeit.
- Da die übermittelten Dokumente elektronisch weiterverarbeitbar sind, können *Medienbrüche vermieden* werden. Arbeitsabläufe werden dadurch rationeller.

---

[3]   Zum Begriff der Telekooperation siehe genauer provet/ GMD 1994a, 41f.

– Moderne Telekommunikations- und Anwendungssysteme unterstützen *multimediale elektronische Dokumente*. Die Integration von Text, Ton, Graphik, Stand- oder gar Bewegtbildern erleichtert multimediale Kooperation gegenüber klassischen Verfahren[4] und erlaubt neue Arbeitsformen[5].

Trends zur Telekooperation zeigen sich beispielsweise bei der Entwicklung von Dokumentstandards für die unternehmensübergreifende Zusammenarbeit (EDIFACT)[6], beim electronic Banking oder bei elektronischer Post und weltweitem Informationszugang in elektronischen Netzen[7].

1.1.2   Sicherungsprobleme offener Telekooperation

Andererseits birgt Telekooperation medienspezifische Risiken. Durch die zeitliche oder räumliche Entkopplung steht die Kooperationssituation nicht mehr unter der unmittelbaren sozialen Kontrolle der Kooperationspartner. Mit dem Medienwechsel zu elektronischen Dokumenten können weitere Kontrollmechnismen verloren gehen. Beispielsweise können Papierdokumente typische (Briefkopf) oder sogar individuelle Bearbeitungsmerkmale (Handschrift) des Absenders tragen, die das Wiedererkennen und Einordnen in einen Kontext unterstützen. Solche subjektiven Eigenheiten können auf elektronischem Wege häufig nicht mehr mit übertragen werden.[8]

Elektronische Willenserklärungen, wie Verträge und Bestellungen oder elektronische Überweisungen, können *leicht verändert* werden, ohne daß dies Spuren hinterläßt und nachgewiesen werden kann. Angreifer können auch versuchen, Erklärungen unter *fremdem Namen* abzugeben.[9] Ob beispielsweise das Abbild eines Namenszugs unter einem elektronischen Dokument vom Absender stammt oder von einem Dritten kopiert wurde, läßt sich nicht entscheiden. Sowohl die Dokumentenechtheit als auch die Autorenschaft können daher leicht bestritten werden. Auch elektronische Rechtsgeschäfte sind zwar in vielen Fällen rechts-

---

[4] Beispielsweise Faxen von Graphiken oder Versand von Ton- oder Videocassetten.

[5] Beispielsweise joined editing.

[6] EDIFACT: Electronic Data Interchange for Administration, Commerce and Transport. Vgl. beispielsweise Deeg, CR 1990; Kilian, DuD 1993, 606f.; Kilian u. a. 1994.

[7] Z. B. im World Wide Web, vgl. z. B. Grau, c't 1994, 76 ff.

[8] Vgl. dazu beispielsweise Kumbruck, DuD 1994. Soweit Telekommunikationsdienste wie Telefax eigenhändige Schriftzüge oder Briefköpfe in ihrer Gestalt identisch übertragen, ist zumindest die Sicherheit solcher "Echtheitsmerkmale" wesentlich eingeschränkt.

[9] In heutigen Systemen wie Btx können Täter, bspw. mit Zugangsmöglichkeiten zu Netzanschlüssen, leicht unter fremdem Namen handeln. So versandte ein Täter beleidigende Briefe und belastete Gebührenkonten unter falschem Namen. Zimmerli/ Liebl 1984, 77f.

verbindlich, die Beweisführung mit elektronischen Dokumenten unterliegt allerdings großer Unsicherheit.[10]

Die Möglichkeiten, elektronische Dokumente zu *manipulieren* und *identisch zu kopieren*, schränken ihre Verwendungsformen auch bereits unmittelbar in der Kooperationssituation ein. Weder können die Partner sicher sein, daß sie mit einem bestimmten Gegenüber kooperieren, noch können sie sich auf in elektronischen Dokumenten ausgewiesene Berechtigungen verlassen. Für Telekooperation werden deshalb sichere Mechanismen der Identifikation und des Berechtigungsnachweises benötigt.

Weitere Risiken entstehen dadurch, daß aufgrund der technischen Unterstützung und der Organisation der Telekooperation die übermittelten Nachrichten Dritten zugänglich werden können.[11] Auch die Datenspuren, die jeder in Telekooperationssystemen hinterläßt (Kommunikations-, Verkehrs-, Verbindungsdaten), können zweckentfremdet und zur Profilbildung mißbraucht werden.[12] Telekooperation kann deshalb die Realisierungsbedingungen für das Recht auf informationelle Selbstbestimmung verschlechtern.[13]

1.2   Alte und neue Sicherungsverfahren für Telekooperation

Sicherungsmaßnahmen mit herkömmlichen Medien zur Verminderung von Manipulationsmöglichkeiten existieren schon lange. Seit einigen Jahren werden sie zunehmend durch Informations- und Kommunikationstechnik unterstützt, in einigen Fällen auch ersetzt. Für offene Telekooperation sind herkömmliche Verfahren allerdings unzureichend, sie erfordern Sicherungsinfrastrukturen unter Einsatz öffentlicher Schlüsselverfahren.

---

[10] Vgl. dazu ausführlich Bizer/ Hammer, DuD 1993, 619 ff; Hammer/ Bizer, DuD 1993, 689 ff.

[11] So konnten in Berlin im April und Mai 1990 unter bestimmten Rufnummern zufällig Telefongespräche aus dem öffentlichen Netz abgehört werden; vgl. Berliner Tagesspiegel, 22.5.1990; Berliner Morgenpost, 22.5.1990. Öffentliches Aufsehen erregte die Vermutung, daß im Rahmen der Beschaffung von Hochgeschwindigkeitszügen in Korea ein internes Fax des deutschen ICE-Konsortiumsführers Siemens abgehört worden sei, Frankfurter Rundschau vom 9. 9. 1992.

[12] Bspw. können Kreditkartenunternehmen wie American Express ihre Kundendaten auswerten und sie an Reisedienste verkaufen, vgl. à la Card aktuell, 11/ 1992, 24. Der CIA soll die Interaktionsdaten von Datenbankbenutzern ausgewertet haben, nach Mehrings, DuD 1989, 599. Zu möglichen Problemen durch Sicherungsinfrastrukturen für das Recht auf informationelle Selbstbestimmung vgl. auch Pordesch, Kap. 7., 256 ff., in diesem Band.

[13] Zum Recht auf informationelle Selbstbestimmung siehe BVerfGE 65, 1 (43 ff). Vgl. zur Relevanz für die Telekommunikation auch Hammer/ Pordesch/ Roßnagel 1993, 35 ff., 56 ff.

In diesem Kapitel sollen deshalb alte und neue Sicherungsverfahren beschrieben und hinsichtlich ihrer Eignung für offene Telekooperation untersucht werden. Eine Klassifizierung der Verfahren fällt allerdings insofern schwer, da eine Vielzahl von möglichen Unterscheidungsmerkmalen in vielen Kombinationen auftreten können. Daher wird hier nur grob zwischen "herkömmlichen" (nicht auf elektronischer Unterstützung beruhenden) und "modernen" (elektronischen) Sicherungsverfahren mit einigen Beispielen unterschieden (Abschnitte 1.1 und 1.2). Im Abschitt 1.2.3 des Kapitels werden die neuen Lösungsansätze auf der Basis öffentlicher Schlüsselverfahren vorgestellt.

1.2.1 Herkömmliche Sicherungsverfahren

Papier ist der "klassische" Informationsträger. Es wird zur Vervielfältigung und Verbreitung von Informationen auch als Speichermedium genutzt. Als solches genießt es ein besonderes soziales Vertrauen hinsichtlich prüfbarer Echtheitsmerkmale, das sich beispielsweise im deutschen Recht in der Schriftform und dem Urkundenbeweis widerspiegelt.[14] Für sensitive soziale Funktionen, insbesondere für Wertetransfers und Nachweise über Ansprüche oder erfüllte Rechtspflichten, werden daher schon lange Sicherungsmittel auf der Basis von Papier eingesetzt. Zum Identitätsnachweis werden der Personalausweis oder ähnliche Dokumente. Geld oder Gutscheinsysteme werden für Wertetransfers verwendet. Besondere Ausweise oder Wertkarten dienen dem Nachweis von Berechtigungen.

Die Sicherung der Papierdokumente erfolgt durch Echtheitsmerkmale. Gegen die Fälschung oder Verfälschung von Dokumenten sollen in Massenverfahren aufwendige Druckverfahren und besondere Papiere schützen. Durch Numerierungsverfahren wird die Unikatsfunktion realisiert. Zur Identifikation des Inhabers werden in Ausweissystemen auch Bilder verwendet. Das individuelle und auch im Rechtsverkehr gebräuchliche Echtheitsmerkmal ist die eigenhändige Unterschrift.[15]

Gegen bestimmte Mißbrauchsrisiken können Sperrverfahren mit Papierverzeichnissen realisiert werden.[16] Die verschiedenen Ansätze können auch kombiniert werden, indem beispielsweise Ausweise (Scheckkarte) und bestimmte Formulare (beispielsweise Euroscheck) gemeinsam vorgelegt werden müssen. Im folgenden werden zwei Beispiele vorgestellt.

---

[14] Vgl. z. B. Bizer/ Hammer, DuD 1993, 620 ff.

[15] Vgl. zur Bedeutung der eigenhändigen Unterschrift im Rechtsverkehr beispielsweise Hammer/ Bizer, DuD 1993, 621; Hammer 1993, 271 ff. Bizer 1994a, 157 ff.

[16] Beispielsweise wurden Postsparbücher lange Zeit anhand eines Heftes am Schalter auf Sperrung geprüft.

1.2.1.1 Staatliche Identitätsnachweise

Zum Nachweis der Identität oder von Berechtigungen zur Dokumentation von Vorgängen werden unter staatlicher Organisation Papierdokumente wie Führerschein, Personalausweis, Reisepaß oder Lohnsteuerkarten ausgegeben. Beispielhaft soll hier auf die staatlich ausgegebenen Personalausweise eingegangen werden. Personalausweise sind ein Identitäts- und Legitimationspapier der Bundesrepublik Deutschland.[17] Sie können auch im nicht-öffentlichen Bereich zu diesem Zweck verwendet werden (§ 4 (1) PAuswG).

Die Daten für die Ausweise werden dezentral in den Personalausweisbehörden[18] der Gemeinden erfaßt und geprüft. Sie werden mit dem Bild und der Unterschrift des künftigen Inhabers an die Bundesdruckerei in Berlin geschickt, die den Ausweis herstellt. Der Ausweis selbst wird in einem aufwendigen Druckverfahren mit Echtheitsmerkmalen versehen und in Plastik eingeschweißt und soll dadurch fälschungssicher sein. Das zentralisierte Verfahren soll das Risiko des Entwendens von Blanko-Formularen vermindern. Allerdings stellte sich heraus, daß die Ausweise nur gegen die Verfälschung (Veränderung eines echten ausgestellten Ausweises) eine sehr hohe Sicherheit bieten. Die Fälschungssicherheit (Herstellung von neuen, falschen Ausweisen, auch mit veränderten Angaben) ist geringer, da mit moderner Kopiertechnik und handelsüblichen Kunststoffhüllen den Fälschern gute technische Hilfsmittel zur Verfügung stehen. Die "Produkte" können zumindest bei einfachen Sichtprüfungen bestehen.[19]

Die Ausgabe von Ausweisen erfolgt wieder über die Personalausweisbehörden. Diese führen ein Personalausweisregister, § 2a PAuswG, in dem unter anderem die Nummer des Ausweises und der Inhaber verzeichnet sind. Verlorene und gestohlene Ausweise werden dort gekennzeichnet. Auskünfte aus dem Personalausweisregister erhalten nach § 2b PAuswG nur Behörden, Auskunft an Dritte ist nicht zulässig. Die Zweckbindung der Daten ist durch besondere Maßnahmen sicherzustellen. Wird der Verlust bzw. Diebstahl eines Ausweises bei der Polizei angezeigt, erfolgt auch dort der Eintrag in ein Verzeichnis.

Um nachzuweisen, daß ein Ausweis vorgelegt wurde, wird im privaten Rechtsverkehr häufig die Ausweisnummer, beispielsweise auf Schecks, notiert. Diese Information kann allerdings nicht zu Auskunftsersuchen Privater verwendet werden, sondern nur durch die Polizei nach einer Strafanzeige, beispielsweise bei Scheckbetrug.

1.2.1.2 Zahlungsverkehr

Besondere Sicherheitsanstrengungen werden unternommen, die Fälschungssicherheit von Bargeld hoch zu halten. Eine andere Klasse des Zahlungsverkehrs,

---

[17] Vgl. zum folgenden das PAuswG sowie Medert/ Süßmuth 1992.

[18] Vgl. auch Medert/ Süßmuth 1992, 145.

[19] Zumindest für einfache Fälschungen ohne besondere Sicherheitsmerkmale. Vgl. z. B. Stern, 4. 2. 1988 (Heft 6), 10 ff.

die (bargeldlosen) Bankbuchungen, kommen dagegen mit relativ geringen Sicherungsmaßnahmen aus, weil die Geldflüsse durch die Banken rekonstruierbar sind und unter bestimmten Umständen auch rückgängig gemacht werden können.

Für Papiere wie Schecks oder Wechsel fällt dies jedoch schwerer. Voraussetzung für die Gültigkeit solcher Zahlungsmittel ist die Einhaltung gesetzlicher Formvorschriften (Art. 1 ScheckG; Art. 1 WG). Für die Formulare wird besonderes Papier mit speziellen Druckverfahren verwendet, um ihre Fälschung zu erschweren. Der Wille des Scheckausstellers wird durch die eigenhändige Unterschrift dokumentiert, die manchmal auch faksimiliert sein darf. Zur Kontrolle der umlaufenden Schecks werden diese mit eindeutigen Nummern versehen.

1.2.1.3 Defizite herkömmlicher Sicherungsverfahren für Telekooperation

Die herkömmlichen Sicherungsmedien zwingen beim Einsatz moderner Technik häufig zu Medienbrüchen. Beispielsweise erscheinen die Zahlungstransaktionen per papiernem Scheckformular an der in ein elektronisches Warenwirtschaftssystem eingebundenen Einzelhandelskasse als langwierig. Bestellungen oder Verträge, die per Rechner erstellt werden, müssen ausgedruckt, unterschrieben und per Post verschickt werden. Häufig werden sie beim Empfänger wieder erfaßt, um sie elektronisch bearbeiten und archivieren zu können.

Ergänzende Sicherungsmaßnahmen, wie Sperrlisten abhanden gekommener Formulare, sind mit Papier an physische Produktion und physischen Transport gebunden, wenn sie dezentral verwendet werden sollen. Sie unterliegen daher Einschränkungen hinsichtlich der Verbreitung und der Aktualität. Sie sind außerdem sehr aufwendig in der Handhabung.

Angesichts der schnellen und gut organisierten Manipulationen und der oft sehr guten technischen Ausstattung von Betrügern stoßen die Sicherungsmaßnahmen mit Papier häufig an ihre Leistungsgrenzen.[20] Daher unterliegt im Eurocheque-Verfahren der Scheckgarantiebetrag und die Zahl der ausgegebenen Schecks
einer Beschränkung, um das Schadenspotential je Teilnehmer zu begrenzen. Diese Maßnahme erlaubt allerdings nur sehr eingeschränkte Differenzierungen, die im Einzelfall zu unerwünschten und unnötigen Einschränkungen für Kontoinhaber, Händler oder Bank führen. Flexiblere Konzepte, die beispielsweise die erlaubte Transaktionshöhe benutzerbezogen festlegen, könnten dieses Defizit zwar mindern, bieten aber dennoch weniger Handlungsspielraum als transaktionsbezogene Autorisierungen, die im Einzelfall den aktuellen Verfügungsrahmen am Konto des Käufers prüfen.

---

[20] So wurden bspw. 1989 allein in Frankfurt ca. 3,5 Mio. DM durch Scheck- und Kreditkartenbetrug erbeutet. Die Zahl beinhaltet nur die durch Strafanzeigen erfaßten Fälle, Frankfurter Rundschau, 31. 7.1990. Für 1992 wurden in Großbritannien Schäden in Höhe von 180 Mio. Pfund durch Betrug mit Debitkarten erwartet, à la Card aktuell, 12/ 1992, 35.

1.2.2   Elektronische Sicherungsverfahren

Um die Medienbrüche zu vermeiden und zusätzliche Sicherungsmaßnahmen, wie die On-line-Autorisierung am Konto, zu erreichen, werden die konventionellen Verfahren inzwischen vielfach um elektronische Sicherungsmaßnahmen ergänzt oder durch diese substituiert. Für Massenverfahren werden als Hilfsmittel Trägermedien mit maschinenlesbaren Informationen eingesetzt. Häufig handelt es sich um Kunststoffkarten[21], die die Informationen in Klarschrift, als Barcode, Hochprägung, auf Magnetstreifen oder in Chips enthalten. Die Trägermedien können auch mit technischen Echtheitsmerkmalen gegen Verfälschung oder Kopieren geschützt werden. Dazu dienen beispielsweise chemische Codierungen auf der Karte, die auf Konsistenz mit Daten des Magnetstreifens geprüft werden können.[22] Zur Integritätssicherung elektronisch lesbarer Daten können symmetrische Verschlüsselungsverfahren eingesetzt werden.[23]

Die Identifikation von Personen gegenüber den technischen Systemen erfolgt in der Regel durch eine persönliche Identifikationsnummer (PIN) oder ein Passwort.[24]

Durch den Einsatz der Informations- und Kommunikationstechnik ist es möglich, zentrale Sicherungseinrichtungen on-line in Anspruch zu nehmen oder schnelle Änderungsdienste für dezentrale Konzepte zu realisieren. Elektronische Verzeichnisse erlauben deshalb eine hohe Aktualität hinsichtlich des Status der ausgegebenen sensitiven Medien, wie Ausweisen, Scheckkarten oder Magnetstreifenkarten. Die Sicherungsmaßnahmen können dynamisch je Transaktion eingesetzt werden, Autorisierungsdienste können die Geschichte der Transaktionen aufzeichnen und auswerten. Mit Hilfe zusätzlicher, technisch unterstützter Konsistenzprüfungen werden Manipulationen erschwert.

1.2.2.1 Zahlungsverkehr

Ein Beispiel für technisch gesicherte Zahlungssysteme ist das Electronic-cash-System der deutschen Kreditwirtschaft und die daraus entstandenen Weiterent-

---

[21] Aber auch andere Trägermedien, beispielsweise Papier mit Magnetstreifen, sind möglich.

[22] So z. B. das bei Eurocheque-Karten verwendete modulierte Merkmal ("MM"-Prüfung), Klein 1993, 16; Fietta 1989, 16f.

[23] Symmetrisch heißen diese Verfahren, weil zur Ver- und Entschlüsselung der gleiche Schlüssel verwendet wird. Da dieser geheimzuhalten ist, werden die Verfahren auch als Secret-Key-Verfahren bezeichnet. Ein weit verbreitetes symmetrisches Verschlüsselungsverfahren ist der von IBM entwickelte und vom American National Standards Institute (ANSI) festgelegte Data Encryption Standard (DES), vgl. dazu z. B. Schneier 1993, 219 ff.

[24] Zu Problemen der PIN-Sicherung siehe z. B. Klein 1993, 297. Besser geeignet wären möglicherweise biometrische Identifikationsverfahren. Sie sind bisher allerdings noch nicht ausreichend weit entwickelt und werden nur in wenigen abgeschlossenen Umgebungen angewendet, vgl. z. B. Wirtz, DuD 1994, 386f.; Klein 1993, 14.

wicklungen des elektronischen Lastschriftverfahrens (ELV) und des Verfahrens "Point of Sale ohne Zahlungsgarantie" (POZ).[25] Die Identifizierung des Zahlers erfolgt anhand der persönlichen Magnetstreifenkarte, wobei die Zuordnung zwischen Konto und Person durch Besitz der Karte und Kenntnis der PIN gesichert werden soll. Die Autorisierung geschieht im Electronic-cash-Verfahren online bei jeder Transaktion. Dazu wird eine mit einem Message Authentication Code (MAC) versehene Autorisierungsanfrage vom Händler an eine von der Kreditwirtschaft betriebene Autorisierungszentrale geleitet, die Kartendaten und PIN prüft und über die Berechtigung der Transaktion entscheidet. Das Kreditinstitut garantiert dem Händler die Zahlung.

Zur Sicherung werden symmetrische Schlüsselsysteme eingesetzt. Beispielsweise wird die PIN des Karteninhabers mit einem DES-Schlüssel aus den Kartendaten abgeleitet. Der für die Karte zu verwendende Schlüssel wird einem kleinen Pool entnommen.[26] Die jeweiligen Betreiber der Zahlungssysteme unterhalten mit zahlreichen spezialisierten Einrichtungen zur Absicherung der Transaktionen eine anwendungsspezifische Sicherungsinfrastruktur.

ELV wie POZ nutzen allerdings Teile der Electronic-cash-Infrastruktur für ihre Anwendung. ELV verwendet die Eurocheque-Karte als Ausweis. Die Inhaberidentität wird anhand der eigenhändigen Unterschrift auf einer papiernen Lastschrifteinwilligung (Kassenbeleg) durch Vergleich mit der Unterschrift auf der Eurocheque-Karte überprüft. Sperranfragen können nur an einer lokalen Datei des Handelsunternehmens geprüft werden. Im Unterschied dazu erhält der Händler bei POZ die Sperrauskunft aus einem Verzeichnis der Kreditwirtschaft. In beiden Verfahren trägt der Händler das Zahlungsrisiko.

1.2.2.2 Netzgebundene und mobile Telekommunikation

In leitungsgebundenen Telefonnetzen wird die Teilnehmeradressierung und die Kostenabrechnung über Zuordnungen zur verwendeten Hausanschlußleitung (Anschlußlage) organisiert. Mit der zunehmenden Mobilität der Teilnehmer entsteht allerdings der Bedarf nach personenbezogenen Zugangs- und Abrechnungsformen. Mit PIN-geschützten persönlichen Telefonkarten kann der Teilnehmer beispielsweise an beliebigen Kartentelefonen gegen Rechnung über sein Fernmeldekonto telefonieren.

Weitreichender sind die Anforderungen im Mobilkommunikationsbereich, da die Teilnehmer vom Dienstbetreiber sowohl für das Abrechnungsverfahren als auch für die Vermittlung sicher identifiziert werden müssen. In den D-Netzen, die nach dem europäischen GSM-Standard[27] aufgebaut sind, wurden persönliche

---

[25]   Vgl. zum folgenden ausführlich Klein 1993, zu ELV insbesondere 301 ff., zu POZ 309 ff.

[26]   Vgl. z. B. Klein 1993, 20, 213 und 419f.

[27]   Global System for Mobile Communication (GSM): Mobilfunkstandard für digitale zellulare Mobilkommunikation, ursprünglich erstellt durch die "Groupe Special Mobil".

Chipkarten eingeführt, die eine sichere Identifikation der Teilnehmer ermöglichen soll. Der Teilnehmer kann die Karten mit einem beliebigen GSM-Endgerät einsetzen und sich damit europaweit in einem der Teil-Netze anmelden.

Funkkommunikation kann leicht durch Dritte abgehört werden. Im GSM-Standard sind deshalb auch Sicherungsfunktionen integriert, die die Übertragung auf dem Funkweg verschlüsseln und die Identität der mobilen Teilnehmer verschleiern.[28] Als Identitätsnachweis muß der Teilnehmer mit seiner durch PIN freigegebenen Chipkarte eine Zufallszahl mit seinem individuellen Schlüssel verschlüsseln. Gleichzeitig wird der Verschlüsselungsschlüssel für die Funkschnittstelle berechnet. Zwar ist die Funkverschlüsselung netzweit einheitlich organisiert, da aber die Identifizierung und die Berechnung des Funkschlüssels betreiberspezifisch erfolgt, existiert im GSM je Betreiber eine eigene Sicherungsinfrastruktur. Um die Sicherheit des Verfahrens zu gewährleisten, müssen die Teilnehmer-Schlüssel für die symmetrischen Verschlüsselungsverfahren von den jeweils Beteiligten geheim gehalten werden. Dazu werden von den Betreibern der Netze gesicherte Authentisierungszentralen eingerichtet. Die Teilnehmer erhalten ihren Schlüssel jeweils in einer Chipkarte.

1.2.2.3 Computernetzwerke: Kerberos

Auch in Rechnernetzen sollen nur autorisierte Teilnehmer Dienste in Anspruch nehmen können und die Datenübermittlung gegen unberechtigte Kenntnisnahme geschützt sein. Eine Implementierung mehrerer Protokolle, die eine Prüfung der Identität von Teilnehmern und Prozessen sowie den Austausch von Session-Keys ermöglicht und die notwendigen Verwaltungsaufgaben unterstützt, ist in *Kerberos* zusammengefaßt.[29] Der Kerberos-Dienst kann in Unix-Netzwerken installiert werden. Voraussetzung ist ein vertrauenswürdiger, sicherer Rechner im Netz, der die verschiedenen Dienste mit Hilfe eines symmetrischen Verschlüsselungsverfahrens, typischerweise DES, erbringt.[30] Zwischen dem zentralen Sicherheitsserver und jedem angemeldeten Teilnehmer bzw. System wird ein Schlüssel vereinbart. Wollen zwei Teilnehmer (oder Prozesse) sicher miteinander kooperieren, übernimmt der Server die Rolle des vertrauenswürdigen Dritten. Er generiert sogenannte Tickets, mit denen sich ein Teilnehmer bzw. Prozeß gegenüber einem anderen Teilnehmer oder Prozeß ausweisen kann. Mit den Tickets wird für die beiden Beteiligten auch ein Session-Key zur Verfügung gestellt. Er wird vom Sicherheitsserver generiert und jeweils mittels des mit ihm bilateral vereinbarten Teilnehmer-Schlüssels gesichert.

---

[28]   Vgl. zu den Sicherungsproblemen und -mechanismen z. B. Beheim, DuD 1994; zur Organisation der Sicherungsinfrastrukturen im GSM Hammer 1994c, provet-AP 149, Anhang.

[29]   Vgl. z. B. Schneier 1993, 417 ff.; Grimm 1994, 255f.

[30]   Die Verteilung von Funktionen auf weitere sichere Maschinen ist möglich.

1.2.2.4 Defizite bisheriger technischer Sicherungsmaßnahmen für offene Telekooperation

Symmetrische Schlüsselverfahren weisen für bestimmte Zwecke zwei organisatorisch-technische Nachteile auf.[31] Für große Gruppen gestaltet sich eine personenbezogene Schlüsselverteilung sehr aufwendig. Will jeder Beteiligte mit allen anderen kommunizieren, wächst die Zahl der insgesamt benötigten und zu verwaltenden Schlüssel quadratisch mit der Zahl der Gruppenmitglieder. Die jeweiligen Schlüssel müssen jeweils bilateral ausgetauscht werden und auf beiden Seiten geheim gespeichert werden. Alternativ kann ein vertrauenswürdiger Dritter die Zuteilung von Session-Schlüsseln übernehmen, wie bei Kerberos (siehe oben). Von der zentralen Einrichtung sind allerdings hohe Sicherungsanforderungen zu erfüllen, da die Sicherheit des Gesamtsystems von seiner Vertrauenswürdigkeit und Verfügbarkeit abhängt.

Außerdem setzen symmetrische Schlüsselverfahren weitgehende organisatorische und technische Maßnahmen voraus, damit ein Urheberschaftsnachweis geführt werden kann. Da mindestens Absender und Empfänger über den Schlüssel verfügen müssen, können Sicherungsdaten, wie Message Authentication Codes, immer von beiden Parteien erzeugt werden. Dritte können daher nur mit zusätzlichen Informationen entscheiden, welcher Teilnehmer der Urheber ist. Die Kooperationspartner sind immer auch auf die organisatorisch-technischen Sicherungsmaßnahmen der jeweils anderen Seite angewiesen, denn Angreifer können versuchen, den dort ausgeforschten Schlüssel zu mißbrauchen. Soweit Schlüsselverteilzentralen als vertrauenswürdige Dritte eingeschaltet werden, verfügt auch diese dritte Stelle über die Möglichkeit zur Maskerade und Manipulation. Wird die Zahl der Schlüssel, wie bei Electronic cash, durch organisatorisch-technische Maßnahmen verringert, wächst in der Regel die Zahl derer, die von der Geheimhaltung der wenigen Schlüssel abhängig sind und die Zahl derer, die über die Schlüssel verfügen müssen.

Für viele (ungeplante) Telekooperationsbeziehungen, die zwischen den Beteiligten nur für kurze Zeiträume bestehen, beispielsweise Vertragsbeziehungen zwischen Privaten, ist die rechtliche und organisatorische Abstimmung und die Schlüsselverwaltung zu aufwendig.[32] Wegen dieser organisatorisch-technischen Bedingungen werden symmetrische Schlüsselverfahren im wesentlichen in geschlossenen Systemen mit abgegrenzten Teilnehmergruppen und zentralen Sicherungseinrichtungen eingesetzt. Offene Telekooperation soll jedoch zwischen beliebigen Teilnehmern stattfinden können, ohne daß vorher eine gleiche Technikausstattung beschafft, Sicherungsmaßnahmen abgesprochen oder Schlüssel

---

[31] Vgl. dazu bereits Diffie/ Hellman, IEEE.IT 1976.

[32] So treten auch bei "Electronic cash" die Netzbetreiber und Banken als "Langfristpartner" zwischen die eigentlichen Kooperationspartner "Händler" und "Kunde".

ausgetauscht werden müssen.[33] Dafür bieten öffentliche Schlüsselverfahren Lösungsmöglichkeiten an.

Ein weiteres Problemfeld ergibt sich aus der Magnetstreifentechnik, da die Daten mit handelsüblicher Technik gelesen, kopiert oder verändert werden können. Um Manipulationen erkennen zu können, erfolgt die Autorisierung für die Anwendung daher häufig zentral anhand von Referenzdaten. Dazu müssen allerdings Telekommunikationsverbindungen und die zentralen Einrichtungen verfügbar sein. Sowohl aus Kostengesichtspunkten als auch für die Verbesserung der Verfügbarkeit der Dienstleistungen könnten daher in vielen Fällen Off-line-Lösungen sinnvoll sein. Chipkarten mit ihren internen Verarbeitungsmöglichkeiten und ihren wesentlich ausforschungssichereren Speicherkapazitäten bieten dafür neue Gestaltungsoptionen.

1.2.3   Sicherungsmaßnahmen mit öffentlichen Schlüsselverfahren und Chipkarten

Öffentliche Schlüsselverfahren in Verbindung mit leistungsstarken Prozessorchipkarten erlauben eine deutliche Weiterentwicklung der technischen Sicherungsmaßnahmen für offene Telekooperation. Sowohl die Urheberschaft elektronischer Dokumente als auch ihre Authentizität können mit ihrer Hilfe besser gesichert und nachgewiesen werden.

Öffentliche Schlüsselverfahren
Im Gegensatz zu symmetrischen Verschlüsselungsverfahren, bei deren Verwendung die Kooperationspartner über den gleichen geheimzuhaltenden Schlüssel verfügen müssen, arbeiten asymmetrische oder öffentliche Schlüsselsysteme mit Schlüsselpaaren. Asymmetrisch werden diese Verfahren genannt, weil sich die Schlüssel zum Ver- und Entschlüsseln unterscheiden. Während der Entschlüsselungsschlüssel geheimzuhalten ist, kann der Verschlüsselungsschlüssel veröffentlicht werden, daher auch die Bezeichnung öffentliche Schlüsselsysteme oder Public-Key-Verfahren.

Die beiden Schlüssel jedes Schlüsselpaars sind zwar jeweils verschieden, müssen aber zueinander passen. Der erste Schlüssel (geheimer Schlüssel) läßt sich nur äußerst schwer berechnen, auch wenn der zweite Schlüssel (öffentlicher Schlüssel) bekannt ist. Theoretisch ist es zwar nicht ausgeschlossen, daß aus einem Schlüssel der andere abgeleitet werden kann, bisher sind jedoch keine Verfahren bekannt, die dies in sinnvollen Zeiträumen leisten. Öffentliche

---

[33] Vgl. z. B. den Begriff der Offenheit bei X.500 1988, 4.

Schlüsselverfahren gelten daher als praktisch sicher. Ein Beispiel solcher Verfahren ist RSA[34].

Jedem Teilnehmer kann ein eigenes Schlüsselpaar zugeteilt werden. Die öffentlichen Schlüssel aller Teilnehmer können in einem Verzeichnis (öffentlich) bekanntgegeben werden, ohne daß sich daraus Risiken für die geheimen Schlüssel ergeben. Alle Beteiligten können auf sie zurückgreifen. Ihre geheimen Schlüssel müssen die Teilnehmer dagegen ausforschungssicher verwahren.[35]

Prozessorchipkarten

Als "mobiles" und sicheres Speichermedium für geheime Schlüssel eignen sich Chipkarten.[36] Der Chipkarteninhaber kann in ihnen seinen Schlüssel mitführen und in beliebiger Umgebung einsetzen. Die Chipkarte muß allerdings gegen unbefugte Benutzung gesichert werden, um ihren Inhaber vor Mißbrauch zu schützen. Dazu werden derzeit - wie bei Magnetkarten - überwiegend PIN-Verfahren eingesetzt.[37] Die Referenz-PIN kann aber in der Chipkarte selbst gespeichert und vom Prozessor mit der eingegebenen verglichen werden. Durch die Verarbeitungsmöglichkeit können auch weitere anwendungsbezogene Prüfungen in der Chipkarte vorgenommen werden. Je mehr solcher Sicherungsfunktionen in der Chipkarte selbst realisiert werden, desto weniger On-line-Verbindungen sind zum Zwecke der Autorisierung erforderlich.

Die Verarbeitungs- und Speicherkapazität von Chipkartenprozessoren wird durch die Chipfläche begrenzt. Heutige Realisierungen stoßen daher noch häufig an Leistungsgrenzen. Um diese zu überwinden, können komplexe Rechenoperationen an eine vertrauenswürdige Systemumgebung delegiert werden.[38] In der Regel werden notwendige sicherheitsrelevante Funktionen dann in Kartenzugangsgeräten bereitgestellt. Diese sind als Sicherheitsmodul aufgebaut und erlauben meist auch die Eingabe der PIN.[39] Der Chipkartenprozessor selbst kann allerdings prüfen, ob er mit einem vertrauenswürdigen Kartenzugangsgerät kommuniziert.

---

[34] RSA: Das von Rivest, Shamir und Adleman entwickelte Verfahren, vgl. Rivest/ Shamir/ Adleman 1978. Eine Übersicht zu Signatur- und asymmetrischen Verschlüsselungsverfahren findet sich z. B. in Fries/ Fritsch/ Kessler/ Klein 1993 oder Schneier 1993.

[35] Ihre Länge liegt gegenwärtig üblicherweise zwischen 512 und 1024 Bit, das sind Zahlen mit mehr als 150 Dezimalstellen.

[36] Vgl. z. B.Fietta 1989. Die wesentlichen Eigenschaften sind dabei eine Kombination von Speicher und Prozessor, die Ausforschungsversuchen weitgehend widersteht und ein durchgängiges Konzept zur Zugriffskontrolle unterstützt. Solche Chips können auch in andere Träger als Chipkarten, beispielsweise Kunststoffblocks, Armbanduhren oder Taschencomputer, eingebettet werden. Zu Maßnahmen zur Ausforschungssicherheit siehe z. B. Sedlak 1994.

[37] Vgl. Fn. 24

[38] Beispielsweise ist eine interne Schlüsselerzeugung für öffentliche Schlüsselverfahren zu aufwendig.

[39] Vgl. z. B. Meister 1992.

Die Chipkarte kann beispielsweise unterschiedliche geheime Schlüssel oder mehrere Anwendungsprogramme aufnehmen. Um gegenseitige Manipulationen oder Störungen zwischen den Anwendungen zu verhindern, kann ein Chipkarten-Betriebssystem eingesetzt werden.[40] Wenn auch der Chipkarteninhaber selbst die Anwendung auf der Karte nicht unbefugt beeinflussen kann, dann ist die Chipkarte aus der Sicht des Dienstbetreibers ein vertrauenswürdiges Instrument in der Hand des Teilnehmers.

Mit der Chipkarte verfügt der Teilnehmer über seinen geheimen Schlüssel. Er kann diesen und weitere Daten und Funktionen der Karte einsetzen, um unterschiedliche Sicherungsfunktionen auf der Basis von öffentlichen Schlüsselverfahren zu nutzen, gegebenenfalls mit Unterstützung des Kartenzugangsgeräts und weiterer Komponenten.

Verschlüsseln mit öffentlichen Schlüsselverfahren

Mit öffentlichen Schlüsselverfahren lassen sich elektronische Dokumente verschlüsseln, um sie vor Kenntnisnahme zu schützen. Dazu wählt der Absender den öffentlichen Schlüssel der Person, die das Dokument zur Kenntnis nehmen soll. Die Verschlüsselungsfunktion wird mit diesem Schlüssel auf das elektronische Dokument angewendet. Der Empfänger kann nun seinerseits seinen geheimen Schlüssel aus seiner Chipkarte verwenden, um das Kryptogramm zu entschlüsseln. Den Klartext erhält allerdings nur derjenige, der über den "passenden" geheimen Schlüssel verfügt, dies sollte nur der berechtigte Empfänger sein.[41]

Den öffentlichen Schlüssel für die geschützte Telekommunikation kann der Absender beispielsweise einem vertrauenswürdigen Verzeichnisdienst entnehmen.[42] Er hat so nur einen geringen Verwaltungsaufwand und muß keine Sicherungsvorkehrungen für die Verwaltung der Schlüssel seiner Telekommunikationspartner treffen. Der Empfänger des Dokuments muß sich nicht darauf verlassen, daß seine Kooperationspartner seinen geheimen Schlüssel geheimhalten.

Sicherung der Dokument-Authentizität mit öffentlichen Schlüsselverfahren

Mit öffentlichen Schlüsselsystemen können elektronische Dokumente auch so gesichert werden, daß Manipulationen des Inhalts erkannt werden können. Dazu wird zunächst aus dem Originaldokument mittels einer Hash-Funktion eine "Kurzfassung" oder Faltung berechnet (ähnlich einer Quersumme). Diese Faltung wird vom Urheber mit dem geheimen Schlüssel verschlüsselt und stellt den *Authentikator* des Dokuments dar. Anschließend wird das Dokument samt Authentikator über das offene Netz an den Empfänger übermittelt. Der Empfänger

---

[40] Es stellt eine Reihe von Basisfunktionen, wie Speicherverwaltung, Zugriffschutz oder PIN-Prüfung zur Verfügung und kontrolliert den Ablauf der Programme. Vgl. z. B. Struif, GMD-Spiegel 1992.

[41] Um Rechenzeit einzusparen, kann mit dem öffentlichen Schlüsselverfahren auch nur ein Schlüssel für ein symmetrisches Verfahren gesichert werden (Hybrid-Verfahren).

[42] Vgl. dazu z. B. X.509 1988.

prüft nun die Echtheit, indem er, wie der Absender, die Faltung des übermittelten Dokuments berechnet. Er entschlüsselt den Authentikator mit dem öffentlichen Schlüssel des Senders und vergleicht das Ergebnis mit der Faltung. Beide
Ergebnisse müssen übereinstimmen. Wurde am Dokument selbst oder am Authentikator, beispielsweise während der Übermittlung, etwas verändert, scheitert
die Prüfung. Mit einem Authentikator kann deshalb die Unversehrtheit eines
elektronischen Dokuments geprüft werden (Abb. 1).

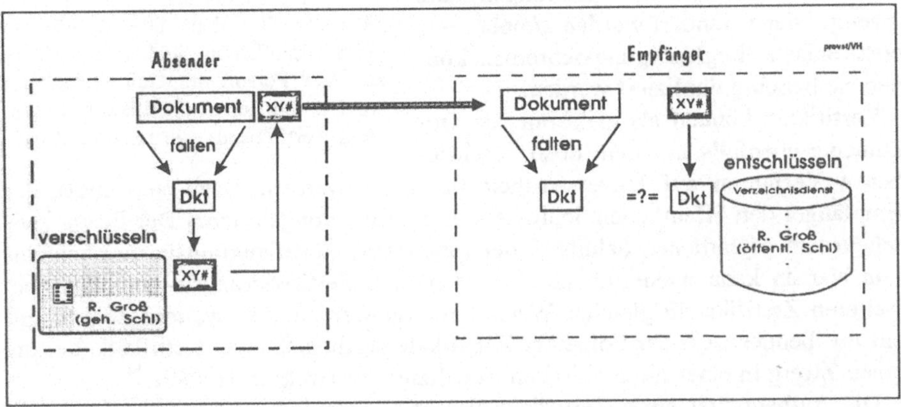

Abb. 1: Berechnen des Authentikators, Übermitteln und Prüfen eines elektronischen Dokuments.

Prinzipiell ist ein solches Vorgehen auch mit symmetrischen Verschlüsselungsverfahren möglich.[43] Während bei ihnen jeder Inhaber des Schlüssels in der Lage
ist, den Authentikator zu erzeugen, soll bei öffentlichen Schlüsselverfahren nur
der Urheber über den geheimen Schlüssel verfügen, also auch nur er in der Lage
sein, den Authentikator zu berechnen. Da der zugehörige öffentliche Schlüssel
jedem anderen Teilnehmer zur Verfügung gestellt werden kann, kann - im Gegensatz zu symmetrischen Verfahren - auch jeder die Authentizität des Dokuments prüfen.

Nachweis der Urheberschaft mit öffentlichen Schlüsselverfahren

Um Gewißheit über den Urheber eines Dokument-Authentikators zu erhalten,
muß der Prüfende wissen, wem das Schlüsselpaar zugeteilt wurde. Diese Informationen, ein öffentlicher Schlüssel und beispielsweise der Name des Besitzers,
können in einem eigenen elektronischen Dokument zusammengestellt werden.
Sollen sie ebenfalls gegen Verfälschung gesichert werden, kann eine vertrauenswürdige Instanz (*Zertifizierungsinstanz*) mit ihrem geheimen Schlüssel zu diesem
(kleinen) elektronischen Dokument wiederum einen Authentikator erzeugen. Die
Daten mit dem Authentikator bilden ein *Zertifikat* (Abb. 2).

---

[43] Die Authentikatoren werden dann auch als Message Authentication Codes (MAC)
bezeichnet.

Das Zertifikat kann der Schlüsselinhaber in einem öffentlichen Verzeichnis ablegen oder auf seiner Chipkarte speichern und seinen Kooperationspartnern zusammen mit den elektronischen Dokumenten übermitteln. Zertifikate können ohne Risiko veröffentlicht werden, da sie nur mit dem geheimen Schlüssel der Zertifizierungsinstanz erzeugt oder verändert werden können. Als elektronische Beglaubigungsschreiben können sie beliebig dupliziert werden.

Abb. 2: Zertifikat. Die Zuordnung eines öffentlichen Schlüssels (öSchl) zu einer Person mit Gültigkeitsdauer wird durch den Authentikator (Auth) einer Zertifizierungsinstanz bestätigt.

Zertifikate können als elektronische Dokumente ebenfalls mit dem oben beschriebenen Verfahren auf Unversehrtheit überprüft werden. Dazu verwendet der Empfänger den öffentlichen Schlüssel der Zertifizierungsinstanz. Der Bezug zwischen dem öffentlichen Schlüssel der (untersten) Zertifizierungsinstanz und ihrem Namen kann wiederum durch eine höhere Zertifizierungsinstanz in einem weiteren Zertifikat in gleicher Weise bestätigt werden. Für weitere Ebenen gilt entsprechendes. Aus der Folge der Zertifikate ergibt sich eine Zertifikatkette, die einen Zweig in einer hierarchischen Zertifizierungsstruktur darstellt.[44]

Die Authentizität eines Zertifikats drückt allerdings nur aus, daß sein Inhalt nicht verändert wurde. Daß wirklich der genannte Teilnehmer und auch nur er alleine über den passenden geheimen Schlüssel verfügen kann, muß organisatorisch-technisch sichergestellt werden.[45] Das Vertrauen in eine Zertifikatkette ergibt sich also aus dem Vertrauen, das der Prüfende den Zertifizierungsinstanzen entgegenbringt.[46]

Vorteile öffentlicher Schlüsselverfahren

Für offene Telekooperation eigenen sich öffentliche Schlüsselverfahren besonders, weil sie einen einfachen Schlüsselaustausch zwischen Telekooperationspartnern ermöglichen. Sie erleichtern den Urheberschaftsnachweis, weil jeder geheime Schlüssel nur einem Teilnehmer zur Verfügung stehen muß. Dokument-Authentikator und Zertifikate könnten nach geeigneter Gestaltung als *digitale Signatur* verwendet werden, um als mediengerechtes Hilfsmittel elektronische Dokumente für rechtsverbindliche Telekooperation zu sichern.[47] Sie können - wie heute eigenhändige Unterschriften - durch die öffentlichen Schlüssel und Zertifikatketten von jedem Dritten geprüft werden.

---

[44]   Zu Zertifizierungshierarchien siehe Hammer, Kap. 2., 76 ff., in diesem Band; Strukturbeispiele finden sich außerdem in Hammer, Kap. 3., 98, in diesem Band.

[45]   Dazu der folgende Abschnitt.

[46]   In diesem Zusammenhang zum Vertrauensbegriff und zu vertrauensbildenden Maßnahmen siehe auch Roßnagel, Kap. 4., 138 und 165, in diesem Band.

[47]   Vgl. zu Gestaltungsanforderungen z. B. provet/ GMD 1994a, 200 ff.; Hammer/ Bizer, DuD 1993; Hammer 1994a; Bizer/ Hammer/ Pordesch 1995.

1.2.4 Aufgaben einer Sicherungsinfrastruktur
für öffentliche Schlüsselverfahren

Damit öffentliche Schlüsselverfahren für die genannten Zwecke eingesetzt werden können, sind umfangreiche technische, organisatorische und rechtliche Vorkehrungen erforderlich, die in ihrer Gesamtheit als *Sicherungsinfrastruktur* bezeichnet werden.[48] Sie werden im folgenden in einer kurzen Übersicht dargestellt. Alle genannten Aufgaben[49] können sensitiv sein. Die Anwender sind auf eine korrekte Ausführung durch die Instanzen in der Sicherungsinfrastruktur angewiesen. Diese Instanzen werden deshalb unter dem Begriff *Vertrauensinstanzen* zusammengefaßt. Damit soll nicht ausgedrückt werden, daß diese Instanzen aus sich heraus Vertrauen verdienen, sondern daß sie durch ihre Technik und Organisation einem hohen Vertrauensanspruch der Anwender gerecht werden müssen.[50]

Damit Telekooperationspartner im Streitfall ihre Ansprüche durchsetzen können, müssen sie sich identifizieren können. Für die Zertifikate werden deshalb häufig eindeutige Namen benötigt, die von *Namensgebungsinstanzen* festgelegt werden. Sie prüfen die Identität beispielsweise mit Hilfe von Personalausweisen und entscheiden auch, welche weiteren personenbezogenen Daten, z. B. Berechtigungen, im Zertifikat eingetragen werden.

Für jeden Teilnehmer muß außerdem ein *Schlüsselpaar generiert* werden. Der öffentliche Schlüssel, die Daten der Namensgebungsinstanz und weitere Verwaltungsinformationen, beispielsweise die Gültigkeitsdauer, werden für das Zertifikat zusammengestellt und von der *Zertifizierungsinstanz* digital signiert. Die Daten, insbesondere der geheime Schlüssel und das Zertifikat, sowie Anwendungsprogramme müssen in der Chipkarte gespeichert werden (*Personalisierung*). Erst dann verfügt der Teilnehmer über sein persönliches Sicherungsinstrument.

Um die Sicherungsfunktionen zu ermöglichen, können in einer Sicherungsinfrastruktur mehrere elektronische Verzeichnisse erforderlich sein. In ihnen können *Informationen aus Zertifizierungshierarchien* zur Signaturprüfung bereitgestellt werden.[51] Empfänger von Erklärungen können in *Sperrverzeichnissen* nachfragen, ob die Zusicherungen für das Zertifikat noch gelten bzw. ob der rechtmäßige Inhaber noch im Besitz des geheimen Schlüssels ist.[52] Verzeichnisdienste können auch genutzt werden, um öffentliche Schlüssel für das *Verschlüs-*

---

[48] Zum Begriff der Sicherungsinfrastruktur siehe genauer Hammer, Kap. 2., 44, in diesem Band.

[49] Zu den Aufgaben in Sicherungsinfrastrukturen siehe Hammer, Kap. 2., 58 ff., in diesem Band und ausführlicher Hammer 1994b, provet-AP 148 mwN.

[50] Vgl. zu der Motivation für diese Begriffsbildung Hammer, Kap. 2., 59 ff., in diesem Band.

[51] Vgl. dazu die in X.509 1988 vorgesehenen Einträge oder die Vorgehensweise in Grimm/ Nausester/ Schneider/ Viebeg 1990.

[52] Vgl. X.509 1988, 68f.; Grimm/ Nausester/ Schneider/ Viebeg 1990, 20.

seln von Nachrichten bereitzustellen. Weitere Verzeichnisse können innerhalb der Institutionen der Sicherungsinfrastruktur für interne Verwaltungszwecke verwendet werden. Reichen beispielsweise die Daten in einem Zertifikat nicht aus, um einen Schlüsselinhaber eindeutig zu identifizieren (z. B. P. Müller aus Hamburg), kann die Namensgebungsinstanz ein Verzeichnis der Inhaberidentitäten führen.

Reichen Berechtigungen in Zertifikaten nicht aus, um die Risiken einer Anwendung zu begrenzen, können zusätzlich *Autorisierungsdienste* eingesetzt werden. Wie heute bei Electronic cash kann auch künftig on-line "am Konto" geprüft werden, ob der Teilnehmer zu einer Transaktion berechtigt ist. Die Transaktionen des Chipkarteninhabers werden dort gesammelt, ausgewertet und geeignet kumuliert.[53]

Die Teilnehmer können im Umgang mit den Sicherungsfunktionen und der Chipkarte mit *Benutzerservicefunktionen* unterstützt werden. Sie können helfen, eine Karte oder eine Anwendung zu sperren oder zu entsperren oder umzukonfigurieren. Sie könnten für Notfälle Reservekarten bereithalten oder den Fehlbedienungszähler der PIN zurücksetzen.

Die verschiedenen Aufgaben müssen je nach Anwendungszweck von geeigneten Institutionen mit entsprechender Technikausstattung übernommen werden.[54] Eine Sicherungsinfrastruktur umfaßt daher sowohl die Institutionen als auch die Techniksysteme, mit deren Hilfe die Sicherungsfunktionen erbracht werden. Sie wird durch die Strukturmerkmale ihres Zusammenwirkens gekennzeichnet. Im weiteren soll untersucht werden, welche Sicherungsinfrastrukturen künftig entstehen könnten.

1.3   Künftige Sicherungsinfrastrukturen

Ähnlich wie die Verkehrsinfrastruktur kann auch die künftige Sicherungsinfrastruktur der Gesellschaft auf verschiedenen Abstraktionsebenen betrachtet werden. So wie weitgehend eigenständige Infrastrukturen des Straßen-, Schienen-, Luft- und Wasserverkehrs unterschieden und analysiert werden können, dürfte dies künftig auch für Sicherungsinfrastrukturen mit unterschiedlichen Anwendungszwecken möglich sein. Um Technikfolgen bewerten und begründete Gestaltungsvorschläge entwickeln zu können, ist Wissen über mögliche und wahrscheinliche Entwicklungen erforderlich.[55]

Ein wahrscheinliches Szenario künftiger anwendungsspezifischer Sicherungsinfrastrukturen muß die heute erkennbaren Rahmenbedingungen, Trends und

---

[53]   Vgl. z. B. Klein 1993.

[54]   Zu den Möglichkeiten ihrer Ausgestaltung siehe Hammer, Kap. 2., Kapitel 2.4.1 ff. mwN., in diesem Band.

[55]   Vgl. z. B. Roßnagel 1993, 105 ff.

Voraussetzungen für ihren Aufbau berücksichtigen. Sie sollen im folgenden beschrieben werden. Anschließend werden - an ihnen orientiert - wahrscheinliche Sicherungsinfrastrukturen einzelner Anwendungsbereiche vorgestellt.

1.3.1   Rahmenbedingungen der Entwicklung von Sicherungsinfrastrukturen

Sicherungsinfrastrukturen werden als Hilfsmittel für offene Telekooperation benötigt. Die Sicherungszwecke, die Geschwindigkeit ihres Aufbaus und der erreichte Deckungsgrad[56] bei den Anwendern werden deshalb auch wesentlich von der Entwicklung der Telekooperation mitbestimmt. Die zu erwartende Entwicklung der Telekooperation muß deshalb als Rahmenbedingungen für Szenarios von Sicherungsinfrastrukturen berücksichtigt werden.

Dienstleistungsgesellschaft und Telekooperation
Durch Telekooperation kann zum ersten die Organisation von Arbeitsabläufen innerhalb von Organisationen auf Informations- und Kommunikationstechnik umgestellt werden. Je nach Formalisierungsgrad können durch Vorgangsunterstützungs- oder Vorgangssteuerungssysteme weitere Tätigkeitsfelder in der Verwaltung mit technischen Hilfsmitteln ausgestattet werden.[57] Zum zweiten können auch in der organisationsübergreifenden Kooperation Medienbrüche vermieden werden, wenn die Technikunterstützung ausreichend abgesichert ist.[58] Die Bedeutung der institutionsübergreifenden Telekooperation wächst zum dritten in dem Maße, in dem der Trend zur Auslagerung abgegrenzter Aufgaben an Dienstleistungsunternehmen anhält und darüber hinaus neue Dienstleistungen entstehen.[59]

Sicherungsinfrastrukturen werden die Entwicklung in die Dienstleistungsgesellschaft fördern. Sie erlauben kurzfristige, sichere Beziehungen zwischen Kooperationspartnern, die sich vorher nicht kennen müssen. Den Anbietern von Dienstleistungen erleichtert Telekooperation den Zugang zu überregionalen Märkten. In solchen offenen Telekooperationsbeziehungen kommen, vor allem bei ersten Kontakten, die Vorteile von Sicherungsinfrastrukturen am weitesten zum Tragen. Sicherungsinfrastrukturen auf der Basis öffentlicher Schlüsselverfahren erhalten ihre Bedeutung aber auch durch die vielen Telekooperationsakte in kontinuierlichen Telekooperationsbeziehungen, beispielsweise im Zahlungsverkehr, die mit ihrer Hilfe einfacher und sicherer abgewickelt werden können.

---

[56]   Ausbreitung der Nutzung von Sicherungsfunktionen auf der Basis einer Sicherungsinfrastruktur.

[57]   Vgl. dazu z. B. provet/ GMD 1994b, provet-PB 11.

[58]   Vgl. provet/ GMD 1994a.

[59]   Vgl. z. B. Hammer/ Pordesch/ Roßnagel/ Schneider 1994, 10 ff.

Standardisierung

Ein wichtiger Einflußfaktor für die weitere Entwicklung sind die künftigen Standardisierungsanstrengungen.[60] Soll gesicherte Telekooperation weite Verbreitung finden, muß die Bedienung technischer Systeme für die Beteiligten leicht und verständlich sein. Daher sind wenige, einheitliche Verfahren, auch in der Sicherungsinfrastruktur, eine Vorausetzung für eine starke Verbreitung der Telekooperation. Mit bereits verabschiedeten oder gegenwärtig in der Entwicklung befindlichen Standards wird von den internationalen Standardisierungsgremien technische Offenheit angestrebt, so daß Systeme unterschiedlicher Hersteller kompatibel zusammenarbeiten können.[61]

Die wichtigsten Standards für öffentliche Schlüsselverfahren sind gegenwärtig das RSA-Verfahren[62] und der Digital Signature Algorithm (DSA)[63]. Das CCITT[64] hat mit X.509[65] die erste Norm zu Teilen des Aufbaus und der Anwendung einer Sicherungsinfrastruktur geschaffen. Als wichtige Voraussetzung für die Telekooperation in der Wirtschaft wird international von der UN und in Europa von der EG die Weiterentwicklung der EDI-Standardisierung vorangetrieben.[66] Für seine breite Anwendung in der rechtsverbindlichen elektronischen Geschäftskommunikation könnten die im Standard bereits vorgesehenen digitalen Signaturen[67] künftig große Bedeutung erhalten.[68]

Die Teilnehmer müssen allerdings auch die in den Zertifikaten gegebenen Zusicherungen der Sicherungsinfrastruktur einschätzen können. Für einen hohen Deckungsgrad von Sicherungsinfrastrukturen ist daher auch ein relativ hoher Grad an Normierung für die Organisation der Sicherungsinfrastrukturen und ihrer Rechtsbeziehungen zu den Anwendern nötig.[69]

---

[60] Der Erfolg der Standardisierung dürfte den zu erwartenden Netznutzen für die künftigen Nutzer wesentlich beeinflussen. Unter Netznutzen versteht man die mit wachsender Teilnehmerzahl steigenden Nutzen-Effekte für den einzelnen Teilnehmer eines Netzes, bspw. vergößern sich der Kreis der potentiellen Adressaten und damit die Nutzungsmöglichkeiten bei Telefax mit jedem zusätzlich angeschlossenen Faxgerät. Vgl. entsprechend für Telekommunikation Wiese 1990, 3f. Zur Bedeutung von Standards für die Entwicklung von Infrastrukturen siehe auch Hammer 1994d, provet-AP 150i, 5, sowie aus soziologischer Sicht Ekardt 1994, 178f und 186 ff.

[61] Vgl. zum Begriff der Offenheit z. B. X.500 1988, 4.

[62] De facto Standard, gegenwärtig wohl am weitesten verbreitet. Lizenzvergabe und Standardisierung durch die 'RSA Data Security Inc.' (RSA-DSI). Siehe z. B. Kaliski 1993.

[63] Festgelegt vom amerikanischen National Institute for Standards and Technology (NIST). Vgl. z. B. Schneier 1993, 304 ff.

[64] Comité Consultatif International Télégraphique et Téléphonique.

[65] X.509 1988.

[66] Gegenwärtig von der EG im Programm TEDIS (Trade EDI Systems). Vgl. z. B. Kubicek/ Müller/ Raubold/ Roßnagel 1994, 280 ff.; Kilian, DuD 1993, 606. Kilian u. a. 1994.

[67] Vgl. z. B. Klein/ Weller 1991, 457.

[68] Vgl. Kilian, DuD 1993, 608 ff.; Müller-Berg, DuD 1991, 514 ff.

[69] Vgl. zur Bedeutung der Normierung auf allen Ebenen z. B. EG-Kom 1994b, 454 ff.

Internationalisierung

Der Trend zur Internationalisierung von Handelsbeziehungen und internationaler Arbeitsteilung dürfte auch während des nächsten Jahrzehnts anhalten. In Europa wird er gegenwärtig insbesondere durch die Öffnung und Harmonisierung des Binnenmarktes bestimmt.[70] Konzerne tragen dem durch international verteilte Standorte, Vertretungen und Kooperationen Rechnung. Die Koordination verteilter Standorte gewinnt darüber hinaus auch in der deutschen und europäischen Politik und Exekutive weiter an Bedeutung.

Sicherungsinfrastrukturen bieten zum einen Unterstützung, um die resultierenden Organisationsprobleme zu lösen. Mit ihnen kann die Telekooperation, die für die Koordination zwischen vielen internen wie externen Partnern notwendig ist, gesichert werden. Zum anderen ergibt sich aus dem Trend zur Internationalisierung die Anforderung, daß die eingesetzte Technik den verschiedenen nationalen Bedürfnissen Rechnung tragen muß. Beispielsweise sollten digitale Signaturen in den beteiligten Ländern einen zumindest ähnlichen Verbindlichkeitsgrad und Beweiswert haben, wenn sie für rechtsverbindliche Willenserklärungen eingesetzt werden.

Politische und rechtliche Rahmenbedingungen

Technikspezifische rechtliche Rahmenbedingungen gibt es für die Gestaltung, den Betrieb und die Nutzung von Sicherungsinfrastrukturen *bisher nicht*. Für die Anwender besteht dadurch vor allem für die rechtsverbindliche Telekooperation große Unsicherheit, ob und wie sie digital signierte Dokumente im Rechtsverkehr verwenden sollen. Lediglich in zwei Bereichen der Rechtspflege, dem Mahnverfahren und den gerichtlich geführten Registern, hat der Gesetzgeber die Verwendung gesicherter elektronischer Dokumente explizit zugelassen.[71] Auch dort werden allerdings keine Anforderungen für die Organisation der Sicherungsinfrastruktur festgelegt.

Politisch umstritten ist darüber hinaus, ob Sicherungsinfrastrukturen gesellschaftsweit zugelassen und gefördert werden sollen, wenn mit ihnen Verschlüsselung möglich ist. Die Behörden der inneren Sicherheit befürchten, daß sie in diesem Fall ihre Abhörmaßnahmen nach dem Gesetz zu Art. 10 GG bzw. § 100 StPO kaum noch durchsetzen können (Kryptokontroverse).[72] Aus den künftigen

---

[70] Vgl. dazu auch die Fragestellungen zur einheitlichen Gestaltung von Sicherungsinfrastrukturen in der EG in EG-Kom 1993, 69 ff. In EG-Kom 1994b wird vorgeschlagen, im Falle des Scheiterns internationaler Lösungen zumindest eine europäische Harmonisierung anzustreben.

[71] Vgl. unten Kapitel 1.3.2.2 und Kapitel 1.3.2.4.

[72] Vgl. z. B. Roßnagel 1993, 161 ff.; Seidel 1992, 73 ff. und 89 ff.; Hammer/ Bizer, DuD 1993, 695; Bizer, Kap. 5., in diesem Band. Zu den Entwicklungen in den USA vgl. z. B. Rihaczek, DuD 1993.

- möglicherweise europäischen - Kompromissen in der Kryptokontroverse könnten daher Auflagen für künftige Sicherungsinfrastrukturen entstehen.[73]

Unzureichende Rechtsvorgaben scheinen gegenwärtig die Verbreitung von Telekooperation und Sicherungsinfrastrukturen eher zu hemmen als zu fördern.[74]

Branchenspezifischer Entwicklungsstand und Organisationsfähigkeit

Der Ausbau der Telekooperation und ihr Durchdringungsgrad in einzelnen Anwendungsfeldern und damit die Verwendung von Sicherungsinfrastrukturen dürfte auch weitgehend vom bereits erreichten Entwicklungsstand des Einsatzes von Informations- und Kommunikationstechnik abhängen. Für hoch formalisierte Kooperationsakte in Feldern mit weitgehendem Ausbau von Informationstechnik, beispielsweise im Zahlungverkehr oder der Telekommunikation, wird schneller auf die neuen Sicherungsfunktionen zurückgegriffen. Weitgehend autonome Verwaltungsabläufe mit Einzelentscheidungen, besonders in Behörden, müssen zunächst erst noch auf EDV umgestellt werden, bevor Telekooperation überhaupt möglich ist.

Der Aufwand, der für Sicherungsinfrastrukturen betrieben werden muß, kann sich nur amortisieren, wenn hohe Teilnehmer- und Transaktionszahlen erreicht werden. Dazu müssen zwischen vielen Beteiligten Absprachen getroffen werden. Sie betreffen sowohl die Abwicklung der Telekooperation als auch die Sicherungsinfrastruktur.[75] Nicht in allen Anwendungsfeldern bestehen Gremien und Dachverbände, die die Koordinations- und Entwicklungsaufgaben übernehmen können. Kann eine Organisationslücke[76] nicht überwunden werden, verzögert sich der Einsatz von Telekooperations- und Sicherungstechnik.

Zweckbezogene Differenzierung

Die Konzeption von Sicherungsinfrastrukturen wird sich nach dem Zweck, den sie erreichen sollen, richten. Unterschiedliche Sicherungsinfrastrukturen können entstehen, wenn verschiedene Anforderungen an die Schlüsselverwaltung gestellt werden, beispielsweise an den Inhalt von Zertifikaten, ihre Gültigkeitsdauer oder für die Sperrung von Schlüsselpaaren. Da Sicherungsmaßnahmen Kosten

---

[73]   In Frankreich bestehen bspw. erheblich weitergehende Vorbehalte gegenüber der Verschlüsselung privater Telekommunikation als bisher in Deutschland. Auch Kowalski 1992, 29f. fordert grenzüberschreitende Lösungen und weist gleichzeitig auf die polischen Probleme hin. Auch EG-Kom 1994b, 453 ff., stellt die Möglichkeit zu 'legalem Abhören' als eines der Entwicklungsziele einer europäischen Sicherungsinfrastruktur auf. Rihaczek, DuD 1994a, 452f., bezweifelt allerdings, ob dies dem Interesse der Geheimdienste ausreichend nahe kommt und weist auf die Bedeutung dieser Auseinandersetzung hin.

[74]   Vgl. Roßnagel, NJW-CoR 1994, 100f. Wohl vor einem solchen Hintergrund auch EG-Kom 1994b, 453 ff. Für kryptographische Sicherungsmaßnahmen im Bereich der europäischen Telekommunikationssysteme entsprechend Kowalski/ Wolfenstetter, DuD 1994, 36.

[75]   Vgl. dazu z. B. die Genese des Electronic-cash-Systems nach Klein 1993.

[76]   Kubicek/ Klein 1994. Kubicek 1992.

verursachen, wird in vielen Fällen nicht die Maximal-Lösung, sondern eine für angemessen erachtete Konfiguration realisiert werden.

Mehrere Sicherungsinfrastrukturen können somit entstehen, weil eine unterschiedliche Funktionalität, Risikoverteilung und Kostenstruktur angestrebt wird. Einzelne Dienstleistungsanbieter oder abgegrenzte Anwendungsbereiche können auch aus anderen Gründen Wert auf eine eigenständige Sicherungsinfrastruktur legen. Beispielsweise dürften die Organisationen der Kreditwirtschaft anstreben, in ihren Sicherungsmaßnahmen unabhängig von anderen Anwendungsbereichen, beispielsweise der Telekommunikation, zu sein.

Verfügbarkeit der Technik

Die Technik öffentlicher Schlüsselverfahren ist in Produkten am Markt verfügbar und wird in geringem Umfang auch bereits eingesetzt.[77] Allerdings sind die verschiedenen Implementierungen nicht aufeinander abgestimmt. Sobald Interoperabilität gefordert wird, dürften daher eine Reihe von Kompatibilitätsproblemen auftreten.

Im Vergleich zum Entwicklungsstand der öffentlichen Schlüsselverfahren existieren erst rudimentäre Systeme für die Schlüsselverwaltung und andere Aufgaben in der Sicherungsinfrastruktur. Mit ihrer Ausgestaltung und ihrem Betrieb liegen bisher auch kaum Erfahrungen vor. Dies schlägt auf die Sicherungsfunktionen in den Anwendungssystemen durch, weil diese die Leistungsmerkmale der Sicherungsinfrastruktur aufgreifen müssen, um dem Teilnehmer die Informationen zur Verfügung zu stellen, die er für begründete Entscheidungen, beispielsweise bei der Prüfung digitaler Signaturen, benötigt. Dienstleistungen für Sicherungsinfrastrukturen bietet beispielsweise Telesec an.[78] RSA-DSI hat ein internationales Zertifizierungskonzept entwickelt und zertifiziert auch Teilnehmer-Schlüssel.[79]

Ein wichtiger Engpaß besteht noch in der Leistungsfähigkeit der Chipkarten. Zwar existieren erste Typen mit integriertem Coprozessor, die auch intern asymmetrische Verschlüsselungen vornehmen können, die Speicherkapazität der derzeitigen Chipgeneration reicht allerdings nur für einfache Anwendungen aus. Multifunktionalität und komplexe Anwendungen oder umfangreiche Zertifikate können nur mit großen Schwierigkeiten implementiert werden. Für viele Zwecke werden auf absehbare Zeit sichere Kartenzugangsgeräte benötigt werden. Verbesserungen lassen die nächsten Kartengenerationen erwarten.

---

[77] Z. B. von RSA-DSI (Kaliski 1993), dort werden auch Lizenzen für Produktentwicklungen vergeben, beispielsweise für das System Apple PowerTalk und Windows for Workgroups von Microsoft. Auch in Deutschland ist die Technik verfügbar, siehe z. B. Brand 1992; Kowalski 1992; Grimm/ Nausester/ Schneider/ Viebeg 1990; weitere Anwendungsbeispiele finden sich in Reimer/ Struif 1992.

[78] Siehe z. B. Kowalski 1992, 27 ff.

[79] Vgl. RSA-DSI 1993.

1.3.2 Sicherungsinfrastrukturen für Anwendungsbereiche

Kostenaspekte und Internationalisierung legen "große" Sicherungsinfrastrukturen mit umfassendem Zweck nahe. Dagegen sprechen unterschiedlicher Entwicklungsstand und differenzierte Sicherungsziele eher für eine Diversifikation. Als wahrscheinlicher "Mittelweg" wird für das folgende Szenario deshalb angenommen, daß einige wenige Sicherungsinfrastrukturen aufgebaut werden, die sich an den Zwecken von Anwendungsbereichen orientieren.

Für die einzelnen Anwendungsfelder sollen, orientiert an den Rahmenbedingungen, im folgenden jeweils der heutige Stand der Entwicklung von Sicherungsinfrastrukturen beschrieben werden. Darauf aufbauend werden in zwei Schritten die mögliche mittelfristige Entwicklung (5 - 10 Jahre) und ein langfristiger Ausbau (15 - 20 Jahre) skizziert.

1.3.2.1 Telekommunikation

Im Bereich der Telekommunikation dürfte die Anwendung öffentlicher Schlüsselverfahren am weitesten fortgeschritten sein. Zu differenzieren ist allerdings zwischen Sicherungsfunktionen, die zwischen Dienstbetreibern oder -anbietern und "ihren" Teilnehmern eingesetzt werden und solchen, die dem Schutz der Beziehung zwischen Teilnehmern dienen.

Sicherung der Beziehung Dienstbetreiber ↔ Teilnehmer
Die Mechanismen zur Identifikation der Teilnehmer gegenüber dem Dienstbetreiber und dem Schutz der Inhaltsdaten auf dem Funkweg sind *heute* im GSM am weitesten entwickelt, allerdings auf der Basis symmetrischer Verfahren.[80] Jeder Netzbetreiber baut im Rahmen des Standards eine eigene Sicherungsinfrastruktur auf.[81] Da die gesamte Technik auf die standardisierten symmetrischen Verfahren abgestimmt ist, dürften öffentliche Schlüsselverfahren *mittelfristig* nicht zum Einsatz kommen. Allenfalls *langfristig* könnten die Vorteile öffentlicher Schlüsselverfahren im Verhältnis zu den Umstellungskosten überwiegen. Dazu müßte allerdings ein neuer Standard etabliert und möglicherweise sogar die Hardware der (neuen) Endgeräte angepaßt werden. Öffentliche Schlüsselverfahren könnten dann die gegenwärtig im GSM etablierten Mechanismen ergänzen, ausbauen oder ersetzen.[82]

Für weitere Telekommunikationsdienste wird allerdings in den gegenwärtigen Standardisierungsverfahren geprüft, ob öffentliche Schlüsselverfahren zwischen Betreiber und Teilnehmer eingesetzt werden sollen.[83] Solche Dienste könnten

---

[80] Vgl. oben Kapitel 1.2.2.2.

[81] Vgl. im folgenden ausführlich zur Organisation der Sicherungsinfrastrukturen im GSM Hammer 1994c, provet-AP 149, Anhang, mwN.

[82] Im GSM-Sprachdienst ist bspw. wegen der Kompression des Sprachdigitalisierungsverfahrens eine End-zu-End-Verschlüsselung nicht ohne weiteres möglich.

[83] Vgl. Kowalski/ Wolfenstetter, DuD 1994, 35.

mittelfristig realisiert werden und in einigen Fällen, wie bei Pay-TV, auch schnell Verbreitung finden.

Die eigene Sicherungsinfrastruktur jedes Netzbetreibers für die Verwaltung von Telekommunikationsteilnehmern liegt nahe, weil die Schlüssel in Verbindung mit der Geschäftsbeziehung verwaltet werden können. Mit öffentlichen Schlüsselverfahren könnten dienstspezifische Zertifikate zur Autorisierung eingesetzt werden.[84] Bestehen Unregelmäßigkeiten im Kundenverkehr, kann der Schlüssel bzw. das Zertifikat vom Dienstleistungsanbieter gesperrt werden.

Sicherung der Beziehung Teilnehmer ↔ Teilnehmer

Zur Bereitstellung von Telekommunikationsadressen hat das internationale Standardisierungsgremium der Fernmeldeverwaltungen CCITT den Standard X.500 entwickelt, der mit seinem Teil X. 509 auch Mechanismen zur Teilnehmer-Identifikation und zur End-zu-End-Verschlüsselung bereitstellt.[85] In einem Verzeichnisdienst können öffentliche Schlüssel mit Zertifikaten eingetragen werden. Damit steht *heute* ein internationaler Standard zur Verfügung, der gegenwärtig mit Pilotprojekten erprobt wird. Als deren weitreichendstes kann die Realisierung von Privacy Enhanced Mail (PEM) im weltweiten Internet angesehen werden.[86]

Sollte sich der Standard X.509 bewähren, könnte *mittelfristig* mit Software-Lösungen beispielsweise auch die Datenkommunikation im GSM von Endgerät-zu-Endgerät gesichert werden. Politische Hürden für solche Lösungen könnten sich allerdings aus den Bedürfnissen der Sicherheitsbehörden ergeben.[87] Obwohl im GSM keine End-zu-End-Verschlüsselung erfolgt, sondern nur die Funkstrecke geschützt wird, mußte für die Verschlüsselungstechnik ein Kompromiß gefunden werden, um das Abhören in bestimmten Ländern nicht grundsätzlich zu verhindern. Nach diesem Kompromiß muß für einige Exportländer wegen der Sicherheitsinteressen der an der Standardisierung beteiligten Länder ein schwächerer Krypto-Algorithmus verwendet werden.[88] Solche Sicherheitsinteressen könnten beispielsweise dazu führen, daß öffentliche Schlüssel in den X.500-Verzeichnissen nicht eingetragen werden dürfen.

X.509 wurde für Zwecke der Teilnehmer-Identifikation bei Telekommunikation entwickelt. Der Umfang der Zertifikate ist sehr gering gehalten und deshalb für andere Zwecke möglicherweise unzureichend. Eine eigene Sicherungsinfrastruktur für Sicherungsfunktionen der Teilnehmer-Teilnehmer-Beziehung könnte

---

[84] In qualifizierenden Zertifikaten könnte bspw. eingetragen werden, daß der Teilnehmer die Dienste Sprache, Datenübertragung und Fax bis jeweils zum 10. eines Monats nutzen darf. Wurde die gestellte Rechnung zu diesem Zeitpunkt beglichen, wird ein neues Zertifikat ausgestellt. Anfragen während der Anmeldung im Netz könnten vermindert werden.

[85] CCITT 1989.

[86] Vgl. Kent 1993.

[87] Vgl. dazu auch Bizer, Kap. 5., in diesem Band.

[88] Vgl. Hammer 1994c, provet-AP 149, 61 und 65f. mwN.

außerdem sinnvoll sein, wenn für die Schlüsselverwaltung keine besonderen Sicherungsanforderungen, beispielsweise zur Gewährleistung des Urheberschaftsnachweises, durchgesetzt werden sollen. Institutionen könnten dann, wie von X.500 vorgesehen, weitgehend autonom eine Namensgebungs-, Zertifizierungs- und Verzeichnisdienstinstanz einrichten und betreiben. Sie können damit den Anforderungen ihrer Telekommunikation und der Dynamik der Organisationsentwicklung Rechnung tragen. Diese hohe Flexibilität müßte aufgegeben werden, wenn strikte Zusicherungen für Zertifikate durchgesetzt werden sollten. Eigene Schlüssel für die Telekommunikation dürften auch sinnvoll sein, um Abhängigkeiten informeller Kooperationsbeziehungen von Schlüsselpaaren anderer Anwendungszwecke zu vermeiden.

1.3.2.2 Rechtsverbindliche Telekooperation

Eines der wichtigsten Anwendungsfelder für öffentliche Schlüsselverfahren dürfte mittel- und langfristig die Sicherung rechtsverbindlicher Telekooperation sein.

Auch *heute* können schon digitale Signaturen für die Sicherung formfreier Willenserklärungen genutzt werden. Allerdings ist für die Beteiligten der Beweiswert digital signierter Dokumente unsicher, dies auch, weil offen ist, welche Anforderungen die Sicherungsinfrastruktur erfüllen muß, damit die Urheberschaft sicher nachgewiesen werden kann.[89] Für eine weitere Verbreitung müssen sowohl technische Schwachstellen der Sicherungsfunktionen beseitigt,[90] als auch die institutionellen, organisatorischen und rechtlichen Voraussetzungen für eine Schlüsselverwaltung geschaffen werden.[91]

In ersten Pilotanwendungen werden digitale Signaturen in der Rechtspflege allerdings bereits genutzt.[92] Beispielsweise werden Anträge auf Mahnbescheide elektronisch signiert und an das Mahngericht übermittelt.[93] Um dieses Vorgehen zu ermöglichen, wurde zuvor § 690 ZPO geändert.

Mittelfristig könnten staatliche Mindestanforderungen für rechtsverbindliche Telekooperation festgelegt werden, möglicherweise in internationaler Abstimmung. Bei geeigneter Ausgestaltung dieser Regeln wäre zu erwarten, daß unter staatlicher oder privater Trägerschaft eine Sicherungsinfrastruktur mit einheitlichem Standard etabliert wird.[94] Die Telekooperationspartner könnten sich auf die Zusicherungen dieser Sicherungsinfrastruktur einstellen und sie für eine institutionsübergreifende offene Telekooperation einsetzen. Voraussetzung wäre,

---

[89] Vgl. z. B. Hammer/ Bizer, DuD 1993, 693 ff.; Hammer 1994a.
[90] Vgl. z. B. Pordesch, DuD 1993.
[91] Vgl. z. B. provet/ GMD 1994a; siehe dort auch den Entwurf für ein Sicherungsinfrastruktur-Gesetz, 287.
[92] Vgl. z. B. Engel 1995.
[93] Siehe beispielsweise Seidel, CR 1990.
[94] Zu den verfassungsrechtlichen Rahmenbedingungen und einer möglichen Aufteilung der Trägerschaft siehe Roßnagel, Kap. 4., 143 ff., in diesem Band.

daß in Gesetzgebungsverfahren rechtliche Rahmenbedingungen geschaffen und damit politisch gewollte Alternativen der Gestaltung der Sicherungsinfrastruktur ausgewählt werden.[95]

Für die Standardisierung der Telekooperation zwischen Unternehmen und später auch zwischen Unternehmen und Kunden werden mit EDI Vorteile erwartet.[96] Eine einheitliche, staatlich geregelte Sicherungsinfrastruktur für die rechtsverbindliche Telekooperation würde auch für EDI-Dokumente die Rechtssicherheit für die Anwender einheitlich klarstellen und - bei hohem Beweiswert - die Verbreitung der Verfahren unterstützen.

Selbst wenn *langfristig* die Schriftform nicht völlig von digital signierten Dokumenten substituiert werden kann,[97] könnte eine rechtlich geregelte Sicherungsinfrastruktur für rechtsverbindliche Telekooperation zu einem hohen Nutzungsgrad führen. Einheitliche Sicherheitsstandards würden die Verbreitung erleichtern.

Digitale Signaturen als Substitut für eigenhändige Unterschriften legen eine eigene Sicherungsinfrastruktur für rechtsverbindliche Telekooperation nahe. Für die Teilnehmer dürfte es sinnvoll sein, mindestens ein Schlüsselpaar nur für die rechtsverbindliche Telekooperation vorzusehen. Der Inhalt und die Gültigkeitsdauer der dafür ausgestellten Zertifikate können unabhängig von anderen Zwekken gehalten werden. So könnten besondere Datenelemente im qualifizierenden Zertifikat[98] über die Zeichnungsberechtigung von Geschäftsführern nach dem Registergerichtseintrag informieren, X.509-Zertifikate unterstützen dies nicht. Das Schlüsselpaar wäre beispielsweise auch nicht betroffen, wenn wegen eines Konflikts mit dem Betreiber eines Telekommunikationsdienstes ein Sperreintrag erfolgt, oder der Arbeitgeber entscheidet, daß der Eintrag des Mitarbeiters im X.500-Verzeichnisdienst geändert werden soll. Auch datenschutzrechtlich dürfte es sinnvoll sein, Schlüssel für rechtsverbindliche Telekooperation von solchen für Telekommunikation trennen zu können. Die aus den Telekooperationsakten der einzelnen Anwendungsbereiche ableitbaren Profile könnten dadurch weniger leicht miteinander verknüpft werden. Mit einer eigenen Sicherungsinfrastruktur für rechtsverbindliche Telekooperation könnte auch sichergestellt werden, daß

---

[95] Vgl. auch das vorgeschlagene Programm nach EG-Kom 1994b, 453 ff. Es ist auf einen Zeitraum von 5 Jahren ausgelegt und soll die Voraussetzungen für europaweite Sicherungsinfrastrukturen schaffen, muß aber erst noch verabschiedet werden.

[96] Vgl. z. B. Picot/ Neuburger/ Niggl, Office Management 1992, 38 ff.; Kilian u. a. 1994.

[97] Vgl. zu Problemen und offenen Fragen z. B. provet/ GMD 1994a, 97 ff. und 199 ff.

[98] In qualifizierenden Zertifikaten wird nicht nur der Name des Schlüsselinhabers bestätigt, sondern bspw. auch seine Zuständigkeit oder Zeichnungsberechtigung. Vgl. dazu provet/ GMD 1994a, 206 ff.

jeder Bürger unabhängig von anderen Anwendungen und deren möglichen Beschränkungen die elektronische Geschäftsfähigkeit erhalten kann.[99]

Durch diese Anforderungen dürften sich bereits erhebliche Unterschiede zu Sicherungsinfrastrukturen für andere Zwecke ergeben. Um zu gewährleisten, daß für die genannten Ziele ein Mindeststandard erreicht wird, könnte für eine Sicherungsinfrastruktur zur rechtsverbindlichen Telekooperation eine staatliche Trägerschaft oder zumindest eine staatliche Aufsicht über die Träger erforderlich sein.[100] Obwohl eine einheitliche und geregelte Sicherungsinfrastruktur für rechtsverbindliche Telekooperation naheliegt, sind politische Initiativen dafür leider noch nicht erkennbar.[101]

1.3.2.3 Elektronischer Zahlungsverkehr

Anwendungen des elektronischen Zahlungsverkehrs sind ein Spezialfall rechtsverbindlicher Telekooperation. Die Institutionen des Kreditwesens werden an einer eigenen Sicherungsinfrastruktur zur Organisation der Geschäftsbeziehungen zu ihren Kontoinhabern interessiert sein.

Kontobezogene Transaktionen

Für kontobezogene Transaktionen wird *heute* die beschriebene Sicherungsinfrastruktur mit symmetrischen Schlüsselverfahren betrieben.[102] Darüber hinaus sichern einige Banken Nachrichten im Interbankenverkehr schon mit digitalen Signaturen gegen Manipulation.[103]

Gegenwärtig wird beispielsweise in Deutschland oder auch in der Schweiz geprüft, wie eine Zertifizierungshierarchie der Geldinstitute zu organisieren ist. Für die Kundenbeziehung zu professionellen Anwendern stehen Software-Lösungen bereits zur Verfügung.[104] Vor dem breiten Einsatz von digitalen Signaturen im Kundenverkehr müssen allerdings die Eurocheque-Karten und die Kartenzugangsgeräte auf die Chipkartentechnik umgestellt werden.[105] Die Realisierung einer neuen, möglicherweise auch zusätzlichen Sicherungsinfrastruktur wird daher erst *mittelfristig* nennenswerte Außmaße annehmen. Wird im Kreditwesen

---

[99] So sollte verhindert werden, daß die Verfügungsmöglichkeit über ein Schlüsselpaar zur rechtsverbindlichen Telekooperation von den ökonomischen Entscheidungen einzelner Unternehmen abhängt. Für den bargeldlosen Zahlungsverkehr bspw. dürfte dies dagegen mit der Entscheidung der (privatisierten) Postbank, keine Neukunden mit "harten Merkmalen" im Register der Schuldenfachauskunft (Schufa) zu akzeptieren (Darmstädter Echo v. 23. 12. 1994), der Fall sein.

[100] Vgl. Roßnagel, Kap. 4., 165, in diesem Band.

[101] Siehe dazu unten Kapitel 1.3.3.

[102] Vgl. oben Kapitel 1.2.2.1.

[103] Vgl. z. B. Herda 1992, 31 ff.

[104] Vgl. Köhrer 1992.

[105] Nach VDI-Nachrichten, 8. 7. 1994, sollen die Eurocheque-Karten künftig mit einem Chip ausgestattet werden. Fietta 1989, 155, und Kiranas, DuD 1995, 42, erwarten einen Umstellungszeitraum von 5-15 Jahren.

das bisherige Ziel branchenweiter Karten-Lösungen auch für digitale Signaturen aufrecht erhalten,[106] bestehen *langfristig* besonders gute Voraussetzungen, eine einheitliche Sicherungsinfrastruktur mit hohem Deckungsgrad zu erreichen.

Eine eigene Sicherungsinfrastruktur für den elektronischen Zahlungsverkehr dürfte aus mehreren Gründen zu erwarten sein. Die Kreditinstitute werden auch in Zukunft daran interessiert sein, ihre spezifischen Sicherungsziele durchzusetzen und eigene Sicherungsmaßnahmen zu ergreifen.[107] Sinnvoll werden Zertifikate sein, deren Inhalt auf die Finanztransaktionen abgestimmt ist.[108] Auch die Wahl der Gültigkeitsdauer und Sperrung der Zertifikate bzw. öffentlichen Schlüssel sollte abhängig von der Bonität der Kunden erfolgen können und keine Auswirkungen auf andere Anwendungen haben.

Der Zweck der Sicherungsinfrastruktur im Zahlungsverkehr könnte, ähnlich wie heute, auf unmittelbar kontowirksame Transaktionen begrenzt sein, für die die Kreditinstitute auch eine Zahlungsgarantie übernehmen. Dagegen könnten beispielsweise elektronische Überweisungen oder Lastschrifteinwilligungen[109] als Willenserklärungen aufgefaßt werden, die mit Schlüsseln aus der Sicherungsinfrastruktur für rechtsverbindliche Telekooperation signiert werden.

Elektronische Geldbörsen
Sowohl im Bereich des Kreditgewerbes als auch bei den Telekommunikationsunternehmen in Europa werden Anstrengungen unternommen, eine elektronische Börse zu standardisieren.[110] Sie soll *mittel-* und *langfristig* einen Teil des Bargeldverkehrs, vor allem auch Kleingeld, ersetzten. Im Unterschied zu Wertkarten, die vom Dienstleistungsanbieter selbst herausgegeben werden, wie etwa Telefonkarten, muß bei elektronischen Börsen ein "clearing" zwischen den Ausgabe- und Akzeptanzstellen erfolgen. Sie sollen trotz Anonymität der Börseninhaber "mehrseitige Sicherheit" für alle Beteiligten erlauben.

Elektronische Börsen können auch mit öffentlichen Schlüsselverfahren realisiert werden.[111] Für die "Ausgabe" und Verbuchung elektronischen Geldes würde eine eigene Sicherungsinfrastruktur aufgebaut. Die Beweisbarkeit von Transaktionen wäre für jeden Beteiligten hoch und würde nicht nur auf den Sicherungsmaßnahmen des Betreibers beruhen. Offen ist allerdings, ob sich die Entscheidungsträger[112] darauf einigen, die neuen technischen Möglichkeiten zu nutzen. Sie könnten auch aus Kosten- oder Performance-Gründen Chipkarten mit

---

[106] Vgl. Klein 1993.

[107] Vgl. z. B. Roßnagel 1993, 160.

[108] Z. B. mit Kontonummer, Bankleitzahl, Höchstbetrag für eine Transaktion.

[109] Wie beim elektronischen Lastschriftverfahren (ELV), vgl. z. B. Klein 1993, 298 ff.

[110] Vgl. z. B. Effing 1994.

[111] Vgl. z. B. Chaum, Informatik Spektrum 1987; Beutelspacher/ Hueske/ Pfau, Informatik Spektrum 1993.

[112] Aus heutiger Sicht für Deutschland vor allem die künftigen Dienstbetreiber aus dem Kreditwesen bzw. deren Dachverbände und der Telekommunikationswirtschaft.

"klassischen" Verschlüsselungsverfahren und organisatorischen Maßnahmen kombinieren.

1.3.2.4 Öffentliche Verwaltung

Ein weiterer besonderer Anwendungsbereich rechtsverbindlicher Telekooperation ist der Dokumentenaustausch von staatlichen Verwaltungen zum Bürger sowie die Internbeziehungen der Exekutive.[113] Die Verwendung digitaler Signaturen durch die öffentliche Verwaltung könnte, insbesondere mit qualifizierenden Zertifikaten, die Rechtssicherheit und Transparenz bei künftigen elektronischen Bescheiden für den Bürger verbessern. Als erste Institution im öffentlichen Bereich setzt Interpol bereits *heute* ein öffentliches Schlüsselsystem zur Sicherung seiner Telekommunikation ein.[114] In weiten Bereichen der öffentlichen Verwaltung wird der Einsatz von Informations- und Kommunikationstechnik ausgebaut.

Mittelfristig könnte der Druck auf die Verwaltung wachsen, zumindest mit professionellen Anwendern telekooperativ zu verkehren. Die erforderliche Technikausstattung für eingehende digital signierte Dokumente könnte auch genutzt werden, um elektronische Bescheide zu signieren. Gesicherte Telekooperation könnte auch helfen, die Organisationsprobleme verteilter Behörden, beispielsweise zwischen Bonn und Berlin oder in der EG, zu vermindern.

Einen besonderen Stellenwert für die rechtsverbindliche Telekooperation mit staatlichen Einrichtungen hat die Rechtspflege.[115] Hilfreich könnte es z. B. sein, die von Registergerichten mit öffentlichem Glauben versehenen Zusicherungen elektronisch verwenden zu können, insbesondere Einträge aus dem Grundbuch, dem Handels- und dem Vereinsregister. Im Rahmen des Registerverfahrensbeschleunigungsgesetzes (RegVBG) wird seit Dezember 1993 die Möglichkeit eröffnet, öffentliche Register elektronisch zu führen. Deren künftige Sicherungsinfrastruktur könnte sowohl die Sicherung der zu speichernden sensitiven Registerdaten als auch für die Telekooperation mit Notaren, Banken und Bürgern genutzt werden und Modellfunktion erhalten.

Durch Rechtsanpassung für Verwaltung und Rechtspflege müßten allerdings erst weitere Voraussetzungen für den Einsatz rechtsverbindlicher Telekooperation geschaffen werden. Um die Chancen aus Initiativen wie dem RegVBG oder im Bürgerkontakt nutzen zu können, müssen als Voraussetzung, die Behörden

---

[113] Zur verfassungsrechtlichen Einordnung einer Sicherungsinfrastruktur der öffentlichen Verwaltung siehe Roßnagel, Kap. 4., 143 ff., 159, in diesem Band.

[114] Siehe Brand 1992.

[115] Zwar ist die Judikative nach der staatlichen Gewaltenteilung eigenständig, ihre Zertifizierungsinstanzen könnte jedoch über die Verwaltung der Rechtspflege (Justizverwaltung) in die Zertifizierungshierarchie der öffentlichen Verwaltung eingeordnet werden. Ob dies aus politischen, rechtlichen, organisatorischen und technischen Gründen anzustreben oder abzulehnen ist, bleibt zu prüfen. Vgl. zu Realisierungsmöglichkeiten auch provet/ GMD 1994a, 59 ff und 83f.

und Sachbearbeiter sowie die Gerichte und ihre Mitarbeiter zunächst mit Technik und zertifizierten Schlüsselpaaren ausgestattet werden.

Im Kontakt zum Bürger dürfte allerdings noch lange Zeit Papier das vorherrschende Medium sein. *Langfristig* könnte allerdings - eine Sicherungsinfrastruktur für rechtsverbindliche Telekooperation vorausgesetzt - Telekooperation als Alternative eine gleichwertige Bedeutung erlangen. Denkbar wäre auch, daß einige Ausweissysteme elektronisch mit öffentlichen Schlüsselverfahren und Chipkarten realisiert werden, beispielsweise Führerscheine[116]. Sinnvoll erscheint dies insbesondere in Anwendungsfeldern, in denen andere Dokumente (Frachtpapiere, Fahrtenschreiber) ebenfalls elektronisch vorliegen und die Institutionen, die die Prüfung vornehmen, mit der notwendigen Technik ausgestattet werden können.

Eine eigene Sicherungsinfrastruktur für die öffentliche Verwaltung liegt nahe, wenn in ihr zweckspezifische Zertifikate eingesetzt werden sollen.[117] Die Behörden und andere öffentliche Institutionen dürften dabei anstreben, die Sicherungsmaßnahmen an den Zuständigkeiten zu orientieren. Auch wegen der verfassungsrechtlich gebotenen Gewaltenteilung[118] könnte es notwendig sein, die Sicherungsinfrastruktur von den Behörden selbst betreiben zu lassen.

1.3.2.5 Straßenverkehr

Gegenwärtig werden in der Bundesrepublik und in anderen europäischen Ländern die Vorbereitungen getroffen, um ab 1998 auf Autobahnen elektronische Mautsysteme einführen zu können.[119] Sie sollen ohne Störung des Verkehrsflusses eine automatische Erfassung entfernungs- oder tageszeitbezogener Straßennutzungsgebühren ermöglichen. Diskutiert wird die Einführung solcher Systeme auch für den Zugang zu Innenstädten und Naherholungszonen oder zur Parkraumbewirtschaftung.[120] Welches organisatorische und technische Konzept realisiert werden soll, ist noch offen und wird erst nach Abschluß von laufenden Feldversuchen entschieden.

Mehrere technische Konzeptvorschläge für Road-Pricing-Systeme sehen den Einsatz digitaler Signatur- und Verschlüsselungsverfahren vor. Verschlüsselungsverfahren sollen beispielsweise die Datenübertragung zwischen Fahrzeugen und straßenseitigen elektronischen Mautbaken gegen Lauschangriffe absichern. Signaturverfahren könnten unter anderem dazu eingesetzt werden, um eine Verfälschung dieser Daten, eine Wiederholung einmal vom Fahrzeug ausgesendeter Daten oder andere Angriffe zu erschweren bzw. praktisch unmöglich zu ma-

---

[116] Vgl. z. B. Källström 1992; Gürgens 1994.
[117] In qualifizierenden Zertifikaten könnten auch die Zuständigkeiten von Sachbearbeitern ausgedrückt werden.
[118] Vgl. dazu auch Roßnagel, Kap. 4., 159, in diesem Band.
[119] BMV, Autobahn-Tech 1994a, 2.
[120] BMV 1993, 2f. und 8f.

chen.[121] Nach einem Vorschlag sollen mit digitalen Signaturen "elektronische Fahrscheine" ausgestellt werden. Dazu versieht eine elektronische Mautstation am Straßenrand die Streckeninformation mit einem Zeitstempel und signiert sie elektronisch. Der elektronische Fahrschein wird an die Fahrzeugkomponente des Mautsystems übermittelt. Mobile Kontrollstellen können ihn zu einer "Fahrscheinkontrolle" jederzeit von außen auslesen.[122]

Fällt die Entscheidung zugunsten eines Konzepts mit digitalen Signaturen, könnte *mittelfristig* eine Sicherungsinfrastruktur für Mautsysteme entstehen, die - zumindest in der Bundesrepublik - eine nahezu vollständige Abdeckung der motorisierten Teilnehmer des Straßenverkehrs erreichen dürfte. Elektronische Mautsysteme sind politisch allerdings umstritten.[123] Da außerdem Entscheidungen europaweit abgestimmt werden müssen und beispielsweise in der Bundesrepublik eine Reihe von Rechtsfragen zu klären sind,[124] könnte ihre Einführung erheblich verzögert oder ausgesetzt werden.

Sicherungsinfrastrukturen könnten darüber hinaus auch in andere Dienstleistungen für die Verkehrsteilnehmer eingesetzt werden. Beispielsweise bestünde die Möglichkeit, den Zugang zu Verkehrsinformations- oder Verkehrsleitdiensten über Zertifikate zu steuern.

Beim Betrieb von Mautabrechnungssystemen dürften sich ähnliche Beziehungen zwischen den Beteiligten ergeben, wie dies im GSM bereits der Fall oder bei elektronischen Börsen zu erwarten ist. Signaturverfahren könnten auch hier mehrseitige Sicherheit unterstützen. Aus dem Anwendungszweck könnten sich eine Reihe spezifischer Anforderungen ergeben, die den Betrieb einer eigenen Sicherungsinfrastruktur nahelegen. So müssen möglicherweise die frei stehenden Baken oder andere Formen von Mautstationen mit geheimen Schlüsseln ausgestattet sein. Elektronische Mautsysteme sollen den fließenden Verkehr nicht behindern. Deshalb ist zu erwarten, daß auch die technischen Einrichtungen in den Fahrzeugen zumindest teilweise ohne die Mitwirkung von Menschen arbeiten. Funktionen zum Verschlüsseln und Signieren dürften also automatisch ausgelöst werden. Solche Signaturen sollten von bewußt ausgelösten unterschieden werden können. Die kurzen Zeitspannen für den Datenaustausch zwischen Bake und Fahrzeug könnten extrem schnelle Berechnungen und Transaktionen erfordern und deshalb Einfluß auf die Datenformate (z. B. Zertifikate) und Sicherheitsanforderungen (Schlüssellänge) haben.

---

[121] In diesem Sinne wohl BMV, Autobahn-Tech 1994b, 2 ff.

[122] Siemens 1994.

[123] Kritiker bezweifeln, ob mit Mautsystemen die offiziell genannten verkehrs- und umweltpolitischen Ziele erreicht werden können (Ansorge/ Klein/ Kubicek, Frankfurter Rundschau 22. 6. 1993). Vermutet wird, daß der Hauptzweck von Straßenbenutzungsgebühren darin bestehe, ein elektronisches Kassensystem für die Autobahnnetzprivatisierung zu schaffen. In diesem Fall wären die Betreiber an viel Verkehr interessiert, was zumindest ökologischen Zielvorstellungen zuwiderlaufen würde.

[124] Vgl. Roßnagel/ Pordesch 1994, provet-PB 12.

Die Sicherungsinfrastruktur müßte nicht nur für die Zwecke des Individualverkehrs eingesetzt werden. Um die kombinierte Nutzung verschiedener Verkehrssysteme zu unterstützen, könnten auch die Träger des öffentlichen Personennahverkehrs, die Deutsche Bahn AG und weitere in eine gemeinsame Sicherungsinfrastruktur für das Verkehrswesen eingebunden werden. Eine Sicherungsinfrastruktur für das Verkehrswesen könnte für Teilzwecke zu den Sicherungsinfrastrukturen bereits vorgestellter Anwendungsbereiche inhaltlichen Nähe aufweisen. Durch elektronische Maut- und Fahrscheinsysteme anderer Verkehrsträger sollen Gebühren erhoben werden. Dazu sind Zahlungstransaktionen erforderlich. Sie könnten sowohl innerhalb der Sicherungsinfrastrukturen elektronischer Mautsysteme als auch mit einem Rückgriff auf die Sicherungsinfrastruktur des elektronischen Zahlungsverkehrs abgewickelt werden.[125] Beispielsweise könnten die Betreiber der Mautsysteme eine eigene elektronische Geldbörse für anonymes Bezahlen im Straßenverkehr realisieren oder sogar mit dieser in Konkurrenz zu anderen Anbietern aus der Kreditwirtschaft oder der Telekommunikationswirtschaft treten. Sie könnten aber auch als Anwender deren Dienstleistungen für anonyme Zahlungstransaktionen für die Mautabrechnung nutzen.[126] Bezüge könnten auch zur öffentlichen Verwaltung, beispielsweise über elektronische Führerscheine, entstehen.[127]

1.3.2.6 Gesundheitswesen

Im Gesundheitswesen wurde 1993/94 bundesweit die Krankenversicherten(chip-)karte eingeführt. Sie ist eine Speicherkarte mit genau festgelegtem Datenumfang, auch die zugelassenen Lesegeräte für die Arztpraxen sind in ihrer Funktion begrenzt.[128] Zwar läßt das Konzept weiterhin die Verwendung von Papier zu, allerdings wird mit einem erheblichen Schub für die Informatisierung der Arztpraxen gerechnet. *Gegenwärtig* wird aber ein weiterer Ausbau der Chipkartenanwendung nur vorsichtig diskutiert.

Mittel- oder *langfristig* könnten allerdings durch weiteren Kostendruck im Gesundheitswesen der Ausbau von Kartenanwendungen angestrebt werden. Zum einen könnten Verwaltungsbereiche, wie das Verordnungswesen, auf elektronisch signierte Dokumente umgestellt werden.[129] Zum anderen könnten auf Chipkarten auch medizinische Daten oder Verweise auf sie verwaltet werden.[130] Offen ist bisher allerdings, zu welchen Zwecken und in welcher Form kryptographische Sicherungsfunktionen benötigt werden.

---

[125] Oben, Kapitel 1.3.2.3.

[126] Voraussetzung ist eine geeignete Standardisierung der verschiedenen Anwendungen auf einer multifunktionalen Chipkarte.

[127] Oben, Kapitel 1.3.2.4.

[128] Vgl. z. B. Debold 1994.

[129] Siehe z. B. zum elektronischen Rezept Struif 1992b.

[130] Vgl. z. B. Köhler 1992; zu verschiedenen Verwendungsmöglichkeiten und einer juristischen Wertung auch Bizer 1994b, provet-AP 142 mwN.

Da die Transaktionen und Daten im Gesundheitswesen allgemein als sehr sensitiv angesehen werden und besondere Geheimhaltungsvorschriften bestehen, dürften sich jedoch für einige Sicherungszwecke öffentliche Schlüsselverfahren anbieten. Um den Anwendungsbereich gegenüber anderen abzuschotten, das Recht auf informationelle Selbstbestimmung durchzusetzen und anwendungsspezifische Sicherungsfunktionen zu unterstützen, könnte dafür *langfristig* eine eigene Sicherungsinfrastruktur eingerichtet werden. Je nach Anwendung würde sie ebenfalls schnell einen hohen Deckungsgrad erreichen.

1.3.2.7 Abgegrenzte Sicherungsinfrastrukturen für interne Anwendungen

Neben diesen allgemeinen Anwendungsfeldern für Sicherungsinfrastrukturen wird es eine Reihe von spezifischen Zwecken in Organisationen geben, für die interne Sicherungsinfrastrukturen eingesetzt werden können. Beispielsweise Zugangskontrollen für Gebäudebereiche, Rechner,[131] Tennisplätze, digitale Signaturen für die Sicherung der unternehmensinternen Telekooperation,[132] für Abrechnungsverfahren in geschlossenen Gruppen oder andere Anwendungen könnten mit Hilfe von öffentlichen Schlüsselverfahren realisiert werden. Unternehmen, Vereine oder auch lose zusammengeschlossene Gruppen könnten dazu ihre eigenen Sicherungsinfrastrukturen aufbauen. Beispielsweise begann der Daimler-Benz-Konzern 1994 mit dem Aufbau einer unternehmensinternen Sicherungsinfrastruktur, mit der konzernweit Daten für die Übertragung signiert und verschlüsselt werden können.[133] Ebenfalls unternehmensintern wurde in einem Feldversuch im Institut für Telekooperationstechnik der GMD Darmstadt 1991 eine elektronische Urkaubskarte realisiert. Die Versuchsteilnehmer signierten elektronisch mit Schlüsselpaaren, die in einer interen Sicherungsinfrastruktur verwaltet wurden.[134]

Aufgaben interner Sicherungsinfrastrukturen werden auch als Markt für neue Dienstleistungen gesehen. So bietet TELESEC[135] bereits heute an, Schlüsselgenerierung, Zertifizierung, Personalisierung und das Führen von Verzeichnissen für Auftraggeber zu übernehmen. Interessant können solche Angebote besonders für kleinere oder mittlere Unternehmen sein, die den Verwaltungsaufwand oder notwendige hohe Sicherungsmaßnahmen scheuen und deshalb die Auslagerung von Verwaltungsmaßnahmen vorziehen. Sie können "ihre" Sicherungsinfrastruktur sowohl intern wie auch für Kundenbeziehungen einsetzen.

Solche internen oder durch Dienstleister bereitgestellten Sicherungsinfrastrukturen werden *mittel-* und *langfristig* ihre Bedeutung behalten. Ob die Betreiber jeweils auch eine eigenständige Schlüsselverwaltung aufbauen oder ledig-

---

[131] Vgl. dazu z. B. den Zertifikat-Standard von ECMA 1989, 22.
[132] Vgl. provet 1993, provet-PB 8; provet/ GMD 1994b, provet-PB 11.
[133] Staudinger, KES 1994, 12 ff.
[134] Vgl. z. B. provet/ GMD 1994b, provet-PB 11.
[135] Ein Produktbereich der deutschen Telekom. Vgl. Kowalski 1992, 27 ff.

lich zusätzliche Verzeichnisse und Funktionen zu bereits bestehenden verwenden, wird von den jeweiligen Sicherheitsanforderungen, dem technischen Aufwand, den organisatorischen Überlegungen und rechtlichen Rahmenbedingungen[136] abhängen. Sie werden dann verwendet werden, wenn der Teilnehmerkreis groß genug ist und genügend Gründe für eine unabhängige Schlüsselverwaltung vorliegen.

1.3.3 Szenario-Varianten

Zwar scheint sich die Anwendung von öffentlichen Schlüsselverfahren abzuzeichnen,[137] sie ist aber noch nicht gesichert. Auch die Schlüsselverwaltung muß nicht notwendig in eine oder mehrere gesellschaftliche Infrastrukturen zur Sicherung von Telekooperation münden. Das vorgestellte Szenario ist in dieser frühen Phase der Entwicklung von Sicherungsinfrastrukturen noch mit hoher Unsicherheit behaftet.[138] Beispielsweise könnte auch angenommen werden, daß sich öffentliche Schlüsselverfahren nicht in breitem Umfang durchsetzen werden. In Szenarien mit dieser Randbedingung dürfte Papierdokumenten und "klassischen" technischen Sicherungsmaßnahmen weiterhin eine hohe Bedeutung zukommen.[139] Ein solches Szenario dürfte aber nur dann künftige Realität beschreiben, wenn, soweit dies bisher erkennbar ist, eine deutliche Trendverschiebung eintritt. Trendveränderungen könnten sich beispielsweise aus praktischen Problemen in der Anwendung von Sicherungsinfrastrukturen für offene Telekooperation ergeben. Hier sollen solche Alternativen aber nicht weiter verfolgt werden, da unser Interesse der Entwicklung und Gestaltung von Sicherungsinfrastrukturen gilt.

Auch das vorgestellte Szenario ist jedoch nur eine von mehreren möglichen Zukünften *mit* einer gesellschaftlichen Sicherungsinfrastruktur. Aus wievielen anwendungsspezifischen Sicherungsinfrastrukturen diese künftig bestehen wird und für welche Zwecke sie bestimmt sein werden, ist heute keineswegs festgelegt. Um die Bandbreite der möglichen Entwicklung zu skizzieren, werden einige Alternativszenarien skizziert, die bei leicht veränderten Trends erwartet werden könnten. Die Varianten können sich unter anderem durch unterschiedliche Diffusionsgeschwindigkeiten ergeben. Solche zeitlichen "Fehlannahmen" sind jedoch für die Überlegungen der weiteren Beiträge nur sekundär von Bedeutung. Primär interessiert hier die Anwendungsbreite und der Durchdringungsgrad einzelner Anwendungsfelder mit Sicherungsinfrastrukturen.

---

[136] Beispielsweise könnten Querzertifikate aus verschiedenen Gründen verboten werden, vgl. Hammer 1994b, provet-AP 148, Kap. 5. und Kap. 6.4. Zu rechtlichen Gestaltungsoptionen Roßnagel, Kap. 4., in diesem Band.

[137] Vgl. verschiedene Beiträge in Reimer/ Struif 1992.

[138] Zum Prozeß der Technikgenese siehe unten 38.

[139] Vgl. dazu bspw. die Hinweise zur Verletzlichkeit dieser beiden Varianten in Hammer, Kap. 3., 129 ff., in diesem Band.

Hohe Konzentration auf eine Sicherungsinfrastruktur
In einem der genannten Anwendungsfelder, beispielsweise der rechtsverbindlichen Telekooperation oder dem Zahlungsverkehr, könnte durch eine schnelle Initiative der Entscheidungsträger bereits *mittelfristig* eine Sicherungsinfrastruktur mit hohem Deckungsgrad angestrebt werden. In ihr könnten hohe Sicherungsstandards realisiert sein. Verstehen die Betreiber ihre Sicherungsinfrastruktur auch als Dienstleistungsangebot, könnten sie zulassen, daß auch Anwendungsprogramme Dritter auf die Sicherungsfunktionen des öffentlichen Schlüsselverfahrens zugreifen.

Reicht beispielsweise die Signaturfunktion der Sicherungsinfrastruktur des Zahlungsverkehrs aus, um die Sicherungsziele anderer Anwendungsanbieter zu erreichen, könnten sie weitgehend auf eine eigene Sicherungsinfrastruktur verzichten. Sie könnten die primäre Sicherungsinfrastruktur auch um Teile einer eigenen ergänzen, z. B. um einen eigenen Verzeichnisdienst für die Autorisierung oder Sperrung. Sie könnten auch für die bereits im Besitz der Teilnehmer befindlichen öffentlichen Schlüssel weitere anwendungsspezifische Zertifikate ausstellen.[140] Für die Sekundär-Dienstleister würde sich der Aufwand und damit die Kosten ihres Sicherungsaufwandes verringern. *Langfristig* könnte so eine Sicherungsinfrastruktur entstehen, auf die viele Sicherungszwecke konzentriert würden.

Ein Konzentrationsprozeß mit einem ähnlichen Ergebnis könnte sich *langfristig* auch ergeben, wenn zunächst entstandene anwendungsspezifische Sicherungsinfrastrukturen zusammenwachsen. In beiden Fällen ist allerdings zu erwarten, daß sich weniger sensitive Anwendungen auf Sicherungsinfrastrukturen mit hohem Sicherungsgrad stützen.

Keine staatlich geregelte Sicherungsinfrastruktur
für rechtsverbindliche Telekooperation
Ob eine Sicherungsinfrastruktur für einen Anwendungsbereich entstehen kann, hängt wesentlich davon ab, ob es Foren gibt, in denen die notwendigen rechtlichen, organisatorischen und technischen Entscheidungen getroffen werden können. So gab es Verhandlungen für das Electronic-cash-Konzept in und zwischen verschiedenen Gremien der Kreditwirtschaft und des Handels.[141] Eine ungünstigere Ausgangssituation liegt vor, wenn die verschiedenen Interessengruppen in sich nicht organisiert sind oder keine gemeinsamen Gremien bilden (Organisationslücke bzw. Vertretungslücke[142]). In diesem Sinne müßten auch die Rahmenbedingungen für die in vielen Feldern relevante rechtsverbindliche Telekooperation ausgehandelt und festgelegt werden. Sollen die Ergebnisse

---

[140] Vgl. zu Mehrfachzertifikaten Hammer 1994b, provet-AP 148, insbesondere Kap. 4.3.

[141] Vgl. die Diskusion bei Klein 1993, 107 ff. zu den Arenen des Aushandlungsprozesses.

[142] Vgl. zum Begriff und dem Beispiel "elektronische Börse" Ansorge/ Klein/ Kubicek/ Schleusener 1993, 7; Kubicek/ Klein 1994, 48 ff.

abgesichert sein und gesamtgesellschaftlich gelten, bedarf es rechtlichen Regelungen. Der für die Weiterentwicklung rechtlicher Rahmenbedingungen verantwortliche "Hauptakteur" Staat ergreift allerdings bisher keine Initiative.[143]

Gerade von einer Sicherungsinfrastruktur für rechtsverbindliche Telekooperation werden jedoch große Fortschritte für die Telekooperation erwartet. Eine mögliche Lösung wäre daher, daß die Sicherungsziele für rechtsverbindliche Telekooperation von anderen Sicherungsinfrastrukturen mit übernommen werden.[144]

Lassen andere Anwendungsbereiche die Verwendung ihrer Sicherungsfunktionen zu, könnte dadurch der im letzten Abschnitt beschriebene Konzentrationsprozeß motiviert oder zusätzlich forciert werden. Alternativ könnten viele Sicherungsinfrastrukturen die Rechtsverbindlichkeit sichern (wollen). Diese dürften allerdings hinsichtlich der Zusicherungen inhomogen und zweckbezogen ausgerichtet sein. Die Beteiligten müssen die gegenseitige Anerkennung von Schlüsselverwaltungen und digitalen Signaturen über bi- oder multilaterale Verträge absichern. Dies wird mit hoher Wahrscheinlichkeit für die Telekooperation zwischen Unternehmen zumindest mittelfristig zu erwarten sein, denn nur wenn die elektronischen Dokumente eine ausreichende Sicherheit und Rechtsverbindlichkeit erhalten, können auch die Rationalisierungspotentiale von EDI voll erschlossen werden. Sofern keine gesellschaftliche Sicherungsinfrastruktur entsteht, die ihre Bedürfnisse befriedigt, werden die an EDI interessierten Organisationen daher versuchen, eigene Sicherungsmaßnahmen zu ergreifen und untereinander abzustimmen.[145]

Starke Diversifikation von Sicherungsinfrastrukturen

Gelingt es den Dienstleistungsanbietern in den verschiedenen Anwendungsbereichen nicht, sich auf gemeinsame Standards zu verständigen, dürften viele kleinere spezifische Sicherungsinfrastrukturen entstehen. Sie werden, weil sie den Teilnehmer nur in geringerem Maße Vorteile bieten und Synergieeffekte ausbleiben, einen relativ geringeren Deckungsgrad erreichen.

Für zwei Anwendungsfelder würde dies allerdings dem bisherigen Trend und den Nutzungskonzepten widersprechen. Der hohe Bedarf an Telekommunikation und deren Internationalisierung lassen Insellösungen, beispielsweise zur Verschlüsselung, weitgehend aussichtslos erscheinen[146]. Ähnliches gilt für die Funktionen des elektronischen Zahlungsverkehrs. Ihren vollen Nutzen können sie nur dann entfalten, wenn ein sehr dichtes Netz an Akzeptanzstellen entsteht

---

[143] Auf EG-Ebene wurde allerdings jetzt ein *Vorschlag für ein Forschungsprogramm* entwickelt, EG-Kom 1994b.

[144] Der Beweiswert der digitalen Signaturen würden dann im Zuge der Rechtsprechung festgestellt. Bizer/ Hammer/ Pordesch 1995, Kap. 7.

[145] Vgl. Scheidegger/ Zbornik 1993, 51 ff.; Kilian, DuD 1993, 609; EG-Kom 1994a. Zu rechtlichen Problemen möglicher Vertragskonstruktionen vgl. auch Bizer/ Hammer/ Pordesch 1995, Kap. 7.1.3.

[146] Vgl. auch z. B. Rihaczek, DuD 1994a, 452.

und kein zusätzlicher Aufwand für lokale Speziallösungen zu treiben ist. Auch wenn keine Branchenlösungen entwickelt und etabliert werden, dürften deshalb in beiden Bereichen Konzentrationsprozesse auf wenige de-facto-Standards stattfinden.

1.4   Ausgangssituation für vorlaufende Technikgestaltung

Welche Sicherungsinfrastrukturen benötigen wir und wie sollen diese ausgestaltet werden? Die künftige "Sicherungsinfrastrukturlandschaft" - das Nebeneinander verschiedener Zwecke und Ausprägungen von Sicherungsdiensten - gleicht gegenwärtig einem noch sehr unvollständigen Puzzle. Es ist keineswegs sicher, ob die erkennbaren Trends und angedachten technischen Lösungen sich zu einem einheitlichen Bild zusammenfügen werden - und wem das dann entstandene Mosaik "gefallen" wird. Welche Möglichkeiten aber bieten sich, um gesellschaftlich akzeptierte oder sogar gewünschte Sicherungsinfrastrukturen zu erhalten? Dazu soll abschließend der Blick auf den Prozeß der Technikgenese gelenkt und die Technikgestaltung für Sicherungsinfrastrukturen motiviert werden.

Die *Genese* von Techniksystemen, wie Sicherungsinfrastrukturen, entwickelt sich in mehreren Schritten.[147] In einer *Explorationsphase* werden zunächst vielfältige Technikvarianten entwickelt und erprobt. In der *Mainstream-Definitionsphase* kristallisieren sich die Lösungen heraus, die von den Entscheidungsträgern präferiert werden. Sie erreichen in der *Diffusionsphase* einen hohen Deckungsgrad im Anwendungsfeld. Die während des anschließenden Routinebetriebs gewonnen Erfahrungen können zu Veränderungen in Technik und Organisation führen, beispielsweise um auf Handhabungs-, Sicherungs- oder Akzeptanzprobleme zu reagieren (*Reaktionsphase*, vgl. Abb. 3).

Die Genese der Techniksysteme sollte möglichst dahingehend beeinflußt werden, daß die erforderlichen Veränderungen in der Reaktionsphase möglichst gering gehalten werden können. Damit werden zwei Ziele verfolgt. Einerseits soll vermieden werden, daß hohe Kosten durch nachträgliche Korrekturen von Technik und Organisation entstehen, hier für die Technik und Organisation von Sicherungsinfrastrukturen. Andererseits führt der hohe Aufwand Technikänderung zu einem "Beharrungsvermögen" der einmal gefundenen Lösungen. Spät erkannte Folgen der Technikanwendungen, die sozial oder politisch unerwünscht sind, können deshalb nur schwer verhindert oder korrigiert werden (Sachzwänge).[148] Durch *vorlaufende Technikgestaltung* sollte deshalb angestrebt werden, eine sozialverträgliche Technikentwicklung und -nutzung zu erreichen.

---

[147] Vgl. zum folgenden Roßnagel 1993, 67 ff.; Kubicek u.a. 1993, Workshop-Dokumentation, 5 ff.; zu einem Phasenmodell für die Genese von *großen technischen Systemen* (GTS) siehe auch z. B. Mayntz 1988, 240 ff.

[148] Vgl. z. B. Roßnagel 1993, 29f.

Während für öffentliche Schlüsselverfahren gegenwärtig die Mainstream-Definition stattfinden dürfte, steht die Konzeption von Sicherungsinfrastrukturen noch in der Explorationsphase. Die wenigen heutigen Schlüsselverwaltungskonzepte sind in der Regel auf einzelne Anwendungsbetreiber, wie Firmen, oder abgegrenzte Gruppen von Organisationen begrenzt. Erfahrungen für offene Anwendun-

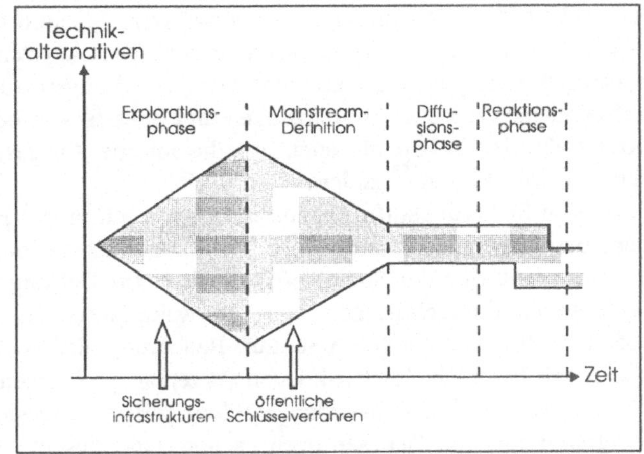

Abb. 3: Phasen der Technikgenese mit Bandbreite der eingesetzten Technikalternativen.[149] Der gegenwärtige Entwicklungsstand für Sicherungsinfrastrukturen und öffentliche Schlüsselverfahren ist gekennzeichnet.

gen (beliebige Dienstleistungserbringer, beliebige Kunden) und bereichsübergreifende Konzepte (beispielsweise Telefonieren, elektronische Börse und elektronisches Signieren mit einer Chipkarte) liegen noch nicht vor.

Durch diese Ausgangssituation wissen wir gegenwärtig noch nicht, welche Sicherungsinfrastrukturen sich herausbilden werden. Allerdings bietet dies gleichzeitig die Chance, heute mit vergleichsweise guten Erfolgsaussichten gestaltend auf die Entwicklung von Technik, Organisation und Recht von Sicherungsinfrastrukturen Einfluß zu nehmen. Welche künftige Sicherungsinfrastruktur aber sollen wir heute für die Gesellschaft wollen? Damit stellen sich Fragen nach den Gestaltungszielen und Steuerungsmöglichkeiten für die Genese von Sicherungsinfrastrukturen. Antworten sind zu erwarten, wenn folgende drei Forschungs- und Entwicklungsaufgaben gelöst werden und die Ergebnisse in Maßnahmen der Techniksteuerung aufgegriffen werden. Zum ersten sollte dringend der Gestaltungsprozeß organisiert werden, um unter Beteiligung aller relevanten Gruppen Ziele und Leitbilder für gesellschaftlich wünschenswerte Sicherungsinfrastrukturen finden zu können.[150] Zum zweiten sind, vorrangig unter Verwendung normativer Kriterien, wie der Verfassungsverträglichkeit oder Ver-

---

[149] Bild nach: Kubicek u.a. 1993, Workshop-Dokumentation. Das Modell wurde von der Forschungsgruppe Telekommunikation der Universität Bremen 1993 für die Entwicklung von Wertkartensystemen für Kleingeldzahlungen bei öffentlichen Verkehrsmitteln, Telekommunikation oder Automatenvertrieb erstellt.

[150] Zu über die Gestaltung der Sicherungsinfrastruktur hinausreichenden Fragen vgl. Pordesch, Kap. 7., in diesem Band. Zur Vorgehensweise unter dem Blickwinkel des Rechtssystems siehe Roßnagel, Kap. 8., in diesem Band.

letzlichkeit,[151] Gestaltungsziele zu entwickeln. Sie sind drittens praxisnah zu erproben,[152] um sie vor der Einführung der Techniksysteme validieren und gegebenenfalls korrigieren zu können. Der Gestaltungsprozeß sollte gleichermaßen auf bereichspezifische Abgrenzungen und Spezifika in der gesamten Sicherungsinfrastrukturlandschaft als auch auf die interne Ausgestaltung einzelner Sicherungsinfrastrukturen[153] zielen.

Da sich Sicherungsinfrastrukturen bisher noch in der Explorationsphase befinden, bestehen gute Aussichten, neben ökonomischen und technischen Aspekten auch die Kriterien der Sozialverträglichkeit zur Geltung zu bringen. Werden allerdings nur die technischen Konzepte weiterentwickelt, bleiben Fragen zu den sozialen Voraussetzungen und zur Bedeutung der Sicherungskonzepte offen. Damit wächst auch das Risiko von Akzeptanzproblemen und Fehlinvestitionen. Die Akteure in den Anwendungsfeldern sollten, angesichts der günstigen Ausgangssituation im Geneseprozeß, schon aus diesem Grund Interesse an der sozialverträglichen Gestaltung von Sicherungsinfrastrukturen haben.

---

[151] Siehe dazu Roßnagel, Kap. 4., in diesem Band und Hammer, Kap. 3., in diesem Band.

[152] Z. B. mit Simulationsstudien, vgl. provet/ GMD 1994a. Hierbei sollte auch die Frage der Anwendergerechtheit berücksichtigt werden, vgl. dazu Kumbruck, Kap. 6., in diesem Band.

[153] Zu internen Gestaltungsmöglichkeiten für die Realisierung einzelner Sicherungsinfrastrukturen siehe Hammer, Kap. 2., 58 ff., in diesem Band, und ausführlicher Hammer 1994c, provet-AP 149, Kap 2, 4 und 5 mwN.

2. Gestaltungsbedarf und Gestaltungsoptionen für Sicherungsinfrastrukturen

Volker Hammer

2.1 Infrastrukturen und Sicherungsinfrastrukturen

Informationsverarbeitung soll institutionsübergreifend erfolgen - Telekooperation verspricht Effizienzgewinne und neue Dienstleistungen.[1] Da damit aber Organisationsgrenzen überschritten und kontrollierbare "Herrschaftsbereiche" geschlossener Informationssysteme verlassen werden (*offene* Telekooperation), stehen die Anwender vor neuen Sicherungsproblemen.[2] Öffentliche Schlüsselverfahren erlauben es allerdings auch für große Teilnehmerkreise, die zu übertragenden Nachrichten gegen Ausforschung zu verschlüsseln. Digitale Signaturen ermöglichen es darüber hinaus, Manipulationen an elektronischen Dokumenten zu erkennen. Mit einer "geeigneten" Schlüsselverwaltung ließen sich außerdem Urheberschaftsnachweise führen.[3]

Besonders für offene Telekooperation müssen die Anwender einheitliche Verfahren verwenden, die Sicherungsmaßnahmen würden sonst nur in Gruppen mit gleicher Ausstattung wirken.[4] In einer Telekooperationsbeziehung verfolgen die Beteiligten außerdem jeweils eigene Interessen und können überdies einander unbekannt sein. Zudem soll die Schlüsselverwaltung möglichst nicht jeweils bilateral, sondern für viele Telekooperationsteilnehmer und viele Telekooperationsbeziehungen gemeinsam erfolgen. Es liegt deshalb nahe, die anfallenden

---

[1] Siehe z. B. Hammer/ Schneider, Kap. 1., 2 ff. und 18 ff., in diesem Band.

[2] Siehe hierzu z. B. Grimm 1994, 12 ff.

[3] Vgl. zur Problemstellung der Sicherung offener Telekooperation und zum Prinzip öffentlicher Schlüsselverfahren z. B. Hammer/ Schneider, Kap. 1., 3 ff. und 12 ff. mwN, in diesem Band.

[4] Vgl. Hammer/ Schneider, Kap. 1., 19 ff., in diesem Band, sowie unten 50.

Aufgaben - jeweils für abgrenzbare Zwecke - gesellschaftsweit einheitlich an besonders dafür ausgestattete Organisationen zu übertragen.[5]

Damit würden - für gesellschaftsweite Anwendungen - eine Vielzahl von Institutionen daran beteiligt, Basisfunktionen für die Sicherung von Telekooperation bereitzustellen. Kooperationspartner könnten deren Hilfsmittel - Chipkarten, Schlüsselpaare und Zertifikate - nutzen, um ihre konkreten Telekooperationsbeziehungen abzuwickeln. Die Organisationen der Schlüsselverwaltung werden allerdings nicht jede für sich stehen können, sondern durch rechtliche, organisatorische und technische Beziehungen miteinander verbunden sein müssen. Sie bilden damit ein komplexes sozio-technisches System - eine Sicherungsinfrastruktur. Solche Sicherungsinfrastrukturen sollen hier Gegenstand der Technikgestaltung sein. Dazu ist zunächst genauer zu bestimmen, was als Infrastruktur, und darauf aufbauend, was als Sicherungsinfrastruktur zu verstehen ist.[6]

"Infrastrukturen"

Der Begriff der Infrastruktur wurde ursprünglich von der NATO für ortsfeste Anlagen der Streitkräfte geprägt. Seit Beginn der 60er Jahre wird der Begriff in den Wirtschaftswissenschaften und verwandten Bereichen verwendet.[7] Er steht einerseits für den Unterbau einer Organisation, andererseits für gesellschaftsweite Basisfunktionen.[8] Der Infrastrukturbegriff wird häufig auch in Zusammenhang mit technischen Systemen angewandt, beispielsweise für die Telekommunikationsinfrastruktur oder die Verkehrsinfrastruktur.[9] Mit Beginn der 80er Jahre wenden sich auch Sozialwissenschaftler unter dem Begriff der "großen technischen Systeme" stärker technischen Infrastrukturen zu und suchen nach Erklärungsansätzen für ihre soziale Bedeutung, Struktur und Entwicklungsdynamik.[10] Der Begriff der Infrastruktur wird in den verschiedenen Disziplinen unterschiedlich weit gefaßt und mit jeweils verschiedenen Differenzierungsmerkmalen angereichert. Ein Infrastrukturbegriff, der den Zielen der *vorlaufenden Technikgestaltung* entspricht, muß deshalb aus diesen zusammengefaßt und präzisiert werden.

Als Infrastruktur soll hier ein *sozio-technisches System* bezeichnet werden, das in einer Region oder einem organisatorischen Komplex für viele Nutzer (*Anwenderkreis*) einen *einheitlichen Satz von Leistungsmerkmalen* oder Dienstleistungen bereitstellt. Die Nutzer können weitgehend frei entscheiden, wann, wie

---

[5]   Zu den Trägern und Vertrauensinstanzen siehe unten 59; zu den Aufgaben vgl. unten Kapitel 2.4.1. Zu möglichen abgrenzbaren Anwendungsbereichen siehe Hammer/ Schneider, Kap. 1., 24, in diesem Band.

[6]   Vgl. zur folgenden Begriffsbestimmung ausführlich Hammer 1994d, provet-AP 150i.

[7]   Brockhaus 1989, Bd. 10, 501.

[8]   Zur wirtschaftswissenschaftlichen Verwendung siehe z. B. Stohler 1965, 17 ff.; Jochimsen/ Gustafsson 1970, 38 ff.; Frey 1978, 200 ff.

[9]   Zur Verwendung für Informationstechnik siehe Höller 1993, 29f.; Geihs, Informatik Spektrum 1993, 11 ff.

[10]   Vgl. z. B. Mayntz 1988; Weingart 1989; Joerges 1992; Braun 1991; Ekardt 1994. Hughes 1987, 51 ff.

und zu welchem Zweck sie die von der Infrastruktur bereitgestellten Nutzungsoptionen einsetzen. Diese Leistungsmerkmale und Dienstleistungen sind *langlebig* und *stabil* in dem Sinne, daß eine Veränderung der Nutzungsoptionen nur in Zeiträumen erfolgt, die um Größenordnungen über der einzelnen Inanspruchnahme einer Nutzungsoption liegen. Solche Änderungen müssen über *Regelwerke* abgestimmt werden.[11] Veränderungen des Anwenderkreises einer Infrastruktur durch die Aufnahme oder auch das Ausscheiden von Nutzern muß dagegen leicht möglich sein. Die Infrastruktur sollte auch regional erweiterbar sein (*Erweiterbarkeit*).

Die Leistungsmerkmale sind sozio-technisch weit zu definieren. Sie umfassen sowohl die technischen Leistungen und 'Service-Funktionen'[12] als auch die sozialen Zusicherungen, die zwischen Betreibern und Anwendern formal oder informal getroffen wurden. Relevante Bestandteile der Infrastruktur sind alle Institutionen mit ihrem Personal und ihrer (technischen)

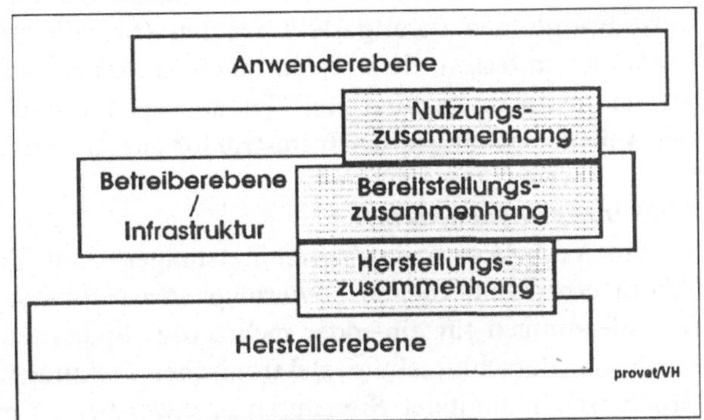

Abb. 4: Infrastruktur und Außenbezüge.

Ausstattung, die am Bereitstellen der Nutzungsoptionen beteiligt sind. Dies schließt die Regeln des Zusammenwirkens, erforderliche Standards und die Maßnahmen zur deren (Weiter-)Entwicklung ein. Auch der relevante Ausschnitt des Rechtssystems, mit dem Rahmenbedingungen für die Infrastruktur festgelegt, Standards und Zulassungsverfahren für Betriebs- und Endgerätetechnik durchgesetzt[13] oder in Form von Verträgen Beziehungen zwischen Beteiligten geregelt werden, ist Bestandteil der Infrastruktur. Ein wesentliches resultierendes Merkmal von Infrastrukturen ist die Vernetzung der beteiligten Akteure auf unterschiedlichen Ebenen. Netze werden gleichermaßen durch die informellen, formellen, rechtlichen oder technischen Beziehungen zwischen den Beteiligten aufgespannt.[14]

Die Gestaltung von Infrastrukturen muß die Wechselwirkungen zwischen den komplexen Herstellungs- und Entwicklungsprozessen, den Betreibern der Infra-

---

[11] Vgl. zu deren Bedeutung z. B. Ekardt 1994, 178f. und 186 ff.

[12] Beispielsweise auch Teilnehmer-Verzeichnisse für die Telekommunikation.

[13] Vgl. z. B. Höller 1993, 30f.

[14] Konstitutive Voraussetzung für Infrastrukturen ist allerdings nicht, daß die verschiedenen Netze bestimmte Charakteristika erfüllen, bspw. zwischen dezentralen, autonomen Instanzen bestehen. Die "Netzwerke" können vielmehr auf ihre Eigenschaften und ihre Topologie hin untersucht werden.

struktur und der in und zwischen ihren Organisationen geltenden Dynamik und den Anforderungen und Einflußmöglichkeiten der Anwender berücksichtigen. Daher sollen auch den an den 'unteren' und 'oberen Grenzen' der Infrastruktur anschließenden sozio-technischen Systemen Rechnung getragen werden (Abb. 4). Dazu werden der Herstellungs-, der Bereitstellungs- und der Nutzungszusammenhang unterschieden.[15] Der *Herstellungszusammenhang* umfaßt die sozialen und technischen Aspekte, die die technischen Voraussetzungen für die Infrastruktur schaffen. Er entspricht der Außenbeziehung der Infrastruktur zur *Herstellerebene*. Der *Bereitstellungszusammenhang* der Infrastruktur umfaßt die sozialen und technischen Aspekte, mit deren Hilfe auf der technischen Basis die Nutzungsoptionen bereitgestellt werden (*Betreiberebene*). Die *Nutzungszusammenhänge* umfassen die sozialen und technischen Aspekte, die für die Anwender bei der Inanspruchnahme von Nutzungsoptionen relevant sind. Sie entsprechen den Außenbeziehungen der Infrastruktur zur *Anwenderebene*.

"Sicherungsinfrastrukturen"

So wie Verkehrsinfrastrukturen Leistungen zum Transport von Personen und Gütern erbringen, dienen *Sicherungsinfrastrukturen der Telekooperation* dazu, Dienstleistungen für ein- oder mehrseitige Sicherheit zu ermöglichen, beispielsweise die Verschlüsselung elektronischer Dokumente zu unterstützen oder die Urheberschaft digitaler Signaturen nachweisbar zu machen.[16] Eine dafür aufgebaute Schlüsselverwaltung stellt Voraussetzungen für den effektiven Einsatz von digitalen Signaturen und die Verschlüsselung von Nachrichten bereit.[17] Als sozio-technische Leistungen müssen auf der *Betreiberebene* der Sicherungsinfrastruktur Namensgebung, Schlüsselgenerierung, Zertifizierung sowie Personalisierung von Chipkarten der Sicherungsinfrastruktur erbracht werden. Für weitere Aufgaben und zur Unterstützung der gesicherten Telekooperation können außerdem innerhalb einer Sicherungsinfrastruktur mehrere elektronische Verzeichnisse, Sperrdienste, Autorisierungsdienste und Benutzerservicezentren erforderlich

---

[15]   Vgl. Ekardt 1993, 8 ff. Die gegenüber Ekardt vorgenommene Erweiterung um einen Bereitstellungszusammenhang soll den organisatorischen Freiheitsgraden der Betreiberorganisationen einer Infrastruktur auf der Grundlage der ihnen zur Verfügung stehenden Technik Rechnung tragen.

[16]   Im allgemeinen können informationstechnische Sicherungsinfrastrukturen weitere Nutzungsoptionen bereitstellen, beispielsweise zur Zugriffskontrolle oder zur Revision.

[17]   Insofern werden Nutzungsoptionen bereitgestellt. Diese Bereitstellung der Voraussetzungen von Sicherungsmaßnahmen hat den Charakter einer Infrastruktur. Auch hinsichtlich der wirtschaftlichen Bedeutung dürfte die Bezeichnung 'Infrastruktur' angemessen sein. Vgl. zu den erwarteten Wechselwirkungen einer europäischen Sicherungsinfrastruktur mit den Feldern wirtschaftlichen und gesellschaftlichen Handelns z. B. EG-Kom 1994b, 453 ff. Allerdings ist bisher offen, ob als weiteres wirtschaftswissenschaftliches Kriterium das der (teilweisen) öffentlichen Finanzierung erfüllt werden wird.

sein.[18] Bestandteil der Sicherungsinfrastruktur sind insbesondere auch die Menge der ausgestellten Zertifikate sowie deren durch rechtliche Rahmenbedingungen und Verträge festgelegten Zusicherungen. Bestandteil sind auch die möglicherweise informell oder in Sicherheitspolitiken zugesicherten Eigenschaften.[19] Die Gestaltung einer Sicherungsinfrastruktur kann sich auf alle technischen, organisatorischen und rechtlichen Aspekte beziehen.

Mit der so bestimmten 'Leistungsmerkmalsmenge' können verschiedene Sicherungsinfrastrukturen identifiziert werden. Der Begriff der Sicherungsinfrastruktur ist deshalb jeweils *kontextspezifisch* zu interpretieren. Er ist insofern relativ, als eine Sicherungsinfrastruktur örtlich, sektoral, branchenspezifisch, aus dem Anwenderkreis, technischen Eigenschaften, einem Sicherungszweck, der Auswahl von Betreiberinstanzen der Sicherungsinfrastruktur oder nach anderen Kriterien abgegrenzt werden kann.[20] Eine solche Sicherungsinfrastruktur kann intern wiederum mit weiteren Unterscheidungsmerkmalen in Teilsicherungsinfrastrukturen zerlegt werden.

> Beispiele: In der Sicherungsinfrastruktur für rechtsverbindliche Telekooperation könnte die Teil-Sicherungsinfrastruktur für *private Rechtsgeschäfte*, eine weitere für den *Zahlungsverkehr* und eine der *öfentlichen Verwaltung* differenziert werden.
>
> Im Anwendungsfeld der Telekommunikation wäre beispielsweise die Sicherungsinfrastruktur von *GSM* (symmetrisch), die von *X.509* und eine (mögliche künftige) für die *elektronische Börse der Telekommunikationsdienstbetreiber* zu unterscheiden.
>
> Die Sicherungsinfrastruktur von X.509 könnte wiederum in mehrere Teil-Infrastrukturen nach den *verwendeten öffentlichen Schlüsselverfahren*, wie RSA[21] und ElGamal[22], nach Zusicherungen ihrer *Sicherungspolitik* oder nach *regionaler Zuständigkeit* unterteilt werden.
>
> Verschiedene Blickwinkel können sich durchaus überschneiden: Teile der Sicherungsinfrastruktur von X.509 könnten gleichzeitig rechtsverbindliche Zertifikate ausstellen. Eine Sicherungsinfrastruktur einer elektronischen Börse der Telekommunikationsdienstbetreiber wäre auch Bestandteil der Sicherungsinfrastruktur des Zahlungsverkehrs.

Welche Merkmale verwendet werden, um eine Sicherungsinfrastruktur und ihre interne Differenzierung zu bestimmen, muß aus der jeweiligen Fragestellung abgeleitet werden. Unterschiedliche Abstraktionsniveaus können durch die Verwendung von Singular (Sicherungsinfrastruktur) und Plural (Sicherungsinfrastruktur*en*) unterschieden werden. Dies gilt sowohl für die *internen Differenzie-*

---

[18] Vgl. zu den Aufgaben in Sicherungsinfrastrukturen unten 60 ff. und ausführlicher Hammer 1994c, provet-AP 149, Kap. 2.

[19] Zu einer Übersicht der weiteren sozio-technischen Aspekte einer Sicherungsinfrastruktur für Telekooperation siehe unten Kapitel 2.4.

[20] Zu den Beispielen für Sicherungsinfrastrukturen siehe Hammer/ Schneider, Kap. 1., 24 ff. und 35 ff., in diesem Band.

[21] Das gegenwärtig wohl verbreitetste und nach den Autoren mit RSA benannte Verfahren, wurde von Rivest/ Shamir/ Adleman, C.ACM 1978, entwickelt.

[22] ElGamal, IEEE.IT 1985.

rungen einer Sicherungsinfrastruktur in mehrere Teil-Sicherungsinfrastrukturen anhand von Unterscheidungsmerkmalen als auch für das *Zusammenfassen verschiedener* Sicherungsinfrastrukturen unter einem übergeordneten Blickwinkel, beispielsweise zur gesellschaftlichen Sicherungsinfrastruktur. Die Eigenschaften der so bestimmten Sicherungsinfrastruktur oder Sicherungsinfrastrukturen können, beispielsweise mit technischen, organisatorischen oder rechtlichen Kriterien, bewertet und gestaltet werden.

Auf der *Anwenderebene* sind die Signatur- und Prüffunktionen und die Funktionen zur Ver- und Entschlüsselung anzusiedeln. Chipkarten und Kartenzugangsgeräte und die darin enthaltenen Programme sind entweder der Betreiberoder der Anwenderebene zuzuordnen, je nach den Definitions- und Gestaltungsmöglichkeiten. Für die Technikgestaltung werden in den weiteren Beiträgen des Bandes mögliche Folgen der Sicherungsinfrastruktur auf die Anwenderebene bewertet. Für erkannte Risiken soll nach Lösungsmöglichkeiten gesucht werden.

Die *Herstellerebene* umfaßt zumindest die Hersteller der Betriebs- und Verwaltungssysteme für die Sicherungsinfrastruktureinrichtungen, die Validierungsunternehmen und gegebenenfalls die Zertifizierungsbehörde[23]. Telekommunikationsdienste sollen nicht Bestandteil der Sicherungsinfrastruktur sein, sie sind möglicherweise ebenfalls auf der Herstellerebene anzusiedeln. Für die Genese künftiger Sicherungsinfrastruktur ist der Herstellungszusammenhang äußerst bedeutsam.[24] Mit dem gegenwärtigen Kenntnisstand zur Technikgestaltung von Sicherungsinfrastrukturen müssen jedoch zunächst Gestaltungsziele identifiziert werden. Die weitere Dikussion wird sich daher auf Gestaltungsaspekte der Sicherungsinfrastruktur im Nutzungszusammenhang konzentrieren.

Noch gibt es keine gesellschaftsweite Sicherungsinfrastruktur auf der Basis öffentlicher Schlüsselverfahren. Technisch unterstützte Sicherungsfunktionen, wie für den Mobilfunk im GSM und für Formen des elektronischen Zahlungsverkehrs, basieren auf symmetrischen Schlüsselverfahren und werden erfolgreich eingesetzt.[25] Benötigen neue Anwendungen überhaupt "neue" Sicherungsinfrastrukturen? Und *warum bereits jetzt* gestalten, vor allen Dingen auch: *wie* und *was*? Diesen drei Fragen soll jeweils in einem der folgenden Kapiteln nachgegangen werden.

---

[23] Sie ist zuständig für die Vergabe von 'Qualitätszertifikaten' für Software im Unterschied zu Zertifikaten für öffentliche Schlüssel. In Deutschland ist dafür das Bundesamt für Sicherheit in der Informationstechnik (BSI) zuständig. Vgl. z. B. Kersten, BSI-Forum 1993, 25 ff.

[24] Vgl. Ekardt 1993, 16 ff. und 35 ff.; Ekardt 1994, 186 ff.

[25] Vgl. Hammer/ Schneider, Kap. 1., 8 ff., in diesem Band.

2.2 Vorlaufende Technikgestaltung für Sicherungsinfrastrukturen

Ausgehend von Überlegungen von Diffie und Hellman[26] wurden verschiedene öffentliche Schlüsselverfahren[27] entwickelt. In Deutschland wurde die Technik seit 1981 zunächst im Projekt OSIS,[28] später von den Mitgliedern des daraus entstandenen Vereins "TeleTrusT" entwickelt und erprobt. Inzwischen sind eine Reihe von Produkten entstanden und am Markt verfügbar.[29] Dennoch existieren bisher angesichts der enormen Potentiale der Sicherungsfunktionen öffentlicher Schlüsselverfahren für Telekommunikation und Telekooperation nur eine verschwindend geringe Zahl von Anwendungen.[30] Daher stellt sich zunächst die Frage, ob Gestaltungsbedarf besteht, um die Chancen der Technik nutzen zu können, ihr also zur Anwendung zu verhelfen. Mindestens genauso wichtig erscheint es aber zu prüfen, welche langfristigen Folgen für die Gesellschaft zu erwarten sind, wenn Sicherungsinfrastrukturen zu breiter Anwendung gelangen.

2.2.1 Aktueller Gestaltungsbedarf

Gegenwärtig scheinen noch eine Reihe von Faktoren die Verbreitung der Sicherungstechnik auf der Basis öffentlicher Schlüsselverfahren zu hemmen.

Leistungsfähigkeit, Verbreitung und Standardisierung technischer Systeme
Soweit die Sicherungsfunktionen vom Teilnehmer mobil eingesetzt werden sollen, ist er auf handliche und leistungsfähige Datenspeicher angewiesen. Diese müssen zumindest den geheimen Schlüssel zugangsgeschützt speichern können. Zwar wurden in den letzten Jahren in der Chipkartenentwicklung erhebliche Fortschritte erzielt, aber erst jetzt oder mit der nächsten Chipgeneration dürften Speicherkapazität und Prozessorleistung ausreichen, um die geplanten Anwendungen und Sicherungsfunktionen für den mobilen Teilnehmer ausreichend unterstützen zu können.

Telekooperation erfordert meist Telekommunikation. Soweit Kooperationsbeziehungen zum Endverbraucher elektronisch abgewickelt werden sollen, fehlt dort häufig die erforderliche Ausstattung. Diese Voraussetzungen wären aber auf herkömmlichen, geschlossenen Systemen im Bereich der professionellen Datenverarbeitung weitgehend vorhanden oder realisierbar - auch in Software, aber mit Einschränkungen hinsichtlich der Qualität der Sicherheit. Die Sicherungs-

---

[26] Diffie/ Hellman, IEEE.IT 1976.

[27] Eine Übersicht bietet bspw. Schneier 1993.

[28] Vgl. Raubold, GMD-Spiegel 1986 und weitere Beiträge im selben Heft.

[29] Siehe z. B. bei Brand 1992; Kowalski/ Wolfenstetter, it 1990; für weitere siehe z. B. Herda 1992, 32 ff.

[30] Z. B. bei Interpol, vgl. Brand 1992; weitere Beispiele in Reimer/ Struif 1992, 50 ff.

mechanismen mit öffentlichen Schlüsselverfahren dürften dort bisher keine Anwendung gefunden haben, weil in geschlossenen Systemen auch andere Sicherungsmaßnahmen ergriffen werden können, die die Schlüsselverwaltung weitgehend vermeiden. Erst die institutionsübergreifende, offene Telekooperation erfordert neue Sicherungstechniken.

Eine wichtige Voraussetzung für die institutionsübergreifende Technikanwendung ist die Standardisierung der Verfahren. Nur so kann vermieden werden,
daß die Kooperationspartner sich jeweils bilateral auf unterschiedliche Verfahren
einigen (müssen). Die Standardisierung wurde auf der internationalen Ebene allerdings durch die Intervention von zivilen und militärischen Sicherheitsbehörden wegen der potentiellen Risiken für die innere und äußere Sicherheit zumindest erheblich verzögert.[31]

Gesicherte Telekooperation und Veränderung der Arbeitsorganisation

Die neuen technischen Sicherungsfunktionen versprechen Chancen für die Sicherung von Telekooperation. Viele Arbeitsabläufe sind bisher jedoch, zumindest
für die Außenbeziehungen, an Papierdokumenten orientiert. Eine 1:1-Umstel-
lung auf Informations- und Kommunikationstechnik nutzt allerdings die technischen Potentiale nicht aus. Da der Einsatz der Sicherungstechnik Telekooperation voraussetzt, ist er also zunächst auch von einer Restrukturierung der
Arbeitsorganisation abhängig.[32]

Die Sicherungsfunktionen müssen in die Anwendungssysteme integriert werden. Sie müssen für die Anwender einfach zu bedienen sein und ihnen die
"richtige Menge" an Informationen über den Sicherungsstatus eines elektronischen Dokuments oder eines Systems geben. Bisher wurden die Sicherungsfunktionen jedoch noch selten in Anwendungen integriert.[33] Erste Erfahrungen mit
ihrer Anwendung können daher vor allem mit Hilfe von Prototypen gewonnen
werden.[34] Die Art und Weise der Integration wird allerdings darüber entscheiden, ob die gewünschten Sicherungsziele weitgehend erreicht werden,[35] ob die
Technik für die Anwender transparent und handhabbar ist und gesicherte Telekooperation wirklich soziales Vertrauen gewinnen kann.

Organisation von Sicherungsinfrastrukturen

Sicherungsinfrastrukturen für öffentliche Schlüsselverfahren bestehen bisher
nicht. In ersten praktischen Erprobungen wird versucht, die organisatorischen,
technischen und rechtlichen Voraussetzungen für die Umsetzung von X.509 zu

---

[31] Vgl. dazu Rihaczek, DuD 1993; auch Kowalski/ Wolfenstetter, DuD 1994.
[32] Vgl. dazu auch provet 1993, provet-PB 8; provet/ GMD 1994b, provet-PB 11.
[33] Erste Ansätze finden sich in Betriebssystemkomponenten, die Gruppenkommunika-
tion unterstützen, bspw. bei Apple Power Talk oder der Microsoft Workgroup-
Unterstützung.
[34] Vgl. z. B. provet/ GMD 1994a; Kumbruck, DuD 1994.
[35] Vgl. z. B. Pordesch, DuD 1993.

schaffen.[36] Die Lösungen für viele Probleme von Sicherungsinfrastrukturen für offene Telekooperation müssen also noch erarbeitet werden.[37] Während der Aushandlungs- und Erprobungsphasen ist zu erwarten, daß ein Reihe weiterer, bisher unbekannter Fragestellungen auftritt. Aus diesem Grund dürfte bei vielen potentiellen Anwendern heute noch große Unsicherheit hinsichtlich der monetären und nicht-monetären "Folgekosten" und Gewinne bestehen.

Da die Sicherungsinfrastrukturen organisationsübergreifend für mehrere Anwendungsbereiche, die ganze Gesellschaft oder sogar international gelten sollen, stellt sich die Frage nach den Akteuren und der Organisation der Abstimmungsprozesse.[38] Bleibt der Geneseprozeß für rechtsverbindliche Sicherungsinfrastrukturen der Privatinitiative vorbehalten, werden die entscheidungsmächtigen Akteure versuchen, widersteitende Ziele zu ihren Gunsten zu entscheiden. Greift der Staat in den Aushandlungsprozeß ein, könnten auch schwächere Gruppen ihre Interessen einbringen. Rechtliche Vorgaben für die Organisation von Sicherungsinfrastrukturen könnten die Zahl zulässiger Alternativen verringern. Aushandlungsprozesse würden dadurch beschleunigt, und die Technik könnte kompatibler entwickelt werden.

Von großer Bedeutung ist dies für die *rechtliche Qualität digitaler Signaturen.* Sie sind für die Telekooperation deshalb so wichtig, weil sie zur Substitution der eigenhändigen Unterschrift eingesetzt werden könnten.[39] Allerdings ist bisher noch nicht geklärt, ob sie diese Funktion soweit übernehmen können, daß digital signierte Dokumente den Beweiswert von Papierurkunden erhalten können - die Nagelprobe für die Signaturfunktion.[40] Gerade auch für dieses Anwendungsfeld sind die Fragen der technischen, rechtlichen und organisatorischen Ausgestaltung der erforderlichen Sicherungsinfrastruktur von zentraler Bedeutung.[41]

Um zu beurteilen, welche rechtlichen, technischen und organisatorischen Alternativen die am besten geeigneten sind, benötigen die Entscheidungsträger Gestaltungswissen. Dieses müßte jetzt durch Technikfolgenforschung bereitgestellt werden.

Die "kritische Masse" für Sicherungsinfrastrukturen
Wie für Telekommunikationsdienste gilt auch für Sicherungsfunktionen auf der Basis öffentlicher Schlüsselverfahren: Bevor nicht eine Mindestanzahl von Teil-

---

[36] Vgl. z. B. Kent 1993; Schneider 1992.

[37] Siehe z. B. die Fragestellungen nach EG-Kom 1993, 69 ff.

[38] Zur Vertretungs- und Organisationslücke am Beispiel "elektronische Börse" vgl. Ansorge/ Klein/ Kubicek/ Schleusener 1993, 7; Kubicek/ Klein 1994, 48 ff.

[39] Vgl. den Forschungsbedarf in EG-Kom 1993, 42 ff. und das vorgeschlagene Programm von EG-Kom 1994b, 454 ff.

[40] Vgl. dazu z. B. Bizer/ Hammer, DuD 1993; insbesondere Hammer/ Bizer, DuD 1993 mwN; Bizer/ Hammer/ Pordesch 1995. Eher unkritisch argumentiert allerdings bspw. Seidel 1992; Seidel 1994b.

[41] Vgl. z. B. Hammer 1994a. Zur Bedeutung für die wirtschaftliche Entwicklung EG-Kom, DuD 1990, 458 ff. Vgl. auch Hammer/ Schneider, Kap. 1., 26 ff., in diesem Band.

nehmern mit der erforderlichen Technik ausgestattet ist, werden die Verfahren nur zögerlich akzeptiert.[42] Welchen Gewinn kann sich denn ein Absender eines digital signierten Dokuments versprechen, wenn der Empfänger weder über die Technik zum Prüfen noch über Kenntnisse hinsichtlich der Bedeutung der digitalen Signatur verfügt? Eine Reihe der kleinen und großen Hürden für die Verbreitung wurden oben genannt. Flächendeckende Anwendungen, wie der Zahlungsverkehr, könnten Vorreiterfunktion übernehmen. Aber auch für sie sind die Entscheidungsprozesse noch nicht weit genug abgeschlossen, um in den Einsatz digitaler Signaturen und den Aufbau einer Sicherungsinfrastruktur massiv zu investieren.

Eine Sicherungsinfrastruktur verursacht zusätzliche Kosten. Ökonomisch sinnvoll kann sie aus zwei Gründen sein. Zum einen können ihre Kosten niedriger eingeschätzt werden als die Summe der mit ihrer Hilfe verhinderten Schäden. Zum anderen könnte sie Rationalisierungspotentiale durch die Vermeidung von Medienbrüchen und weitere Automatisierung sowie neue Dienstleistungen erschließen, deren ökonomischer Nutzen die Kosten aufwiegen sollen. Sicherungsinfrastrukturen werden dazu große Teilnehmerzahlen benötigen. Während Sicherungsziele unternehmensintern weitgehend durch Konzepte in geschlossenen und zentral kontrollierten Systemen, auch unter Verwendung symmetrischer Verschlüsselungsverfahren, erreicht werden können, gilt dies für die offene Telekooperation nicht mehr.[43] Für sie besteht sowohl die Notwendigkeit von Sicherungsinfrastrukturen als auch das Potential, um die "kritische Masse" zu erreichen.

2.2.2   Mittel- und langfristige Folgen

Klassische Infrastrukturen (z. B. Energieversorgung, Abfallentsorgung, Verkehrsinfrastruktur, Telekommunikationsinfrastruktur) wuchsen über viele Jahrzehnte. Mit der Trial- and Error-Methode war es möglich, im "Realexperiment"[44] Erfahrungen mit Komponenten, Verfahren, Organisationsformen und Rechtsregeln in Infrastrukturen zu sammeln.[45] Auf erkannte Probleme kann durch Veränderung der Infrastruktur reagiert werden, jedoch fallen diese Veränderungen um so schwerer, je größer die Infrastruktur ist und je tiefber sie in den Herstellungs-, Bereitstellungs- oder Nutzungszusammenhang eingreifen. Gerade in jüngerer Zeit treten in manchen Infrastrukturen Langfristfolgen auf, die kaum

---

[42] Vgl. zum Netznutzen von Telekommunikation z. B. Wiese 1990, 2f.
[43] Vgl. Grimm 1994, 12 ff.
[44] So Ekardt 1994, 205 für die bautechnische Infrastrukturentwicklung.
[45] Diese Erfahrungen werden zumindest teilweise in Regelwerken für Infrastrukturen gesammelt und wirken dadurch für die weitere Entwicklung normierend und risikobegrenzend. Vgl. zur Bedeutung von Regelwerken in der bautechnischen Infrastruktur Ekardt 1993, 38 ff.; Ekardt 1994, 186 ff.

noch beherrschbar scheinen.[46] Um sie (vielleicht) zu vermeiden, hätte zu einem viel früheren Zeitpunkt steuernd in die Entwicklung und Verbreitung der Infrastrukturen eingegriffen werden müssen.[47] Ihre nachträgliche Bewältigung stößt auf viele Widerstände und ist daher mit deutlich höherem Aufwand verbunden, als eine frühzeitige Rahmensetzung zur Technikgestaltung.[48]

Der Zeitraum der Technikdiffusion in der Gesellschaft hat sich im Verhältnis zu früheren Technikeinführungen erheblich verkürzt.[49] Zwar sind deshalb Technikeinführungen mit "trial and error" nicht ausgeschlossen, aber die Einführungsrisiken und die Auswirkungen der Folgen werden deutlich erhöht. Selbst wenn nach kurzer Zeit Probleme erkannt werden, können die Vorleistungen der Betreiber oder der Änderungsbedarf für die Anwender schon so hoch sein, daß "gute" Lösungen kaum noch möglich sind. Der einzelne, Organisationen und die Gesellschaft verlieren durch die höhere Einführungsdynamik Spielräume, in denen Risiken erkannt und Gestaltungsalternativen entwickelt werden könnten. Vorlaufende Technikgestaltung wird in solchen Situationen auch benötigt, um "kurzfristige" Probleme im Vorfeld der Standardisierung und Einführung erkennen und vermeiden zu können.

Mangelndes Wissen über Technikfolgen kann auch zu Akzeptanzproblemen führen. So wurde der Umstellungsprozeß der Telekommunikationsinfrastruktur von den klassischen unterschiedlichen Netzen auf das dienstintegrierte ISDN von einer kritischen öffentlichen Diskussion begleitet.[50] Nachdem das öffentliche deutsche Netz und viele private Nebenstellenanlagen bereits umgestellt waren, wurden schließlich einige Gestaltungsanforderungen für Leistungsmerkmale durch politische Entscheidung für das Euro-ISDN festgelegt.[51] Die zusätzlichen Kosten bei Herstellern, Betreibern und Teilnehmern hätten vermindert und teilweise vermieden werden können, wenn die Anforderungen durch vorlaufende Technikgestaltung früher festgelegt worden wären.

Auch für Sicherungsinfrastrukturen wird die mittel- und langfristige Akzeptanz und Akzeptabilität davon abhängen, wie weit die Bedürfnisse der Teilnehmer und die konsentierten Ziele einer gesellschaftlichen Weiterentwicklung abgedeckt oder mißachtet werden. Das Vertrauen der Teilnehmer in die Technik und ihre Bereitschaft, sie zu nutzen, wird weniger durch die Außendarstellung der Sicherungsinfrastruktur, als vielmehr durch die Anwendbarkeit, die Transpa-

---

[46] Z. B. die Struktur des Verkehrsaufkommens, Verbrauchsgewohnheiten und das "Beharrungsvermögen" der Tarifstrukturen in der Wasser- und Energieversorgungswirtschaft, die Weiterentwicklung der Energieerzeugung zu ressourcenschonenden oder erneuerbaren Energiequellen oder die Schwierigkeiten in der Abfallvermeidung und -entsorgung.

[47] Vgl. z. B. für die rechtsverträgliche Gestaltung Roßnagel 1993, 242.

[48] Vgl. z. B. Starr 1969, 5.

[49] Vgl. Starr 1969, 5f.

[50] Z. B. Kubicek/ Rolf 1987; Pordesch/ Hammer/ Roßnagel 1991, provet-PB 6a, 4 ff.

[51] Z. B. die Gestaltung des Leistungsmerkmals "Identifizieren", vgl. Artikel 12 EG-Kom, DuD 1990, 464; § 9 TDSV, DuD 1991, 404.

renz und die realen oder potentiellen Mißbrauchsmöglichkeiten beeinflußt werden.

Vorlaufende Technikgestaltung!
Organisation und Technik werden von den Anwendern hinsichtlich des Leistungsangebots von Sicherungsinfrastrukturen umgestaltet werden. Ergeben sich zu einem späteren Zeitpunkt nachträglich unerwartete Folgen, wird die Gestaltung von Sicherungsinfrastrukturen und Anwendungen nachträglich nur schwer möglich sein. Wie für andere Techniksysteme werden die Investitionen getätigt und die Organisation angepaßt worden sein. Der Aufwand einer Veränderung wird oft in keinem Verhältnis zu dem erwarteten Nutzen stehen - oder zumindest im nicht-monetären Bereich so bewertet werden. Die aus den Kosten/Nutzen-Überlegungen entstehenden Sachzwänge werden umso stärker zum Tragen kommen, je größer der Kreis der Betroffenen ist. Die Widerstände gegen Veränderungen werden größer sein, wenn die Gestaltung nicht nur ein Anwendungssystem oder eine Instanz der Sicherungsinfrastruktur alleine betrifft, sondern gleichzeitig eine gesamte Sicherungsinfrastruktur mit vielen Trägerorganisationen und zusätzlich die Gesamtheit der Anwender ihre Technik oder gar ihre Organisation ändern müssen.

Verzichtet man auf vorlaufende Technikgestaltung, werden während der Diffusions- und Anwendungsphase[52] der Systeme Sachzwänge auftreten, denen sich die Betroffenen beugen müssen - oder die sie zu verhindern suchen.[53] Verfügen sie nicht über ausreichende Mittel, um ihre Interessen durchzusetzen, müssen sie Nachteile in Kauf nehmen, weil sie auf Chancen der Techniknutzung verzichten, wenn sie sich ihr verweigern, oder sie die Bedingungen Dritter akzeptieren müssen, wenn sie sie anwenden. Auch das Rechtssystem als Korrektiv wird in diesem Fall lediglich reaktiv verhindern können, daß allzu krasse Risiken für die Rechtsgüter der Beteiligten entstehen.[54] Bereiche, die bisher noch nicht vom geschriebenen Recht erfaßt werden, wie beispielsweise Probleme der Verletzlichkeit, oder sich einer Kodifizierung weitgehend entziehen, wie die Anwendergerechtheit[55], können nicht einmal in einem nachträglichen rechtlichen Interessenkonflikt ausgestritten werden.[56]

Für Sicherungsinfrastrukturen dürften die Abhängigkeiten zwischen der Ausgestaltung der verschiedenen beteiligten Systeme sehr eng sein, denn sie sind implizit und explizit über komplexe Schnittstellen miteinander verknüpft. Siche-

---

[52]   Vgl. Roßnagel 1993, 72f. Zu einem Phasenmodell für die Genese von GTS siehe auch Mayntz 1988, 240 ff.

[53]   Vgl. zu Problemen der Diffusion des Electronic-cash-Systems Klein 1993, 289 ff.

[54]   Vgl. Roßnagel 1993, 29, 249 mwN. Speziell zur rechtlichen Vorgehensweise zur Gestaltung von Sicherungsinfrastrukturen siehe den Beitrag von Roßnagel, Kap. 8., in diesem Band.

[55]   Vgl. zum Kritium provet/ GMD 1994a, 21f. und 243 ff.

[56]   Siehe zu den Grenzen der Gestaltung von Sicherungsinfrastrukturen auch den Beitrag von Pordesch, Kap. 7., in diesem Band.

rungsinfrastrukturen müssen also vorlaufend gestaltet werden, solange die Technik noch nicht entwickelt ist und Sachzwänge noch nicht bestehen.[57] Nur dann können mit guten Erfolgsaussichten ihre Chancen für die Telekooperation genutzt *und* ihre Risiken für soziale Systeme vermieden werden.

Bedarf an vorlaufender Technikgestaltung besteht auch wegen wirtschaftlicher Interessen. Durch die Internationalisierung der Märkte bei gleichzeitig nationaler Gesetzgebung bestehen unterschiedliche Rahmenbedingungen für die Anwendung technischer Systeme.[58] Anbieter müssen sich entweder auf nationale Besonderheiten einstellen oder das Risiko eingehen, mit nationalem Recht in Konflikt zu geraten. Soweit Informations- und Kommunikationstechnik international betrieben werden soll, müssen möglicherweise sogar Kompromisse gefunden werden, die eine Standardisierung erlauben. Für Zielkonflikte, wie dem zwischen Datenschutz, Komfort und Recht auf kommunikative Selbstbestimmung beim Leistungsmerkmal Ruferidentifizierung im ISDN[59] oder zwischen dem Schutz von Inhalts- und Verbindungsdaten im GSM und künftigen Telekommunikationsdiensten und den Kontrollbedürfnissen der staatlichen Sicherheitsbehörden[60], müssen zumindest europaweit vorlaufend Kompromisse gefunden werden. Nur dann erhalten Hersteller und Anwender die notwendige Planungssicherheit für ihre Investitionsentscheidungen.

Wie aber können heute Vorschläge gewonnen werden, nach denen die künftigen Sicherungsinfrastrukturen unter Gesichtspunkten der Sozialverträglichkeit und politischer Ziele gestaltet werden sollen?

2.3 Gestaltungskriterien für Sicherungsinfrastrukturen

Prinzipiell bestehen drei Möglichkeiten, um Sozialverträglichkeitsanforderungen an Techniksysteme zu bestimmen. Zum ersten kann versucht werden, möglichst alle Gruppen zu beteiligen, um die Ziele der Technikentwicklung und -anwendung zu bestimmen (*partizipative Technikgestaltung*).[61] Der partizipative Ansatz ist insbesondere aussichtsreich, wenn die verschiedenen Gruppen durch eigene

---

[57] Vgl. zur rechtlichen Techniksteuerung z. B. Roßnagel 1993, 26 ff. mwN.

[58] Vgl. zum Harmonisierungsbedarf z. B. EG-Kom 1994b, 454f.

[59] Vgl. dazu Hammer/ Pordesch/ Roßnagel 1993, 90 ff.; Roßnagel, KJ 1990, 274 ff.

[60] Vgl. z. B. Kowalski/ Wolfenstetter, DuD 1994, 36.

[61] Vgl. z. B. zur (Nicht-)Beteiligung von Betroffenenvertretern in Standardisierungs- und Aushandlungsprozessen z. B. Klein 1993, 277 ff., 289 ff. und 357 ff.; zur Organisation von Beteiligungsprozessen mit Kriterienrastern z. B. Müller-Reißmann/ Bohmann/ Schaffner 1988. Zur Organisation partizipativer Software-Entwicklung z. B. neben Reisin/ Schmidt 1989 weitere Beiträge in Jansen/ Schwitalla/ Wicke 1989.

Organe vertreten werden[62] und bereits Erfahrungen im Umgang mit ähnlicher Technik vorliegen. Er eignet sich daher eher für konkrete Planungsverfahren als für langfristig vorlaufende Technikgestaltung.

Zum zweiten kann angestrebt werden, Erfahrungen im Umgang mit künftiger Technik zu sammeln, ohne Vorentscheidungen zu treffen, Sachzwänge aufzubauen und negative Folgen in großem Umfang in Kauf zu nehmen. Dazu sind insbesondere Simulationsstudien[63] als risikofreie und Feldversuche als anwendungsnahe Erprobungsformen geeignet (*erfahrungsorientierte Technikgestaltung*). Sie können allerdings effizienter eingesetzt werden, wenn bereits Gestaltungsziele formuliert wurden, die dann erprobt, validiert und gegebenenfalls korrigiert werden sollen.

Zum dritten kann versucht werden, bisherige konsentierte Ziele der gesellschaftlichen Entwicklung auf neue Anwendungen von Informationstechnik zu übertragen und weiterzuentwickeln (*normative Technikgestaltung*). In systematischer Ableitung können normative Vorgaben zu Zielen für die Technikentwicklung und -anwendung konkretisiert werden.[64] Dazu sind abstrakte soziale Normen auf den (neuen) Anwendungskontext zu übertragen. Die dabei entwickelten Kriterien dienen dazu, technische Alternativen zu bewerten oder nach angemessenen Lösungen zu suchen.

Die drei Methoden müssen einander ergänzend eingesetzt werden. Für die Gestaltung von Sicherungsinfrastrukturen existieren bisher jedoch weder normative Zielvorstellungen noch umfassende praktische Erfahrungen. Sinnvoll erscheint es daher, in einem ersten Schritt normative Kriterien für die Technikgestaltung zu konkretisieren und diese anschließend in erfahrungsorientierten Ansätzen zu erproben. Solange keine Prototypen zur Demonstration der Technik verfügbar sind, dürften sich Betroffenenvertreter oder Akteure aus der Politik kaum für Gestaltungsfragen interessieren. Noch viel weniger können sie Vorstellungen der künftigen Technikanwendungen entwickeln.

Im folgenden werden daher drei normative Kriterien vorgestellt. Sie werden in den weiteren Beiträgen dieses Bandes aufgegriffen und für Aspekte der Gestaltung von Sicherungsinfrastrukturen konkretisiert. Die Kriterien Verletzlichkeit, Verfassungsverträglichkeit und Anwendergerechtheit bestimmen - mit unterschiedlicher Konsensweite - Teilbereiche der Sozialverträglichkeit. Die aus ihnen abgeleiteten Gestaltungsvorschläge müssen sich selbstverständlich an wirtschaftlichen und technischen Maßstäben messen lassen. Dies ist aber zunächst nicht die Aufgabe sozialverträglicher Gestaltung, zumal diese Faktoren in der Realisierungsphase von den Akteuren ausreichend vertreten werden. Zur Kompromißbil-

---

[62] Vgl. zu Problemen der Vertretungslücke bzw. Organisationslücke Ansorge/ Klein/ Kubicek/ Schleusener 1993, 7; Kubicek/ Klein 1994.

[63] Vgl. dazu provet/ GMD 1994a; provet 1993, provet-PB 8; Pordesch/ Roßnagel/ Schneider, DuD 1993; Hammer 1994e.

[64] Vgl. zur Konkretisierung rechtlicher Anforderungen zu technischen Gestaltungsvorschlägen (KORA) Hammer/ Pordesch/ Roßnagel 1993 45 ff; für digitale Signaturen Pordesch/ Roßnagel, DuD 1994, 82 ff.

dung werden häufig politische Entscheidungen erforderlich sein, die in Aushandlungsprozessen zu bestimmen sind.

Verletzlichkeit

Mit dem Kriterium der Verletzlichkeit[65] wird der potentielle soziale Schaden durch den Ausfall von Techniksystemen bewertet. Eine hohe Verletzlichkeit eines sozialen Systems besteht häufig dann, wenn eine wichtige soziale Funktion nur mit Hilfe eines Techniksystems erbracht werden kann, wenn also das soziale System von der Technik abhängig ist. Daß es aus der Perspektive eines Sozialsystems, insbesondere aus der Sicht der Gesellschaft, von Organisationen oder des einzelnen, wichtig ist, die Verletzlichkeit zu begrenzen, ist weitgehend unumstritten. Insofern ist das Kriterium konsentiert. Interessenkonflikte können allerdings auftreten, wenn zu entscheiden ist, wie hoch der Aufwand für Sicherungsmaßnahmen sein darf und wer (Rest-)Risiken tragen soll.

Für die Bewertung von Sicherungsinfrastrukturen unter dem Kriterium der Verletzlichkeit wird also die Frage gestellt, ob durch ihre Anwendung neue Abhängigkeiten von der Technik entstehen können.[66] Ziel der Technikgestaltung muß es dann sein, durch den Einsatz von Sicherungsinfrastrukturen und Sicherungsfunktionen die Verletzlichkeit der Gesellschaft, von Organisationen und des einzelnen zumindest nicht zu erhöhen (Verträglichkeit). Soweit möglich, ist nach Alternativen für Technik und Organisation zu suchen, die die (heutige) Abhängigkeit von Informations- und Kommunikationstechnik verringern (Nützlichkeit).

Verfassungsverträglichkeit

Die Ziele für das Zusammenleben und die Weiterentwicklung der Gesellschaft werden in der Bundesrepublik demokratisch bestimmt. Sie werden im Grundgesetz und konkretisierenden Gesetze formuliert und sind gesellschaftlich hoch konsentiert. Die Anwendung von Informationstechnik - und als deren Voraussetzung die Technikentwicklung - sollte deshalb in Übereinstimmung mit diesen Zielen erfolgen. Die Prüfung der Verfassungsverträglichkeit[67] fragt daher nach der Übereinstimmung der Technikanwendung und -entwicklung mit den Zielen des Grundgesetzes.

Auch künftige Sicherungsinfrastrukturen müssen sich am Recht als Entwicklungsrahmen orientieren.[68] Sie sollten die Realisierungsbedingungen von Grundrechten, wie den Freiheitsgrundrechten, Demokratie, Sozial- oder Rechtsstaat, nicht nur nicht verschlechtern (Verträglichkeit), sondern unterstützen und ver-

---

[65] Vgl. zum Kriterium der Verletzlichkeit Roßnagel/ Wedde/ Hammer/ Pordesch 1990a; spezieller zu digitalen Signaturen provet/ GMD 1994a, 20 und 121 ff.

[66] Siehe dazu den Beitrag von Hammer, Kap. 3., in diesem Band.

[67] Vgl. zum Kriterium Verfassungsverträglichkeit Roßnagel/ Wedde/ Hammer/ Pordesch 1990b, 6f.; provet/ GMD 1994a, 21. Allgemeiner zum Kriterium Rechtsverträglichkeit vgl. Roßnagel 1993; Roßnagel 1994c, 185 ff.

[68] Siehe dazu die Beiträge von Roßnagel, Kap. 4. und Bizer, Kap. 5., in diesem Band.

bessern (Verfassungsnützlichkeit). Treten "Sachzwänge" auf, die Technik trotz erkannter Nachteile für die Grundrechte zu nutzen, ist zu befürchten, daß sich die Rechtsprechung oder die Interpretation der Grundrechte an solchen künftigen Tatbeständen orientiert und so ein schleichender Prozeß der nachteiligen Rechtsveränderung eintritt. Mit der Gestaltung von Sicherungsinfrastrukturen nach dem Kriterium der Verfassungsverträglichkeit sollen solche Sachzwänge vermieden werden.[69]

Anwendergerechtheit

Der Einsatz von Informations- und Kommunikationstechnik wirkt auf die sozialen Phänomene Kooperation und Kommunikation. Dies führt zu Veränderungen der Alltagserfahrungen der Subjekte in einer Art und Weise, die intersubjektiv neue Definitionen der Wirklichkeit erforderlich machen. Diese können anhand kultureller Brüche festgestellt werden, wenn beispielweise sozial eingeübte Umgangsformen mit eigenhändigen Unterschriften nicht ohne weiteres auf digitale Signaturen übertragen werden können oder dürfen. Hinsichtlich der Wirkungen ist zu berücksichtigen, daß Kooperation und Kommunikation für die Identitätsausbildung, für soziale Beziehungen sowie für das Weltbild konstitutiv sind. Das Untersuchungsinteresse unter dem Blickwinkel der Anwendergerechtheit gilt deshalb den Veränderungen des Erlebens und Handelns der Individuen, der sozialen Beziehungen im Arbeits- und Privatleben sowie der kulturell geteilten Sichtweise auf die Welt durch die Nutzung der Neuen Medien.

In diesem Sinne soll auch der Einsatz von Sicherungsinfrastrukturen soziale Kommunikations- und Kooperationsbeziehungen sowie die professionelle Aufgabenerledigung unterstützen (Nützlichkeit). Vermieden werden soll, daß durch die Sicherungstechnik die psychosozialen Kompetenzen der Anwender und ihre Entwicklungsmöglichkeiten eingeschränkt werden (Verträglichkeit).[70]

2.4   Gestaltbare Merkmale von Sicherungsinfrastrukturen

Nachdem gezeigt wurde, daß für Sicherungsinfrastrukturen vorlaufende Technikgestaltung erforderlich ist und welche Kriterien dafür eingesetzt werden sollen, stellt sich die Frage, auf welche Weise Sicherungsinfrastrukturen gestaltet werden können.[71] Sicherungsinfrastrukturen sind komplexe soziotechnische Systeme. Sie "entstehen" nicht, sondern sie müssen in Aushandlungs-

---

[69] Vgl. dazu und zu den Aufgaben und Zielen rechtswissenschaftlicher Technikfolgenforschung Roßnagel 1993, 20 ff.

[70] Siehe dazu den Beitrag von Kumbruck, Kap. 6., in diesem Band.

[71] Vgl. zum folgenden ausführlich Hammer 1994c, provet-AP 149 mwN.

prozessen technisch und organisatorisch entworfen und rechtlich geregelt werden.[72] Sicherungsinfrastrukturen werden von vielen Akteuren geprägt.[73]

Die Suche nach Gestaltungsmöglichkeiten kann mit drei Fragen gegliedert werden:

- In einer Sicherungsinfrastruktur müssen zur Bereitstellung der Nutzungsoptionen Aufgaben ausgeführt werden (Bereitstellungszusammenhang). Gefragt werden kann daher, welche einzelnen Aufgaben es in Sicherungsinfrastrukturen gibt und welche Optionen für ihre Realisierung gewählt werden können. (*Aufgaben in Sicherungsinfrastrukturen*)
- Wer eine Aufgabe wie übernehmen soll und wie aus den Einzelleistungen eine Sicherungsinfrastruktur entsteht, muß bestimmt und ausgeführt werden. Zum zweiten kann daher untersucht werden, welche Faktoren die Auswahl von Gestaltungsoptionen für einzelne Aufgaben bestimmen und wie diese zu einer Sicherungsinfrastruktur "zusammengefügt" werden, welche Ausprägung sie also erhält. (*Determinanten der Gestaltung von Sicherungsinfrastrukturen*)
- Eine Sicherungsinfrastruktur ist mehr als die Summe der Teilaufgaben. Sie entsteht auch aus den organisatorischen, rechtlichen und technischen Beziehungen zwischen den Beteiligten und zwischen technischen Systemen (*Strukturmerkmale von Sicherungsinfrastrukturen*). Sicherungsinfrastrukturen sollen deshalb nicht nur hinsichtlich der einzelnen Gestaltungsoptionen der Basisaufgaben, sondern insbesondere hinsichtlich ihrer Strukturmerkmale bewertet und gestaltet werden. Zum dritten wird deshalb gefragt, welche Merkmale die Struktur des entstandenen sozio-technischen Systems kennzeichnen, wie also die verschiedenen Aufgaben im Zusammenspiel von Technik, Organisation und Recht erbracht werden.

Die Darstellung der Gestaltungsoptionen für die Funktionen in Sicherungsinfrastrukturen und die Strukturmerkmale identifiziert die Ansatzpunkte für die Bewertung und Gestaltung mit Kriterien der Sozialverträglichkeit. Sie können als "Checkliste" für die verschiedenen Kriterien verwendet werden, um relevante Fragestellungen der Technikgestaltung zu bestimmen. Gleichzeitig wird damit tiefer in die Technik und Organisation von Sicherungsinfrastrukturen eingeführt. Das Wissen über Optionen der Technikgestaltung ist auch die Voraussetzung dafür, Sicherungsinfrastrukturen nicht nur bewerten, sondern durch die Auswahl von Alternativen auch gestalten zu können.[74]

Die vorgestellten Determinanten sind dagegen die Ansatzpunkte, um Einfluß auf den Gestaltungsprozeß nehmen zu können. Die Erfolgsaussichten vorlaufender Technikgestaltung für Sicherungsinfrastrukturen verbessern sich, wenn diese bestimmenden Faktoren im Sinne der gewonnenen normativen Anforderungen

---

[72] Vgl. zur Technikgenese z. B. Roßnagel 1993, 67 ff. mwN; Hammer/ Schneider, Kap. 1., 38 ff. mwN, in diesem Band.

[73] Zur Komplexität von Entstehungs- und Entwicklungsprozessen von Infrastrukturen siehe z. B. Mayntz 1988, 245 ff.; Ekardt 1994; Joerges 1992, 65f.

[74] Vgl. Roßnagel 1993, 256 ff.

beeinflußt werden können. Dazu müssen in den Aushandlungsprozessen die Vorschläge der sozialverträglichen Gestaltung Geltung gewinnen.

Die im folgenden dargestellten Gestaltungsoptionen bestehen prinzipiell, d. h. unabhängig von der Auswahl eines Bewertungskriteriums. Zu erwarten ist allerdings, daß je nach Bewertungskriterium unterschiedliche Gestaltungsalternativen bevorzugt werden. Solche Zielkonflikte, auch zu weiteren Kriterien, sind im Anwendungskontext soweit wie möglich aufzulösen oder zumindest in Kompromissen auszubalancieren.

2.4.1   Aufgaben in Sicherungsinfrastrukturen

Um Sicherungskonzepte auf der Basis öffentlicher Schlüsselverfahren in offenen Telekooperationsanwendungen nutzen zu können, müssen eine Reihe technischer Funktionen bereitgestellt werden.[75] Häufig genügt aber nicht deren einfache Ausführung, sondern sie werden im Rahmen der Aufgaben von Instanzen der Schlüsselverwaltung oder anderer Beteiligter eingesetzt. Im folgenden wird dementsprechend als *Aufgabe* die erwartete Leistung des jeweiligen sozio-technischen Systems bezeichnet, die von organisatorischen Einheiten unter Zuhilfenahme von Technik erbracht werden soll. Unter Funktionen werden die erwarteten technischen Leistungen der Informationssysteme verstanden.

Durch die Einordnung der Sicherungsinfrastruktur zwischen der Hersteller- und der Betreiberebene[76] können drei wesentliche Aufgabenbereiche unterschieden werden, in denen Gestaltungsoptionen gesucht und realisiert werden könnten:

1) *Aufgaben der Anwenderebene:* Durch Sicherungsinfrastrukturen sollen Sicherungsmaßnahmen für Kooperationspartner bereitgestellt werden, die Telekooperationstechnik einsetzen (Anwendungszusammenhang). Die Anwendungssysteme müssen daher die Sicherungsinfrastruktur verwenden, um Sicherheit für die Kooperationspartner zu erreichen. Die Anbindung erfolgt über die Signatur-, Prüf- , Verschlüsselungs- und Entschlüsselungsfunktionen. Neben Sicherungsmaßnahmen auf der Basis öffentlicher Schlüsselverfahren kann zusätzlich eine anwendungsspezifische Autorisierung, beispielsweise on-line am Konto, erfolgen.

2) *Betreiberebene - Aufgaben der Sicherungsinfrastruktur:* Die Sicherungsinfrastruktur selbst muß gewährleisten, daß nur berechtigte Teilnehmer in den Besitz von zertifizierten Schlüsselpaaren gelangen. Diese Teilnehmer müssen auch später sicher identifiziert werden können. Zusätzliche Sicherheit für die Schlüsselinhaber und ihre Kooperationspartner können Verzeichnisdienste

---

[75]   Vgl. im folgenden zu den Aufgaben in Sicherungsinfrastrukturen z. B. Struif 1992a, 24; Kowalski 1992; Kowalski 1994; Fumy/ Landrock, IEEE.SAC 1993, 785 ff. und Hammer 1994c, provet-AP 149 7 ff. mwN.

[76]   Vgl. dazu oben Abb. 4.

bieten. Die Aufgaben müssen im Bereitstellungszusammenhang gelöst werden.

3) *Aufgaben der Herstellerebene:* Sowohl für die Anwendungen, insbesondere aber auch für die Sicherungsinfrastruktur werden Techniksysteme benötigt, die aufeinander abgestimmt sein müssen.[77] Ihre Entwicklung und Fertigung und ihre Validierung hinsichtlich der geforderten Funktionalität sind Aufgaben, die unabhängig von den beiden ersten Gruppen ausgeführt werden können (Herstellungszusammenhang). Sie müssen allerdings auf die dort gefundenen Anforderungen abgestimmt sein, andernfalls können die Standards und Techniksysteme Restriktionen für den Bereitstellungs- und Anwendungszusammenhang zur Folge haben.

Die Aufgaben der Herstellerebene für eine Sicherungsinfrastruktur sollen hier nicht weiter betrachtet werden, da ihre Einbindung in ein Gesamtkonzept die Struktur der Sicherungsinfrastruktur nicht unmittelbar beeinflußt. Im folgenden sollen die Funktionen, beginnend mit der Schlüsselverwaltung, dargestellt werden. Zunächst müssen jedoch noch die unterschiedlichen Akteure identifiziert werden.[78]

Akteure

Die einzelnen Aufgaben in einer Sicherungsinfrastruktur werden in Verantwortung von (juristischen) *Trägern* übernommen. Sie können für organisatorische und technische Bereitstellung der Sicherungsdienstleistungen mehrere *Instanzen* als organisatorische Einheiten einrichten. Diese Instanzen übernehmen letztlich die sensitiven Aufgaben in der Sicherungsinfrastruktur. Da sie dafür Sorge tragen müssen, daß sich die Anwender auf Signaturen verlassen können oder den richtigen Teilnehmer-Schlüssel für vertrauliche Nachrichten aus einem Verzeichnis entnehmen können, werden sie häufig als "Trust-Center" oder "vertrauenswürdige Dritte" bezeichnet - ohne auszuführen, warum dieses Vertrauen eigentlich gerechtfertigt sein soll.[79]

Um die Bezeichnung *Vertrauens*instanzen zu "verdienen", müssen sich die Leistungserbringer als vertrauenswürdig erweisen, also Maßnahmen ergreifen, die fehlerhafte oder manipulierte Leistungen ausschließen. Genau in diesem Sinne soll im weiteren der Terminus *Vertrauensinstanz* auch verstanden werden: Er bezieht sich auf sozio-technische Einheiten, die sich als vertrauenswürdig erweisen müssen und für die jeweils ein Bündel technischer, organisatorischer und rechtlicher Maßnahmen zu ergreifen ist, um die Vertrauenswürdigkeit sicherzustellen. In den einzelnen Abschnitten wird deshalb auf die jeweilige Bedeutung

---

[77] Bspw. die Hardware und die Software von Datenendgeräten, Kartenzugangsgeräten (Sicherheitsmodule), Chipkarten und Datenbanken, Anwendungsprogrammen und Sicherungsfunktionen.

[78] Zur unterschiedlichen Bedeutung von Akteuren - auch der Herstellerebene - für die Genese von Infrastrukturen siehe z. B. Mayntz 1988, 245 ff; Ekardt 1994.

[79] Zum Vertrauensbegriff siehe Roßnagel, Kap. 4., 138 und 165, in diesem Band; Kumbruck, Kap. 6., 241 ff., in diesem Band.

der Aufgabe für die Vertrauenswürdigkeit der Sicherungsinfrastruktur hingewiesen.

Bereitgestellte Nutzungsoptionen werden zur Sicherung von Telekooperationsbeziehungen von *Anwendern* für ihre Zwecke eingesetzt, die damit auf die eingesetzt und auf die Zusicherungen der Sicherungsinfrastruktur angewiesen sind. Anwender sind zum einen die *Teilnehmer*, die als handelnde Personen ihre Chipkarten verwenden und über ein zertifiziertes Schlüsselpaar verfügen. Zum anderen nutzen auch Organisationen die Sicherungsfunktionen, um die Abwicklung ihrer Kooperationen zu schützen und Dienstleistungen anzubieten (*Dienstleistungsanbieter*). Teilnehmer und Dienstleistungsanbieter können gleichermaßen Absender oder Empfänger von Dokumenten sein. Eine Unterscheidung ist jedoch notwendig, wenn die weitreichenderen Ziele einer Organisation von Bedeutung sind. Sie verfügt in der Regel auch über mächtigere technische, organisatorische und rechtliche Mittel, um ihre Risiken zu vermindern. Häufig können sie auch die Sicherungstechnik und -politik weitgehend bestimmten.[80]

Die Darstellung der technischen Gestaltungsmöglichkeiten soll durch ein fiktives Beispiel ausgemalt werden. Es bietet eines von mehreren möglichen "praktischen" Szenarien an.

> Wir begleiten Herrn Müller aus München, der viele Alltagsgeschäfte telekooperativ erledigt. Er will sich für seine private rechtsverbindliche Telekooperation ein von der Personalausweisbehörde zertifiziertes Schlüsselpaar besorgen. Zunächst kauft er sich eine neue multifunktionale Chipkarte, auf der er Schlüssel und Zertifikat installieren lassen will. Das Chipkarten-Betriebssystem gewährleistet, daß die verschiedenen Anwendungen gegeneinander abgeschottet sind und daß insbesondere der geheime Schlüssel sicher gespeichert werden kann.

Allgemeine technische Optionen

Für den Betrieb einer Sicherungsinfrastruktur bestehen einige prinzipielle technische Alternativen. So ist festzulegen welche Verschlüsselungs- und Signaturverfahren unterstützt werden sollen.[81] Die Technik muß für die gewählten Schlüssellängen ausgelegt werden. Der Aufbau von Signaturen ist ebenso festzulegen wie die Protokolle zur Verschlüsselung.

Schlüsselgenerierung

Um Telekooperation mit öffentlichen Schlüsselverfahren sichern zu können, müssen die Teilnehmer über Schlüsselpaare verfügen. Sie müssen nach den Anforderungen des Signatur- bzw. Verschlüsselungsverfahrens erzeugt werden.[82] In Abhängigkeit von der Sensitivität des Nutzungszwecks (z. B. Teilnehmer oder Vertrauensinstanz) können Qualitätsanforderungen, insbesondere die Schlüssel-

---

[80] So z. B. bisher im Verhältnis Bank-Kunde.

[81] Eine Übersicht über mögliche Alternativen mwN findet sich bspw. in Fries/ Fritsch/ Kessler/ Klein 1993 oder Schneier 1993. Es könnten auch unterschiedliche Verfahren für Verschlüsselung und Authentikatorberechnung verwendet werden.

[82] Bspw. für RSA anhand großer Primzahlen.

länge, festgelegt werden.[83] Die Teilnehmer können die Schlüsselpaare selbst generieren. Sie müssen dann den öffentlichen Teil an die Zertifizierungsinstanz übermitteln, die ihn in das Zertifikat aufnimmt.[84] Allerdings ist es dann schwieriger, die Qualität eines Schlüsselpaares zu überprüfen und sicherzustellen, daß der Inhaber es nicht weitergeben kann.

Alternativ kann deshalb eine Instanz der Sicherungsinfrastruktur die Aufgabe der Schlüsselgenerierung übernehmen. Sie stellt den geheimen Schlüssel zum Speichern in der Chipkarte und den öffentlichen Schlüssel für das Zertifikat bereit. Diese Instanz könnte verpflichtet sein, den öffentlichen Schlüssel auf Doppelgenerierung zu prüfen und zu diesem Zweck aufzubewahren. Sie könnte verpflichtet werden, den geheimen Schlüssel zu speichern und ihn unter bestimmten Bedingungen Behörden der inneren Sicherheit zur Verfügung zu stellen.[85]

> Herr Müller hat die Wahl: Er kann sein neues Schlüsselpaar selbst generieren und muß für dessen Qualität und Sicherheit selbst Vorsorge tragen, oder er kann auf eines zurückgreifen, das von der Personalausweisbehörde generiert wird. Er entscheidet sich für die erste Variante. Dazu schiebt er seine neue Chipkarte in seinen Personal Digital Assistant (PDA). Die dort verfügbaren Sicherungsfunktionen beinhalten auch die Funktion "neues Schlüsselpaar". Er bestätigt die Voreinstellungen "RSA" und "Schlüssellänge=512 Bit". Nach kurzer Zeit ist die Berechnung abgeschlossen. Er muß nun zwischen mehreren Möglichkeiten entscheiden und wählt "Schlüsselpaar ausschließlich auf Chipkarte speichern - kein backup" und "Zugriffsschutz für Anwendungskonfiguration durch Standard-PIN".

Die Schlüsselgenerierung ist eine sensitive Aufgaben in der Sicherungsinfrastruktur, weil nur der berechtigte Schlüsselinhaber selbst über den geheimen Schlüssel verfügen darf (*Unikatsforderung*). Verhindert werden muß daher, daß ein Schlüsselpaar ausgeforscht oder als Duplikat nochmals berechnet werden kann.

Namensgebung

Das Schlüsselpaar ist zwar die Grundlage der Sicherungsfunktionen, alleine ist es jedoch nicht ausreichend. Aus der digitalen Signatur soll der Empfänger den Inhaber feststellen können.[86] Daher werden für ein Zertifikat einige personenbe-

---

[83] Durch weitere Bedingungen kann die Faktorisierung von RSA-Schlüsseln u. U. erschwert und damit die Sicherheit des Schlüsselpaars erhöht werden. Vgl. z. B. Pohlmann, DuD 1990, 17 mwN; Schneier 1993, 215f. mwN.

[84] Ein solches Vorgehen wurde bspw. in Secure DFN realisiert; siehe z. B. Grimm/ Nausester/ Schneider/ Viebeg 1990, 11 ff. Zur Zertifizierung siehe unten.

[85] Vgl. zur möglichen Speicherpflicht z. B. Seidel 1992, 73 ff. und 89 ff.; Kowalski 1992, 28. Kritisch zu einer möglichen rechtlichen Pflicht der Speicherung äußert sich Bizer, Kap. 5., in diesem Band. Zu den Folgen einer solchen Entscheidung der "Kryptokontroverse" speziell für die Rechtssicherheit digitaler Signaturen siehe z. B. auch Hammer/ Bizer, DuD 1993, 695; zu Folgen für die Verletzlichkeit Hammer, Kap. 3., 129 und 109, in diesem Band.

[86] "Inhaber könnte auch ein technisches Gerät sein. Im folgenden soll jedoch nur die Namensgebung für Personen betrachtet werden.

zogene Daten zusammengestellt. Sie sollen dann an den öffentlichen Schlüssel gebunden werden. Damit der Empfänger auf die Angaben im Zertifikat vertrauen kann, müssen sie von einer Vertrauensinstanz geprüft bzw. festgelegt werden.[87] Sie muß den Schlüsselinhaber anhand eindeutiger Merkmale identifizieren, beispielsweise mit Hilfe eines Ausweises. Auf dieser Grundlage kann die Vertrauensinstanz später in Streitfällen nachweisen, wer der Inhaber eines Schlüssels ist. Die Identifikationsmerkmale werden dazu in einem Verzeichnis gespeichert.

> Herr Müller sucht die Personalausweisbehörde auf. Frau Rosen, die Sachbearbeiterin, bittet ihn, seinen Personalausweis vorzulegen.

Die Identität des Schlüsselinhabers soll den Telekooperationspartnern bekanntgegeben werden. Sie müssen zwar nicht in jedem Fall seinen "richtigen" Namen erfahren,[88] sollen jedoch sicher sein, daß sie mit Hilfe der Vertrauensinstanzen die Identität feststellen können. Sowohl für die internen Verwaltungszwecke der Sicherungsinfrastruktur als auch für die Telekooperationspartner ist es daher sinnvoll, daß in Zertifikaten *eindeutige Kennzeichen* enthalten sind.

Den häufig sehr strengen technischen Anforderungen genügen allerdings Personennamen aus dem Alltag in der Regel nicht (Herr Müller "existiert" in der Bundesrepublik recht häufig, der Name ist in dieser Form nicht eindeutig). Um die Eindeutigkeit sicherzustellen, werden deshalb beispielsweise streng hierarchische Namenssysteme verwendet, die von den Namensgebungsinstanzen durchgesetzt werden müssen.[89] In dieser Variante wird festgelegt, daß jede Instanz jeden Namen nur einmal vergeben darf. Ein vollständiger, eindeutig unterscheidbarer Name (distinguished name, DN) ergibt sich in dieser Systematik dann aus einer Folge von Einzelnamen (relative distinguished names, RDN; siehe Abb. 5).[90]

---

[87] Daher bietet es sich an, zumindest die Namensgebung an Instanzen mit dem erforderlichen Wissen über die Organisation bzw. Kenntnissen über die Antragsteller zu delegieren - vgl. Rihaczek, DuD 1992, 413.

[88] Bspw. könnten für einige Zwecke auch Pseudonyme in den Zertifikaten verwendet werden, vgl. zu den Möglichkeiten und Grenzen provet/ GMD 1994a, 210 ff.

[89] Vgl. z. B. Kent 1993.

[90] Seidel 1992, 39f. problematisiert unter datenschutzrechtlichen Gesichtspunkten (Stichwort Personenkennzeichen) eine strikte landesweite eindeutige hierarchische Namensgebung; siehe hierzu auch Roßnagel, Kap. 4., 168 ff. mwN, in diesem Band. Inwieweit die Probleme durch unterschiedliche Sicherungsinfrastrukturen für verschiedene Zwecke entschärft werden können (vgl. Hammer/ Schneider, Kap. 1., 24, in diesem Band), bleibt zu untersuchen. Aus prinzipiellen technischen und organisatorischen Gründen wird es sich aber wohl nicht vermeiden lassen, daß jedes Zertifikat eindeutige Merkmale besitzen muß.

Die technische Eindeutigkeit muß nicht durch den Namen erzeugt werden, sie kann beispielsweise auch durch Nummernsysteme sichergestellt werden. Ein solcher Eintrag wird in aller Regel für organisatorische und technische Zwecke der Schlüsselverwaltung sowieso in die Zertifikate aufgenommen werden.[91] Muß der Telekooperationspartner nicht "sozial bekannt" sein, könnten diese Daten für eine eventuelle Aufdeckung der Identität ausreichend sein.

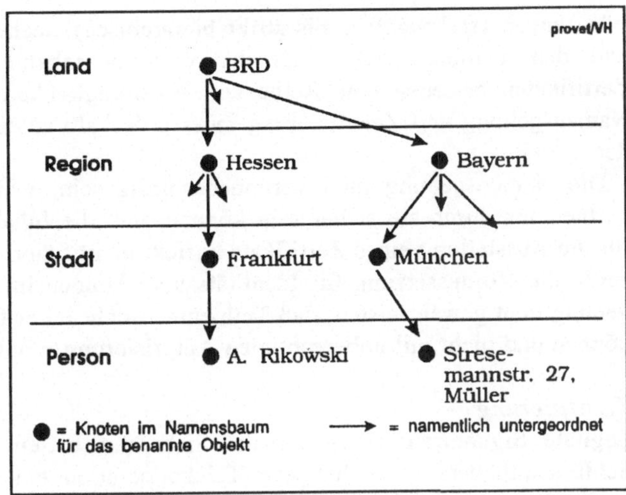

Abb. 5: Beispiel für eine Namenshierarchie in Anlehnung an X.500. Die beiden Teilnehmer haben die eindeutigen Namen "BRD.Hessen.Frankfurt.A Rikowski" und "BRD.Bayern.München.Stresemannstr. 27. Müller"

In Zertifikaten können weitere personenabhängige Informationen eingetragen werden. Beispielsweise kann die Funktion des Inhabers an seinem Arbeitsplatz, wie Richter, Rechtsanwalt oder Arzt, aufgenommen werden. Auch der "Wert" oder Zweck eines Zertifikats kann durch Einträge differenziert werden. Denkbar sind Hinweise auf Zeichnungsberechtigungen im Geschäftsverkehr, auf die Begrenzung der durch die Vertrauensinstanzen abgesicherten Transaktionshöhe oder auf die Pseudonymeigenschaft des Namenseintrags im Zertifikat. In der hier gewählten Aufgabenteilung in einer Sicherungsinfrastruktur sollen solche Informationen ebenfalls von Namensgebungsinstanzen überprüft und als Zertifikatbestandteil festgelegt werden. Auch sie sind von der Namensgebungsinstanz zu dokumentieren.

Frau Rosen fragt, welche Informationen in das Zertifikat aufgenommen werden sollen. Herr Müller möchte nur seinen Zunamen ohne Adresse eintragen lassen. Als Zweck des Zertifikats wird "Rechtsverbindliche Signaturen" und eine "Wertbegrenzung 1000,00 DM" vermerkt.
Frau Rosen läßt einen Antrag ausdrucken, in dem auch festgehalten ist, daß Herr Müller einen selbst generierten Schlüssel zertifizieren lassen will. Herr Müller unterschreibt.

---

[91] So soll wohl die Seriennummer von X.509-Zertifikaten weltweit eindeutig gehalten werden; X.509 1988, 57f. und 68f. Vgl. zu alternativen Kennzeichen Hammer 1994b, provet-AP 148, Kap. 6.2.2 mwN.

Für Namen (frei wählbar bis strikt hierarchisch), technische Nummernsysteme und den Umfang und Inhalt der weiteren inhaberabhängigen Daten von Zertifikaten bestehen eine Reihe von Wahlmöglichkeiten. Die Gestaltung von Namensgebung und Zertifizierung müssen deshalb aufeinander abgestimmt werden.

Die Namensgebung muß vertrauenswürdig sein, weil die Telekooperationspartner nur durch sie sicher sein können, daß die Inhaber von Schlüsselpaaren für die Ausstellung eines Zertifikats korrekt identifiziert wurden. Dies ist gleichzeitig die Voraussetzung für Identitätsaufdeckungen im Streitfall. Die Namensgebung muß gewährleisten, daß Teilnehmer nicht unter fremdem Namen handeln können und nicht mit unberechtigten Autorisierungen ausgestattet werden.

Zertifizierung

Digitale Signaturen sollen Off-line-Sicherheit bieten. Damit die Daten des Schlüsselinhabers nicht für jede Telekooperation bei einer Vertrauensinstanz nachgefragt werden müssen, werden sie in einem eigenen elektronischen Dokument zusammengefaßt und von einer Instanz der Sicherungsinfrastruktur in einem Zertifikat[92] signiert.

Für den Zertifikatinhalt ergeben sich in Abstimmung mit der Namensgebung Gestaltungsoptionen.[93] Ein Zertifikat kann beispielsweise mit folgenden Attributen aufgebaut werden:

- Im Zertifikat muß ein öffentlicher Schlüssel enthalten sein.
- Der "weltliche" Name des Schlüsselinhabers kann im Zertifikat eingetragen sein.
- Um technische Verfahren und Verwaltungsaufgaben zu unterstützen, können alternativ oder zusätzlich "technische Namen", wie eine eindeutige Seriennummer des Zertifikats, eingefügt werden.
- In Zertifikate können weitere Informationen aufgenommen werden, die dem Inhaber, dem schlüsseltragenden Gerät oder der Anwendung (in der Chipkarte) zugerechnet werden. Sie können in technisch-formalen oder differenzierten inhaltlichen Prüfungen verwendet werden. Beispiele sind Qualifikationen oder Zeichnungsberechtigungen des Inhabers oder Werte, die für Transaktionen mit digitalen Signaturen zulässig sind.
- In der Regel werden Zertifikate für einen Gültigkeitszeitraum ausgestellt, der im Zertifikat dokumentiert wird.
- Zur Unterstützung der technischen Prozesse werden Konfigurationsdaten, insbesondere der Zertifikattyp und das Signaturverfahren, für den der öffentliche Schlüssel geeignet ist, eingetragen.
- Explizit kann auch der Name der ausstellenden Zertifizierungsinstanz im Zertifikat aufgeführt werden. Sofern er nicht explizit enthalten ist, kann er

---

[92] Vgl. zum Prinzip z. B. Hammer/ Schneider, Kap. 1., 15 in diesem Band.
[93] Zu den möglichen Inhalten eines Zertifikats vgl. z. B. X.509 1988, 58; ECMA 1989, 22; Herda 1992, 4f.

über den zu verwendenden öffentlichen Schlüssel abgeleitet werden, der zur Prüfung des Zertifikat-Authentikators verwendet wird.
– Das Zertifikat muß mit einem Authentikator oder einer Signatur der Zertifizierungsinstanz versehen sein.

Für ein Zertifikat werden der öffentliche Schlüssel und die weiteren Daten zusammengestellt. Die Zertifizierungsinstanz signiert den Datensatz mit ihrem geheimen Schlüssel.

In der Personalausweisbehörde muß Herr Müller nun den Zugang zu seiner Chipkarte ermöglichen. Dazu legt er seinen PDA, in dem die Chipkarte steckt, auf eine besondere Ablagefläche. Der PDA baut über eine Closed-coupled-Funkschnittstelle eine Verbindung zu

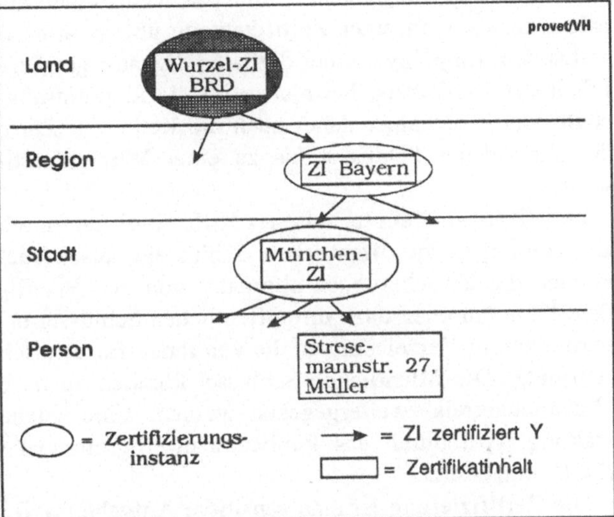

Abb. 6: Zertifikatkette für Herrn Müller. Die Zertifizierungsinstanzen sind entlang der Namenskette eingerichtet (vgl. Abb. 5).

dem Sicherheitsmodul auf, das sich unter der Ablagefläche verbirgt und prüft mit Hilfe eines Authentisierungsprotokolls dessen "Identität". Der PDA fordert Herrn Müller nun auf, sich per PIN zu identifizieren. Er tut dies, wählt dabei aber die Option "schrittweise Freigabe", wodurch er über jeden Zugriff des Behördenrechners einzeln entscheiden kann. Die Freigabe wird nach und nach für folgende Funktionen am Display angefordert:
Mit "Chipkarte authentisieren" prüft der Behördenrechner, ob die Chipkarte den Sicherungsanforderungen genügt. Die Chipkarte kann sich mit einem vom Hersteller gespeicherten geheimen Schlüssel und zugehörigem Zertifikat 'ausweisen'.
Durch eine "Probesignatur" kann der Behördenrechner feststellen, ob Herr Müller über ein RSA-Schlüsselpaar verfügt. Gleichzeitig wird ihm damit der öffentliche Schlüssel bekanntgegeben.

Der öffentliche Schlüssel der Zertifizierungsinstanz kann wiederum durch eine übergeordnete Zertifizierungsinstanz in einem Zertifizierungsinstanz-Zertifikat bestätigt werden und so fort. Die Folge der Zertifikate bildet eine Zertifikatkette, die bei einer "obersten" Zertifizierungsinstanz, der Wurzel-Zertifizierungsinstanz, endet.[94] Die Wurzel-Zertifizierungsinstanz bestätigt direkt oder über längere Zertifikatketten die untergeordneten Zertifizierungsinstanzen ihrer Zertifizierungshierarchie. Sie ist *die* Vertrauensinstanz, auf die sich alle Teilnehmer berufen können. Ihr öffentlicher Schlüssel muß deshalb den Teilnehmern vertrauenswürdig bekanntgemacht werden.

Die Zertifizierungsinstanz, die das Teilnehmer-Zertifikat ausstellt, und die möglicherweise in einer Zertifikatkette übergeordneten Zertifizierungsinstanzen sollen dem Empfänger einer digitalen Signatur gewährleisten, daß er sich auf den Inhalt des Zertifikats, beispielsweise die Identitätsangabe, verlassen kann.[95] Sie stellt dem Teilnehmer daher auch die Kette von Zertifikaten zur Verfügung, in der ihr eigener Schlüssel bis zu einer Wurzel-Zertifizierungsinstanz bestätigt wird.

Zertifikate sind ein technisches Hilfsmittel, um durch vertrauenswürdige Dritte Zusicherungen zu öffentlichen Schlüsseln auszudrücken. In kleinen Gruppen können die Zusicherungen alternativ von den Beteiligten selbst verwaltet werden.[96] Sie tauschen dazu ihre öffentlichen Schlüssel bi- oder multilateral aus und vermerken in Verzeichnissen die von ihnen für den Schlüsselinhaber akzeptierten Attribute. Die öffentlichen Schlüssel könnten auch "privat" zertifiziert und im "Bekanntenkreis" weitergegeben werden. Eine solche dezentrale Schlüsselverwaltung wird durch das PublicdomainProgrammpaket "Pretty Good Privacy" (PGP) unterstützt.[97]

Die Zertifizierung ist eine sensititve Aufgabe, weil die Inhalte der ausgestellten Zertifikate den Empfängern als Grundlage ihres Vertrauens in eine konkrete Telekooperationsbeziehung dienen. Zertifikate dürfen daher nur mit korrekten Datensätzen erzeugt werden. Dazu muß das Zusammenwirken mit der Namensgebung abgestimmt sein. Dies gilt auch für die Zertifizierung von Zertifizierungsinstanzen. Wenn an die Struktur der Zertifizierungshierarchie[98] eine Bedeutung geknüpft wird, dann ist es auch wesentlich für den Wert eines Zertifi-

---

[94] Zu Zertifizierungshierarchien und der formalen Definition der Wurzel-Zertifizierungsinstanz siehe unten 76 ff.; zur Rolle einer Wurzel-Zertifizierungsinstanz als Sicherungsanker unten, 72 und 81.

[95] Insofern sind Namensgebung und Zertifizierung unmittelbar aufeinander angewiesen. Die Aufgaben könnten deshalb in Instanzen zusammengefaßt werden. Dies erwartet beispielsweise Seidel 1992, 40. Technisch-organisatorisch ist eine solche Lösung allerdings nicht zwingend, vgl. z. B. Rihaczek, DuD 1992, 413; Struif 1992a, 32, beschreibt bspw. ein Modell mit Schlüsselgenerierung und möglicherweise auch Namensgebung beim Chipkarteninhaber.

[96] Kowalski 1992, 27 merkt zwar an, daß solche Lösungen auch Probleme für die Rechtsverbindlichkeit und die Vertrauensbasis von Kooperationspartnern mit gegensätzlichen Interessen aufwerfen dürften. Diese Folgen scheinen allerdings nicht in jedem Falle zwangsläufig. Sie wären im Rahmen der jeweils gewählten konkreten Systemlösung zu prüfen.

[97] Vgl. Schneier 1993, 436f. mwN.

[98] Zur Zertifizierungshierarchie (Zertifizierung von Zertifizierungsinstanzschlüsseln) siehe unten Kapitel 2.4.3.2.

kats, von welcher Zertifizierungsinstanz es für einen Teilnehmer oder eine andere Zertifizierungsinstanz ausgestellt wurde. Um zu verhindern, daß mißbräuchlich falsche Zertifikate ausgestellt werden, müssen die geheimen Schlüssel der Zertifizierungsinstanzen gesichert werden.

Personalisierung

Die Initialisierungsdaten, die für den Teilnehmer erzeugt wurden, müssen in die Chipkarte geladen werden. Diese teilnehmerbezogene Initialisierung der Chipkarte wird als Personalisierung bezeichnet.[99] Durch die *logische Personalisierung* werden beispielsweise der geheime Schlüssel, das Zertifikat mit dem öffentlichen Schlüssel und Informationen zur weiteren Zertifikatkette in die Chipkarte geladen. Diese Daten können um spezielle Software-Komponenten einer Anwendung auf der Chipkarte ergänzt werden. Dort können auch Daten für die Anwendung erforderlich sein, die nicht zertifiziert werden.

Die Personalisierung kann zentral erfolgen, wenn die Daten in den Chipkarten gespeichert und diese anschließend an die Teilnehmer über zuständige Instanzen direkt oder postalisch ausgegeben werden. Dieses Verfahren kann vor allem für monofunktionale Chipkarten oder bei der Erstpersonalisierung von multifunktionalen Chipkarten eingesetzt werden. Die Chipkarte kann aber auch dezentral initialisiert werden. Die Installation von zusätzlichen Anwendungen auf multifunktionalen Chipkarten dürfte in der Regel in Anwesenheit des Chipkarteninhabers abgewickelt werden. Er müßte sonst seine Chipkarte abgeben, könnte während des Zeitraums nicht über sie verfügen und würde dadurch Mißbrauch riskieren.

> Der Rechner der Personalausweisbehörde überspielt die Zertifikatkette zum PDA von Herrn Müller. Dieser erzeugt eine Signatur für einen Probetext und läßt sie prüfen. Sein neues Teilnehmer-Zertifikat und die Zertifikatkette sind korrekt.

In der Regel wird die Chipkarte zentral oder dezentral durch eine *physische Personalisierung* auch mit teilnehmerindividuellen optischen Merkmalen (Bild, Namenszug, Barcode) oder mechanischen Merkmalen (Hochprägung) versehen.

> Da die Chipkarte von Herrn Müller bisher noch nicht beschriftet wurde, fragt Frau Rosen nach seinen Wünschen. Er entscheidet sich für seinen bürgerlichen Namen, die Chipkartennummer und einen Hinweis auf die Personalausweisbehörde in München, damit ihm die Karte von ehrlichen Findern zugestellt werden kann. Mit einem Laser werden die Daten auf der Oberfläche der Karte eingebrannt.

Durch die Personalisierung ist sicherzustellen, daß nur der berechtigte Inhaber in den Besitz des geheimen Schlüssels kommt. Wird ein neues Schlüsselpaar installiert, muß sichergestellt sein, daß der geheime Schlüssel nicht ausgeforscht wird. Wird die Chipkarte ausgegeben, darf sie nicht in falsche Hände gelangen.[100] Es

---

[99] Vgl. zum folgenden auch Struif 1992a, 27 ff.

[100] Bspw. gelang es einem Betrüger, mit einer auf dem Postweg abgefangenen Kreditkarte innerhalb weniger Tage für über DM 6000 "einzukaufen", Darmstädter Echo, 1.10.1994.

muß auch gewährleistet werden, daß die Personalisierungsinstanz ihre besonderen Zugriffsrechte zur Administration der Chipkarte nicht mißbraucht.

Sperrdienste

Verliert der Inhaber seine Chipkarte oder wird sie ihm gestohlen, können Dritte versuchen, die Zugangskontrolle zu überwinden und sie zu mißbrauchen. Da Zertifikate für einen Gültigkeitszeitraum ausgestellt werden, kann ein Zertifikatinhaber auch vorzeitig die Berechtigung verlieren, ein Zertifikat zu führen. Wechselt er beispielsweise seinen Arbeitgeber, kann es erforderlich sein, seine ehemalige Zeichnungsberechtigung zurückzuziehen. Auch wenn der Teilnehmer selbst die Anwendung auf der Chipkarte mißbräuchlich verwendet, wird der Dienstleistungsanbieter ein Interesse an einer Sperrung haben.

Für solche Fälle werden Sperrverzeichnisse vorgeschlagen, in die ein Kennzeichen des Zertifikats, im Falle von X.509 beispielsweise die Seriennummer,[101] eingetragen werden kann. Der Empfänger einer digitalen Signatur kann im Sperrverzeichnis prüfen, ob ein Zertifikat der Zertifikatkette zwischenzeitlich gesperrt wurde. Statt oder zusätzlich zur Seriennummer können weitere Daten des Zertifikats mit unterschiedlicher Wirkung im Sperrdienst geführt und abgefragt werden. Beispielsweise führt die Sperrung eines öffentlichen Schlüssels dazu, daß implizit alle auf ihn ausgestellten Zertifikate gesperrt werden, während die Sperrung der Seriennummer nur für ein einzelnes gilt.[102] Alternativ zu Sperrverzeichnissen können - als inverses Verfahren - auch Listen zugelassener Zertifikate (PositivListen) geführt werden.

Sperrverzeichnisse müssen korrekt verwaltet werden. Für den Zertifikatinhaber oder einen anderen zur Sperrung Berechtigten besteht sonst die Gefahr, daß er zwar eine Sperrung beantragt, diese aber nicht eingetragen oder vorzeitig gelöscht wird. Dann gehen die Empfänger einer digitalen Signatur weiter davon aus, daß sie ihr vertrauen können.[103] Das Zertifikat des Schlüsselinhabers könnte auch unberechtigt in die Sperrliste eingetragen werden. In diesem Fall werden seine Telekooperationsbeziehungen eingeschränkt.[104] Schäden können aber auch bei den Kooperationspartnern auftreten, wenn sie irrtümlich eine positive Sperrauskunft erhalten oder der Sperrdienst nicht verfügbar ist.[105]

---

[101] Vgl. X.509 1988, 68f.; Grimm/ Nausester/ Schneider/ Viebeg 1990, 20; Lühe 1992 12f., 60 ff.

[102] Vgl. zu verschiedenen Möglichkeiten, Sperrungen zu realisieren, Hammer 1994c, provet-AP 149, Kap. 2.6. mwN; Hammer 1994b, provet-AP 148, Kap. 5.4. Über die Verwendung von Sperrverzeichnissen zur Verringerung der Verletzlichkeit von Organisationen Hammer, Kap. 3., 113 ff. in diesem Band.

[103] Damit ist nichts darüber ausgesagt, bei wem der Schaden auftritt und wer ihn letztlich zu tragen hat.

[104] Ähnliche Probleme treten bei Verlust der Chipkarte auf, vgl. dazu auch Hammer, Kap. 3., 121 in diesem Band.

[105] Bspw. für Dienstleistungsanbieter, wenn große Teilnehmergruppen betroffen sind. Vgl. Hammer, Kap. 3., 121, in diesem Band.

Benutzerservice

Mit der Personalisierung der Chipkarte werden die Aufgaben der Sicherungsinfrastruktur für den Teilnehmer nicht abgeschlossen sein. Der Chipkarteninhaber kann zusätzliche Unterstützung benötigen, um seine Karte zu konfigurieren
oder Störungen zu beheben. Der Benutzerservice kann beispielsweise helfen,
wenn die Chipkarte durch mehrfache Fehleingabe der PIN gesperrt ist. Wurde
dies bei der Konfiguration der Karte vorgesehen, kann der Fehlbedienungszähler
in gesicherter Umgebung zurückgesetzt werden. Der Inhaber der Chipkarte kann
auch bei Verlust der Karte unterstützt werden, indem eine Stelle die verschiedenen erforderlichen Sperrungen veranlaßt.

> Herr Müller begibt sich anschließend zur Zentrale der Verbraucherberatung, die in-
> zwischen auch über ein Chipkarten-Benutzerservicezentrum eingerichtet hat. Dort
> läßt er seine neue Chipkarte mit einem Kennwort registrieren. Als erste Anwendung
> wird die Signaturfunktion mit dem Zertifikat der Personalausweisbehörde gespei-
> chert. Auch weitere Anwendungen wird er hier künftig eingetragen, um im Ver-
> lustfall eine vollständige Sperrung veranlassen zu können.

Zu den Benutzerserviceaufgaben kann auch die Administration von Anwendungen auf der Chipkarte zählen. Beispielsweise müssen abgelaufene Zertifikate
ausgetauscht werden. Der Teilnehmer kann den Wunsch haben, sein Transak-
tionslimit zu verändern oder seine elektronische Geldbörse wieder aufzuladen.
Ob solche Leistungen nur von speziellen Instanzen der Sicherungsinfrastruktur
oder auch "am Kiosk" erhältlich sind, wird je nach Anwendungszweck entschieden werden. In Abhängigkeit von den Sicherungsniveaus der Endgeräte und der
Sensitivität der Administrationsfunktion ist in einigen Fällen auch ein telekoope-
rativer Service denkbar. Beispielsweise könnten Zertifikate mit verlängerter
Gültigkeitsdauer über das öffentliche Netz übermittelt werden, wenn sichergestellt ist, daß der Schlüsselinhaber noch im Besitz seiner Chipkarte ist.

Die Administrationsaufgaben des Benutzerservicezentrums können besondere
Zugriffsrechte zur Chipkarte erfordern. Sie können in diesem Fall Risiken für
den Chipkarteninhaber bergen.

Verzeichnisdienste

Sperrverzeichnisse sind ein besonderer Verzeichnisdienst in einer Sicherungsinfrastruktur. Darüber hinaus können weitere Aufgaben von Verzeichnisdiensten
übernommen werden. *Öffentlich zugänglich* könnten beispielsweise die Zertifizierungsinstanz-Zertifikate gespeichert werden. Der Empfänger eines digital signierten Dokuments kann mit ihrer Hilfe eine Zertifikatkette vervollständigen
oder rekonstruieren.[106] Reicht der Speicherplatz in der Chipkarte nicht für die
vollständige Zertifikatkette aus, können über Verzeichnisdienste Daten "ausge-

---

[106] Vgl. dazu die in X.509 1988 vorgesehenen Einträge oder die Vorgehensweise in
Grimm/ Nausester/ Schneider/ Viebeg 1990.

lagert" werden.[107] Verzeichnisdienste könnten auch genutzt werden, um öffentliche Schlüssel für das Verschlüsseln von Nachrichten bereitzustellen.

Die Daten in einem Zertifikat können unzureichend sein, um einen Schlüsselinhaber eindeutig zu identifizieren, beispielsweise wenn nur ein Name und Ort (Müller, München) oder ein Pseudonym bestätigt wird. In *internen Verzeichnissen* einer Sicherungsinfrastruktur kann dazu die Inhaberschaft der ausgegebenen Zertifikate festgehalten werden. Ein Verzeichnis geheimer Schlüssel ist zu führen, wenn eine rechtliche Verpflichtung bestehen sollte, auf berechtigte Anfrage diesen bereitzustellen.

> Herr Müller hat einen Einkauf per elektronischer Lastschriftermächtigung mit seinem neuen Schlüssel signiert. Allerdings kennt seine Bank den neuen Schlüssel noch nicht und weigert sich, das Geld an den Händler zu überweisen. Dieser strengt deshalb eine Klage gegen Herrn Müller an. Der Klägeranwalt beantragt die Identitätsaufdeckung durch die Personalausweisbehörde unter Angabe der Seriennummer, um in der Klageschrift eine ladungsfähige Anschrift angeben zu können.

Verzeichnisdienste sind insbesondere dann sensitiv, wenn nur mit ihrer Hilfe besondere Sicherungziele erreicht werden können. Wird beispielsweise das Verzeichnis der Identitäten der Schlüsselinhaber vernichtet, können möglicherweise einige Mißbräuche nicht verfolgt werden.[108] Verzeichnisse geheimer Schlüssel sind hoch sensitiv, weil sie gegen die Unikatsforderung für geheime Schlüssel verstoßen und Dritten die Möglichkeit des unberechtigten Zugriffs eröffnen können.[109]

Autorisierungsdienste

Aus der Perspektive der Dienstleistungsanbieter, aber auch zum Schutz und zur Flexibilisierung der Leistungen für den Teilnehmer, können die mit dem Zertifikat festgelegten Berechtigungen zu starr sein. Es kann daher sinnvoll sein, die Berechtigung eines Teilnehmers, eine Aktion ausführen zu dürfen (Autorisierung), in einem *Anwendungsprogramm auf der Chipkarte* dynamisch bestimmen zu lassen. Dies ist, wie die Berechtigungprüfung mittels Zertifikat durch den Dienstleistungsanbieter, off-line möglich.[110]

---

[107] Im Rahmen des Beispiels können sie allerdings auch im PDA gespeichert werden, wenn dieser als Kartenzugangsgerät kontinuierlich mitgeführt wird.

[108] Jeweils zweckspezifisch müssen die möglichen Risiken geprüft werden. Ein weiteres Beispiel könnte die Auswahl der "richtigen" von mehreren alternativen Zertifikatketten über einen Verzeichnisdienst sein. Würde das Verzeichnis manipuliert, könnte der Signierende oder der Prüfende getäuscht werden. Vgl. zu Vor- und Nachteilen von Mehrfachzertifikaten Hammer 1995c, Hammer 1995d und ausführlich Hammer 1994b, provet-AP 148.

[109] Vgl. oben, Schlüsselgenerierung und Hammer, Kap. 3., 129 und 109, in diesem Band. Zu juristischen Problemen siehe außerdem Bizer, Kap. 5., insbesondere 195 und 212, in diesem Band.

[110] Vgl. auch den Vorschlag von Herda 1992, 6, nach dem die Autorisierung auch durch ein Attribut im Zertifikat angestoßen werden könnte.

Herr Müller könnte in der Personalausweisbehörde seine Signaturanwendung so konfigurieren lassen, daß mit ihr täglich maximal 10 Signaturen erzeugt werden. Bei einem weiteren Aufruf der Signaturfunktion würde die Anwendung auf der Chipkarte den Zugriff auf den geheimen Schlüssel verweigern.

Sollen für die Autorisierung auch Transaktionen berücksichtigt werden, die nicht mit Hilfe der Chipkarte abgewickelt werden, beispielsweise Ein- und Ausgänge eines Girokontos, muß eine *On-line-Autorisierung* erfolgen. Alle relevanten Transaktionen auf dem Konto werden vom Autorisierungsdienst gesammelt, ausgewertet und geeignet kumuliert. Ein Autorisierungsdienst kann auch vom Dienstleistungsanbieter selbst betrieben werden.[111] Die digitale Signatur wird in diesem Fall nur zum Identitätsnachweis des Teilnehmers gegenüber der Autorisierungsinstanz verwendet.

Herr Müller ließ sich inzwischen von einer Sparkasse die ElectroniccashAnwendung auf seiner Chipkarte installieren. Das Konto soll ausschließlich auf Guthaben-Basis geführt werden. In der von ihm gewählten Variante signiert er eine Zahlungsanweisung mit seinem geheimen Schlüssel zum Zertifikat der Personalausweisbehörde. Der Dienstleistungsanbieter übermittelt sie an das zuständige Rechenzentrum des Kreditinstituts. Dort wird der Verfügungsrahmen des Kontos geprüft und eine entsprechende Antwort übermittelt. Achtet Herr Müller darauf, daß sein Guthaben durch Einzahlungen groß genug ist, kann er telekooperativ über hohe Beträge verfügen.

Die Vertrauenswürdigkeit von Autorisierungsdiensten muß aus den gleichen Gründen, die bereits für Sperrdienste angeführt wurden, gewährleistet werden.

Sicherungsfunktionen in Anwendungssystemen

Sicherungsfunktionen werden genutzt, um Anwendungen zu schützen. Dazu müssen sie in die Anwendungssysteme integriert werden. Diese Integration muß auf die technisch-organisatorische Gestaltung der Sicherungsinfrastruktur abgestimmt sein. Beispielsweise müssen die Prüffunktionen auch die Organisation der Sperrverzeichnisse berücksichtigen.

Neben den Funktionen zum Erzeugen und Prüfen von Signaturen sowie zum Ver- und Entschlüsseln benötigen die Anwender auch eigene Schlüsselverwaltungsfunktionen. Sie müssen beispielsweise prüfen können, welche Schlüsselpaare auf ihrer Chipkarte oder in anderen Systemen installiert sind. Sie müssen sich auch Gewißheit darüber verschaffen können, welche ihrer Schlüssel mit welchen Zertifikaten in Verzeichnisdiensten nachgewiesen werden. Soweit die Teilnehmer Funktionen der Schlüsselverwaltung selbst übernehmen, wie das Eintragen von Wurzel-Zertifizierungsinstanzen oder das Erzeugen ihrer Schlüsselpaare, müssen sie auch dafür über die erforderliche Technikausstattung verfügen.

---

[111] Ähnlich wird dies gegenwärtig im Electronic-cash-Verfahren (ohne digitale Signaturen) gehandhabt. Vgl. dazu z. B. Klein 1993, 10 ff. und 78 ff.

Im Benutzerservicezentrum hat Herr Müller zwei neue Wurzel-Zertifizierungsinstanz-Schlüssel in seinen PDA übernommen. Zu Hause ergänzt er das entsprechende Verzeichnis in seinem PC.

Auf spezifische Risiken der Sicherungsfunktionen in den Anwendungssystemen soll hier nicht eingegangen werden.[112] Hingewiesen werden soll allerdings auf die Bedeutung der Wurzel-Zertifizierungsinstanzen. Sie bilden für die Teilnehmer die "Sicherungsanker", an die implizit die *Sicherungspolitik* einer Sicherungsinfrastruktur geknüpft wird. Die Sicherungspolitik umfaßt aus der Sicht der Teilnehmer alle Zusicherungen, die für die innerhalb der Zertifizierungshierarchie ausgestellten Zertifikate gegeben werden. Diese können allerdings letztlich nur gewährleistet werden, wenn von den Trägern der Sicherungsinfrastrukturaufgaben technische, organisatorische und rechtliche Maßnahmen ergriffen werden, um beispielsweise Fehler und Mißbräuche zu vermeiden, in Störungssituationen schadensbegrenzend eingreifen zu können und Schäden versichert sind.[113] Der öffentliche Schlüssel einer Wurzel-Zertifizierungsinstanz kann technisch von der Prüffunktion als Identifikator für eine Zertifizierungshierarchie verwendet werden. Es liegt deshalb nahe, die formalisierbaren Konsistenzprüfungen zwischen dem Anwendungszweck und der Zusicherung der Sicherungsinfrastruktur an diesen Schlüssel zu knüpfen, ihn eben als Sicherungsanker zu verwenden. Die Wurzel-Zertifizierungsinstanz-Schlüssel und die von ihnen vorgegebenen Sicherungspolitiken dürften daher herausragende Bedeutung im Umgang mit Sicherungsinfrastrukturen erlangen.

2.4.2   Determinanten der Gestaltung von Sicherungsinfrastrukturen

Für alle der oben genannten Funktionen einer Sicherungsinfrastruktur gilt, daß sie in unterschiedlicher Weise realisiert werden können. Die Auswahl einzelner Gestaltungsalternativen, ist das Ergebnis eines sozialen Prozesses, in dem die Entscheidungsträger versuchen, ihre Ziele zu erreichen.[114]

Zweck einer Sicherungsinfrastruktur
Der *Zweck der Sicherungsinfrastruktur* ist die wesentliche Determinante für ihre Gestaltung.[115] Der Nutzungszweck bestimmt beispielsweise, ob lediglich ein Identifikationsdienst bereitgestellt werden soll, ob eine On-line-Autorisierung erforderlich ist oder ob auf der Chipkarte technisch eine Unikatsfunktion zur Substitution eines Papierdokuments (z. B. elektronischer Führerschein) nachgebildet

---

[112] Vgl. dazu z. B. Pordesch, DuD 1993, 561 ff.; provet/ GMD 1994a, 121 ff.
[113] Vgl. hierzu auch Roßnagel, Kap. 4., 171, in diesem Band.
[114] Vgl. dazu den Geneseprozeß von Electronic cash in Klein 1993, 198 ff.
[115] Wie bei Klein 1993 gezeigt wird, können als Hintergrund für bestimmte Ziele häufig auch ökonomische oder politische Gründe eine Rolle spielen, wenn bspw. bestimmte Handlungsoptionen Marktvorteile versprechen. Diese sollen hier aber nicht weiter betrachtet werden.

werden muß. Aus Anwendungsfeld und Nutzungszweck ergibt sich beispielsweise, ob viele oder wenige Zertifizierungen, Schlüsselwechsel oder organisatorische Veränderungen von Zuständigkeiten der Schlüsselverwaltung zu erwarten sind. Der Zweck bestimmt auch welche Zugangspunkte für die Anwender
bereitgestellt werden müssen und ob die Leistungen telekooperativ oder im direkten Kundenkontakt erbracht werden. Aus dem Zweck ergibt sich auch, ob die
Sicherungsinfrastruktur lediglich interne Risiken[116] vermindern soll, oder ob sie
über die Organisationsgrenzen der Träger der Sicherungsinfrastruktur bzw. eines
Anwendungsbetreibers hinaus[117] sichern soll (*Reichweite*).[118]

Sind die Sicherungsziele, die Anforderungen an die Schlüsselverwaltung, die
Sperrkonzepte oder die von den Vertrauensinstanzen erwarteten Zusicherungen
für unterschiedliche Anwendungen ähnlich, könnte eine Sicherungsinfrastruktur
auch multifunktional für mehrere Zwecke genutzt werden (*Anwendungsbreite*).
Monofunktionale Sicherungsinfrastrukturen sind dagegen nur einem Zweck vorbehalten.

Sicherungsinfrastrukturen sollen Telekooperation unterstützen. Sie müssen
deshalb darauf ausgelegt werden, die schutzwürdigen Belange vieler Beteiligter
zu berücksichtigen. Der "Zweck einer Sicherungsinfrastruktur" wird in vielen
Fällen komplex sein. Die Sicherungsziele können deshalb auch nicht alleine
durch technische Maßnahmen erreicht werden. Erforderlich sind abgestimmte
Lösungen, in denen eine Sicherungspolitik im Kontext von Technik, Organisation und Recht umgesetzt wird.

Rechtliche Rahmenbedingungen

Bestimmend für die Ausprägung von Sicherungsinfrastrukturen sind auch die
geltenden oder künftigen rechtlichen Rahmenbedingungen.[119] Der Gesetz- und
Verordnungsgeber kann mit ihnen Vorgaben für den Aufbau und die Nutzung
von Sicherungsinfrastrukturen festlegen. Die Rechtsbeziehungen zwischen den
Beteiligten[120] und organisatorische oder technische Alternativen müssen dann so
gestaltet werden, daß sie innerhalb des rechtlichen Rahmens liegen. Rechtliche
Rahmenbedingungen können die Geschwindigkeit des Auf- und Ausbaus, die
Ausgestaltung der Sicherungsinfrastrukturen und die Akzeptanz durch die Teil-
nehmer wesentlich beeinflussen.[121]

Wenn der Gesetz- und Verordnungsgeber tätig wird, könnten Regelungen zumindest auf drei Feldern zu erwarten sein. Zum ersten wären die *Zuständigkeiten*

---

[116] Zugangskontrolle zu Rechnern, accounting, interne Vorgangsbearbeitung, vgl. z. B.
provet/ GMD 1994b, provet-PB 11.

[117] Z. B. institutionsübergreifende rechtsverbindliche Telekooperation, vgl. provet/
GMD 1994a.

[118] Vgl. zur intendierten Außenwirkung ausführlicher unten Kapitel 2.4.3.3.

[119] Vgl. dazu Roßnagel, Kap. 4., in diesem Band.

[120] Vgl. dazu unten Kapitel 2.4.3.3.

[121] Vgl. Zur Bedeutung rechtlicher Rahmenbedingungen siehe auch Hammer/ Schneider, Kap. 1., 21, 26 ff. und 35 ff., in diesem Band.

von Institutionen für Funktionen oder Anwendungsfelder von Sicherungsinfrastrukturen festzulegen, zu verteilen oder freizugeben. *Technikspezifische Regeln* können zum zweiten allgemeine technische und organisatorische Anforderungen für Sicherungsinfrastrukturen festlegen. Soweit schließlich drittens anwendungsspezifische Probleme durch den Einsatz von Sicherungsfunktionen zu erwarten sind, könnte *bereichspezifisches Recht* weiterentwickelt und ergänzt werden.[122]

Entscheidungsträger

Die Zwecke und die Parameter zur Gestaltung der Sicherungsinfrastrukturen werden von den Akteuren bestimmt, die die Entscheidungen über ihren Aufbau und ihre Verwendung beeinflussen und treffen.[123] Sie werden jeweils unterschiedliche Ziele verfolgen, wenn sie Sicherungsfunktionen als kommerzielle Dienstleistungen erbringen,[124] Mechanismen zur Identifikation von Telekommunikationsteilnehmern in einem dynamisch wachsenden internationalen Computernetz bereitstellen[125] oder eine Form von elektronischem Zahlungsverkehr absichern wollen.

Der Gesetz- und Verordnungsgeber kann auf zwei Arten auf die Entscheidungen einwirken. Zum einen kann er *direkte Gestaltungsanforderungen* festlegen, die von den Betreibern eingehalten werden müssen. Sie können dazu dienen, politisch wichtige Gestaltungsziele, beispielsweise zur Begrenzung der Verletzlichkeit, durchzusetzen. Zum anderen kann er durch Vorgaben die *Organisation des Aushandlungsprozesses* beeinflussen. Er kann beispielsweise die Beteiligung bestimmter Gruppen vorschreiben.

2.4.3 Strukturmerkmale von Sicherungsinfrastrukturen

Die Aufgaben in einer Sicherungsinfrastruktur können nicht isoliert erbracht werden, die Instanzen und Techniksysteme müssen in einem sozio-technischen System zusammenwirken. Die "Gewährleistung" für Organsiation und technische Zusicherungen soll durch Rechtsregeln sichergestellt werden. Die Ausgestaltung des Zusammenwirkens der organisatorischen Einheiten, der technischen Komponeten und ihrer Rechtsbeziehungen lassen sich dementsprechend hinsichtlich typischer Strukturmerkmale charakterisieren. Die Entscheidungsträger können für unterschiedliche Strukturmerkmale jeweils zwischen mehreren Optionen aus-

---

[122] Solche Regelungen bestehen zum Beispiel im Bereich der Rechtspflege für die Beantragung des Mahn- und Vollstreckungsbescheides oder das Führen elektronischer Register (Grundbuch, Vereins-, Handels-, Genossenschafts- und Schiffsregister). Entsprechende Bestimmungen, auch für andere Anwendungsbereiche, müßten auch den Daten- und Verbraucherschutz regeln.

[123] Vgl. dazu z. B. die Akteure und ihre Ziele bei Entwicklung des Electronic-cash-Konzepts in der BRD Klein 1993.

[124] Siehe z. B. zum Produkt "Telesec" der deutschen Telekom Kowalski 1992.

[125] Z. B. PEM nach X.509, vgl. Kent 1993.

wählen. Die Strukturmerkmale und wichtige Gestaltungsalternativen werden im weiteren vorgestellt.

2.4.3.1 Organisatorische Strukturmerkmale

Die oben beschriebenen Aufgaben müssen von Personen oder Institutionen übernommen werden. Sie erhalten damit eine Rolle in der Sicherungsinfrastruktur. Unter dem organisatorischen Blickwinkel ist zu fragen: *Wer ist für welche Funktion an welchem Ort für welchen Teilnehmerkreis zuständig?* Die juristische Verantwortung für die oben aufgeführten Aufgaben übernehmen die *Träger* von Rollen in der Sicherungsinfrastruktur. Sie können die Funktionen wiederum in mehreren Teilorganisationen (*Instanzen*) bereitstellen. Für die organisatorische Strukturanalyse steht nicht die Trägerschaft, sondern die Verteilung von Sicherungsaufgaben zwischen verschiedenen Instanzen und den Teilnehmern im Mittelpunkt.

Als ein Merkmal von Sicherungsinfrastrukturen kann die *Aufgabenverteilung* (Schlüsselgenerierung, Namensgebung, Zertifizierung, ...) zwischen verschiedenen Instanzen untersucht werden. Die Ausführung der Aufgaben kann zusammengefaßt (*universelle Vertrauensinstanzen*) oder auf verschiedene Instanzen, teilweise auch auf die Teilnehmer, verteilt werden (*Aufgabentrennung*).

Ein weiteres organisatorisches Merkmal ist die Zahl der Träger, die die einzelnen Funktionen in einer Sicherungsinfrastruktur wahrnehmen und anbieten (*Angebotsstruktur*). Eine Funktion wird *monopolistisch* in einer Sicherungsinfrastruktur angeboten, wenn ein Teilnehmer für einen bestimmten Anwendungszweck in einer Region nur von einem Träger die von ihm benötigte Funktion erhalten kann. Kann er sie von mehreren Trägern (in der Region) erhalten, wird sie *oligopolistisch*, bei vielen Trägern *marktorientiert* angeboten. Funktionen können auch von den Teilnehmern individuell erbracht werden.

Je Träger und Aufgabe kann auch unterschieden werden, an welchen Orten die Teilnehmer Sicherungsleistungen erhalten können (*Kundenverkehr*). Eine Leistung wird von einem Träger *zentral* erbracht, wenn nur eine Instanz existiert, von der die Teilnehmer sie erhalten können. Sie wird *verteilt* erbracht, wenn sie in mehreren Instanzen zur Verfügung gestellt wird.[126]

Organisatorische Strukturmerkmale können beispielsweise für die Verletzlichkeit des Individuums eine Rolle spielen. Von den Teilnehmern wird es unterschiedlich bewertet werden, wenn sie, um nach dem Verlust ihrer Chipkarte die elektronische Geschäftsfähigkeit wiederzuerlangen, lediglich zu einer oder zu mehreren Vertrauensinstanzen Kontakt aufnehmen müssen.

---

[126] Die organisatorische Struktur für den Kundenverkehr muß allerdings nicht mit der Struktur der Systeme übereinstimmen, mit der die Sicherungs*funktionen* technisch erbracht werden! Siehe im folgenden Kapitel 2.4.3.2, Strukturmerkmale der eingesetzten Informationstechnik.

2.4.3.2 Technische Strukturmerkmale

Eine der bedeutenden neuen Möglichkeiten, die durch öffentliche Schlüsselsysteme geschaffen wird, ist die öffentliche Bestätigung der Inhaberschaft eines Schlüssels mit weiteren Attributen in Zertifikaten. Diese technisch gesicherten Bestätigungen können auf vielfältige Art gestaltet und untereinander sowie zu Objekten der realen Welt in Beziehung gesetzt werden - und so auch organisatorische oder rechtliche Sachverhalte beschreiben. Ein Schwerpunkt der Gestaltung von Sicherungsinfrastrukturen besteht daher in der Ausformung von Zertifikaten und der Strukturen der zwischen ihnen entstehenden Beziehungen (*Zertifikatrelationen*). Dazu kann untersucht werden: *Wie sind Zertifikate aufgebaut und welche Beziehungen werden durch die Inhalte aufgespannt?*

Ein weiteres Gestaltungsfeld ist die Konstruktion des Zusammenwirkens der technischen Systeme (Hardware, Software, Datenbestände). Für diese technische Ausgestaltung der Sicherungsinfrastruktur ist zu fragen: *Welche Sicherungsfunktion wird mit welcher Technik an welchem Ort erbracht?*

Zertifizierungsstruktur

Damit der Empfänger einer digitalen Signatur die Urheberschaft sicher feststellen kann, müssen in Sicherungsinfrastrukturen die öffentlichen Schlüssel durch eine dem Empfänger bekannte Zertifizierungsinstanz in einem Zertifikat bestätigt werden. Der Empfänger kennt allerdings zunächst nur den öffentlichen Schlüssel seiner eigenen Zertifizierungsinstanz und kann die von ihr ausgestellten Zertifikate prüfen. Für den Teilnehmerkreis einer Zertifizierungsinstanz

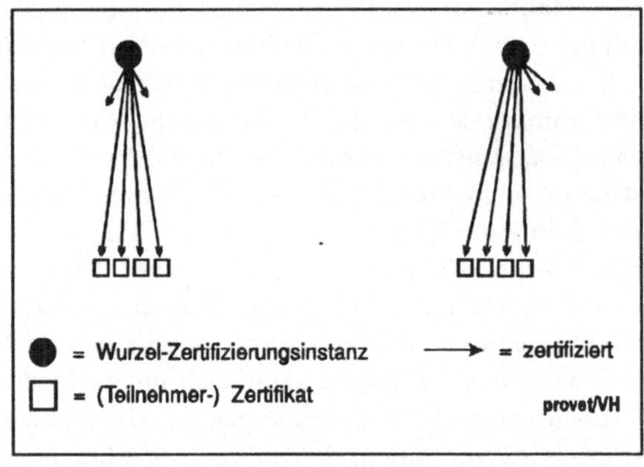

Abb. 7: Zwei Zertifizierungsinstanzen bestätigen ihren jeweils eigenen Teilnehmerkreis.

kann diese die Rolle des vertrauenswürdigen Dritten übernehmen.

Werden mehrere Instanzen benötigt, um Schlüssel zu bestätigen, existiert zunächst kein gemeinsamer vertrauenswürdiger Dritter für alle Teilnehmer (Abb. 7). Dieses Problem kann durch Einführung einer übergeordneten Zertifizierungsinstanz gelöst werden, in der die Zertifizierungsinstanz-Schlüssel bestätigt werden. Für große oder weit verteilte Teilnehmerkreise oder aus Zuständigkeitsaspekten kann es sich anbieten, mehrere Hierarchieebenen einzuführen. Diese Struktur der Zuständigkeit von Zertifizierungsinstanzen ist unabhängig von den Inhalten der Zertifikate selbst. Es ergibt sich eine (organisatorische) *Zertifizie-*

rungsinstanz-Hierarchie (siehe dazu die Zertifizierungsinstanz-Hierarchie in Abb. 8).[127]

Jede Zertifizierungsinstanz kann allerdings mehrere Schlüsselpaare verwenden, um Zertifikate zu signieren.[128] Durch jedes Zertifikat wird eine Beziehung hergestellt zwischen dem öffentlichen Schlüssel, der im Zertifikat bezüglich seiner Inhaberschaft bestätigt wird, und dem öffentlichen Schlüssel der Zertifizierungsinstanz, mit dem es geprüft werden kann. Die Menge der in einer Sicherungsinfrastruktur ausgestellten Zertifikate spannt mit dieser technischen Relation "Schlüsselpaar X wird verwendet um Schlüsselpaar Y zu bestätigen" einen *Zertifizierungsgraphen* auf. Die Relation kann durch gerichtete Kanten zwischen den Zertifikaten ausgedrückt werden (Abb. 8). Für diesen Zertifizierungsgraphen können

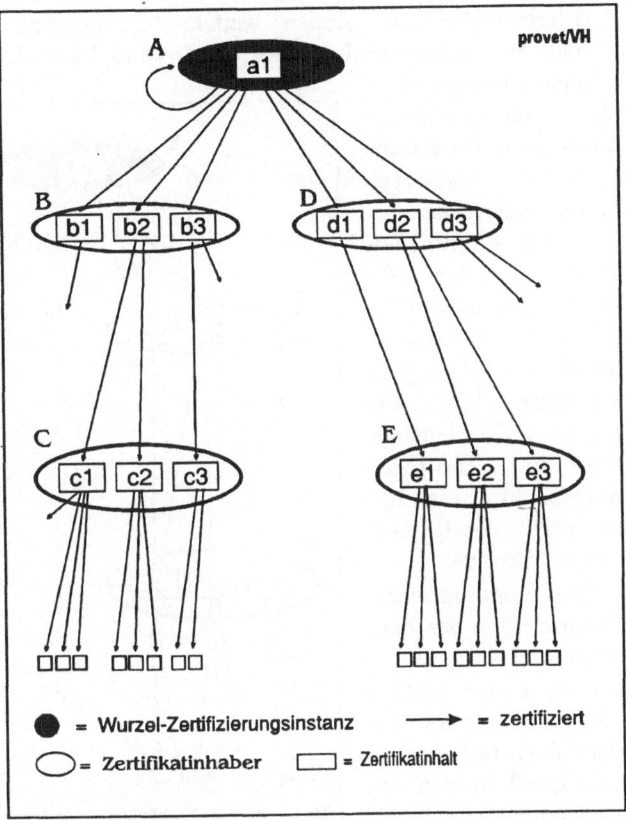

Abb. 8: Eine baumartige Zertifizierungshierarchie. Jede Zertifizierungsinstanz verfügt zwar im Laufe der Zeit über mehrere Schlüsselpaare (a1, b1-b3, ..., die Teilnehmer-Schlüssel sind nicht eingetragen), jeder öffentliche Schlüssel wird aber nur durch ein Zertifikat bestätigt. Die Wurzel-Zertifizierungsinstanz hat ihren Schlüssel in einem eigenen Zertifikat bestätigt.

Struktureigenschaften bestimmt werden. Ein *baumartiger* Zertifizierungsgraph liegt vor, wenn es genau einen Schlüssel gibt, der nicht durch ein Zertifikat be-

---

[127] Vgl. dazu und zum folgenden ausführlich Hammer 1994c, provet-AP 149, Kap. 4.2.1.

[128] Ein Grund kann die Gültigkeitsdauer der Zertifizierungsinstanz-Schlüsselpaare sein. Ein anderer wird im Konzept von PEM verfolgt. Eine Zertifizierungsinstanz kann dort mehrere Sicherungspolitiken vertreten, muß allerdings für jede ein eigenes Schlüsselpaar verwenden. Vgl. Kent 1993, 6.

stätigt wird, es sei denn durch sich selbst, und jeder andere öffentliche Schlüssel nur in genau einem Zertifikat bestätigt wird. Der Inhaber des nicht oder selbst bestätigten Schlüsselpaares wird *Wurzel-Zertifizierungsinstanz* genannt. Für Zertifizierungsbäume können weitere topologische Eigenschaften bestimmt werden, beispielsweise ihre Höhe, ihr Grad und ihre Breite.

Zertifizierungsgraphen müssen allerdings nicht als Baumstruktur vorliegen. Mehrfachzertifikate für einen öffentlichen Schlüssel bieten beispielsweise die Möglichkeit, Zertifikatketten für die Prüfung zu verkürzen.[129] Im allgemeinen Fall entsteht für die Zertifizierungsstruktur ein beliebiger gerichteter Graph (Abb. 9).

Die topologischen Eigenschaften der Zertifizierungsstruktur können neben technischen und organisatorischen Kriterien auch nach den Kriterien der Verletzlichkeit, Verfassungsverträglichkeit und Anwendergerechtheit bewertet und gestaltet werden.[130] So steigt beispielsweise die Wahrscheinlichkeit für die Ausforschung oder den Mißbrauch eines Zertifizierungsinstanz-Schlüssels mit der Zahl der in der Sicherungsinfrastruktur verwendeten Schlüssel.

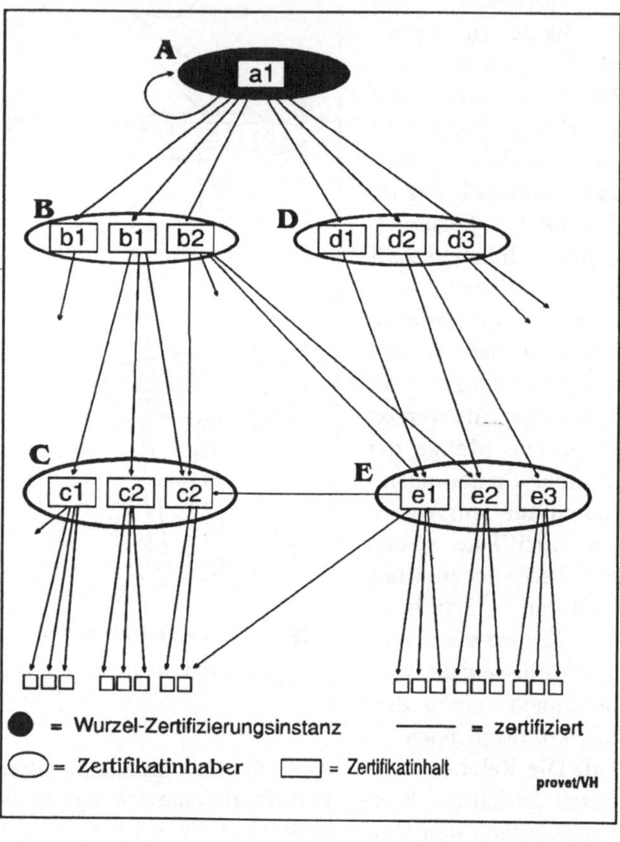

Abb. 9: Allgemeiner Zertifizierungsgraph. Seine Struktur weist weder die Eigenschaften eines Baumes (z. B. b2 --> e1) noch die einer Hierarchie (e1 --> c2) auf.

---

[129] Vgl. z. B. X.509 1988, 61; Grimm/ Nausester/ Schneider/ Viebeg 1990, 6. Zu Vor- und Nachteilen siehe Hammer 1995c; ausführlich Hammer 1994b.
[130] Vgl. dazu die Beiträge von Hammer, Kap. 3., in diesem Band; Roßnagel, Kap. 4., in diesem Band und Kumbruck, Kap. 6., in diesem Band.

Weitere Zertifikatrelationen
Zertifikate können eine Vielzahl von Datenelementen enthalten, wie den Namen des Inhabers, den "Wert" des Zertifikats oder den Namen der ausstellenden Zertifizierungsinstanz.[131] Der Inhalt jedes Datenelements stellt eine eigene Zusicherung dar. Die in einer Sicherungsinfrastruktur ausgestellten Zertifikate können untereinander nicht nur hinsichtlich der verwendeten Schlüssel (Zertifizierungsstruktur), sondern auch hinsichtlich jedes anderen Datenelements in Beziehung stehen und so weitere *Zertifikatrelationen* aufspannen.

Unter *expliziten Zertifikatrelationen* werden die in einem Zertifikat mit den jeweils zur Verfügung stehenden formalen Sprachmitteln ausgedrückten Zusicherungen verstanden. Eine der expliziten Zertifikatrelationen ist die oben beschriebene, in der Schlüsselpaare in Bezug zueinander gesetzt werden. Weitere Strukturen können z. B. durch systematisch gewählte reale oder technische Namen ausgedrückt werden, die in das Zertifikat aufgenommen werden.

Implizite Zertifikatrelationen umfassen auch die Zusicherungen, die implizit an diese Strukturen geknüpft sind. So kann die Sicherungspolitik einer Sicherungsinfrastruktur organisatorische Vorgaben festlegen, durch die den Zertifikaten auf verschiedenen Ebenen der Zertifizierungshierarchie verschiedene Werte zugeordnet werden. Auch die Beziehungen zu Objekten der realen Welt werden implizit ausgedrückt. Die Zusicherung, daß eine im Zertifikat benannte Person Inhaber eines Schlüsselpaares ist, fällt unter diese Kategorie. Sie muß organisatorisch gesichert werden und kann nicht durch das Zertifikat selbst ausgedrückt werden.

Neben der oben bereits beschriebenen Zertifizierungsstruktur soll hier noch kurz auf die Namensgebungsstruktur und die Wert- oder Zusicherungsstruktur eingegangen werden.

Namensgebungsstrukturen
Im Zertifikat kann als Attribut ein Name des Schlüsselinhabers an den öffentlichen Schlüssel gebunden werden. Durch die Namen in den Zertifikaten einer Sicherungsinfrastruktur kann eine eigene Struktur gebildet werden, beispielsweise bei X.500 ein Namensbaum.[132] Der Name des Schlüsselinhabers wird für Personen meist an ihrem "weltlichen" Namen orientiert sein. Ausnahmen können für Pseudonyme[133] oder für Namen mit technischem Zweck, wie der Identifikation von technischen Geräten, sinnvoll sein. Um Struktureigenschaften für die Namensrelation zwischen Zertifikaten zu erreichen, können für die Wahl von Namen Vorgaben festgelegt werden.[134] Die Topologie der Namensstruktur kann unabhängig von der Zertifizierungsstruktur gestaltet werden (Abb. 10). Wird dies gewünscht, kann sie andere Zertifikatrelationen aber auch überlagern, bei-

---

[131] Vgl. dazu oben.

[132] Vgl. X.501 1988, 28 ff. Siehe auch oben Abb. 5.

[133] Vgl. provet/ GMD 1994a, 210 ff.

[134] So verlangt X.501 1988, 28 ff. weltweit eindeutige Namen (distinguished names).

spielsweise um im Anwendungszusammenhang durch Konsistenzprüfungen Risiken zu verringern.[135]

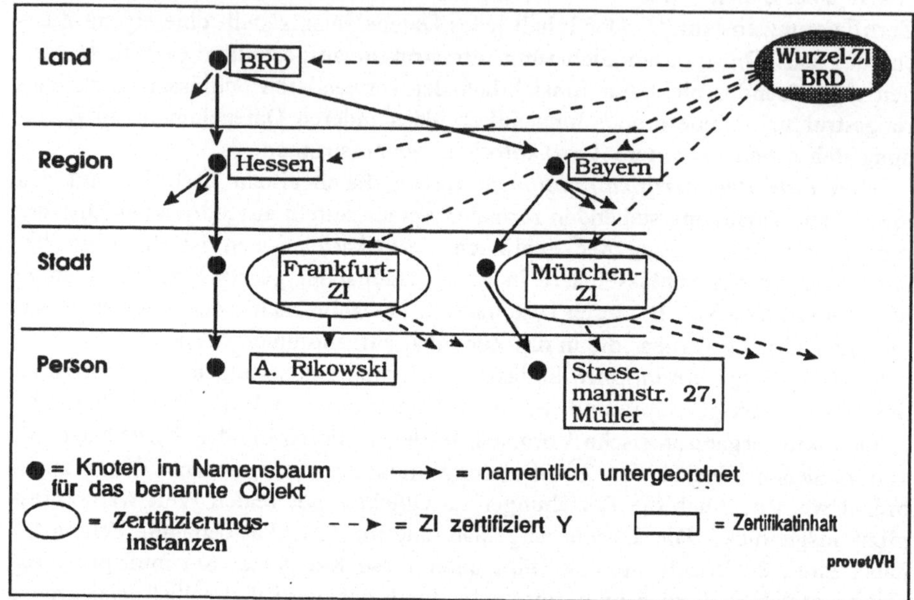

Abb. 10: Zwei Zertifikatrelationen einer Sicherungsinfrastruktur. Namensbaum und Zertifizierungsbaum unterscheiden sich, denn die Zertifizierungsinstanzen wurden teilweise in Abweichung von der Unterordnung der Namensinhaber eingerichtet (im Unterschied zu Abb. 6).

In einem Zertifikat können mehrere Namensattribute für unterschiedliche Zwecke enthalten sein. Zur Unterstützung technischer Funktionen ist in der Regel als weiterer Name im Zertifikat ein *Zertifikatbezeichner* vorgesehen, meist als Seriennummer. Die Seriennummern sollen eindeutig zum Namen bzw. zu einzelnen Schlüsselpaaren der Zertifizierungsinstanz sein. Auch die Topologien mehrerer Namensstrukturen können sich unterscheiden.[136]

Wert- oder Zusicherungsstruktur

Wesentlich für den Einsatz von Zertifikaten in der rechtsverbindlichen Telekooperation ist ihr "Wert" für den Empfänger. Er beruht auf den monetären und nicht-monetären Zusicherungen, für die die Sicherungsinfrastruktur garantiert.

---

[135] In diesem Sinne wird in PEM festgelegt, daß die Zertifizierungsinstanz-Hierarchie die strenge Namenshierarchie überlagert. Kent 1993, 17.

[136] Auch wenn die Zertifizierungsstruktur wegen Mehrfachzertifikaten einen beliebigen Graphen bildet und die namentliche Unterordnung der Inhabernamen nicht gefordert wäre, könnten die Folgen von Seriennummern eine Baumstruktur bilden. Siehe hierzu Jordan u. a. 1994, 94 ff.

Aus ihnen können Zertifikatinhaber und Empfänger der digitalen Signatur ihre Erwartungen und Ansprüche ableiten.[137] Der Wert eines Zertifikats kann implizit für alle Zertifikate einer Zertifizierungshierarchie festgelegt werden. Die Wurzel-Zertifizierungsinstanz kann dann von der Prüffunktion als Indikator verwendet werden, um die impliziten Zusicherungen festzustellen.[138]

Dieses Konzept läßt allerdings nur eine Differenzierung von Zusicherungen über die Auswahl des Zertifizierungs(teil-)baumes zu. Es kann jedoch sinnvoll sein, daß eine Zertifizierungsinstanz Zertifikate mit unterschiedlichen Zusicherungen vergibt.[139] Dies könnte - alternativ zum impliziten Wert - durch unterschiedliche Qualifikationen oder Wertangaben in Zertifikaten geschehen. Solche statischen Autorisierungen im Zertifikat können auch hilfreich sein, um die Berechtigungen der verschiedenen Vertrauensinstanzen in einer Sicherungsinfrastruktur anhand des Zertifikats zu unterscheiden.

Strukturmerkmale der in der Sicherungsinfrastruktur eingesetzten Informationstechnik

Um ihre Aufgaben zu erfüllen, müssen die Instanzen einer Sicherungsinfrastruktur Informations- und Kommunikationstechnik einsetzen. Auch die Verteilung, die Ausstattung und das Zusammenwirken dieser Systeme kann hinsichtlich technischer Strukturmerkmale untersucht und bewertet werden. Sie können weitgehend unabhängig von den organisatorischen Strukturmerkmalen gestaltet werden. Für die Gestaltung bestehen Freiheitsgrade, insbesondere hinsichtlich:

- der räumlichen Verteilung der Hardware,
- der Verteilung der Software (Systemfunktionen) und Datenbestände auf die Hardware-Komponenten und
- der Zugangspunkte und der Zugangsweise, mit denen die Funktionen zur Verfügung gestellt werden.

Die Systeme werden *zentral betrieben*, wenn eine Funktion nur auf einem Rechner zur Verfügung gestellt wird. *Dezentraler Betrieb* liegt vor, wenn eine Funktion auf mehreren Systemen unabhängig voneinander erbracht werden kann. Die Technik kann allerdings auch so organisiert werden, daß eine Instanz ein Leistungsmerkmal telekooperativ von einer Zentralstelle beziehen kann. Diese Kon-

---

[137] Z. B. unverbindliche Bestätigung, Zertifizierungsinstanz haftet bei fahrlässiger Ausstellung oder sogar bei mißbräuchlicher Verwendung des Zertifikats.

[138] Dieses Konzept wird in PEM mit den Policy Certification Authorities (PCA) verfolgt. Jede PCA vertritt eine Sicherungspolitik, mit der bestimmte Zusicherungen garantiert werden sollen. Vgl. Kent 1993, 3, 6 und 14 ff.

[139] Beispielsweise ist es sinnvoll, Zertifikate für den internen Gebrauch von solchen mit Außenwirkung zu unterscheiden (siehe auch unten Abb. 11). Soll eine Zertifizierungsinstanz beide Typen von Zertifikaten ausstellen, müßte sie Mitglied in zwei Zertifizierungshierarchien sein, denn der Wert wäre implizit an eine (Wurzel)-Zertifizierungsinstanz gebunden. Daraus resultieren beispielsweise Folgen für die Ausstattung mit Schlüsselpaaren, Technik, die Schlüsselverwaltung und die Wechsel der Zertifizierungsinstanz-Schlüssel.

stellation wird als *Dekonzentration* bezeichnet.[140] Moderne Client-Server-Konzepte sind ein typisches Beispiel für Dekonzentration. Der Anteil der zentralen Funktionen kann unterschiedlich groß sein. Eine besondere Form der Dekonzentration sind telekooperative Zugangspunkte zu Leistungsmerkmalen einer Sicherungsinfrastruktur für die Teilnehmer. Dort können über abgesetzte Rechner die Telekommunikationsverbindungen zu den eigentlichen Servern durchgeschaltet werden. Diese können wiederum zentral, dezentral oder dekonzentriert aufgebaut sein.

Auch diese technischen Strukturmerkmale sind hinsichtlich der eingeführten Kriterien relevant. Zentrale Systeme unterstützen zwar möglicherweise die Durchsetzung von Sicherungsmaßnahmen, beinhalten typischerweise aber ein hohes Schadenspotential. Auch unter Datenschutz-Gesichtspunkten werden zentrale und dezentrale Lösungen häufig unterschiedlich bewertet.

2.4.3.3 Strukturmerkmale der Rechtsverhältnisse

Rechtsregeln sollen die Beziehungen zwischen den Beteiligten ordnen und absichern. Sie werden zunächst wesentlich von den rechtlichen Rahmenbedingungen bestimmt, die durch den Gesetz- oder Verordnungsgeber erlassen werden. Sie werden ergänzt um deren Ausgestaltung in den *rechtlichen Regeln*, die sowohl zwischen den Trägern der Sicherungsfunktionen innerhalb der Sicherungsinfrastruktur als auch zu den Anwendern gelten. Auch hinsichtlich der Rechtsverhältnisse ist zu fragen: *Wie sind die Sicherungsinfrastrukturen geordnet, und auf welche Weise stehen die verschiedenen Beteiligten in Rechtsbeziehungen zueinander?*

Rechtliche Rahmenbedingungen

Wesentlichen Einfluß auf die Ausgestaltung der Rechtsbeziehungen zwischen den Trägern der Sicherungsinfrastruktur und den Anwendern haben die rechtlichen Rahmenbedingungen.[141] Sie bestimmen unter anderem darüber, ob die Funktionen der Sicherungsinfrastruktur oder einzelne Teile öffentliche Aufgaben sind und daher von staatlichen Stellen nach den Regeln des öffentlichen Rechts wahrzunehmen sind oder ob sie der privaten Initiative offenstehen sollen. Die Vorgaben können sich je nach Anwendungszweck unterscheiden. Ebenso sind zwischen den beiden Extremen abgestufte Formen möglich, beispielsweise durch staatliche Aufsicht über private Träger.

Rechtsbeziehungen der Träger und Anwender

Unabhängig davon, ob die Träger der Sicherungsinfrastruktur öffentlich oder privatrechtlich verfaßt sind, können die Rechtsbeziehungen zwischen ihnen von den Rechtsbeziehungen zwischen den Trägern und den Anwendern von

---

[140] Vgl. Roßnagel/ Wedde/ Hammer/ Pordesch 1990a, 124.
[141] Vgl. dazu und zum weiteren ausführlich Roßnagel, Kap. 4., in diesem Band.

Sicherungsdienstleistungen unterschieden werden. Für die Gestaltung dieser Rechtsbeziehungen sind wiederum mehrere Optionen möglich.

Die *Innenbeziehungen* einer Sicherungsinfrastruktur umfassen alle Rechtsbeziehungen zwischen Trägern, die Sicherungsfunktionen erbringen. Die Innenbeziehungen können hierarchisch organisiert sein, wenn ein Über-Unterordnungsverhältnis zwischen den Vertrauensinstanzen besteht. Dies ist in Sicherungsinfrastrukturen, die Teil einer Behördenorganisation oder Teil eines Unternehmens sind, zu erwarten. Die Innenbeziehungen sind dagegen multilateral, wenn alle Beteiligten gegenseitige Verträge über das Erbringen oder Anerkennen von Sicherungsfunktionen abschließen. Sie sind multilateral mit zentraler Koordination, wenn zur Vereinfachung der Rechtsbeziehungen eine zentrale Instanz etabliert wird, mit der alle Beteiligten jeweils bilaterale Verträge schließen.[142]

Durch die *Außenbeziehung* wird der Kreis der Anwender einer Sicherungsinfrastruktur bestimmt. Anwender sind sowohl die (persönlichen) Teilnehmer als auch die Dienstleistungsanbieter, die ihre Kooperationsbeziehungen mit Hilfe der Sicherungsinfrastruktur abwickeln. Beispielsweise können verschiedene Formen der Rechtsbeziehung zwischen der Vertrauensinstanz, die den Inhalt eines Zertifikats bestimmt und es einer Person zuteilt, und dem Zertifikatinhaber unterschieden werden.[143]

- Werden Zertifikate nur für Personen einer abgrenzbaren Gruppe ausgestellt, zu denen bereits eine Rechtsbeziehung besteht, wird eine *interne Zertifizierung* vorgenommen. Dies gilt beispielsweise für die Mitarbeiter der GMD, die durch eine innerhalb der Institution angesiedelte Zertifizierungsinstanz bestätigt werden (Abb. 11).
- *Offene Zertifizierung* liegt dagegen vor, wenn prinzipiell jeder ein Zertifikat beantragen kann, auch dann, wenn hierfür besondere Voraussetzungen nachgewiesen werden müssen. Erforderlich ist nur, daß jeder der Kreis derer, die diese nachweisen können, offen ist. Wäre z. B. das Registergericht für eine Zertifizierung zuständig, könnten zeichnungsberechtigte Geschäftsführer von registrierten Unternehmen ein Zertifikat erhalten. Da jeder ein Unternehmen gründen darf, wäre die Gruppe der Berechtigten zwar begrenzt (Voraussetzung: Geschäftsführer), aber nicht abgeschlossen.

Eine ähnliche Unterscheidung kann auch für den Verwendungszweck von Zertifikaten getroffen werden.

- Sollen Zertifikate nur innerhalb einer Institution verwendet werden, werden sie Zertifikate *ohne intendierte Außenwirkung* genannt. Sie sollen gegenüber Außenstehenden keinen Nachweis führen. So könnten elektronische Fahrscheine des öffentlichen Nahverkehrs mit solchen Zertifikaten realisiert werden.

---

[142] So z. B. bei Danmont, vgl. z. B. Danmont 1990; Falberg 1993.
[143] S. hierzu näher provet/ GMD 1994, 114 ff.

– Sollen Zertifikate dagegen im Rechtsverkehr gegenüber außenstehenden Dritten Nachweis erbringen, liegen Zertifikat *mit Außenwirkung* vor. Dies gilt beispielsweise für die Bestätigungen der öffentlichen Schlüssel von Richtern oder Anwälten, die im Rechtsverkehr in der Rechtspflege ihre Identitäten oder Berechtigungen nachweisen sollen.

Für jedes Zertifikat können beide Unterscheidungen getroffen werden. Dadurch ergeben sich die vier Zertifikattypen, wie sie in Abb. 11 dargestellt werden.

Im Rahmen der Außenbeziehung werden beispielsweise auch die Zusicherungen durch Vertrauensinstanzen, der Wert und Zweck der Zertifikate und die Risikoverteilung festgelegt.[144]

Außenwirkung: / Zertifizierung:	ohne Außenwirkung	mit Außenwirkung
Intern	Mitarbeiter der GMD (Urlaub beantragen)	Richter am Arbeitsgericht (Verfügungen, Urteile)
offen	Jahreskarte öffentlicher Personen-Nahverkehr	Geschäftsführer, allein zeichnungsberechtigt (Vertretungsberechtigung gemäß Handelsregister)

provet/VH

Abb. 11: Vier Zertifikattypen für unterschiedliche rechtliche Außenbeziehungen einer Sicherungsinfrastruktur.

Rechtsbeziehungen bestehen schließlich im Rahmen der Anwendung *zwischen den Telekooperationspartnern* selbst. Auch für die Rechtsbeziehungen der Kooperationspartner stehen mehrere Optionen zur Verfügung, um sie auszugestalten und (technikbedingte) Risiken zu verteilen.[145]

Die Gestaltung der rechtlichen Strukturmerkmale kann vor allem unter dem Kriterium der Verfassungsverträglichkeit bewertet werden. Sie könnte aber auch genutzt werden, um Anforderungen aus anderen Kriterien, beispielsweise zur Begrenzung der Verletzlichkeit, durchzusetzen.[146]

2.4.4 Systemlösungen

Die Gestaltungsalternativen für die einzelnen Aufgaben und Strukturmerkmale einer Sicherungsinfrastruktur können im Prinzip unabhängig voneinander ge-

---

[144] Zu den rechtspolitischen Optionen (z. B. Haftung, Daten- und Verbraucherschutz) siehe Roßnagel, Kap. 4., 165 ff., in diesem Band.

[145] Unterschiedliche Rechtsbeziehungen bestehen auch heute schon bei Formen des elektronischen Zahlungsverkehrs. Bspw. kommt bei Electronic cash ein Geschäftsbesorgungsvertrag (vgl. Klein 1993, 12) zustande, bei dem die Banken das Ausfallrisiko tragen. Dagegen liegt das Ausfallrisiko z. B. beim elektronischen Lastschriftverfahren (Klein 1993, 301 ff.) beim Händler.

[146] Zu verletzlichkeitsreduzierenden Anforderungen an Sicherungsinfrastrukturen Hammer, Kap. 3., 107 ff., 117 ff. und 128 in diesem Band.

wählt werden. Um jedoch ein durchgängiges Sicherungskonzept für den Anwendungszweck und eine akzeptable Risikoverteilung zwischen den Beteiligten zu erreichen, müssen die Gestaltungsentscheidungen aufeinander abgestimmt werden.[147] Sie müssen technische Funktionen, organisatorische Maßnahmen und rechtliche Regelungen geeignet miteinander kombinieren (*Systemlösungen*).[148] Zwei Alternativen für die Schlüsselgenerierung sollen dies verdeutlichen.

> Werden die Schlüsselpaare von Schlüsselgenerierungsinstanzen erzeugt und verteilt, müssen diese dafür Sorge tragen, daß keine Duplikate des geheimen Schlüssels in den Verkehr gelangen können. Durch entsprechende Auflagen für die Technik, die Revisionsfähigkeit und rechtliche Haftungsregelungen muß ein sehr hoher Sicherungsstand der Schlüsselgenerierungsinstanzen durchgesetzt werden. Sollten die geheimen Schlüssel sogar gespeichert werden (Kryptokontroverse), müßte dem höheren Risiko durch höhere Anforderungen Rechnung getragen werden.

> Erzeugt der Teilnehmer sein Schlüsselpaar dagegen selbst, könnte auch er für die Verwahrung seines geheimen Schlüssels selbst verantwortlich sein. Versäumt er ausreichende Sicherungsmaßnahmen und gelingt es einem Dritten, seinen Schlüssel auszuforschen, könnte er möglicherweise vom Geschädigten in Regreß genommen werden.

Wechselweise Anforderungen bestehen aber nicht nur zwischen der Ausgestaltung der einzelnen Leistungen der Sicherungsinfrastruktur, sonderen auch in umfassendem Maße zwischen der Sicherungsinfrastruktur und den Sicherungsfunktionen in den Anwendungssystemen. Insbesondere die Prüffunktionen sind auf die "Leistungsmerkmale" der Sicherungsinfrastruktur abzustimmen.

> Beispielsweise könnte für einen Anwendungszweck festgelegt werden, daß die Zertifizierungshierarchie einer Baumstruktur folgen muß, die innerhalb der Zertifizierungshierarchie technisch-organisatorisch durchzusetzen ist. Kennt die Prüffunktion die Wurzel-Zertifizierungsinstanz für eine Anwendung, muß - nach dieser Anforderung - die Zertifikatkette in der Sicherungsinfrastruktur liegen. Die rechtlichen Anforderungen würden für die Träger der Sicherungsinfrastruktur und Dritte gelten, die von außerhalb Querzertifikate ausstellen. Der Empfänger wäre nur für die korrekte Wahl des Wurzel-Zertifizierungsinstanz-Schlüssels verantwortlich.

> Es könnten allerdings auch beliebige Zertifizierunggraphen mit Querzertifikaten zwischen Sicherungsinfrastrukturen erlaubt sein. Ausschlaggebend für die Zulässigkeit einer Signatur könnte ihr Wert sein. Dann müßte die Prüffunktion zum ersten erkennen können, welche der alternativen Zertifikatketten zu prüfen ist. Zum zweiten müßte sie den Wert der Zertifikatkette auswerten und mit den Anforderungen der Anwendung vergleichen können. Rechtliche Risiken würden beim Empfänger einer Signatur liegen.

Auch wenn zweckbezogene Sicherungskonzepte erstellt werden, wird es also häufig nicht nur eine, sondern mehrere alternative Systemlösungen geben. Sie können miteinander verglichen und bewertet werden. Im Zuge vorlaufender

---

[147] Vgl. auch die Action-Lines in EG-Kom 1994b, 454 ff.
[148] Vgl. zu verschiedenen Abhängigkeiten Hammer 1994c, provet-AP 149, Kap. 5.

Technikgestaltung können dazu auch die Unterkriterien der Sozialverträglichkeit herangezogen werden. Sie könnten für relevante Problemstellungen, beispielsweise für Fragen des Datenschutzes, auch genutzt werden, um konstruktiv nach Gestaltungsalternativen zu suchen, die als sozial nützlich bewertet werden.

3. Exemplarische Verletzlichkeitsprobleme durch die Anwendung von Sicherungsinfrastrukturen

Volker Hammer

"Viele Bereiche von Wirtschaft und Verwaltung sind bereits heute von dem einwandfreien Funktionieren der Informationstechnik abhängig. Mit dem zunehmenden Einsatz der Informationstechnik steigen auch die damit verbundenen Risiken durch unrichtige, unbefugt gesteuerte, fehlende oder rechtsgutgefährdende Informationen. Um die Verletzlichkeit der modernen Informationsgesellschaft zu begrenzen, muß bei der Entwicklung und dem Einsatz informationstechnischer Systeme oder Komponenten künftig die Sicherheit als gleichrangiges Ziel zu den Leistungszielen hinzukommen. ..."[1]

3.1 Verletzlichkeit durch Sicherheitstechnik?

Mit dem Kriterium *Verletzlichkeit*[2] wird die Abhängigkeit der Gesellschaft, der Organisationen oder der Individuen von Technik bewertet. Eine hohe Verletzlichkeit bezeichnet die Möglichkeit großer Schäden für das jeweilige Bezugssystem. Die Verletzlichkeit bestimmt sich aus den Fehler- und Mißbrauchsmöglichkeiten technischer Systeme (*Schadenswahrscheinlichkeit*) und dem jeweils bestehenden *Schadenspotential*. Verletzlichkeit entsteht aus der Abhängigkeit der Gesellschaft, einer Organisation oder des Individuums von Technik, weil mit Hilfe der Technik soziale Funktionen erbracht werden.

---

[1] BT-Drs. 11/ 7029, 1.
[2] Vgl. zum Kriterium Roßnagel/ Wedde/ Hammer/ Pordesch 1990a, 5 ff; provet/ GMD 1994a, 20.

Soziale Funktionen werden von Anwendungssystemen übernommen oder unterstützt, wenn Produktionsanlagen gesteuert, Warenbestände verwaltet und verteilt, Überweisungen verbucht und Geldströme gesteuert, Verkehrsflüsse geregelt oder Telekommunikationsverbindungen vermittelt werden. Insbesondere dann, wenn die Anwender im Vertrauen auf die Technik soziale Funktionen weitgehend auf sie übertragen, werden sie von ihrem korrekten Funktionieren abhängig. Störungen der technischen Abläufe können dann hohe Schäden auslösen.

Damit offene Telekooperation möglich wird, soll der Austausch elektronischer Dokumente mit öffentlichen Schlüsselverfahren gesichert werden.[3] Die Sicherungsverfahren sind, zumindest für große Teilnehmerkreise, auf vielfältige Maßnahmen zur Schlüsselverwaltung angewiesen. Benötigt wird eine Sicherungsinfrastruktur.[4] Eine für die Gestaltung von Sicherungsinfrastrukturen wichtige Frage ist, ob durch sie neue Abhängigkeiten von der Technik entstehen können und dadurch die Möglichkeit besteht, daß die Verletzlichkeit sozio-technischer Systeme wächst.

Welche sozialen Funktionen übernehmen Sicherungsinfrastrukturen? Sie sollen die Risiken der Telekooperation für die jeweils Beteiligten vermindern. Ihre soziale Bedeutung gewinnen sie dadurch, daß sie es erlauben, Identitäten festzustellen, die Nachrichtenauthentizität zu prüfen oder Informationen vor unbefugter Kenntnisnahme zu schützen. Sie sollen Telekooperationsakte autonomer Partner beweisfähig machen. Sie können Vertrauen zwischen Partnern vermitteln, deren Kooperationsbeziehung sich wegen des Einsatzes von Informations- und Kommunikationstechnik der unmittelbaren sozialen Kontrolle entzieht. Zwar werden die "eigentlichen" sozialen Funktionen mit Hilfe der Anwendungssysteme erbracht, der Medienwechsel zur Telekooperationstechnik ist aber nur möglich, weil Sicherungsinfrastrukturen die "sozialen Hilfsfunktionen" zur Sicherung dieser Anwendungen übernehmen. Sie sind notwendig, weil neue, technikspezifische Risiken bestehen. Ihr Funktionieren und ihre Vertrauenswürdigkeit sind deshalb notwendige Voraussetzungen für die Verbreitung von Telekooperation.

Wenn Sicherungsinfrastrukturen als mächtige Instrumente zur Vertrauenssicherung in Telekooperationsbeziehungen genutzt werden, also soziales Vertrauen in sie gesetzt wird, werden viele schon heute bestehende Anwendungen auf ihre Sicherungsfunktionen zurückgreifen. Es können aber auch neue Organisationsformen entstehen, weil Dienstleistungen leichter telekooperativ abgewickelt werden können.[5] Diese Anwendungen werden Sicherungsfunktionen benötigen und einsetzen und damit auch von den Sicherungsinfrastrukturen abhängig sein.

---

[3] Vgl. zu den Sicherungsproblemen offener Telekooperation Hammer/ Schneider, Kap. 1., S. 3 ff., zum Prinzip öffentlicher Schlüsselverfahren S. 12 ff., zu einem Szenario für Sicherungsinfrastrukturen S. 24 ff., in diesem Band.

[4] Zum Begriff der Sicherungsinfrastruktur Hammer, Kap. 2., S. 44 ff., zu den Aufgaben S. 58 ff., in diesem Band.

[5] Vgl. z. B. Hammer/ Pordesch/ Roßnagel/ Schneider 1994, 10 ff.

Schäden sind allerdings insbesondere deshalb möglich, weil Störungen der Sicherungsfunktionen *in die Anwendungen vererbt* werden. In ihnen sind dann vielleicht Manipulationen elektronischer Dokumente oder ihre Kenntnisnahme möglich. Der Ausfall oder die Manipulation von Sicherungsfunktionen könnte Abläufe behindern oder wiederum deren Ausfall verursachen. Die daraus resultierenden Folgen dürften die sozial relevanten Schäden sein.

Der Einsatz von Sicherungsinfrastrukturen wird die Informationsverarbeitung für den einzelnen, für Organisationen und die Gesellschaft verändern. Obwohl oder gerade weil Sicherungsinfrastrukturen die Risiken für Telekooperation vermindern sollen, könnten durch sie neue Abhängigkeiten entstehen, die wiederum große Schadenspotentiale in sich bergen. Wird sich die Verletzlichkeit durch die Sicherungsinfrastrukturen gar erhöhen?[6] Die folgende Diskussion analysiert für Sicherungsinfrastrukturen exemplarisch neue Abhängigkeiten und zeigt, daß Gestaltungsoptionen bestehen, die Einfluß auf Schadenswahrscheinlichkeit und Schadenspotential haben.

3.2 Zielsetzung von Verletzlichkeitsuntersuchungen

Sicherheitsüberlegungen zur Informationstechnik werden häufig eng in Verbindung mit Kosten/Nutzen-Diskussionen angestellt. Übersteigt der zu erwartende Aufwand für Sicherungsmaßnahmen die nach Wahrscheinlichkeit und Höhe durchschnittlich zu erwartenden Schäden, ist der Nutzen von Sicherungsmaßnahmen fragwürdig.[7] Für einige abgegrenzte Technikanwendungen mag eine solche Risikoabschätzung ausreichend sein,[8] für viele Probleme stößt sie jedoch an Grenzen oder ist unzureichend. Die grundsätzliche quantitative Bewertung von Risiken als Produkt von Schadenswahrscheinlichkeit und Schadenspotential ist deshalb zu hinterfragen.

In probabilistischen Risikoanalysen mögen zwar häufig für isolierte Techniksysteme recht gute Schätzungen des maximalen Schadenspotentials angegeben werden. Für komplexe Systeme, hinsichtlich deren Schadensdynamik keine Erfahrungen vorliegen oder wegen des hohen Schadenspotentials solche Erfahrungen sogar ausgeschlossen werden müssen, beruhen die Angaben für die Schadenswahrscheinlichkeit allerdings nur auf Schätzungen. Dementsprechend ungenau bestimmt ist das berechnete Gesamtrisiko.[9] Probabilistische Risikoanalysen

---

[6] So stellt auch Ulrich 1993, 2 ff. fest, daß für ergriffene Sicherungsmaßnahmen unklar ist, welchen Beitrag sie eigentlich zur Sicherheit leisten.

[7] Vgl. BSI 1992, 263.

[8] Auch auf Unternehmensebene können "Kosten" und "Nutzen" verschiedene, auch nicht-monetäre Aspekte beinhalten. Vgl. Stelzer 1993, 61.

[9] Vgl. dazu und zum folgenden am Beispiel der Sicherheitsphilosophie für die Atomtechnik Roßnagel, UPR 1993, 131 ff. mwN.

können zwar versuchen, die verschiedenen möglichen technischen Ursachen für Störungen und deren Vererbung zu berücksichtigen. Sie können jedoch methodisch kaum noch zuverlässige Annahmen treffen, wenn sie die individuellen oder gesellschaftlichen Risikobeiträge, beispielsweise durch das Betriebspersonal oder soziale Unruhen, berücksichtigen sollen.[10]

Eine Multiplikation von Schadenswahrscheinlichkeit und Schadenspotential trägt auch der höheren Schadensqualität großer Schäden nur unzureichend Rechnung. Soweit normativ bestimmte Schadensgrenzen nicht überschritten werden dürfen oder sollen, kann dies auch nicht durch andere mathematische Funktionen[11] aufgefangen werden. Aussichtsreich ist es dann nur, gezielt Maßnahmen zur *Verringerung des Schadenspotentials* zu ergreifen. Möglichkeiten zur präventiven und reaktiven Schadensbegrenzung können auch helfen, nach dem Auftreten einer Störung deren Ausbreitung zu begrenzen und den Schaden niedrig zu halten. Sie können deshalb auch als "Auffanglinien" gesehen werden, wenn Störungen trotz ergriffener Maßnahmen zur Verringerung der Schadenswahrscheinlichkeit auftreten.

Mit monetären Größen oder Todesfallrisiken[12] werden in einer Kosten/Nutzen-Analyse weniger leicht quantifizierbare Schadenstypen[13] nicht ausreichend berücksichtigt. Aber auch die monetäre Bewertung von Sicherungsmaßnahmen ist unzureichend, denn sie können eine Reihe sozialer und daher ökonomisch kaum zu erfassender Folgen haben. Hohe oder gar existenzbedrohende Schäden für das soziale Bezugssystem dürfen sich nicht realisieren. Daher muß insbesondere auch verhindert werden, daß die Operateure und Anwender der Techniksysteme diese manipulieren oder mißbrauchen. Sie müssen also in hohem Maße vertrauenswürdig sein.[14] Je höher der größte mögliche Schaden sein kann, um so zuverlässiger müssen auch die Bedienkräfte sein. Um ihre Vertrauenswürdigkeit sicherzustellen, liegt es zumindest für Systeme mit hohen Schadenspotentialen nahe, ihre Lebensgeschichte, ihr Verhalten, ihre Verwandten und Bekannten zu überprüfen. Solche gegen Menschen gerichteten (sozialen) Sicherungsmaßnahmen ver-

---

[10]   Nach Roßnagel, UPR 1993, 134 mwN könnten die "sozial begründeten" Störungsursachen in komplexen Systemen sogar um eine Größenordnung höher liegen, als die technischen. So müssen für die Informationstechnik bspw. Manipulationen durch Mitarbeiter berücksichtigt werden, die ihre Zugriffsrechte, die sie für die Erfüllung ihrer Aufgaben benötigen, mißbrauchen (Insiderangriffe). Vgl. zum Problem individueller und kollektiver Mißbrauchsmotive und deren Entwicklung auch Roßnagel/ Wedde/ Hammer/ Pordesch 1990a, 129 ff.

[11]   Bspw. quadratische Berücksichtigung der Schadenshöhe, so der Vorschlag von Meyer-Abich, Aus Politik und Zeitgeschichte 1989, 37f.

[12]   So bspw. Starr 1969, 9 ff., der mit einigen Abstraktionen z. B. zu einem öffentlich akzeptablen Risiko/ Nutzen-Verhältnis von 4 Todesfällen je Jahr und 1 MW-(Atom-) Kraftwerk kommt.

[13]   Vgl. zu möglichen Schadenstypen z. B. BSI 1992, 154 ff.

[14]   Vgl. z. B. BSI 1992, 124 und 246.

schlechtern jedoch die Realisierungsbedingungen der Freiheitsgrundrechte der real oder potentiell Betroffenen.[15]

Aber auch für die unmittelbare Arbeitssituation des Bedienpersonals und die Reaktionsfähigkeit der Gesellschaft, von Organisationen oder des einzelnen auf Störungen ergeben sich Konsequenzen aus hohen Schadenspotentialen. Angesichts der möglichen Folgen müssen Fehler um jeden Preis vermieden werden. Solange solche Ausnahmesituationen nicht auftreten, erhalten die Bedienkräfte aber kaum Gelegenheit, das Verhalten des sozio-technischen Systems in Störungssituationen kennenzulernen und Reaktionen zur Schadensbegrenzung zu erproben. Dagegen würden sie sich qualifizieren und Handlungsstrategien entwikkeln, wenn Fehler "erlaubt" und gelegentlich zu bewältigen wären.[16] Hohe Schäden dürfen nicht eintreten, weshalb auch die Gestaltung und der Einsatz der Sicherungstechnik mit Unsicherheit verbunden ist. Sie kann nicht mehr erprobt werden, sondern muß nach dem Prinzip der Hypothetizität[17] entwickelt werden. Auch unter diesem Blickwinkel dürfte eine Verringerung des Schadenspotentials weitaus eher die sozialen Kosten gering und die Reaktionsfähigkeit des sozio-technischen Systems hoch halten, als dies durch Maßnahmen zur Verringerung der Schadenswahrscheinlichkeit zu erwarten wäre.

Die Entwicklung und der Einsatz von Techniksystemen, insbesondere der Informationstechnik, unterliegen einer hohen Dynamik. Zu Beginn einer Diffusionsphase, beispielsweise von Sicherungsinfrastrukturen, werden keine gravierenden Schäden durch eine Störung zu erwarten sein. Ist jedoch nach einigen Jahren ein hoher Nutzungsgrad erreicht, hat sich auch das Schadenspotential erheblich verändert - ohne daß gleichzeitig die Schadenswahrscheinlichkeit gesunken wäre. "Plötzlich" entsteht ein Sachzwang, soziale Sicherungsmaßnahmen zu ergreifen, um erkannte Risiken zu verringern. Die Maßnahmen zur Sicherung der Vertrauenswürdigkeit der Entwickler und Operateure werden dann als die einzige Reaktionsmöglichkeit oder das "kleinere Übel" erscheinen. Eine schnelle Veränderung der Techniksysteme oder der Organisation bei den Instanzen der Sicherungsinfrastruktur und den Anwendern dürfte kaum möglich sein. Die Entwicklungen im Bereich der Atomenergie belegen diesen Trend.[18]

> Im August 1994 ergab sich plötzlich dringender sicherheitspolitischer Handlungsbedarf, nachdem einige Fälle von Atomschmuggel aufgedeckt wurden. Angesichts des Risikos wurde in Deutschland eine Zusammenarbeit zwischen Polizei und anderen Sicherheitsbehörden und sogar mit bis vor kurzem "feindlichen" Nachrichtendiensten diskutiert.[19]

---

[15] Vgl. dazu ausführlich Roßnagel/ Wedde/ Hammer/ Pordesch 1990a, 199 ff.

[16] Vgl. dazu z. B. Wehner 1992, 16 ff.

[17] Vgl. Häfele 1974, 303 ff.; Roßnagel/ Wedde/ Hammer/ Pordesch 1990a, 231f.

[18] Zu möglichen Sachzwängen der sozialen Sicherung und ihrer rechtlichen Bewertung im Technikfeld Atomenergie siehe z. B. Roßnagel 1983, 203 ff.; Roßnagel 1984, 146 ff.

[19] Vgl. z. B. Darmstädter Echo, 24.8.94.; kritisch dazu Lisken, Frankfurter Rundschau, 26.8.94.

Sollen solche Sachzwänge und die daraus resultierenden sozialen Folgen vermieden werden, müssen Sicherungsinfrastrukturen vorlaufend gestaltet werden. Solange nämlich die Technik noch nicht fertig entwickelt und installiert ist, bestehen vergleichsweise gute Aussichten, verletzlichkeitsreduzierende Gestaltungsvorschläge in die Praxis umzusetzen. Um die Vorschläge frühzeitig in den Entwicklungsprozeß einfließen zu lassen, müssen für sie Szenarien künftiger Anwendungen und Sicherungsinfrastrukturen entwickelt werden. Verletzlichkeitsanalysen sollten deshalb immer auch wahrscheinliche oder alternative künftige Nutzungsformen der Informationstechnik berücksichtigen. Soweit die Möglichkeit einer künftigen hohen Abhängigkeit sozialer Funktionen von der Technik besteht, sind mit vorlaufender Technikgestaltung Nutzungsformen anzustreben, die geringe Schadenspotentiale erwarten lassen.

Zusammenfassend ist festzustellen, daß im Rahmen einer Verletzlichkeitsprüfung differenziert zu bewerten ist, ob die mit den zur Verfügung stehenden Ressourcen möglichen Maßnahmen zur Verringerung der Schadenswahrscheinlichkeit *oder* des Schadenspotentials gleichwertig sind. Für komplexe Systeme mit hohem Schadenspotential dürften aus den genannten Gründen eher eine Schwerpunktsetzung zugunsten von Maßnahmen zur Schadensbegrenzung angeraten sein. Herkömmliche Sicherheitsanalysen betrachten darüber hinaus die Risiken nur aus der Sicht des Betreibers des informationstechnischen Systems. Sie berücksichtigen nicht, daß mehrere sozio-technische Systeme, beispielsweise auch ein gesamter Anwendungsbereich der Gesellschaft oder mehrere Individuen, von einer Störung betroffen sein können und deren Bewertung von Schadenspotential und Schadenswahrscheinlichkeit nach anderen Maßstäben erfolgt.[20] Das Kriterium der Verletzlichkeit soll dem Rechnung tragen und deshalb unter verschiedenen Perspektiven angewendet werden.

Im weiteren werden ausgewählte Verletzlichkeitsprobleme diskutiert, die sich aus der Nutzung von Sicherungsinfrastrukturen ergeben. Die Anstrengungen zur Verringerung der Schadenswahrscheinlichkeit können keine absolute Sicherheit versprechen, sondern sie können besonders bei Systemen mit hohem Schadenspotential den Zwang zu sozialer Sicherung begründen. Um dieser Folge vorzubeugen, muß versucht werden, das Schadenspotential zu verringern.[21] Nur wenn die Folgen von Störungen harmlos gehalten werden können, werden soziale Sicherungszwänge vermieden, und die Lern- und Entwicklungsfähigkeit von Gesellschaft, Organisation und Individuum bleibt erhalten.[22]

---

[20] Vgl. dazu auch Roßnagel, BSI-Forum 1994, 45f. Zwischen den 'Rollen' Teilnehmer, Dienstleister, Betreiber und Gemeinschaft unterscheidet beispielsweise auch EG-Kom 1994b, 455 und fordert, daß durch Sicherungsmaßnahmen die (bestehende) Balance zwischen Freiheit und Verantwortung nicht unkontrolliert verändert werden darf.

[21] Vgl. zu dieser Prioritätensetzung auch Roßnagel/ Wedde/ Hammer/ Pordesch 1990a, 231f.

[22] Vgl. zur Notwendigkeit von Fehlern für die Entwicklungsfähigkeit auch Guggenberger 1987, 12 ff.; zum "Gesetz der Irrtumslosigkeit" Beck 1986, 71 und seinen Folgen 293f.

3.3   Verletzlichkeit durch Sicherungsinfrastrukturen

Voraussetzung für die vorlaufende Verletzlichkeitsbewertung ist ein Szenario des zu untersuchenden sozio-technischen Systems.

Eine Sicherungsinfrastruktur für rechtsverbindliche Telekooperation

Im folgenden soll angenommen werden, daß eine Sicherungsinfrastruktur für die rechtsverbindliche Telekooperation aufgebaut wird.[23] Sie würde die Aufgabe erfüllen, die Urheberschaft digitaler Signaturen sicher nachzuweisen, und damit eine wichtige Rolle zur Gewährleistung der Rechtssicherheit wahrnehmen. Die Zertifikate dieser Zertifizierungshierarchie würden verwendet werden für:

- die Kooperationen zwischen Unternehmen, beispielsweise zur Sicherung von EDIFACT-Dokumenten,
- für Aufträge und Schriftverkehr im Privatkundenbereich,
- beim Teleshopping,
- zur Absicherung künftiger elektronischer Dienstleistungen,
- für Überweisungen und Einzugsermächtigungen für Finanzgeschäfte,[24]
- Anträge und Erklärungen gegenüber Behörden und
- in einigen privaten Anwendungen als Hilfsmittel zum Identitätsnachweis.[25]

Basis der Zusicherung der Inhaberschaft sind die herkömmlichen Ausweissysteme. Es liegt daher nahe, die Organisation der Sicherungsinfrastruktur am Personalausweiswesen zu orientieren.[26] Wegen der mit Telekooperation bestehenden Manipulationsmöglichkeiten muß vermieden werden, daß für abhanden gekommene Ausweise Zertifikate ausgestellt werden. Nach den geltenden gesetzlichen Bestimmungen dürfen jedoch nur Behörden für eng begrenzte Zwecke die dafür notwendigen Auskünfte aus dem Personalausweis- bzw. Paßregister erhalten.[27] Mit der Trägerschaft der Personalausweisbehörden[28] für die Aufgaben der Sicherungsinfrastruktur müßte diese informationelle Gewaltenteilung[29] nicht aufge-

---

[23]   Vgl. zu den Randbedingungen und ihren Aufgaben im Verhältnis zu anderen Sicherungsinfrastrukturen Hammer/ Schneider, Kap. 1., 26 ff., in diesem Band.

[24]   Allerdings nicht für die bankspezifischen Leistungen wie Electronic-cash-POS. Dafür ist eine eigene Sicherungsinfrastruktur zu erwarten; vgl. Hammer/ Schneider, Kap. 1., 28f., in diesem Band.

[25]   Die technische Sicherungsinfrastruktur soll nicht die staatliche Funktion des Personalausweises übernehmen. Ob dies möglich und sinnvoll wäre, müßte in einer eigenen Untersuchung überprüft werden.

[26]   Zur Orientierung am Personalausweiswesen vgl. auch Roßnagel, Kap. 4., 150f., in diesem Band.

[27]   Vgl. § 2 PAuswG; Medert/ Süßmuth 1992, 100 ff.

[28]   Ausgewiesene Personalausweisbehörden bestehen allerdings nur in größeren Gemeinden. Je nach Gemeindegröße und -organisation soll hier die dafür sachlich zuständige Behörde gemeint sein. Vgl. zur Zuständigkeit Medert/ Süßmuth 1992, 154f.

[29]   Vgl. BVerfGE 65, 1 (46).

weicht werden. Rechtsverbindliche Telekooperation kann sich auf die durch die staatliche Verwaltung gesicherte Zuverlässigkeit der Zertifizierungshierarchie abstützen.[30]

Einfluß der Anwendung einer Sicherungsinfrastruktur auf die Verletzlichkeit der Gesellschaft

Sicherungsinfrastrukturen könnten eingesetzt werden, um die heute existierende Telekooperation zu sichern, ohne diese weiter auszubauen. Dann wäre zu erwarten, daß - ein gleichbleibendes Schadenspotential vorausgesetzt - die Schadenswahrscheinlichkeit sinken und dementsprechend die Verletzlichkeit verringert würde.

Nach dem hier angenommenen Szenario[31] werden gerade die modernen Sicherungsfunktionen zu einem erheblichen Zuwachs an Telekooperation führen, denn durch sie sollen Hürden abgebaut werden, die heute ihre weitere Verbreitung stark behindern. Sicherungsinfrastrukturen werden deshalb für den massiven Ausbau der Telekooperation sorgen. Aus drei Gründen wird die Abhängigkeit der Gesellschaft von Telekooperationstechnik anwachsen.

Zum ersten wird eine *höhere Abhängigkeit von den Anwendungssystemen* dadurch entstehen, daß Medienbrüche abgebaut werden und im Störungsfall nicht mehr oder nur schwer auf Papier zurückgegriffen werden kann. Die heute verfahrensbedingten zeitlichen Spielräume werden verringert, wodurch Störungen schneller zu Schäden führen können.

Zum zweiten wird die rechtsverbindliche Telekooperation indirekt auf die soziale Funktion der Sicherungsinfrastruktur für rechtsverbindliche Telekooperation angewiesen sein. Um Störungen für die Anwendungen zu vermeiden, muß sowohl ihre *technische Funktionsfähigkeit* als auch die *soziale Vertrauenswürdigkeit* gewährleistet sein. Die Betreiber müssen sich sowohl auf die Zertifikate als auch auf Sperrdienste verlassen können. Daher ist eine hohe Abhängigkeit von der Sicherungsinfrastruktur zu erwarten.

Zum dritten wächst die *Abhängigkeit von Telekommunikation* überproportional. Die Telekooperationsanwendungen selbst werden wesentlich mehr als heutige Verfahren auf Telekommunikation angewiesen sein.[32] Die Dienstleistungsanbieter werden außerdem Telekommunikation einsetzen müssen, um die Sperrung von Zertifikaten prüfen zu können. Schließlich werden Telekommunikationsdienste auch innerhalb der Sicherungsinfrastruktur benötigt werden.

Im folgenden soll allerdings nur die Verletzlichkeit durch die Abhängigkeit von der Sicherungsinfrastruktur selbst im Mittelpunkt der Betrachtungen stehen. Die weiteren Verletzlichkeitsprobleme bedürfen eigener Untersuchungen.

---

[30] Die weiteren Überlegungen gelten entsprechend, auch wenn andere Träger die Aufgaben in der Sicherungsinfrastruktur übernehmen sollten. Vgl. dazu unten Kapitel 3.7.

[31] Zum Szenario siehe Hammer/ Schneider, Kap. 1., 24 ff., in diesem Band. Zu Verletzlichkeitsproblemen alternativer Entwicklungen siehe unten 129.

[32] Vgl. zu den allgemeinen Trends auch Pordesch, Zivilverteidigung 1989; NSEP 1989.

Verletzlichkeit durch die Abhängigkeit von Sicherungsinfrastrukturen
Eine vorlaufende Bewertung von Gestaltungsalternativen von Sicherungsinfrastrukturen ist notwendig, da eine weitere Steigerung der Verletzlichkeit der Gesellschaft durch Sicherungsinfrastrukturen nicht ausgeschlossen werden kann. Es werden heute Entscheidungen über die Ausgestaltung der Sicherungsinfrastrukturen getroffen, deren Folgen für Schadenswahrscheinlichkeit und Schadenspotential erst in einigen Jahren eintreten werden. Deshalb ist heute nach Alternativen zu suchen, durch die eine künftige hohe Verletzlichkeit von Gesellschaft, Organisationen oder Individuen vermieden werden kann. Durch die Ausgestaltung der Sicherungsinfrastruktur, der Sicherungsfunktionen in den Anwendungssystemen und den Rechtsbeziehungen werden außerdem verbleibende Risiken zwischen den Trägern der Sicherungsinfrastruktur, den Dienstleistungsanbietern und den Kunden verteilt.[33] Es ist zu erwarten, daß zwischen den jeweiligen Interessen Zielkonflikte bestehen, für die Kompromisse zu suchen sind.

Für eine Bewertung der Verletzlichkeit durch künftige Sicherungsinfrastrukturen muß untersucht werden, wie sich Schadenspotential und Schadenswahrscheinlichkeit durch den Einsatz der Sicherungstechnik verändern können. Ziel einer Technikgestaltung muß dann sein, daß die Verletzlichkeit der Gesellschaft, von Organisationen und des einzelnen zumindest nicht erhöht wird (Verträglichkeit). Soweit dies möglich ist, ist nach Alternativen für Technik und Organisation zu suchen, die die (heutige) Abhängigkeit von Informations- und Kommunikationstechnik verringern (Nützlichkeit).

Die weitere Diskussion muß sich hier auf einige ausgewählte Probleme technisch-organisatorischer Strukturmerkmale konzentrieren.[34] Entsprechend dem Untersuchungsziel, hohe Schadenspotentiale zu vermeiden, wurden beispielhaft Störungen ausgewählt, für die zu erwarten ist, daß für das jeweilige Bezugssystem (Gesellschaft, Dienstleistungsanbieter, Individuum) weitreichende Folgen entstehen können. Ausgangspunkt für die Störungen sind wichtige "Schnittstellen" zwischen Sicherungsinfrastruktur und Bezugssystem: die Zertifizierungshierarchie, der Sperrdienst und Schlüsselpaare in der Chipkarte. Aus der Perspektive der Gesellschaft soll untersucht werden, welchen Einfluß die Gestaltung der Zertifizierungshierarchie auf die Verletzlichkeit hat. Für Anwenderorganisationen wird geprüft, wie die Abhängigkeit von Sperrdiensten gering gehalten werden kann. Aus der Perspektive des Teilnehmers wurde eine geringe Verletzlichkeit bei Mißbrauch der Chipkarte und eine hohe Gewährleistung der elektronischen Geschäftsfähigkeit als Gestaltungsziel ausgewählt. In allen Fällen ist zu untersuchen, wie die Schadenswahrscheinlichkeit begrenzt werden kann und welche Maßnahmen eine präventive und reaktive Schadensbegrenzung unterstützen.

---

[33] Vgl. zu den Akteuren Hammer, Kap. 2., 59f., in diesem Band; und die Instanzen unten in Abb. 17.

[34] Eine Übersicht der Strukturmerkmale von Sicherungsinfrastrukturen findet sich in Hammer, Kap. 2., 74 ff., in diesem Band; und ausführlicher in Hammer 1994c, provet-AP 149, Kap. 4.

Neben den hier ausgewählten Fragen sind viele weitere Sicherungsprobleme zu lösen und in praktischen Fragen Entscheidungen zu treffen. Sie betreffen beispielsweise die physischen Sicherungsmaßnahmen, die Verteilung von Aufgaben zwischen Vertrauensinstanzen,[35] die Qualität der eingesetzten Informationssysteme, deren Validierung[36] oder die Organisation von Zulassungs- und Aufsichtsverfahren[37]. Risiken werden auch in Abhängigkeit vom ausgewählten Signaturkonzept[38] oder der Geräteausstattung des Teilnehmers[39] verändert. Eine umfassende Darstellung kann weder nach dem Stand der wissenschaftlichen Diskussion noch im hier zur Verfügung stehenden Rahmen geleistet werden. Für endgültige Gestaltungsentscheidungen müssen darüber hinaus weitere Kriterien, beispielsweise die Verfassungsverträglichkeit[40] oder ökonomische Aspekte, berücksichtigt werden. Auf Zielkonflikte zu ihnen wird exemplarisch hingewiesen, sie können hier nicht umfassend berücksichtigt werden. Die folgenden Betrachtungsschwerpunkte sollen vielmehr den Blick für Verletzlichkeitsprobleme durch Sicherungsinfrastrukturen öffnen und dadurch motivieren, dieses Kriterium bei Entwurf und Ausgestaltung von Technik und Organisation zu berücksichtigen.

3.4   Verletzlichkeit der Gesellschaft

Die Sicherungsinfrastruktur für rechtsverbindliche Telekooperation wird übergreifend für viele Anwendungen eingesetzt werden. Die Verletzlichkeit der Gesellschaft entsteht dann aus zwei Gründen: Zum einen werden durch rechtsverbindliche Telekooperation große Werte transferiert werden. Die Transaktionen dürften je nach Anwendungsbereich so groß sein, daß Störungen der Zertifizierungshierarchie hohe Schäden für viele betroffene Unternehmen nach sich ziehen könnten. Es muß daher vermieden werden, daß sich Störungen aus der Siche-

---

[35]   Zum Begriff der Vertrauensinstanzen und ihren Aufgaben siehe Hammer, Kap. 2., 59 ff., in diesem Band. Zu den Aufgaben ausführlich Hammer 1994c, provet-AP 149, Kap. 2. mwN; z. B. auch Struif 1992a, 25 ff.

[36]   Vgl. z. B. Baumgart 1992, 34 ff.

[37]   Vgl. z. B. Kowalski 1992, 29; Roßnagel, Kap. 4., 160 ff., in diesem Band.

[38]   Mögliche Fehler aus der Spezifikation und Implementierung von digitalen Signaturen sind bspw. bei Pordesch, DuD 1993, 561 ff. dokumentiert. Gestaltungsanforderungen finden sich u. a. in Bizer/ Hammer/ Pordesch 1995 und Hammer 1995c. Auch die Auswahl des mathematischen Verfahrens ist von Bedeutung. Bspw. können mit Fail-Stop-Signaturen weitere Hürden für Signaturfälschungen aufgebaut werden, vgl. Pfitzmann/ Waidner 1991, 290f.

[39]   Vgl. z. B. provet/ GMD 1994a, 133f.; Hammer/ Pordesch/ Roßnagel/ Schneider 1994, 73 ff.; die Risikobetrachtung für verschiedene Ausstattungsszenarien von Müller 1994.

[40]   Vgl. dazu den Beitrag von Roßnagel, Kap. 4., in diesem Band.

rungsinfrastruktur so in Anwendungsfelder vererben können, daß - aus der Perspektive der Gesellschaft - hohe Schäden möglich sind. Zum zweiten würde mit relevanten Störungen innerhalb der Sicherungsinfrastruktur ein Teil des Vertrauens in die Rechtssicherheit, die Technik und die gesellschaftliche Stabilität verloren gehen.

Wegen der möglichen hohen institutionsübergreifenden Abhängigkeit ganzer Anwendungsbereiche von einer Sicherungsinfrastruktur sind Störungen denkbar, die gesellschaftlich unverantwortbare Schäden verursachen können. Dabei nehmen die Vertrauensinstanzen eine besondere Stellung ein, da sie auf vielfältige Weise für die Sicherung sorgen müssen.[41] Um Störungen zu vermeiden, könnten deshalb für ihre Mitarbeiter und deren soziales Umfeld Sicherungsmaßnahmen als erforderlich angesehen werden, die gegen die Menschen gerichtet sind. Ein geringes Schadenspotential wäre deshalb sowohl aus der Sicht des Anwendungszwecks als auch zur Sicherung der Freiheitsgrundrechte wünschenswert.

Als worst-case einer Störung soll hier angenommen werden, daß die Zertifikate einer Zertifizierungsinstanz innerhalb der Sicherungsinfrastruktur unzuverlässig sind.[42] Zertifikate könnten manipuliert oder unberechtigt ausgestellt werden, wenn beispielsweise Mitarbeiter bestochen oder erpreßt werden, der geheime Schlüssel einer Zertifizierungsinstanz wegen Verfahrensfehlern ausgeforscht oder entwendet werden konnte oder weil er zufällig oder gezielt nochmals berechnet[43] wurde. Angreifer, beispielsweise aus der organisierten Kriminalität, könnten versuchen, mittels einer Phantom-Zertifizierungsinstanz[44] Schlüssel für Phantom-Teilnehmer[45] zu zertifizieren. Solche Phantom-Teilnehmer könnten Transaktionen, beispielsweise Lastschriften, auf Kosten Dritter veranlassen. Sie könnten auch "Abwicklungskonten" ohne identifizierbaren Inhaber für Geldwäsche oder in betrügerischer Absicht nutzen. Angreifern könnte es mit ihnen gelingen, eine Reihe gut vorbereiteter Transaktionen telekooperativ abzuwickeln und schwere Schäden für einzelne Teilnehmer, für Unternehmen oder gar für Anwendungsbereiche zu verursachen.

Wird diese Situation bekannt, stehen die Anwender zunächst vor zwei Alternativen: Sie können die rechtsverbindliche Telekooperation einstellen und die

---

[41]   Siehe oben Fn. 35.

[42]   Noch ungünstiger dürften wohl die Folgen eines gebrochenen Signaturverfahrens bewertet werden. Dies soll hier allerdings nicht untersucht werden.

[43]   Die beiden letzten Varianten sind wenig wahrscheinlich, wenn eine ausreichende Schlüssellänge und korrekte Verfahren verwendet werden. Allerdings scheint eine letzte Skepsis auch unter Kryptologen nicht völlig ausgeräumt zu sein. Vgl. Schneier 1993, 284f.

[44]   Sie würden dazu ein Zertifizierungsinstanz-Zertifikat für ein von ihnen selbst berechnetes Schlüsselpaar erzeugen. Den Namen und weitere Attribute des Zertifikats könnten sie frei wählen, also beispielsweise auch von einer real existierenden Zertifizierungsinstanz übernehmen.

[45]   Von den Angreifern berechnete Schlüsselpaare würden für beliebige Inhaber zertifiziert. Deren Identitäten können wiederum erdacht sein oder ohne deren Wissen auf real existierende Personen bezogen sein.

Verzögerungen und Verluste in Kauf nehmen. Sie können aber auch ihre Geschäfte weiter abwickeln und müssen die Schäden durch mißbräuchlich verwendete Zertifikate tragen. Beide Alternativen sind unbefriedigend, weil sie beide große materielle Schäden hervorrufen werden. Gleichzeitig wird mit der Dauer der Störung die Verunsicherung der Teilnehmer weiter wachsen und das Vertrauen in die Sicherungsinfrastruktur überproportional sinken.

Bestehen Gestaltungsalternativen, um die Schadenswahrscheinlichkeit und das Schadenspotential zu verringern?

3.4.1 Verringerung der Schadenswahrscheinlichkeit

Zur Verdeutlichung der Verletzlichkeitsbetrachtungen soll aus mehreren möglichen Gestaltungsoptionen die Anlehnung einer künftigen Zertifizierungsinstanz-Hierarchie[46] an die Zuständigkeiten im Personalausweiswesen gewählt werden.[47] Je nach rechtlicher Regelung der Zuständigkeiten könnte sich folgende Struktur ergeben:

- Die Wurzel-Zertifizierungsinstanz der Hierarchie könnte auf Bundesebene betrieben werden, im Beispiel (Abb. 12) von der Bundesdruckerei. Welcher Träger diese Funktion wahrnehmen sollte, wäre allerdings noch gesetzlich zu bestimmen.[48]
- 16 Zertifizierungsinstanzen auf Landesebene würden durch die Wurzel-Zertifizierungsinstanz bestätigt. Sie wären im Beispiel bei den jeweiligen Landesinnenministerien angesiedelt.
- Etwa 50 Zertifizierungsinstanzen würden auf der nächsten Ebene der Hierarchie bei den Regierungspräsidien eingerichtet.

---

[46] Siehe Hammer, Kap. 2., 76 ff., in diesem Band.

[47] Zu den verschiedenen Varianten siehe Hammer/ Schneider, Kap. 1., 26 ff. und 35 ff., in diesem Band; und Roßnagel, Kap. 4., 150 ff., in diesem Band. Die Möglichkeit zur Orientierung am Ausweiswesen sieht auch Seidel 1992, 42.

[48] Die Verwaltungskompetenz liegt bei den Ländern in eigener Verantwortung. Der Bund nimmt lediglich eine Aufsichtsfunktion wahr. Außerdem wurde die Bundesdruckerei mit dem 1.7.1994 privatisiert, so daß auch ihre Form der Einbindung in eine staatliche Zertifizierungshierarchie zu prüfen ist. Vgl. zu den Alternativen der Beteiligung Privater an einer öffentlichen Sicherungsinfrastruktur Roßnagel, Kap. 4., 147 ff., in diesem Band.

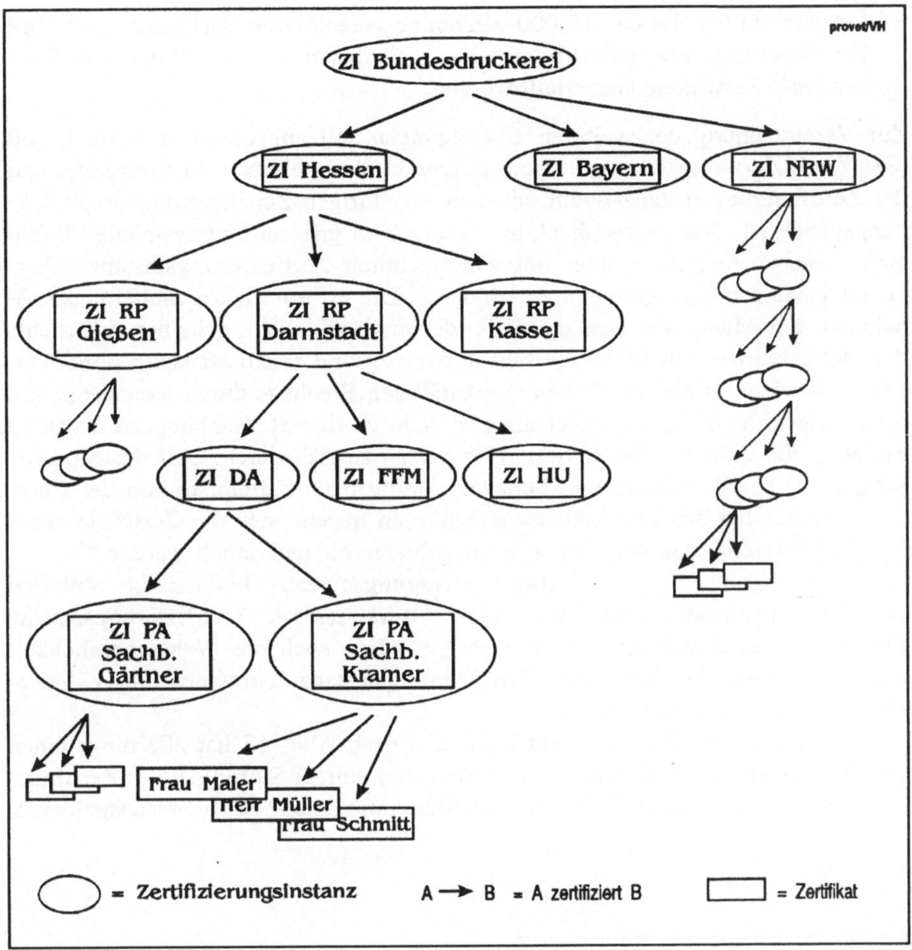

Abb. 12: Beispiel für eine Zertifizierunginstanz-Hierarchie in Anlehnung an die rechtliche Zuständigkeit im Personalausweiswesen (ZI=Zertifizierungsinstanz, RP=Regierungspräsidium, PA=Personalausweisbehörde).

-   In den etwa 5000 Gemeinden[49] würde jeweils eine Zertifizierungsinstanz betrieben.

---

[49] Je Gemeindeverwaltung 1 Zertifizierungsinstanz. Berechnungsgrundlage: Auskünfte des Statistischen Bundesamtes, der Bundesdruckerei und weniger Stichproben bei kleinen Gemeinden. Danach dürfte die Anzahl der eigenständigen Stadt- und Gemeindeverwaltungen zuzüglich der Verwaltungsgemeinschaften und Verbandsgemeinden zwischen 4000 und 6000 liegen.

-   Letztere statten die ca. 15.000 zeichnungsberechtigten Sachbearbeiter[50] mit
    Zertifizierungsinstanz-Zertifikaten aus, mit denen für ca. 30.000.000 Teil-
    nehmer[51] Zertifikate ausgestellt werden.

Zur Vereinfachung der weiteren Überlegungen soll angenommen werden, daß
jede Zertifizierungsinstanz zu einem Zeitpunkt ein Schlüsselpaar verwendet und
der Zertifizierungsinstanz-Baum mit dem zugehörigen Zertifizierungsgraph dek-
kungsgleich ist. Aus dieser Struktur ergäben sich größenordnungsmäßig 20.000
"interessante" Angriffspunkte, um widerrechtlich Zertifizierungsinstanz-Fähig-
keiten ausnutzen oder erlangen zu können.[52] Die erforderlichen Sicherungsmaßnahmen, um Manipulationen durch Insider auszuschließen, scheinen angesichts
der vielen betroffenen Instanzen sehr aufwendig und praktisch kaum durchsetz-
bar. Außerdem würde die Gefahr des zufälligen Brechens durch technische und
organisatorische Sicherungsmechanismen nicht verringert. Naheliegend erscheint
es daher, die Zahl der Zertifizierungsinstanzen zu reduzieren. Soll die Namensgebung für die Zertifikate und Personalisierung bzw. Administration der Chipkarten weiter bei den Personalausweisbehörden liegen, muß die Zertifizierungsinstanz-Hierarchie von der Namensgebungshierarchie entkoppelt werden.[53]

Höhere organisatorisch-technische Sicherungsniveaus können in zentralen
Zertifizierungsinstanzen erreicht werden.[54] Eine zentrale Zertifizierungsinstanz
für die rechtsverbindliche Telekooperation würde auch die Wahrscheinlichkeit
eines zufälligen Brechens des Zertifizierungsinstanz-Schlüssels dieser Sicherungsinfrastruktur minimieren.

Die zentralisierte Zertifizierungshierarchie nach Abb. 13 hat allerdings einen
entscheidenden Nachteil: Das Schadenspotential einiger Störungen der Zertifizierungsinstanz ist immens.[55] Ob der Zertifizierungsinstanz-Schlüssel ausgeforscht

---

[50]   Je Verwaltung werden mindestens 3 zeichnungsberechtigte Mitarbeiter in der Perso-
       nalausweisbehörde (ohne Bürgermeister) angenommen. Berechnungsgrundlage: Fn.
       49.

[51]   Entspricht knapp 40% der Bevölkerung der BRD incl. neue Bundesländer. Die
       Größenordnung ergibt sich aus der Annahme, daß 60.000.000 Bürger rechtsverbind-
       liche digitale Signaturen einsetzen wollen, die Hälfte jedoch ihre Zertifikat von pri-
       vaten Anbietern erhält. Vgl. zu rechtlichen Gründen für eine solche mögliche Auf-
       teilung Roßnagel, Kap. 4., 143 ff., in diesem Band.

[52]   Bezogen auf die mindestens gültigen Schlüsselpaare bzw. die Schlüsselinhaber aller
       Zertifizierungsinstanzen, die manipulieren könnten. Je nach Prüfbedingungen für die
       Gültigkeitsdauer und Konzept für den Schlüsselwechsel könnten dies aber auch deut-
       lich mehr sein.

[53]   Zu rechtlichen Möglichkeiten einer solchen Aufteilung Roßnagel, Kap. 4., 147 ff., in
       diesem Band.

[54]   So argumentieren Kowalski/ Wolfenstetter, it 1990, 47 und 49.

[55]   Auch Fumy/ Landrock, IEEE.SAC 1995, 791 weisen auf die Probleme der Zuverläs-
       sigkeit zentraler Vertrauensinstanzen hin.

wird, ob ein Fehler oder ein physischer Angriff zum Ausfall der Zertifizierungsfunktion führt, immer sind etwa 75.000 Transaktionen je Tag betroffen.[56] Auch dürften in der Sicherungsinfrastruktur nur unzureichende Reaktionsmöglichkeiten in einer solchen Situation bestehen, da die Technikausstattung und die organisatorische, Kompetenz auf die zentrale Zertifizierungsinstanz konzentriert sind. Treten weitreichende Störungen auf, fehlen dadurch die Substitutionsmöglichkeiten, um Maßnahmen zur reaktiven Schadensbegrenzung zu ergreifen.

Unter diesem Blickwinkel sollte versucht werden, durch eine geeignete Zertifizierungshierarchie Maßnahmen sowohl zur präventiven als auch zur reaktiven Schadensbegrenzung zu unterstützen.

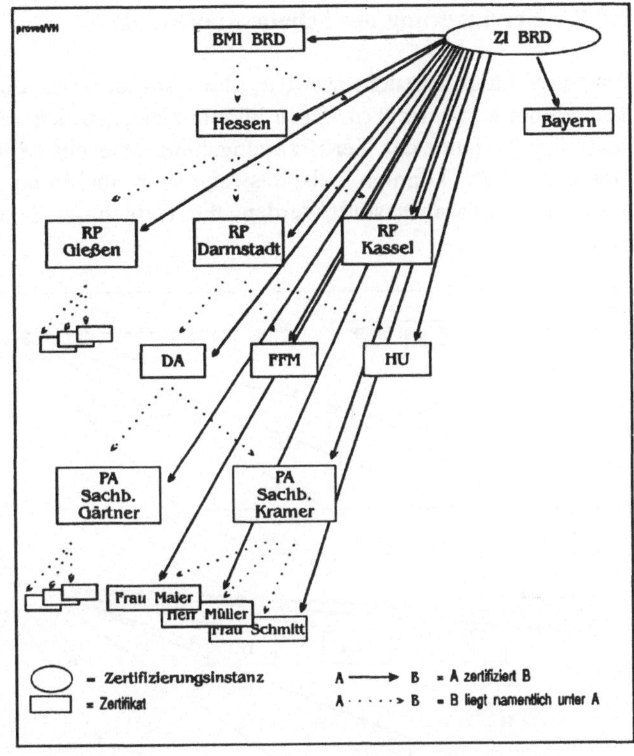

Abb. 13: Eine zentrale Zertifizierungsinstanz für die BRD. Die Namensgebung und Personalisierung erfolgen innerhalb der rechtlichen Zuständigkeiten für das Personalausweiswesen.

---

[56] Berechnungsgrundlage: 30.000.000 Teilnehmer in der BRD erhalten Zertifikate von einer öffentlichen Sicherungsinfrastruktur, Gültigkeitsdauer der Zertifikate 2 Jahre. Damit müssen 15.000.000 Zertifikate je Jahr ausgestellt werden. Bei 200 Öffnungstagen der Namensgebungsinstanzen im Jahr ergeben sich 75.000 Zertifikate je Tag.
Bei einer vergleichbaren Störung im Rechenzentrum einer Bank, auf das 7000 Mitarbeiter on-line zugreifen, lägen alleine die finanziellen Verluste aus ausgefallener Arbeitszeit in einer Größenordnung von 3 Mio. DM. Vgl. dazu Schramm, KES 1992, 78.

3.4.2   Verringerung des Schadenspotentials

Präventiv kann versucht werden, die Zahl der von einer Störung betroffenen Teilnehmer zu verringern. Dazu könnte zwischen den zentralisierten und der dezentralen Variante der Zertifizierungshierarchie ein Mittelweg gewählt werden. Die Zertifikate könnten beispielsweise von mehreren Zertifizierungsinstanzen auf drei Ebenen ausgestellt werden, die Teilnehmer-Zertifikate liegen auf Ebene vier.

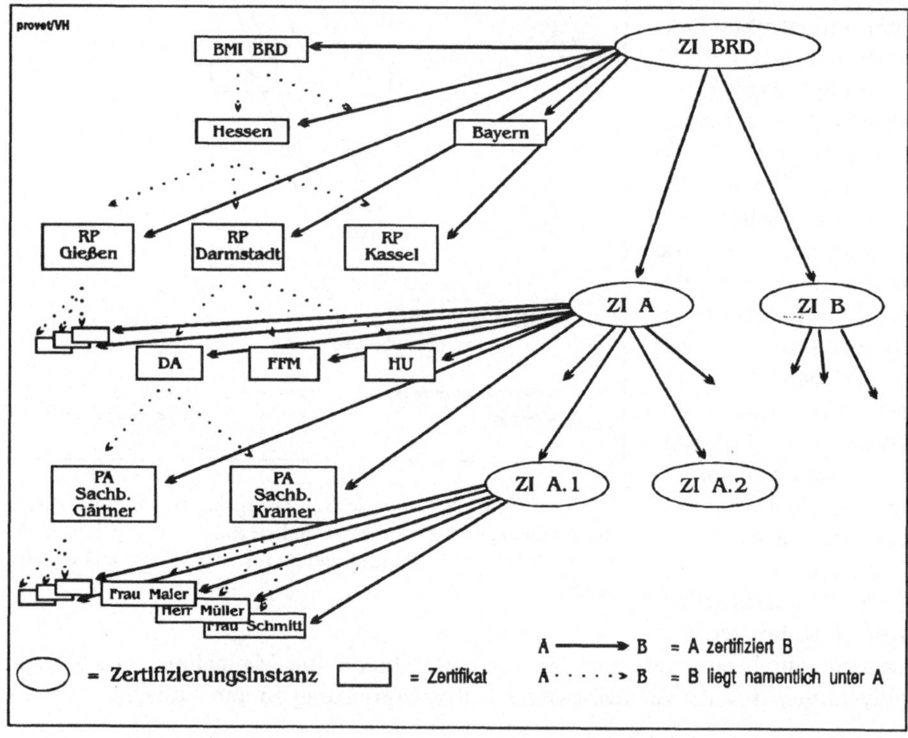

Abb. 14: "Flache" Zertifizierungshierarchie mit Namensgebung und Personalisierung durch Instanzen des Personalausweiswesens.

Daraus ergeben sich bereits für eine Reihe von Störungen Minderungen des Schadenspotentials. Der Ausfall einer oberen Zertifizierungsinstanz schlägt nicht unmittelbar auf die Ausstellung von Teilnehmer-Zertifikaten zurück. Schadensbegrenzung könnte auch durch die Substitution einer ausgefallenen Zertifizierungsinstanz durch andere Zertifizierungsinstanzen erreicht werden. Diese Möglichkeit ist prinzipiell zwischen privaten Instanzen gegeben, soweit diese dies rechtlich und technisch vorgesehen haben. Möglich wäre es auch, daß öffentliche Zertifizierungsinstanzen, die gemeinsam mit privaten eine Grundversorgung sicherstellen sollen, den Ausfall einer privaten Vertrauensinstanz auffangen.

Wird allerdings eine Sicherungsinfrastruktur unter öffentlicher Kontrolle rechtlich vorgeschrieben, besteht die Substitutionsmöglichkeit durch private Träger
prinzipiell nicht. Öffentliche Vertrauensinstanzen könnten sich in diesem Fall
sogar höchstens dann gegenseitig ersetzen, wenn die Zuständigkeit für die Aufgaben entsprechend offen im Gesetz formuliert ist.[57]

Durch die Dezentralisierung wird die Zahl der "interessanten" Schlüssel wieder erhöht, und es bestehen immer noch große Probleme, auf mißbräuchlich
zertifizierte oder ausgeforschte Schlüssel zu reagieren. Als Notmaßnahme könnte
vorgesehen werden, das Zertifikat der betroffenen Zertifizierungsinstanz in der
Hierarchie zu sperren (Wurzel-Zertifizierungsinstanz des manipulierten Teilbaums). Würde diese Sperrung auf alle untergeordneten Zertifikate vererbt,
könnten die Angreifer zwar immer noch neue Schlüsselpaare generieren und zertifizieren, die Prüffunktionen würden jedoch die damit erzeugten Signaturen aufgrund der Sperrauskunft ablehnen.

Je höher der ausgeforschte Zertifizierungs-instanzschlüssel in der Hier-archie angesie-delt ist, desto größer wäre al-lerdings auch der von einer Sperrung be-troffene Kreis berechtigter Teilnehmer (Abb. 15), de-ren Zertifikate korrekt ausge-stellt wurden. Sie können nicht mehr tele-kooperativ han-deln. Damit be-steht für den betroffenen Teilbaum eben-falls ein Ziel-konflikt: Hohe Schäden sind sowohl ohne als auch mit Sperrung zu erwarten. Kann differenzier-

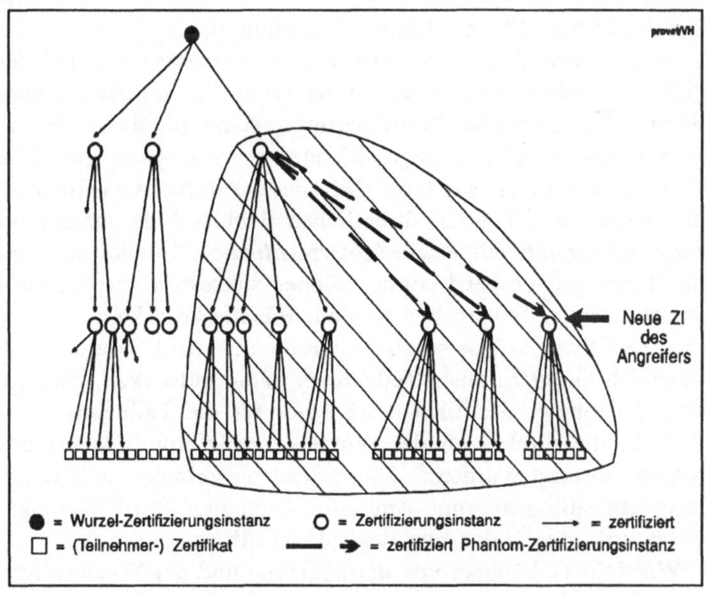

Abb. 15: Angreifern ist es gelungen, Phantom-Zertifizierungsinstanzen und Phantom-Teilnehmer einzurichten. Nachdem dies erkannt
wurde, wird das betroffene obere Zertifizierungsinstanz-Zertifikat
samt Teilhierarchie gesperrt. Dadurch werden auch mögliche weitere Phantom-Zertifizierungsinstanzen, die bisher nicht aufgetreten
sind, in die Sperrung einbezogen. Allerdings sind auch viele berechtigte Zertifikate betroffen.

---

[57] Siehe unten 'politischer Handlungsbedarf'.

ter auf den Angriff reagiert werden? Für die folgende Diskussion wird weiter wie in Abb. 14 von einer Zertifizierungshierarchie mit vier Ebenen ausgegangen.

Das Schadenspotential ergibt sich aus der Zahl der möglicherweise falschen Zertifikate - sie sollen gesperrt werden können. Andererseits sollen Inhaber korrekter Zertifikate weiter ihre digitalen Signaturen einsetzen können. Anzustreben sind deshalb Maßnahmen, mit denen gezielt die relevanten Teile von Zertifizierungshierarchien gesperrt werden können.

Die betroffenen Teilnehmer mit korrekten, aber gesperrten Zertifikaten könnten, wie im üblichen Ausgabeverfahren, mit neuen Zertifikaten ausgestattet werden. Dazu müßten zunächst wieder gültige Zertifikatketten bis zu den Teilnehmer-Zertifizierungsinstanzen aufgebaut werden. Anschließend müßten die Zertifikate für die Betroffenen innerhalb kurzer Zeit erzeugt und verteilt werden, um ihre elektronische Geschäftsfähigkeit wiederherzustellen. Selbst wenn die neuen Zertifikate telekooperativ verteilt würden,[58] müßten die Teilnehmer Administrationsfunktionen für ihre Chipkarte ausführen.

Ist die Technik in den Zertifizierungsinstanzen und bei den Anwendern geeignet ausgelegt, müßten allerdings nicht alle Zertifikate ausgetauscht werden. Sofern die gesperrte Zertifizierungsinstanz oberhalb der Teilnehmer-Zertifizierungsinstanz-Ebene liegt, könnte um die gesperrte Zertifizierungsinstanz "herum" zertifiziert werden.[59] Mit dieser Alternative würden neue Zertifikate für die bereits zertifizierten öffentlichen Schlüssel der untergeordneten Zertifizierungsinstanzen bereitgestellt (*Querzertifikate*).[60] Bevor oder nachdem die Wurzel des Teilbaums gesperrt wurde, können sukzessive die "guten" Zertifizierungsinstanzen wieder freigegeben werden. Für die korrekten, aber gesperrten Teilnehmer-Zertifikate würde so eine alternative Zertifikatkette zur Verfügung gestellt, ohne daß die betroffenen Teilnehmer daran mitwirken müßten. Eine Neuausgabe von Teilnehmer-Zertifikaten wäre nur für die Teilnehmer-Schlüsselpaare erforderlich, die direkt von der Wurzel-Zertifizierungsinstanz des gesperrten Teilbaums bestätigt wurden.[61] Diese Strategie erlaubt die Einschränkung der Sperrung auf alle neu vom Angreifer erzeugten Zertifizierungsinstanz-Zertifikate (Abb. 16) und die darunter liegenden Teilbäume.

Wieviele Teilnehmer von der Sperrung und der Wiederfreigabe betroffen sind, kann durch die Struktureigenschaften des Zertifizierungsgraphen beeinflußt werden. Je kleiner untergeordnete Teilbäume sind, desto gezielter können die Maßnahmen Teilnehmergruppen "adressieren". Auch für die Anwender können un-

---

[58] Vgl. z. B. Hammer 1994b, provet-AP 148, Kap. 4.2.

[59] Allerdings müßten auch dazu die entsprechenden Rechtsregeln für die Zulässigkeit von Substitutionen beachtet werden. Vgl. dazu oben.

[60] Vgl. zu den Vor- und Nachteilen von Querzertifikaten Hammer 1995d und ausführlich Hammer 1994b, provet-AP 148 mwN.

[61] Sofern nur bestimmte Zertifizierungsinstanzen Teilnehmer-Zertifikate ausstellen dürfen, müßten dann von ihnen die Zertifikate der Phantom-Teilnehmer ausgestellt worden sein.

terschiedliche Aktivitäten als notwendig erachtet werden. Unabhängig von der Information der Öffentlichkeit über die Manipulation und die ergriffenen Maßnahmen könnten sie unterschiedlich stark "beteiligt" werden. Beispielsweise könnten die Querzertifikate in Verzeichnisdiensten bereitgestellt oder verteilt werden. Die Prüffunktion würde dann zwar die Sperrung des Teilbaums erkennen, allerdings stünde eine alternative Zertifikatkette ohne Sperrung zur Verfügung. Die Anwender müßten nichts unternehmen. Alternativ könnten die Prüffunktionen in ihrer Basiskonfiguration Querzertifikate ablehnen und müßten umkonfiguriert werden. Wenn digitale Signaturen mit integrierter Zertifikatkette[62] eingesetzt werden, müßten die Teilnehmer im querzertifizierten Teilbaum manuell oder mit technischer Unterstützung dafür Sorge tragen, daß der alternative Zertifizierungspfad verwendet wird.

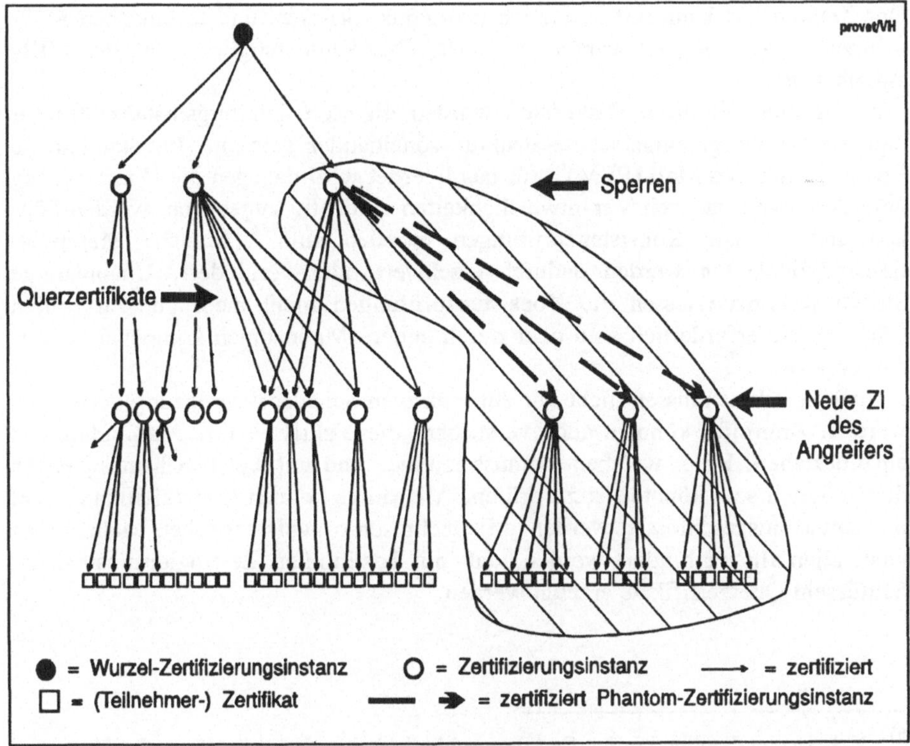

Abb. 16: Die im gesperrten Teilbaum untergeordneten korrekten Zertifizierungsinstanzen können mit Querzertifikaten "freigegeben" werden.

---

[62] Hammer 1995c 270 ff.; Hammer 1994b, provet-AP 148, Kap. 6.2.

3.4.3   Zielkonflikte

Die vorgestellten Gestaltungsvarianten wurden hier nur unter einem Kriterium betrachtet. Sie müssen sich aber in ein komplexes sozio-technisches System einfügen.[63] Jede der Optionen bietet daher nicht nur Chancen, sondern wirft auch Probleme auf. Eine kleine Auswahl von Gestaltungsvarianten soll im folgenden diskutiert werden.[64]

Verletzlichkeitsimmanente Zielkonflikte
Maßnahmen zur Verringerung der Schadenswahrscheinlichkeit legen eine Zentralisierung und wenige Zertifizierungsinstanz-Schlüssel nahe. Dagegen wird mit den Maßnahmen zur Begrenzung des Schadenspotentials versucht, zu dezentralisieren und die Teilnehmerzahl je Zertifizierungsinstanz-Schlüssel zu begrenzen. Der Zielkonflikt kann mit zusätzlichen organisatorischen und technischen Maßnahmen zwar verringert werden, es dürfte aber kaum möglich sein, ihn völlig aufzuheben.

In der hier geführten Diskussion wurden die Zertifizierungsinstanz-Struktur und die Namensgebungsinstanz-Struktur voneinander getrennt. Im Standard zu Privacy Enhanced Mail (PEM)[65] für das Internet wird dagegen die Überlagerung gefordert, weil dadurch Verantwortlichkeiten eindeutig zugeordnet werden können und formale Konsistenzprüfungen möglich sind.[66] Manche Manipulationsmöglichkeiten werden dadurch erschwert oder verhindert. Unabhängige Strukturmerkmale lassen die Konsistenzprüfungen nicht mehr zu. Zu prüfen wäre, ob sie erforderlich sind oder durch andere Maßnahmen kompensiert werden können.

Querzertifikate müssen nicht nur zur reaktiven Schadensbegrenzung verwendet werden. Angreifer könnten auch versuchen, diese aktiv in ihre Manipulationen einzubeziehen. Unter welchen Voraussetzungen und mit welchen Konsequenzen dies möglich sein könnte, ist zu prüfen. Allerdings können Querzertifikate nicht prinzipiell ausgeschlossen werden. Mit technisch-organisatorischen Maßnahmen kann allenfalls verhindert werden, daß mit bestimmten Zertifizierungsinstanz-Schlüsseln Querzertifikate erzeugt werden.[67]

---

[63]   Vgl. zu der Bandbreite der Gestaltungsmöglichkeiten Hammer, Kap. 2., 58 ff. und 74 ff., in diesem Band.

[64]   Ausführlicher zu Systemlösungen z. B. Hammer 1994c, provet-AP 149, Kap. 5.

[65]   PEM steht sowohl für die Sicherungsfunktionen Verschlüsselung und Signieren, mit denen Nachrichten im Internet abgesichert werden sollen, als auch für die dafür notwendige Sicherungsinfrastruktur. Siehe z. B. Horster/ Portz, DuD 1994, 434 ff.

[66]   Nach der gegenwärtigen Spezifikation von PEM sind Querzertifikate verboten, sie widersprechen der strikten Bindung von Namens- und Zertifizierungshierarchie (Kent 1993, 17).

[67]   Vgl. Hammer 1994b, provet-AP 148, Kap. 3, Kap. 6.4.

Zielkonflikte zu anderen Kriterien

Mit der Entkopplung von Namensgebung und Zertifizierung werden zumindest Teile der Aufgaben in der Sicherungsinfrastruktur anders zugeordnet, als dies nach den rechtlichen Zuständigkeiten des Personalausweiswesens geregelt ist. Technikgestaltung unter Verletzlichkeitsgesichtspunkten würde so Einfluß auf die politisch gewollte Verteilung von Kompetenz nehmen, da die verschiedenen Instanzen des Personalausweiswesens nicht autonom, sondern nur im Zusammenwirken mit den Zertifizierungsinstanzen handlungsfähig sind.

Werden Querzertifikate zugelassen, kann der Zertifizierungsgraph die Baumstruktur verlieren. Im Extremfall kann ein beliebiger Graph entstehen. Zu erwarten ist, daß die Interpretation und Bewertung von Zertifikatketten in einem solchen Graphen schwieriger ist, als in Zertifizierungsbäumen. Dadurch sinkt die Transparenz für die Anwender. Um Querzertifikate verwenden zu können, müssen Signatur- und Prüffunktionen zusätzliche Optionen unterstützen, auch ihre Bedienung dürfte komplexer werden.

3.4.4 Konsequenzen für Sicherungsinfrastrukturen

Die Verletzlichkeit der Gesellschaft wird durch Sicherungsinfrastrukturen verändert. Das Schadenspotential einer Sicherungsinfrastruktur hängt wesentlich von ihrer Anwendungsbreite ab, es sinkt also, wenn der Anwendungszweck enger gefaßt wird. Um das Schadenspotential zu verringern, kann demnach technisch, organisatorisch und rechtlich eine Zweckbegrenzung der Zertifikate einzelner Sicherungsinfrastrukturen vorgesehen werden. Für den Störungsfall kann dann auch festgelegt werden, daß Zertifikate aus unabhängigen Sicherungsinfrastrukturen mit ähnlichen Sicherungsniveaus zur Substitution herangezogen werden können.

Mit der Verteilung von Aufgaben auf Instanzen kann die Schadenswahrscheinlichkeit und das Schadenspotential verändert werden. Da vorrangig ein akzeptables Schadenspotential anzustreben ist,[68] sollte ein hoher Grad der Zentralisierung von Aufgaben in Sicherungsinfrastrukturen vermieden werden. Auch die Struktur des aufgespannten Zertifizierungsgraphen kann Einfluß auf die Verletzlichkeit des Anwendungsbereichs haben, weil sie das Schadenspotential und die Reaktionsmöglichkeiten im Störungsfall beeinflußt. Die beschriebenen reaktiven Maßnahmen zur Schadensbegrenzung erfordern allerdings die Gestaltung der Techniksysteme bei den Vertrauensinstanzen und Anwendern. In den Zertifizierungsinstanzen müßte vorgesehen werden, daß Querzertifikate ausgestellt werden können. Gleichzeitig müssen die Prüffunktionen auch alternative Zertifikatketten mit Querzertifikaten formal prüfen können.

Die oben angesprochenen Zielkonflikte sind anwendungsspezifisch in Kompromissen auszubalancieren.

---

[68] Vgl. oben Kapitel 3.2.

Politischer Handlungsbedarf

Politische Initiativen sollten sicherstellen, daß nur ein vertretbares Schadenspotential durch Sicherungsinfrastrukturen entsteht. Nur so werden langfristig soziale Sicherungszwänge vermieden werden. Um das Schadenspotential einzelner Sicherungsinfrastrukturen zu begrenzen, könnten die Zuständigkeiten für verschiedene Anwendungsfelder durch gesetzliche Vorgaben getrennt werden.[69] Störungen würden dann nur im Rahmen der jeweiligen Anwendungen vererbt.

Ähnlich wie die Telekom die "zwei-Wege- und zwei-Medien-Führung"[70] wichtiger Telekommunikationsleitungen anstrebt, sollten auch für Sicherungsinfrastrukturen Substitutionsmöglichkeiten geplant werden. Wie oben angedeutet, ist allerdings lediglich eine Substitution privater Vertrauensinstanzen durch öffentliche, nicht aber der umgekehrte Weg möglich. Beispielsweise können Personalausweise als staatliches Identifikationspapier nicht von privaten Institutionen ausgestellt werden. Zu prüfen wäre daher, ob unter Verletzlichkeitsgesichtspunkten auf Sicherungsinfrastrukturen, die ausschließlich in staatlicher Trägerschaft stehen, verzichtet werden sollte.[71] Hinsichtlich der Verletzlichkeit der Gesellschaft scheint sich daher die aus rechtlicher Sicht gebotene Grundversorgung der Bevölkerung in sich ergänzender staatlicher *und* privater Trägerschaft günstig auszuwirken. Durch die Wahlmöglichkeit der Bürger bestünden auch implizit Substitutionsalternativen für manche Störungsfälle. Für private Sicherungsinfrastrukturen könnte darüber hinaus in den rechtlichen Rahmenbedingungen festgelegt werden, daß sie Vorsorge für Substitutionsmöglichkeiten tragen müssen.[72]

Allerdings ist diese Substitutionsmöglichkeit für Sicherungsinfrastrukturen als Annex staatlicher Aufgaben, wie beispielsweise die Vergabe von Zertifikaten an staatliche Funktionsträger (Richter, Beamte), ausgeschlossen. In diesem Fall sind die Zuständigkeiten eindeutig festgelegt und bestimmten Trägern öffentlicher Gewalt zugeordnet. Um die Möglichkeit der Substitution durch *andere öffentliche Träger* zu ermöglichen, müßten dafür gesetzliche Vertretungsregeln bestehen. Das deutsche Recht kennt dafür zwei Modelle. Zum einen kann eine Ersatzzuständigkeit im Rahmen der Rechtsordnung eindeutig geregelt werden, wie dies zum Beispiel in den Gerichten für die wechselseitige Vertretung von Richtern der Fall ist. Zum anderen kann eine generalklauselartige Vertretungsermächtigung eingeräumt werden, wenn in besonderen Situationen die zuständige Stelle nicht handeln kann. So hat bei Ausfall der spezialisierten Ordnungs-

---

[69] Zu möglichen getrennten Anwendungsbereichen siehe Hammer/ Schneider, Kap. 1., 24 ff., in diesem Band, zur Diskussion der rechtlichen Zuständigkeiten und Rahmensetzung Roßnagel, Kap. 4., 143 ff., in diesem Band.

[70] Vgl. Bergmann 1986, 606. Im Zusammenhang mit Verletzlichkeitsuntersuchungen Pordesch, Zivilverteidigung 1989, 44.

[71] Vgl. zum folgenden die rechtliche Bewertung bei Roßnagel, Kap. 4., 143 ff., in diesem Band.

[72] Vgl. dazu auch Roßnagel, Kap. 4., 162, in diesem Band.

behörden oder bei "Gefahr im Verzuge" die Polizei Vertretungsrechte für deren Aufgabenbereich.

Weitreichende Konsequenzen ergeben sich für die Verletzlichkeit, wenn in der Kryptokontroverse[73] entschieden würde, auch Signaturschlüssel zu speichern. Ein solches Register würde Angreifern hervorragende Voraussetzungen für weitere Manipulationen bieten. Könnten sie sich die geheimen Schlüssel verschaffen, wären sie in der Lage, Signaturen der rechtmäßigen Inhaber "korrekt" zu fälschen und könnten in deren Namen telekooperativ tätig werden. Mit dem so geschaffenen Motiv würde die Wahrscheinlichkeit für Angriffe auf Instanzen der Sicherungsinfrastruktur wachsen. Gleichzeitig ist das Schadenspotential bei einem erfolgreichen Angriff immens. Die Verletzlichkeit der Gesellschaft würde erheblich erhöht. Auch die internen Sicherungszwänge der Vertrauensinstanzen mit Verzeichnissen geheimer Schlüssel würden bedeutend verschärft, Überprüfungen der Mitarbeiter dürften sehr wahrscheinlich sein.

In diesem Kapitel konnte nur ein Ausschnitt der Verletzlichkeit der Gesellschaft durch Sicherungsinfrastrukturen untersucht werden. Angesichts der zu erwartenden Bedeutung der neuen Sicherungsmöglichkeiten wäre es notwendig, sowohl umfassendere als auch anwendungsspezifische Analysen vorzunehmen. Beispielsweise wäre in Forschungsprojekten zu prüfen, ob zusätzliche Risiken durch einheitliche Systemkomponenten in der Technikausstattung der Vertrauensinstanzen und der Anwender entstehen. Weitere Maßnahmen zur Verminderung der Verletzlichkeit wären zu suchen und praxisnah zu erproben.[74] Das entstehende Wissen ist Voraussetzung für eine gezielte Technikgestaltung.

Die Entwicklung der Verletzlichkeit der Gesellschaft durch den Einsatz von Sicherungsinfrastrukturen sollte kontinuierlich beobachtet werden.[75] Dazu sollten die Betreiber verpflichtet werden, in Berichten die Verletzlichkeit des gegenwärtigen Ausbaustandes zu untersuchen und die Fragestellung in ihren Ausbauplanungen zu berücksichtigen. Die Berichte müßten anwendungsspezifisch und anwendungsübergreifend zusammengefaßt werden, beispielsweise durch das Bundesamt für Sicherheit in der Informationstechnik (BSI).

---

[73] Kryptokontroverse bezeichnet den Zielkonflikt zwischen Verschlüsselungsinteressen der Anwender und Abhörinteressen der Sicherheitsbehörden. Allerdings bestehen nach Bizer, Kap. 5., in diesem Band, erhebliche rechtliche Bedenken gegen eine zwangsweise Speicherung der geheimen Schlüssel bei Instanzen der Sicherungsinfrastruktur.

[74] Letzteres kann risikoarm in Simulationsstudien erfolgen. Vgl. zu dieser Methode provet/ GMD 1994a, 30 ff.; Pordesch/ Roßnagel/ Schneider, DuD 1993, 491 ff.; Hammer 1994e.

[75] Auch die EG-Kom 1994b, 454 ff. regt an, Prüf- und Kontrollmöglichkeiten für Sicherungsinfrastrukturen zu entwickeln und vorzusehen.

3.5   Verletzlichkeit von Anwenderorganisationen

Rechtsverbindliche Telekooperation findet zwischen Dienstleistungsanbietern und Kunden statt. Beide sollen sich für die Identitätsnachweise auf die Zertifizierungshierarchie der Sicherungsinfrastruktur verlassen. Um dynamisch auf Mißbräuche von Chipkarten oder Störungen in der Sicherungsinfrastruktur reagieren zu können, ist geplant, Sperrdienste zu realisieren.

Telekooperation dürfte zu einer weiteren Integration von bisher manuellen Tätigkeiten in Anwendungssysteme führen. Die zusätzliche Automatisierung ermöglicht es, Spielräume in zeitlichen Abläufen oder Vorräte von Rohstoffen zu verringern. Störungen in den technischen Systemen können sich deshalb schneller verbreiten und es kann schwieriger sein, steuernd einzugreifen. Kunden und Dienstleistungsanbieter sind darauf angewiesen, daß ihre Anwendungssysteme korrekt arbeiten und daß die Telekommunikationsdienste zur Abwicklung der Telekooperation zur Verfügung stehen. Um entscheiden zu können, ob sie eine Teletransaktion akzeptieren, müssen sie auf die Korrektheit der Zertifizierungshierarchie vertrauen können. Außerdem muß die Prüffunktion auch untersuchen, ob ein Zertifikat zwischenzeitlich gesperrt wurde. Auch die Sperrverzeichnisse (oder Autorisierungsdienste) müssen telekommunikativ erreicht werden und korrekte Daten liefern.

Die Abhängigkeit des Anwenders von der Sicherungsinfrastruktur ergibt sich also über die Zertifizierungshierarchie (relativ statisch, off-line) und das abgefragte Sperrverzeichnis (dynamisch, on-line; siehe Abb. 17). Die verletzlichkeitsreduzierende Gestaltung muß zwar alle Systemkomponenten berücksichtigen, hier sollen aber wiederum nur Aspekte der Abhängigkeit von der Sicherungsinfrastruktur am Beispiel von Sperrverzeichnissen diskutiert werden.

Abhängigkeit von Sperrverzeichnissen

Die Prüffunktion im Anwendungssystem des Dienstleistungsanbieters benötigt die Information des Sperrverzeichnisses, um entscheiden zu können, ob ein Zertifikat anerkannt oder abgelehnt wird. Die Prüffunktion kann ihre soziale Hilfsfunktion nicht korrekt erbringen, wenn sie entweder falsche oder keine Sperrinformationen erhält. Die Störung des Verzeichnisdienstes wird dann in die Anwendung vererbt. Der Dienstleistungsanbieter sollte zwar Fehlauskünfte in seltenen Einzelfällen verkraften können. Werden dagegen viele Zertifikate unberechtigt als gesperrt oder trotz Sperrung als korrekt gemeldet, wird er die potentiellen Schäden vermeiden wollen. Eine umfassende Manipulation könnte beispielsweise dadurch entstehen, daß Teilbäume der Zertifizierungshierarchie unberechtigt gesperrt werden. Ein Angreifer könnte versuchen, das Zertifikat der Wurzel-Zertifizierungsinstanz als gesperrt einzutragen und somit einen Anwendungsbereich zum Erliegen zu bringen.[76] Die Störung eines Infrastruktursystems wird

---

[76]   Vgl. zu möglichen Motiven Roßnagel/ Wedde/ Hammer/ Pordesch 1990a, 129 ff.

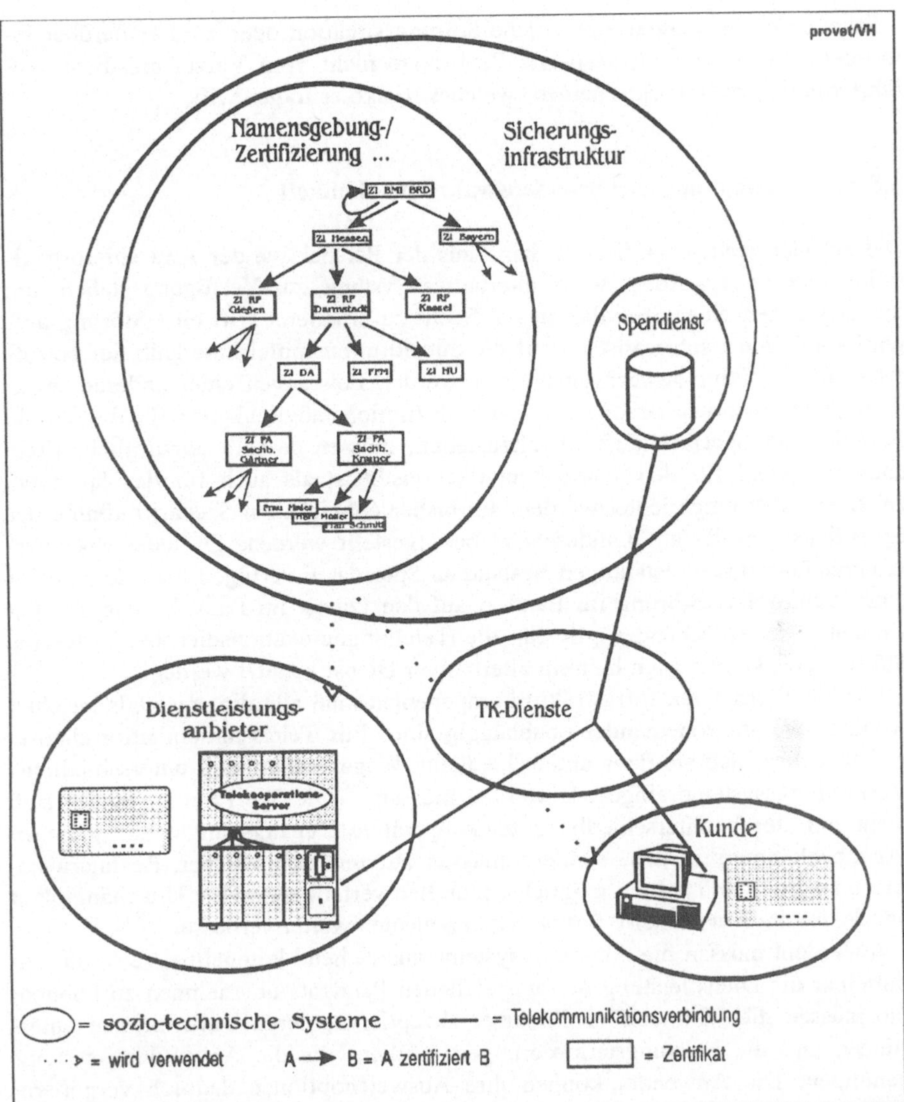

Abb. 17: Gesicherte Telekooperation. Einfaches Strukturmodell der technischen Voraussetzungen.

auch in die Anwendung vererbt, wenn der Verzeichnisdienst auf Grund eines Fehlers oder physischer oder logischer Angriffe ausfällt oder eine erforderliche Telekommunikationsverbindung nicht zur Verfügung steht.

Erkennt der Anwender eine solche Störungssituation oder wird er darüber informiert, daß eigentlich gesperrte Zertifikate nicht vom Verzeichnisdienst geführt werden, muß er entscheiden, welches Risiko er tragen will.[77]

3.5.1 Verringerung der Schadenswahrscheinlichkeit

Die Schadenswahrscheinlichkeit kann aus der Perspektive der Anwenderorganisation verringert werden, wenn alternative Systeme zur Verfügung stehen, um die Leistungen eines Sperrdienstes aufrecht zu erhalten. Tritt eine Störung auf, wird - möglichst automatisch - auf die Subsititutionsmittel innerhalb der betroffenen Infrastruktur gewechselt oder es werden Leistungen einer anderen Infrastruktur in Anspruch genommen. Um Substitutionsmöglichkeiten für die soziale Funktion der Sperrauskünfte bereitzustellen, müssen deshalb vorsorglich Alternativen sowohl für den Telekommunikationsdienst als auch für das Sperrverzeichnis selbst eingerichtet werden. Im bisher entwickelten Szenario könnte der Sperrdienst jeweils auf Landesebene bereitgestellt werden. Da jedes Sperrverzeichnis über den vollständigen Bestand an Sperrdaten verfügen muß, könnte bei einer technischen Störung im Land A auf den Dienst im Land B umgeschaltet werden.[78] Entsprechendes gilt für die Telekommunikationsdienste. Tritt eine Störung auf, könnte auch hier ein alternativer Dienst genutzt werden.

Für die alternativen Infrastrukturkomponenten muß allerdings jeweils beachtet werden, daß sie voneinander unabhängig sind. Für Telekommunikationsdienste bedeutet dies, daß sie über unterschiedliche Wege geführt und unterschiedliche Vermittlungssysteme eingesetzt werden müssen.[79] Die Sperrdienste dürfen sich nicht nur durch unterschiedliche telekooperative Zugangspunkte zur gleichen Datenbank unterscheiden, sondern müssen auf unterschiedlichen Rechnern betrieben werden und sollten möglichst räumlich verteilt sein. Ihre Unabhängigkeit würde durch diversifizierte Softwarekomponenten weiter verbessert.

Außerdem müssen die Alternativsysteme ausreichend kompatibel sein, um unmittelbar die Dienstleistung des ausgefallenen Pendants übernehmen zu können. Sie müssen die "fremden" Teilnehmer akzeptieren, deren Datenformate unterstützen und die Leistungsanforderungen erfüllen, die die Anwendungssysteme benötigen. Die Anwender können ihre Ausweichoptionen dadurch vergößern, daß sie Systeme betreiben, die unterschiedliche Schnittstellen unterstützen. Reservekapazitäten sind in den Infrastrukturen erforderlich, damit das gleichzeitige Ausweichen vieler Telekooperationsanwender verkraftet werden kann.

---

[77] Vgl. oben Kapitel 3.4.

[78] Falls öffentlich-rechtliche Zuständigkeiten bestehen, sind Vertretungsregeln vorzusehen. Vgl. oben, Kapitel 3.4.4 politischer Handlungsbedarf.

[79] Vgl. Pordesch, Zivilverteidigung 1989, 47f.

3.5.2 Verringerung des Schadenspotentials

Auch wenn diese Sicherungsmaßnahmen ergriffen werden, garantiert dies nicht, daß Störungen in jedem Fall innerhalb der Sicherungs- und Telekommunikationsinfrastruktur beherrscht werden können. Störungen in Alternativsystemen können zufällig oder wegen nicht vorhergesehener Abhängigkeiten gleichzeitig auftreten. So werden die verschiedenen Sperrinstanzen die Daten von einer Zentrale erhalten oder untereinander austauschen. Fehlerhafte oder manipulierte Daten können dadurch auf alle Verzeichnisdienste verteilt werden. Auch könnten koordinierte Angriffe mehrere Rechenzentren gleichzeitig außer Betrieb setzen.[80]

Aus der Perspektive des Anwenders ergeben sich weitere Schwierigkeiten. Möglicherweise sind für ihn die Kosten für das Vorhalten der Substitutionsmöglichkeiten auch so hoch, daß diese Strategie für ihn nicht in Frage kommt. Kosten entstehen z. B. durch höhere Anschlußgebühren wenn er Dienste mit redundanter Ausstattung in Anspruch nimmt oder Nutzerverträge mit unterschiedlichen Telekommunikationsdienst- oder Datenbankbetreibern abschließt. Der Anwender muß gegebenenfalls die Wartung zusätzlicher technischer Einrichtungen finanzieren und für die kontinuierliche Pflege mehrerer Systemvarianten sorgen. Dabei hat er in der Regel keine Kontrolle darüber, wie gut die Substitutionsvorkehrungen in den Infrastrukturen umgesetzt werden. Auch der Dienstleistungsanbieter kann deshalb an *eigenen Handlungsmöglichkeiten* zur Begrenzung von Schäden interessiert sein.

Zwei kombinierbare Gestaltungsvarianten bieten sich an. Der Dienstleistungsanbieter kann versuchen, einen lokalen Sperrdienst unter eigener Kontrolle zu realisieren. Er könnte im Störungsfall auch auf den Sperrdienst verzichten, wenn er die zu erwartenden Schäden durch den Ausfall der Anwendung höher bewertet, als das Risiko mißbräuchlicher Transaktionen.

Lokaler Sperrdienst
Der Anwender kann prinzipiell sein eigenes Sperrverzeichnis führen. Dazu muß er allerdings seinen eigenen Datenbestand aufbauen und pflegen. Verfügbar sind zumindest die Zertifikate, mit denen bisher bereits eine Schädigung gelang, möglicherweise auch solche, denen wegen Unstimmigkeiten in der Telekooperationsbeziehung mißtraut wird. In der Regel werden solche Einträge aber nur vor einem Wiederholungsfall schützen.[81]

---

[80] Bspw. verübte die "Rote Zora" im August 1987 in einer Nacht gleichzeitig acht Anschläge auf Betriebe des Unternehmens Addler (Spiegel 35/ 1987, 82 ff.).

[81] Vgl. zu einem ähnlichen Konzept beim elektronischen Lastschriftverfahren Klein 1993, 301 ff. Zu den Datenschutzproblemen dieser und der weiteren Alternativen siehe unten bei Zielkonflikte.

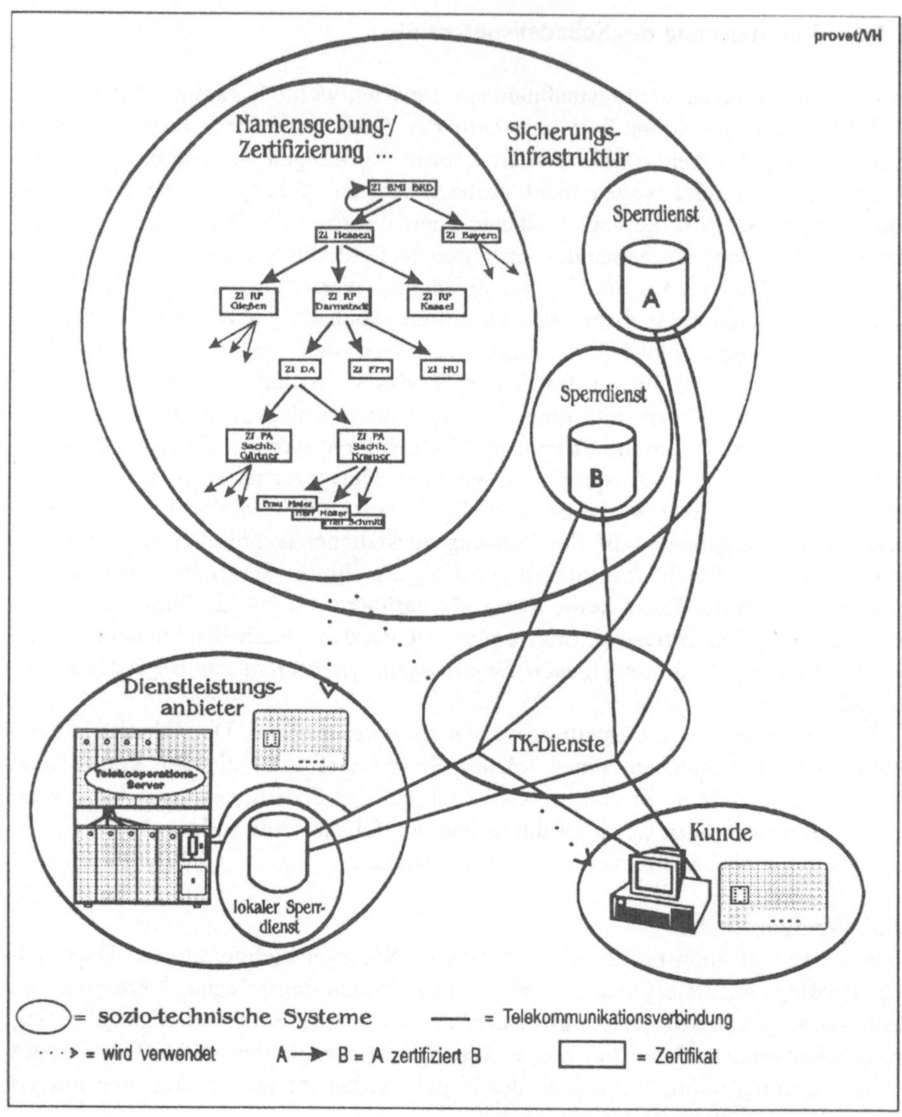

Abb. 18: Substitutionsmöglichkeiten für Infrastrukturdienste. Einfaches Strukturmodell der technischen Voraussetzungen für gesicherte Telekooperation für Sperr- und Telekommunikationsdienste.

Die Datenbestände der "offiziellen" Sperrdienste können dagegen vorbeugend wirken, weil die Inhaber von Zertifikaten diese wegen Mißbrauchsgefahr durch Dritte sperren lassen können. Die Sperrung kann auch durch Instanzen der Sicherungsinfrastruktur oder durch andere Anwender erfolgen, wenn Mißbrauch festgestellt oder befürchtet wird. Selbst wenn Zertifikate erst nach einem erkannten Mißbrauch gesperrt werden, erhalten alle weiteren Telekooperationspartner durch eine On-line-Anfrage die entsprechende Auskunft und müssen nicht durch eigenen erlittenen Schaden lernen.

Um den vollen Datenumfang und damit die Sicherungsfunktion des Sperrverzeichnisses auch lokal zu Verfügung zu haben, müßte der Anwender allerdings eine Kopie dieser Daten erhalten. Damit stellt sich das Problem der Aktualisierung der lokalen Daten. In das Verzeichnis müssen die Löschungen und Neuzugänge gesperrter Zertifikate nachgetragen werden. Auch für die Aktualisierung ist daher ein Telekommunikationsdienst erforderlich. Anwendungsspezifisch könnten zudem die Kosten für die lokale Datenhaltung deutlich höher sein als die einer (gelegentlichen) Anfrage beim Verzeichnisdienst.[82]

Eine weitere Option besteht im Führen einer Positivliste. Der Dienstleistungsanbieter könnte dort die Schlüssel der Teilnehmer eintragen, mit denen er bereits ohne Probleme telekooperierte. Für bestimmte Situationen könnte ein Positivverzeichnis auch als Not-Alternative zu einer Zertifizierungsstruktur genutzt werden.[83]

Beide Verzeichnisvarianten können die Anwender unter eigener Kontrolle einsetzen, wenn sie die Sperr- und Autorisierungsdaten selbst verwalten. Dazu müssen die Datenbestände aktualisiert werden, beispielsweise mittels Filetransfer, Datenträgeraustausch oder manueller Eingaben.

Entkopplung von Prüffunktion und Sperrdienst

Eine letzte Handlungsoption bliebe dem Anwender, wenn er sich dafür entscheiden könnte, auf die Sperranfrage zu verzichten. Die Prüffunktion würde dann so konfiguriert, daß sie keine Sperranfrage vornimmt. Sie würde nur noch die Tests durchführen, die mit den Datenelementen der vorliegenden Zertifikatkette möglich sind. Damit bestünde zwar das Risiko, daß auch gesperrte Zertifikate akzeptiert würden. Die Anwendung selbst könnte aber weiter betrieben werden, weil die Vererbung einer Störung abgebrochen werden kann. Erforderlich kann eine Entkopplung von Prüffunktion und Anwendungssystem auch sein, um auf Fehler in der Prüffunktion reagieren zu können.

In einer 'Simulationsstudie Rechtspflege' wurden digitale Signaturen praxisnah erprobt. Der in eigener Rolle agierende Angreifer entdeckte einen Fehler der Prüffunktion. Wurde die Signatur eines elektronischen Dokuments auf bestimmte Weise verändert, stürzte der PC beim Prüfen ab.[84] Wären solche Dokumente in großer Anzahl verschickt worden, hätte dies zu erheblichen Störungen im Betriebsablauf der Empfängerbüros geführt. Wäre die Prüfung beim Eingang der elektronischen Post automatisch erfolgt, hätten die Teilnehmer sogar auf deren Verwendung teilweise oder ganz verzichten müssen.

---

[82] Nach Aussagen von Vertretern des Zentralen Kreditausschusses (ZKA) in Bonn am 10. 4. 1991 wurde damals für jährlich etwa 600.000 - 800.000 Eurocheque-Karten wegen Diebstahls, Verlusts oder Liquiditätsproblemen eine Sperrung veranlaßt. Der Kartenbestand lag bei 25 Mio. (alte Bundesländer). Dies entspräche einem Aktualisierungsumfang von etwa 2000 Sperrungen je Tag zuzüglich der Freigaben.

[83] Vgl. dazu die Gestaltungsvarianten bei Hammer, Kap. 2., 68 ff., in diesem Band.

[84] Vgl. provet/ GMD 1994a, 139f.

3.5.3 Zielkonflikte

Verletzlichkeitsimmanente Zielkonflikte
Die oben entwickelten Maßnahmen zur Schadensbegrenzung müssen aus der Perspektive der Anwender kritisch überprüft werden. Die Möglichkeit zur Sperrung von Zertifizierungsinstanz-Zertifikaten könnten auch Angreifer ausnutzen. Mit wenigen Operationen könnte es ihnen gelingen, unberechtigt ganze Teilzertifizierungsbäume zu sperren. Sie könnten versuchen, dadurch zumindest kurzzeitig einen Ausfall der Telekooperationsanwendungen (denial of Service) zu provozieren.

Auch die Möglichkeiten des Dienstleistungsanbieters, ein alternatives oder lokales Sperrverzeichnis zu verwenden oder die Sperranfrage bzw. die Prüffunktion abzuschalten, kann einem kompetenten Angreifer Manipulationsmöglichkeiten eröffnen. Es besteht ein Zielkonflikt zwischen der Forderung nach Reaktionsmöglichkeiten in den Anwendungssystemen und der technischen Durchsetzung von Sicherungskonzepten.

Zielkonflikte zu anderen Kriterien
Sicherungsmaßnahmen werden häufig als unproduktive Investitionen angesehen. Sollen sie redundant ausgelegt werden, sind sie doppelt teuer. Besonders aus der Sicht der Dienstleistungsanbieter wird dieser Zielkonflikt Bedeutung erlangen. Kompromisse sind denkbar, indem im Normalbetrieb kontinuierlich mit Alternativsystemen gearbeitet wird. Im Störungsfall müßten dann Prioritäten gesetzt werden, um mit den verbleibenden Kapazitäten auszukommen.

Sollen die Substitutionsmöglichkeiten lediglich im Störungsfall aktiviert werden, müßte nach Lösungen gesucht werden, die kostengünstig zu realisieren sind. Eine weitgehende Unabhängigkeit versprechen Ansätze, in denen der Datenbestand des Sperrverzeichnisses in bestimmten Abständen zum Anwender übertragen wird. Neben dem Aktualisierungsproblem dürfte dies aber erhebliche Datenschutzprobleme aufwerfen. Solange keine Kooperationsbeziehung besteht, dürfte in vielen Fällen bereits die Information sensitiv sein, daß von einer Zertifizierungsinstanz ein Zertifikat für einen bestimmten Teilnehmer ausgestellt wurde. Beispielsweise könnten im Zertifikat Hinweise auf die Bonität des Inhabers oder deren Einschränkung enthalten sein. Mindestens genauso sensibel wird dann aber auch die Kenntnis davon sein, daß ein Zertifikat gesperrt wurde. Eine beliebige Verteilung der 'black lists' dürfte rechtlich unzulässig sein.[85] Von einer Verteilung dieser Informationen an lokale Sperrverzeichnisse, die jedem einen Abgleich mit anderen Datenbeständen erlaubt, sollte daher nicht ausgegangen werden. Allenfalls für Ausnahmesituationen könnte geprüft werden, ob und unter welchen Bedingungen eine solche Maßnahme zu akzeptieren wäre, um die Voraussetzungen für Telekooperation aufrecht zu erhalten.

---

[85] Vgl. Schaar, à la Card aktuell 1992, 11f.

3.5.4 Konsequenzen für die Sicherungsinfrastruktur

Das Zusammenwirken von Anwendungssystemen und Sicherungsinfrastruktur muß unter Verletzlichkeitsgesichtspunkten gestaltet werden. Beispielsweise muß es sowohl von der Bedienoberfläche als auch mit den jeweils bereitgestellten Treibern und Protokollen möglich sein, zwischen verschiedenen Telekommunikationsdiensten umzuschalten. Ebenso müssen alternative Sperrverzeichnisse, einschließlich des lokalen, adressiert werden können.

Vorsorge ist auch zu treffen, um in Störungssituationen die Off-line-Fähigkeit der Anwendungsbetreiber zu unterstützen. Da erst im Störungsfall selbst reagiert werden kann, sollte geprüft werden, ob ein unabhängiger Verteildienst für Sperrinformationen eingesetzt werden kann.[86] Vorbeugend könnte für solche Situationen versucht werden, die Zahl der Einträge in Sperrverzeichnissen gering zu halten. Gestaltungsmöglichkeiten bestehen dafür durch zwei Strategien. Muß der Urheber im Anwendungskontext eine digitale Signatur aktuell leisten und wird die Gültigkeitsdauer der Zertifikate kurz gehalten, müssen gesperrte Zertifikate weniger lange in der Sperrliste geführt werden. Nach ihrem Ablauf kann sie ein Angreifer nicht mehr verwenden.[87] Angestrebt werden kann auch, die Signaturanwendung auf der Chipkarte selbst zu sperren.[88] Auch dann bestehen Risiken nur noch durch zurückliegend erzeugte Signaturen.[89]

Politischer Handlungsbedarf
Die Gestaltungsanforderungen an Anwendungssysteme und die in sie integrierten Sicherungsfunktionen sollten Bestandteil der Qualitätsprüfungsverfahren unter Aufsicht des BSI werden.

Damit die Anwender ihre Verletzlichkeit und Handlungsmöglichkeiten selbst beeinflussen können, müssen mehrere Voraussetzungen geschaffen werden. Zunächst ist sicherzustellen, daß unabhängige Substitutionsmöglichkeiten bereitstehen. Dazu könnten die Träger der Infrastrukturen verpflichtet werden, beispielsweise ihre Sperrdienste mit mehreren unabhängigen Systemen zu betreiben. Die Anwender wären über die "echten Alternativen" zu informieren, um versehentliche Abhängigkeiten zu vermeiden. Sofern dies im gesellschaftlichen Interesse liegt, könnten sie ebenfalls verpflichtet werden, alternative Systeme zu ver-

---

[86] So wurde wegen Engpässen im Telefonnetz als "Notlösung" die Verteilung von Sperrinformationen an off-line installierte Geldautomaten in den neuen Bundesländern per Cityruf vorgeschlagen. Vgl. Kreft 1991.

[87] Allerdings erhöht dies die Dynamik in der Schlüsselverwaltung, so daß die Abhängigkeit von der Zertifizierung erhöht wird.

[88] Vgl. auch Rihaczek, DuD 1988b. Ob allerdings die Verbreitung der Sperrinstruktion in der Art von Viren und der zum "Aufräumen" erforderlichen Gegenviren technisch und ökonomisch aussichtsreich ist, erscheint fraglich.

[89] Praktisch erfordert diese Option allerdings einige Vorkehrungen, da ein Angreifer die Chipkarte kaum freiwillig zum Sperren zur Verfügung stellen wird. Vgl. dazu ausführlicher Hammer 1994c, provet-AP 149, Kap. 2.6 mwN.

wenden. In Normungsverfahren wäre beispielsweise darauf zu achten, daß die definierten Schnittstellen auch Notdienste unterstützen können.

Um die Schadenswahrscheinlichkeit und das Schadenspotential für die Anwender zu verringern, müssen die Infrastrukturen gestaltet werden. Ihre interne Struktur entzieht sich jedoch in aller Regel sowohl der Kontrolle als auch dem Einfluß der Anwender. Auch aus der Sicht der Dienstleistungsanbieter ist es deshalb erforderlich, daß durch staatliche Aufsicht und Rechtssetzung verletzlichkeitsreduzierende Maßnahmen rechtzeitig veranlaßt werden.

Notfallmaßnahmen können leicht versagen, wenn sie nicht kontinuierlich erprobt werden. Anders als bei Ausfällen betrieblicher Informationssysteme müssen bei Störungen der Sicherungsinfrastruktur mindestens zwei unabhängige Organisationen zusammenarbeiten.[90] Je nach Störungssituation und Konzept müssen die Sicherungsinfrastrukturen dafür besondere Daten und Dienste bereitstellen. Nur so können die Anwender realistisch erproben, ob ihre Katastrophenpläne wirksam sind. Für Notfallübungen oder Simulationsstudien[91] der Dienstleistungsanbieter könnten beispielsweise gestellte Falldaten von der Sicherungsinfrastruktur angeboten werden. Träger von Sicherungsaufgaben sollten zu solchen Leistungen verpflichtet werden. Ebenso müßten Anwender dazu angehalten werden, ihre Maßnahmen in sinnvollen zeitlichen Abständen zu erproben.

3.6   Verletzlichkeit des Individuums

Die Chipkarteninhaber werden mit der "eigentlichen Sicherungsinfrastruktur" möglichst wenig Kontakt haben wollen. Im Alltag werden sich aus der Verwendung der Chipkarte die wesentlichen "Berührungspunkte" zur Sicherungsinfrastruktur implizit ergeben. Nur gelegentlich müssen sie ihr Schlüsselpaar, ihr Zertifikat oder ihre Anwendung durch eine Vertrauensinstanz aktualisieren lassen. Sollen die Sicherungsfunktionen häufig genutzt werden, müssen sie gut in die Anwendung integriert werden, quasi in ihr verschwinden. Bemerken werden die Anwender ihre Abhängigkeit von Chipkarte und Sicherungsinfrastruktur in der Regel daher erst dann, wenn Störungen auftreten.

Abhängigkeit des Teilnehmers von Schlüsselpaaren
Will ein Teilnehmer eine Dienstleistung in Anspruch nehmen, die mit einem Signaturverfahren gesichert wird, benötigt er ein zugelassenes Schlüsselpaar. Den Zugriff auf dieses Schlüsselpaar kann er durch mehrere Ursachen verlieren.

---

[90]   Mindestens ein Dienstleistungsanbieter und ein Träger des Sperrdienstes. Bereits heute müssen immer häufiger auch Telekommunikationsdienste berücksichtigt werden. Zusätzlich könnte für manche Konstellationen der Telekooperationspartner erforderlich sein.

[91]   Vgl. Fn. 74.

Durch Verlust oder Diebstahl kann ihm die Chipkarte abhanden kommen.[92] In der Regel sperrt die Chipkarte nach mehreren fehlerhaften Zugangsversuchen den Zugriff zu geschützten Funktionen. Auch Störungen der Kartentechnik können einen Ausfall verursachen. Wenig nutzen wird es dem Teilnehmer auch, wenn er das Schlüsselpaar auf seiner Chipkarte noch verwenden kann, es aber berechtigt oder unberechtigt gesperrt wurde.

Alle genannten Störungen führen dazu, daß der Teilnehmer die erwünschte Dienstleistung - zumindest mit Hilfe des betroffenen Schlüsselpaares - nicht mehr erhalten wird. Nutzungseinschränkungen für Zahlungsverkehrsanwendungen, wie einer elektronischen Börse, werden in andere Anwendungen vererbt, beispielsweise beim Bezahlen an Tankstellen, öffentlichen Telekommunikationseinrichtungen oder in Geschäften. Einen eigenen geheimen Schlüssel benötigt der Teilnehmer auch, um den Klartext zu verschlüsselten Nachrichten zu berechnen.

Abhängigkeit des Teilnehmers von der Prüffunktion
Die Prüffunktion setzt der Teilnehmer in seiner Rolle als Erklärungsempfänger ein. Er benötigt sie, um entscheiden zu können, ob das erhaltene digital signierte Dokument unversehrt ist und er dem Urheberschaftsnachweis der Zertifikatkette vertrauen kann und will. Die Interpretation der Zertifikatkette ist allerdings nur unter Bezug auf die Sicherungsinfrastruktur möglich.

Die Prüffunktion verwendet nur öffentliche Informationen. Dennoch kann sie manipuliert werden, um dem Teilnehmer vorzuspiegeln, daß ein Dokument unversehrt und ein Absender identifizierbar sei, auch wenn dies nicht wirklich der Fall ist.[93] Neben weiteren Vorkehrungen ist der Prüfende beispielsweise darauf angewiesen, daß zur Prüfung eines gemeinsamen vertrauenswürdigen Dritten[94] wirklich der korrekte öffentliche Schlüssel dieser Zertifizierungsinstanz verwendet wird.

An seinem Arbeitsplatz oder dem heimischen PC lassen sich die notwendigen Parameter in Ruhe einstellen und überprüfen. In fremder Umgebung kann der Teilnehmer allerdings nur schwer nachvollziehen, ob die für die Prüfung sensitiven Daten der Sicherungsinfrastruktur aus seiner Sicht korrekt konfiguriert sind. Er könnte jedoch den notwendigen Datenbestand auf der Chipkarte mit sich führen. Arbeitet die Chipkarte nur mit einem gesicherten, vertrauenswürdigen Kartenzugangsgerät zusammen, das das Prüfergebnis der Chipkarte anzeigt oder seine Konfigurationsdaten einsetzt, dürften Manipulationen, beispielsweise durch

---

[92] In den alten Bundesländern wurden um 1990 zwischen 600.000 und 800.000 jährlich gesperrt, vgl Fn. 82. In Großbritannien werden wegen Verlust- und Diebstahlsmeldungen durchschnittlich 5000 Karten je Tag gesperrt (a la Card aktuell, Dezember 1992, 35).

[93] Vgl. z. B. die Fälle bei Pordesch, DuD 1993, 556 ff.

[94] Damit werden Zertifizierungsinstanzen bezeichnet, die ein Zertifikat in der Zertifikatkette des Absenders ausgestellt haben, deren korrekten öffentlichen Schlüssel der Empfänger kennt und denen er vertraut.

den Austausch des öffentlichen Schlüssels einer Wurzel-Zertifizierungsinstanz, weitgehend verhindert werden.

Transparenz und Handhabung

Die eigenhändige Unterschrift ist ein individuell eingeübtes, biometrisches Merkmal. Sie kann mit jedem Stift erzeugt werden, ohne daß das Hilfsmittel dadurch die Fähigkeit "gewinnt", sie zu reproduzieren. Für digitale Signaturen gilt dies gerade andersherum: Das technische Instrument, in der Regel die Chipkarte, wird zum Signieren unbedingt benötigt. Ohne dieses Hilfsmittel kann die Sicherungsfunktion nicht erbracht werden.[95] Auch wenn durch die mathematische Sicherheit digitaler Signaturen die Fälschungssicherheit gegenüber eigenhändigen Unterschriften erhöht wird, verändern sich mit dem Medienwechsel die Gefahren für den Teilnehmer. Zum einen birgt das Hilfsmittel Chipkarte Mißbrauchsgefahren und zum anderen verringert sich durch die Vermittlungsfunktion der komplexen Techniksysteme die Transparenz der Anwendungssituation.

Der Teilnehmer muß also verhindern, daß seine Chipkarte von Dritten mißbraucht werden kann. Daher ist er gezwungen, darauf zu achten, daß die Chipkarte nur in seinem Besitz bleibt. Zumindest bei PIN-geschützten Chipkartenfunktionen sind "Einsatzsituationen" besonders riskant. Sie können es Dritten ermöglichen, die Zugangskennung auszuspähen. Die - beispielsweise für Eurocheque-Karten vertraglich geregelte - Sorgfaltspflicht kann ein latentes Mißtrauen gegenüber Dritten provozieren. Zumindest dürfte häufig der unbefangene Umgang mit dem Füller von einem etwas sorgsameren Umgang mit der Chipkarte abgelöst werden.[96]

Weitere Risiken für die Chipkarteninhaber entstehen aus der Integration der Sicherungsfunktionen in Anwendungssysteme.[97] Die Sicherheit der Telekooperation wird auch wesentlich davon abhängen, daß der Umgang mit digitalen Signaturen verständlich ist und die Bedeutung und Zusicherungen von Zertifikatketten ausreichend nachvollziehbar sind (Transparenz). Außerdem muß die Handhabung von Sicherungsfunktionen einfach und gut gestaltet werden, sonst werden die Anwender versuchen, sie zu umgehen oder zu vermeiden. Hinsichtlich der Transparenz und Handhabung digitaler Signaturverfahren besteht daher erheblicher Forschungs- und Gestaltungsbedarf.[98]

---

[95] Vgl. auch Kumbruck, DuD 1994, 22 ff. und Kumbruck, Kap. 6., 226 ff., in diesem Band.

[96] Vgl. Kumbruck, DuD 1994, 22 ff. Allerdings war die Sensibilisierung der sachverständigen Testpersonen je nach Berufsgruppe unterschiedlich.

[97] Vgl. dazu z. B. Pordesch, DuD 1993 und Kumbruck, DuD 1994.

[98] Vgl. dazu u. a. die Ergebnisse in provet/ GMD 1994a; provet 1993, provet-PB 8 und provet/ GMD 1994b, provet-PB 11.

Abhängigkeit des Teilnehmers von der Chipkarte

Es kann angenommen werden, daß mit der Ausweitung der Chipkartenanwendungen nahezu zwangsläufig multifunktionale Chipkarten eingesetzt werden.[99] Zum einen vereinfacht dies für den Teilnehmer die Nutzung, denn er muß nur noch eine oder wenige Karten mit sich führen. Zum zweiten wird eine multifunktionale Chipkarte in vielen Anwendungssituationen verwendet. Die Anwendungsrate, die Akzeptanz der Karte als Alltagsinstrument und die Motivation, die Karte mitzuführen, werden dadurch positiv beeinflußt. Zum dritten können mehrere Anwendungen auf einer Karte mit einem Kartenzugangsgerät in einer Anwendungssituation auch parallel eingesetzt werden, beispielsweise für eine Informationsabfrage, eine Zugangskontrolle und eine Zahlungsanwendung.[100] Viertens können alle Anwendungen auf der Karte auf die vom Chipkarten-Betriebssystem angebotenen Basisfunktionen, auch für Sicherungsfunktionen, zurückgreifen.[101] Dadurch können Anwendungen kostengünstiger realisiert werden.

Breite Anwendung von Telekooperation im privaten Bereich und multifunktionale Chipkarten bedingen sich also gegenseitig. Die Chipkarte wird dadurch allerdings auch zum Erfordernis für die elektronische Geschäftsfähigkeit des einzelnen.[102] Verletzlichkeitsprobleme ergeben sich unter zwei Blickwinkeln.

Zum einen benötigt der Inhaber die Karte, um seine privaten und beruflichen Alltagsgeschäfte abzuwickeln. Die Zentralisierung der verschiedenen Anwendungen auf einer Karte führt bei Verlust für den Karteninhaber zum Verlust der elektronischen Geschäftsfähigkeit für viele Telekooperationsbeziehungen. Je mehr Anwendungen auf der Karte eingerichtet sind und je häufiger der Inhaber sie benötigt, desto höher ist auch das Schadenspotential. Multifunktionalität erhöht die Abhängigkeit von einer Chipkarte.

Zum anderen kann nicht ausgeschlossen werden, daß die Karte mißbraucht wird. Unehrliche Finder oder Diebe können, wie heute mit Eurocheque- oder Kredit-Karten, versuchen, Anwendungen auf der Chipkarte für ihre Zwecke zu verwenden.[103] Angreifer können (multifunktional) weitreichende Schäden verursachen, wenn sie die Zugangskontrolle zur Chipkarte überwinden können. Je mehr Anwendungen also auf einer Chipkarte installiert sind, desto größer ist auch das Schadenspotential durch Angriffe.

---

[99] Vgl. zu den inzwischen entwickelten technischen Voraussetzungen in Chipkarten-Betriebssystemen z. B. Struif, GMD-Spiegel 1992, 28 ff.; Struif 1992, 15 ff.

[100] Dazu werden "logische Kanäle" eingesetzt, vgl. z. B. Struif 1992, 17.

[101] Vgl. Struif, à la Card aktuell 1991, 46 ff.

[102] Vgl. zu den rechtlichen Konsequenzen für die Zuständigkeit Roßnagel, Kap. 4., 143 ff., in diesem Band.

[103] Bspw. hatte sich ein Täter in der Schweiz darauf spezialisiert, Eurocheque-Karten nur dann aus Autos zu entwenden, wenn er dort ebenfalls vorgefundenen Dokumenten auch die PIN entnehmen konnte. Bevor er gefaßt wurde, konnte er mit 18 Karten ca. 170.000 Schweizer Franken aus Bankautomaten beziehen (Tages Anzeiger Zürich, 17.5.1989).

Die oben genannten angedeuteten Probleme im Zusammenwirken der Sicherungsfunktionen mit den Anwendungssystemen, der Handhabbarkeit und der Transparenz dürfen nicht vernachlässigt werden. Auch viele öffentliche Informationen, wie beispielsweise die Zertifikate mit dem öffentlichen Schlüssel, können sensitiv sein. Sie können jedoch verteilt und dezentral bereitgestellt werden. Ob aus ihnen spezielle Verletzlichkeitsprobleme entstehen können, wäre zu prüfen. Im weiteren soll die Betrachtung hier allerdings auf die Verletzlichkeit des Individuums durch die Zentralisierung von sensitiven Anwendungen auf der Chipkarte eingeschränkt werden.[104] Einerseits könnte versucht werden, den negativen Effekten der Zentralisierung durch die Gestaltung der Chipkarte selbst entgegenzuwirken. Zum anderen soll geprüft werden, ob die Ausgestaltung der Zertifizierungshierarchie im Zusammenwirken mit Sperrdiensten helfen kann, die Verletzlichkeit zu begrenzen.

3.6.1   Verringerung der Schadenswahrscheinlichkeit

Zur Verringerung des Verlustrisikos könnten Chipkarten in anderen Geräten, beispielsweise der Armbanduhr, integriert werden.[105] Die Chipkarten müssen dann allerdings die Daten kontaktlos mit den Kartenzugangsgeräten austauschen, wodurch eine Reihe Probleme für die Technik, die Sicherheit und die Bedienung entstehen.[106] Zu prüfen wäre, ob mit solchen Lösungen den Bedürfnissen der Anwender besser Rechnung getragen wird, als dies mit "losen" Chipkarten der Fall ist, oder ob das Risiko nur auf den Verlust des Trägergeräts verlagert wird.[107]

Die Zugangskontrolle zu Kartenanwendungen soll Schutz vor Mißbrauch nach Verlust der Chipkarte gewährleisten. Allerdings bergen PIN-Verfahren für eine

---

[104] Spezifische Verletzlichkeitsprobleme ergeben sich beispielsweise aus den Rollen als Signierender oder als Empfänger digitaler Signaturen. Vgl. z. B. Pordesch, DuD 1993. Weitere Gestaltungsansätze beschäftigen sich bspw. mit der Verbuchung bzw. Erstattung von Restwerten aus abhanden gekommenen Chipkarten, vgl. dazu z. B. Waidner/ Pfitzmann, DuD 1987, 487 ff.

[105] So kann in GSM-Funktelefonen je nach Ausführung eine Chipkarte als 'Plug in Modul' integriert oder in der üblichen Größe zum Einstecken verwendet werden.

[106] Z. B. um den ordnungsgemäßen Abschluß von Transaktionen zu gewährleisten. Auch wird durch die Größe und Technik des Koppelfeldes beeinflußt, in welcher Entfernung vom Kartenzugangsgerät sich der Teilnehmer aufhalten muß, vgl. z. B. Kreft 1994. Es muß auch sichergestellt werden, daß die Chipkarte nur mit Einwilligung der Inhabers aktiv wird. Diese Probleme dürften jedoch weitgehend zu lösen sein.

[107] Dies könnten beispielsweise beim PDA der Fall sein, der sich ebenfalls als Kartenzugangsgerät unter der Kontrolle des Chipkarteninhabers anbieten könnte. Vgl. zu einigen weiteren Chancen und Risiken Hammer/ Pordesch/ Roßnagel/ Schneider 1994, 73 ff.

Vielzahl von Anwendern nach wie vor große Handhabungsprobleme.[108] Zwar können die Inhaber von Chipkarten - beispielsweise im Gegensatz zur Eurocheque-Magnetstreifenkarte - ihre eigene Geheimzahl wählen, die sie sich dann möglicherweise besser merken können. Die bessere Einprägsamkeit ergibt sich jedoch häufig daraus, daß ein Geburtsdatum, die Haus-, Telefonnummer oder ähnliche Daten mit persönlichem Bezug gewählt werden. Die Chancen für Angreifer werden sich daher kaum wesentlich verschlechtern. Dagegen werden sich die Handhabungsprobleme für die Chipkarteninhaber verschärfen, wenn sie mehrere geschützte Karten oder auf einer Karte mehrere Anwendungen mit unterschiedlichen PINs verwenden wollen.[109] Die Chipkarteninhaber werden zur Verwaltung mehrerer PINs noch eher auf Notizen angewiesen sein, als für eine einzelne Kennung. Auch "PIN-Speicher" im Chipkartenformat mit Display, die PIN-geschützt die anwendungsspezifischen Zugangscodes bereitstellen, dürften keine Lösung sein.[110]

Zum Schutz gegen Mißbrauch sollte nach anwendergerechten Lösungen der Zugangskontrolle zur Chipkarte gesucht werden. Auswege könnten biometrische Verfahren bieten. Sie müssen allerdings noch verbessert werden, bevor sie die uneingeschränkte Praxisreife erreicht haben.[111]

3.6.2 Verringerung des Schadenspotentials

Präventive Schadensbegrenzung bei Mißbrauch kann insbesondere dadurch unterstützt werden, daß der Angreifer nur vergleichsweise wenige Anwendungen auf der Karte ausnutzen kann. Dazu kann der Chipkarteninhaber die Anwendungen auf mehrere Karten verteilen. Erfolg hat die Verteilung im Hinblick auf das Sicherungsziel allerdings nur dann, wenn die Chipkarten an unterschiedlichen Orten aufbewahrt werden können. Befinden sie sich alle in der Brieftasche und wird diese entwendet, dürfte sich das Schadenspotential nur wenig von dem der multifunktionalen Chipkarte unterscheiden.

---

[108] Vgl. z. B. Klein 1993, 297 mwN. Nur etwa 2/ 3 der Eurocheque-Karteninhaber kannten nach einer Umfrage der Gesellschaft für Zahlungssysteme (GZS) ihre PIN. Heuser, Bank und Markt 1993, 34. Etwa 40% der Karteninhaber einer britischen Bank notierten die PIN auf ihrer Karte, Kissinger/ Schiller, à la Card aktuell 1992, 27.

[109] Vgl. zu einem ausdifferenzierten PIN-Konzept z. B. das Szenario von Dethloff 1994, I-8 ff.

[110] Schließlich muß der Anwender auch sie mit sich führen - vermutlich in der Brieftasche neben der Chipkarte. Die für sie geltende PIN hat damit lediglich eine "Master-PIN"-Funktion.

[111] Vgl. z. B. Müller/ Pfau, DuD 1992, 346 ff.; Wirtz, DuD 1994, 385 ff. Grundrechtliche Probleme sehen allerdings Lenk/ Göbel/ Schmalz 1986, 81.

Zum Schutze des Chipkarteninhabers könnten auch die Anwendungen auf der Chipkarte hinsichtlich ihres Wertes begrenzt werden.[112] Beispielsweise könnten elektronisch signierte Überweisungen auch in der Chipkarte aufsummiert werden. Wird innerhalb eines Zeitraums ein Maximalbetrag erreicht, kann das Programm auf der Karte den Zugriff verweigern oder zunächst eine Autorisierung oder Sperranfrage erzwingen.

Differenzierte Zugangssicherung der Chipkarte

Eine Verringerung des Schadenspotentials ist zu erwarten, wenn die unterschiedlichen Anwendungen durch unterschiedliche Zugangskontrollen vor Mißbrauch geschützt werden. Gelingt es, diese so zu diversifizieren, daß der Angreifer je überwundener Zugangssicherung nur einzelne Anwendungen aktivieren kann, sinkt die Wahrscheinlichkeit für die Realisierung des gesamten Schadenspotentials.

Sinnvoll könnte der Einsatz unterschiedlicher biometrischer Verfahren sein. So könnten die Dynamik der eigenhändigen Unterschrift[113] geprüft werden, um die Chipkartenfunktion für rechtsverbindliche digitale Signaturen freizugeben.[114] Der Fingerabdruck könnte weitere sensitive Funktionen, wie Rechnerzugang oder elektronische Türschlösser, schützen, während *eine* PIN für weniger sensitive Aufgaben, z. B. "prepaid"-Zahlungsfunktionen im Kleingeldbereich, vorbehalten würde.

Sperrkonzepte

Eine besondere Rolle für die *reaktive Begrenzung des Schadenspotentials* bei Mißbrauch haben die Sperrkonzepte. Sie bieten bei Verlust der Chipkarte die Möglichkeit, eingeräumte Berechtigungen zurückzuziehen und Empfänger digital signierter Willenserklärungen zu warnen. Je schneller die Sperrung für die verschiedenen Anwendungen auf der Chipkarte gemeldet und durchgesetzt werden kann, desto geringer wird auch der Schaden für den Inhaber ausfallen. Für ihn besteht allerdings das Problem, daß er viele oder alle Anwendungen auf seiner multifunktionalen Chipkarte dem Sperrdienst melden muß. Er könnte unterstützt werden, wenn er selbst oder ein Benutzerservicezentrum eine Liste der Anwendungen auf seiner Chipkarte führt.[115] Anhand des Verzeichnisses könnten die einzelnen Sperrungen veranlaßt werden.

---

[112] Siehe zur Wertbegrenzung auch das Beispiel in Hammer, Kap. 2., 63, in diesem Band; Bizer/ Hammer/ Pordesch 1995, Kap. 5.3.

[113] Z. B. Andruck des Stiftes und Charakteristika der Schreibbewegung. Allerdings sind die Verfahren noch nicht völlig praxistauglich; vgl. z. B. Müller/ Pfau, DuD 1992 und Wirtz, DuD 1994 mwN.

[114] Damit könnte auch die soziale Bedeutung der rechtsverbindlichen Signatur von anderen Sicherungszwecken unterschieden werden.

[115] Führt er das Verzeichnis selbst, müßte er allerdings auch auf Reisen darauf zugreifen können. Sonst wäre er beispielsweise nach einem Diebstahl im Urlaub nur schwer in der Lage, die Sperrungen zu veranlassen. Die Verzeichnisse müssen auch auf dem aktuellen Stand gehalten werden.

Eine vollständige Sperrung aller Anwendungen einer Karte wäre - auch ohne Anwendungsliste - über ein Kartenkennzeichen möglich. Voraussetzung wäre, daß diese Kennzeichen eindeutig vergeben werden und alle Kartenzugangsgeräte das Kennzeichen abfragen und auf Sperrung überprüfen. Mit dieser Lösung würden auch solche Anwendungen auf der Chipkarte, die nicht mit Zertifikaten arbeiten, gesperrt. Nachteilig ist allerdings, daß für ein solches Konzept die Offenheit der Telekooperationssysteme teilweise aufgegeben werden muß. Die Chipkarte dürfte nur mit Kartenzugangsgeräten zusammenarbeiten, die das Sperrkonzept durchsetzen, also entsprechend validiert sind und sich beispielsweise durch ein Zertifikat gegenüber der Chipkarte "ausweisen" können.

Auch eine gemeinsame Sperrung mehrerer Anwendungen, die Zertifikate einsetzen, ist möglich. Dazu müssen die Zertifikate ein gemeinsames Kennzeichen enthalten, das für die Sperrung verwendet würde. Dies wäre z. B. der Fall, wenn sich die Zertifikate auf einen gemeinsamen öffentlichen Schlüssel beziehen. Insofern könnten Mehrfachzertifikate auf Teilnehmer-Schlüssel die Sperrung von Anwendungen vereinfachen. Alternativ können auch andere gemeinsame Einträge in Zertifikaten verwendet werden, beispielsweise ein eindeutiger Inhabername oder ein besonderes Sperrkennzeichen.

In allen Varianten kann auch angestrebt werden, in der Chipkarte selbst eine Sperrung auszulösen. Dazu muß über das Kartenzugangsgerät an die Chipkarte telekooperativ ein Sperrbefehl übermittelt werden, der einige oder alle Anwendungen blockiert.[116]

Wiedererlangen der elektronischen Geschäftsfähigkeit

Das *Schadenspotential aus Verlust der elektronischen Geschäftsfähigkeit* kann durch die bisher genannten Maßnahmen allerdings nicht verringert werden.[117] Dazu ist es erforderlich, daß der Inhaber möglichst schnell wieder handlungsfähig wird.

Besteht die "Ausfallursache" in der mehrfachen Fehleingabe der PIN, kann eine Rücksetzfunktion des Fehlbedienungszählers und eine Initialisierung der Kennung vorgesehen werden. Beispielsweise erhalten die Teilnehmer im europäischen digitalen Telekommunikationsnetz (Global System for Mobile Communication, GSM) mit ihrer Teilnehmer-Chipkarte einen PIN- und PUK[118]-Brief. Allerdings könnten auch Angreifer versuchen, mit Kenntnis des PUK die Zugangskontrollen zu überwinden. Das Rücksetzen des Fehlbedienungszählers kann aber auch in einem Benutzerservicezentrum erfolgen. Mißbrauch soll dann

---

[116] Vgl. die Gestaltungsvarianten für Sperrungen bei Hammer, Kap. 2., 68 ff., in diesem Band. Ausführlicher Hammer 1994c, provet-AP 149, Kap. 2.6 und Hammer 1994b, provet-AP 148, Kap. 5.4.

[117] Vgl. zu den möglichen Folgen und unterschiedlichen Schadenspotentialen für Beteiligte der Rechtspflege provet/ GMD 1994a, 176 ff.

[118] PIN Unblock Key, dient zum Rücksetzen des Fehlbedienungszählers durch den Chipkarteninhaber selbst. Vgl. bspw. für das GSM Beheim, DuD 1994, 327.

erschwert werden, indem sich das Kartenzugangsgerät gegenüber der Chipkarte entsprechend autorisieren muß.

Die oben bereits angesprochene Verteilung der Anwendungen auf mehrere Chipkarten verringert das Schadenspotential je Karte. Bei Verlust einer Karte ist es dann hilfreich, wenn die dort installierten Anwendungen durch Anwendungen auf anderen Karten zumindest teilweise substituiert werden können. So könnten die elektronischen Zahlungsformen, die von einer Bankanwendung bereitgestellt werden, auch mit einer elektronischen Lastschrifteinwilligung oder Überweisung abgewickelt werden. Diese würde beispielsweise mit einem Schlüsselpaar signiert, das von der Personalausweisbehörde zertifiziert wurde.

Vorgeschlagen werden auch Backup-Lösungen für den Chipkarteninhaber. Im heimischen Tresor oder bei einem Benutzerservicezentrum könnte eine Zweitchipkarte deponiert sein. Um Mißbrauchsrisiken für diese Zweitkarte zu vermindern, könnte sie in ihrem Funktionsumfang eingeschränkt werden. Beispielsweise würde sie einen geheimen Schlüssel nur zum Entschlüsseln bereitstellen.[119]

Als naheliegende Lösung sollte angestrebt werden, daß durch eine schnelle Neuausgabe von Chipkarten die Zeitdauer des Verlusts der elektronischen Geschäftsfähigkeit möglichst kurz gehalten wird. Der Teilnehmer könnte Wege und Zeit sparen, wenn seine neue Chipkarte von einer Ausgabestelle mit mehreren Anwendungen versehen und personalisiert werden kann. Auch wäre zu prüfen, ob "Überbrückungslösungen" mit beschränktem Funktionsumfang oder Wertbegrenzungen die Abwicklung vereinfachen können.

3.6.3   Zielkonflikte

Wie für die Gestaltungsvorschläge zur Verringerung der Verletzlichkeit der Gesellschaft oder von Organisationen, müssen auch aus der Perspektive der Teilnehmer eine Reihe von Zielkonflikten gelöst werden.

Verletzlichkeitsimmanente Zielkonflikte
"Backup-Karten" können die Zeitdauer des Verlusts der elektronischen Geschäftsfähigkeit verringern. Sind dort allerdings sensitive Anwendungen installiert, bestehen Mißbrauchsrisiken für die verwahrten Karten. Die Einschränkung des Funktionsumfanges der Zweitkarten wird nur in wenigen Fällen helfen, denn die Anwendungen, von denen der Teilnehmer besonders abhängig ist, werden in vielen Fällen auch besonders sensitiv sein. Gerade für diese benötigt er im Notfall dann zur Schadensbegrenzung die Ersatzkarte.

Auch zwischen dem Ziel, Anwendungen off-line zu betreiben, und dem Bestreben, die Sperrung einer Chipkarten möglichst schnell durchzusetzen, besteht

---

[119] Auch dies könnte die Aufgabe "Verwahrung geheimer Verschlüsselungsschlüssel" bei Kowalski 1992, 27 umfassen.

ein Konflikt. Der Off-line-Betrieb von Anwendungen verringert die Verletzlichkeit von Organisationen, weil die Folgen von Störungen in der Telekommunikation verringert werden. Für die Schadensbegrenzung des einzelnen Inhabers bei Mißbrauch seiner Chipkarte würden dagegen kontinuierliche Anfragen die Sperrung schneller durchsetzen.

Auch die telekooperative Sperrung einer Chipkarte birgt Risiken für den Chipkarteninhaber. Sie könnte von Angreifern gezielt eingesetzt werden, um ihm die elektronische Geschäftsfähigkeit zu entziehen. Kann dies für viele Teilnehmer in einer Sicherungsinfrastruktur in einem kurzen Zeitraum gelingen, wäre auch die Verletzlichkeit von Organisationen oder der Gesellschaft anders zu bewerten. In diesem Fall würden beispielsweise auch die Möglichkeiten zur Entkopplung der Anwendung von Sperrverzeichnissen[120] keine Handlungsmöglichkeiten eröffnen.

Auch Mehrfachzertifikate, mit denen für den Chipkarteninhaber die vollständige Sperrung einer multifunktionalen Chipkarte vereinfacht werden könnte (siehe oben), weisen Nachteile auf. Durch Mehrfachzertifikate sind für einen Dokument-Authentikator[121] mehrere Zertifikatketten korrekt. Sie können bei herkömmlichem Signaturaufbau nachträglich ausgetauscht werden. Beim Einsatz von Mehrfachzertifikaten, muß deshalb sichergestellt werden, daß die vom Absender für die Signatur verwendete Zertifikatkette auch von der Prüffunktion des Empfängers erkannt werden kann.[122]

Zielkonflikte zu anderen Kriterien

Zunächst widerspricht die Verteilung von Anwendungen zur Schadensbegrenzung auf mehrere Chipkarten der Absicht, mit einer multifunktionalen Chipkarte ein universelles Werkzeug für die Telekooperation bereitzustellen. Für verschiedene Anwendungen müssen verschiedene Karten mitgeführt und unterschieden werden (Handhabung). Muß der Chipkarteninhaber doch alle Karten mitführen, wird das Schadenspotential auch wieder kumuliert. Die Verletzlichkeit würde allerdings verringert, wenn der Teilnehmer durch Auswahl aus mehreren Karten nur genau die jeweils nötigen Risiken eingehen müßte. Je nach anstehenden Aufgaben müßten nur die erforderlichen Sicherungsmittel mitgeführt werden. Dies wäre mit einer multifunktionalen Chipkarte nicht möglich.

Die Unterstützung der gemeinsamen Sperrung mehrerer Anwendungen dürfte in der Regel zu Konflikten mit Zielen des Datenschutzes führen. In allen oben angeführten Varianten existieren Informationen, die Teletransaktionen eindeutig kennzeichnen oder es erlauben, unterschiedliche Merkmale zu korrelieren. Solche Daten erleichtern es, die Nutzungsprofile eines Chipkarteninhabers für seine verschiedenen Anwendungen zusammenzuführen. Bei Chipkartenkennungen, Mehrfachzertifikaten oder Sperrkennzeichen stehen die notwendigen Daten den Dienstleistungsanbietern selbst zur Verfügung. Mit chipkartenbezogenen An-

---

[120] Siehe oben, Kapitel 3.5.2.
[121] Z. B. Hammer/ Schneider, Kap. 1., 14f., in diesem Band.
[122] Siehe oben Fn. 62.

wendungsverzeichnissen verfügt das Benutzerservicezentrum über ein Anwendungsprofil des Chipkarteninhabers. Für Nutzungsprofile müßte es allerdings mit Dienstleistungsanbietern zusammenarbeiten.

Einige dieser Zielkonflikte könnten in Kompromissen gelöst werden. Allerdings müßte der Anwender diese nach seinen Bedürfnissen auswählen können. Damit wird seine Kompetenz nicht nur hinsichtlich der Verwendung der Sicherungsfunktionen, sondern auch für eine "persönliche Sicherungspolitik" im Umgang mit Chipkarten gefordert. Die wichtigsten Zielkonflikte sind daher mit dem Kriterium der Anwendergerechtheit zu erwarten.[123]

3.6.4 Konsequenzen für die Sicherungsinfrastruktur

Die hier entwickelten Gestaltungsvorschläge müßten ergänzt und insbesondere hinsichtlich der Anwendergerechtheit überprüft[124] werden.

Im Rahmen der weiteren Standardisierungsarbeiten und der Technikentwicklung sollten aber bereits die Möglichkeiten vorgesehen werden, mit denen Wertbegrenzungen sowohl im Zertifikat, im Programm auf der Chipkarte als auch im Zusammenwirken mit Autorisierungsdiensten möglich sind.[125] Technische Vorkehrungen sind auch zu treffen, um durch Sperrkennzeichen oder Mehrfachzertifikate den Sperraufwand für den Chipkarteninhaber zu verringern. Dabei ist nach Lösungen zu suchen, die die Folgen für andere Ziele der Sozialverträglichkeit gering halten.

Neben technischen Maßnahmen sollten die Träger von Sicherungsinfrastrukturen organisatorische Anstrengungen unternehmen, um das Schadenspotential für die Chipkarteninhaber zu verringern. Sicherzustellen wäre die Möglichkeit zur schnellen Neuausgabe von Anwendungen und Zertifikaten. Zu prüfen ist auch die Rolle von Benutzerservicezentren und ihre Einbindung in oder "zwischen" die verschiedenen Aufgaben der Sicherungsinfrastruktur.

Politischer Handlungsbedarf
Politischer Steuerungsbedarf besteht für zwei Bereiche. Erstens sollte geprüft werden, wie für die Teilnehmer Risiken sinnvoll begrenzt werden können. Dazu sollten praxisorientierte Forschungsarbeiten angestoßen werden. Aus den gewonnenen Optionen wäre ein Mindestkatalog auszuwählen, den die Betreiber als Vorgabe erfüllen müßten. Die Mindestanforderungen sollten verhindern, daß allein die individuelle Qualifikation und die finanziellen Möglichkeiten des ein-

---

[123] Vgl. zu möglichen Transparenzproblemen Kumbruck, Kap. 6., in diesem Band.

[124] Z. B. in Simulationsstudien, siehe oben Fn. 74. Ergebnisse zur Anwendergerechtheit finden sich z. B. in Kumbruck, DuD 1994, 20 ff. und Kumbruck, Kap. 6., in diesem Band.

[125] Ähnlich die Forderung der Bundesnotarkammer 1993, 14. Sie sollte technisch realisiert werden.

zelnen Teilnehmers darüber entscheiden, welche Sicherungsmaßnahmen ihm zu Verfügung stehen.[126]

Mindestanforderungen könnten an Sperrkonzepte multifunktionaler Chipkarten, die Entscheidungsfreiheit des Teilnehmers für eine Schadensbegrenzung im Zertifikat oder auch an die Organisation von Substitutionsmitteln für die elektronische Geschäftsfähigkeit oder eine "Notversorgung" gestellt werden. Vorgaben oder Empfehlungen könnten auch die Zugangssicherung zur Chipkarte für bestimmte Anwendungen betreffen.

Allerdings können auch solche Vorgaben Schäden nicht völlig ausschließen. Zum zweiten sollten daher die verbleibenden Risiken gerecht verteilt werden. Im Interesse des Verbraucherschutzes wäre unter anderem festzulegen:

- Welche Pflichten haben Chipkarteninhaber, die durch eine Sperrung eine Schadensbegrenzung erreichen wollen? Ab wann gehen Risiken auf den Betreiber des Sperrdienstes über? Wann haftet ein Sperrdienst, wenn eine Sperrung fälschlicherweise erfolgt?
- Welche Pflichten haben Sperrdienste hinsichtlich der Zeiten, in denen Sperreinträge angenommen, bearbeitet und weitergeleitet werden müssen? Ab wann geht das Risiko einer Transaktion auf den Erklärungsempfänger über?
- Welche Pflichten hat ein Erklärungsempfänger hinsichtlich der Prüfung der Sperrung eines Zertifikats? Wann hat er Regreßansprüche gegenüber einem Anwendungsanbieter, einer Vertrauensinstanz oder einem Sperrdienst, wenn ein Eintrag in einem Sperrverzeichnis fehlt oder falsch ist?

Auch solche rechtlichen Vorgaben haben unmittelbare Auswirkungen auf die Gestaltung von Technik und Organisation. Prüffunktionen könnten beispielsweise um die formalisierbaren Anteile erweitert werden. Auch die Verteilung von Sperrlisten dürfte durch sie beeinflußt werden.

3.7 Szenario-Varianten und Verletzlichkeit

Die hier vorgestellten Überlegungen orientieren sich an einem Szenario für eine staatlich organisierte oder zumindest geregelte Sicherungsinfrastruktur für rechtsverbindliche Telekooperation. Diese konditionale Prognose kann, muß aber nicht Realität werden.[127] Wie relevant sind Verletzlichkeitsbetrachtungen für Szenario-Varianten? Dazu sollen Szenario-Varianten sowohl für die Sicherungsinfrastruktur als auch für Sicherungsmaßnahmen ohne Einsatz von öffentlichen Schlüsselverfahren angedeutet werden.

---

[126] Vgl. dazu auch Pordesch, Kap. 7., 253 ff., in diesem Band.
[127] Zu Szenario-Varianten siehe Hammer/ Schneider, Kap. 1., 35 ff., in diesem Band.

Alternative Entwicklungen für eine gesellschaftliche Sicherungsinfrastruktur
Zunächst können die Ergebnisse prinzipiell auch auf Sicherungsinfrastrukturen
für andere Zwecke übertragen werden.[128] Sie gelten damit auch mit graduellen
Unterschieden, wenn nicht eine staatliche Sicherungsinfrastruktur die rechtsverbindliche Telekooperation sichert, sondern eine oder mehrere andere Sicherungsinfrastrukturen diesen Zweck mit übernehmen.

Eine detaillierte Verletzlichkeitsuntersuchung muß allerdings für jede geplante
oder realisierte Variante vorgenommen werden. Zwei Faktoren beeinflussen die
Verletzlichkeit der Gesellschaft vorrangig. Zum einen muß die künftige Abhängigkeit von Telekooperation berücksichtigt werden, denn vor allem sie dürfte
von Störungen in den Sicherungsinfrastrukturen betroffen sein. Für die Telekooperation wiederum ist zu prüfen, welcher Anteil von den Sicherungsinfrastrukturen abhängig ist. Eine differenzierte Bewertung muß prüfen, ob im Störungsfall sowohl für die Sicherungsfunktionen als auch für Telekooperationstechnik
Substitutionsmöglichkeiten bestehen, die es erlauben, soziale Funktionen teilweise oder vollständig aufrecht zu erhalten.

Da mit einer staatlich geregelten Sicherungsinfrastruktur ein hoher Deckungsgrad für eine ausgebaute Telekooperation erwartet werden kann, dürfte durch sie
- ähnlich wie durch eine Sicherungsinfrastruktur im Zahlungsverkehr - eine hohe
Verletzlichkeit entstehen. Wird der Markt für Sicherungsinfrastrukturen nicht
reguliert, sind zwei alternative Szenarien wahrscheinlich. In einem würde durch
einen Konzentrationsprozeß eine private Sicherungsinfrastruktur die Aufgaben
(mit) übernehmen. Da in diesem Fall ökonomische Kriterien stärker zum Tragen
kommen werden und der Staat geringeren Einfluß ausübt, dürfte bei gleichem
Deckungsgrad eine höhere Verletzlichkeit zu erwarten sein.

Die zweite SzenarioVariante wird durch mehrere kleine Sicherungsinfrastrukturen bestimmt, die am Markt konkurrieren oder von Dienstleistungsanbietern
speziell für ihre Zwecke betrieben werden. In diesem Fall dürfte zum einen der
Ausbaugrad der Telekooperation niedriger liegen und zum zweiten eine Störung
in einer Sicherungsinfrastruktur nur auf die Anwender vererbt werden, die diese
Sicherungsinfrastruktur verwenden. Beides spricht dafür, daß die Verletzlichkeit
der Gesellschaft niedriger ausfallen dürfte und in Störungssituationen eher auf
Substitutionsmechanismen zurückgegriffen werden kann.

von Störungen in den Sicherungsinfrastrukturen betroffen sein. Für die Telekooperation wiederum ist zu prüfen, welcher Anteil von den Sicherungsinfrastrukturen abhängig ist. Eine differenzierte Bewertung muß prüfen, ob im Störungsfall sowohl für die Sicherungsfunktionen als auch für Telekooperationstechnik
Substitutionsmöglichkeiten bestehen, die es erlauben, soziale Funktionen teilweise oder vollständig aufrecht zu erhalten.

Da mit einer staatlich geregelten Sicherungsinfrastruktur ein hoher Deckungsgrad für eine ausgebaute Telekooperation erwartet werden kann, dürfte durch sie
- ähnlich wie durch eine Sicherungsinfrastruktur im Zahlungsverkehr - eine hohe
Verletzlichkeit entstehen. Wird der Markt für Sicherungsinfrastrukturen nicht
reguliert, sind zwei alternative Szenarien wahrscheinlich. In einem würde durch
einen Konzentrationsprozeß eine private Sicherungsinfrastruktur die Aufgaben
(mit) übernehmen. Da in diesem Fall ökonomische Kriterien stärker zum Tragen
kommen werden und der Staat geringeren Einfluß ausübt, dürfte bei gleichem
Deckungsgrad eine höhere Verletzlichkeit zu erwarten sein.

Die zweite SzenarioVariante wird durch mehrere kleine Sicherungsinfrastruk-

gegen werden Dienstleistungsanbieter, deren Angebot mit Hilfe einer spezifischen Sicherungsinfrastruktur erbracht werden, von deren Sicherungsfunktion in hohem Maße abhängig sein. Da wegen der Konkurrenzlage nur kostengünstige verletzlichkeitsmindernde Maßnahmen realisiert werden, könnten Störungen in der Sicherungsinfrastruktur für sie schwerwiegende Folgen haben.

Auch die Verletzlichkeit von Chipkarteninhabern wird zu differenzieren sein. Zunächst werden private Sicherungsinfrastrukturen eher an einer reibungslosen Versorgung ihrer Kunden interessiert sein. Die Ausgabeverfahren, auch bei Verlust, könnten deshalb schneller organisiert sein, als dies in einer staatlichen Sicherungsinfrastruktur mit bürokratischen Vorgaben zur Identitätsprüfung zu erwarten ist. Die Versorgung des Bürgers dürfte allerdings in bevölkerungsschwachen Gebieten weniger gut sein als in Ballungsräumen. Auch ist zu erwarten, daß die Träger der Sicherungsinfrastruktur oder die Dienstleistungsanbieter ihre Marktposition nutzen, um eine "Restrisiko-"Verteilung zu ihren Gunsten vorzunehmen. Als Regulativ würde dann weniger das Verbraucherschutzrecht, sondern eher die Akzeptanz und Versicherbarkeit von "Kundenrisiken" wirken.

Geringer Anteil von Telekooperation

Eine sehr grundsätzliche SzenarioVariante könnten den Trend zu Telekooperation in Frage stellen. Zwar würden einige Kooperationsbeziehungen elektronisch unterstützt, alle relevanten Transaktionen würden jedoch mit Papier abgesichert. Gründe für eine solche Entwicklung könnten in der besseren Handhabbarkeit von Papier für bestimmte Zwecke, unzureichender Akzeptanz durch die Anwender und einer restriktiven Würdigung digital signierter Dokumente in der Rechtspflege sein. Auch wenn im Geschäftsverkehr viele Unternehmen dennoch Telekooperationstechnik einsetzen würden, wäre die gesellschaftliche Abhängigkeit von Sicherungsinfrastrukturen und damit die Verletzlichkeit wohl deutlich niedriger.

Allerdings verbessern sich mit der Weiterentwicklung der Informationstechnik auch die Möglichkeiten für Manipulationen von Papierdokumenten. Ob maschinenlesbare Personalausweise oder Banknoten mit modernen Farbkopierern gefälscht, Unterschriften mit Roboterarmen oder Grafikprogrammen nachgeahmt oder Fax-Dokumente zusammenkopiert werden: bessere Technik verringert die Sicherheit des Mediums Papier. Auch wenn sich dadurch zumindest im Einzelfall das Schadenspotential nicht unmittelbar erhöht, könnte die Schadenswahrscheinlichkeit erheblich wachsen. Das höhere Risiko könnte ein (später) Grund sein, gesicherte Telekooperation anzustreben, wenn deren technische Sicherungsmaßnahmen höhere Sicherheit versprechen. Ein gesellschaftliches Schadenspotential, wie es durch eine massive Störung einer Zertifizierungshierarchie oder eines Sperrdienstes realisiert werden könnte, dürfte in der "Papiergesellschaft" allerdings ausgeschlossen sein.

Zweifel hinsichtlich der Rahmenbedingungen dieses Szenarios sind jedoch zu berücksichtigen. Angesichts des Konkurrenzdrucks in der Wirtschaft scheint der weitgehende Verzicht auf Telekooperation äußerst unwahrscheinlich.

Telekooperation ohne öffentliche Schlüsselverfahren
Auch wenn der Trend zu Telekooperation richtig eingeschätzt wurde oder beispielsweise durch die geringere Sicherheit von Papierdokumenten erst mit Verzögerung angestoßen wird, müßten zu ihrer Sicherung keine öffentlichen Schlüsselverfahren herangezogen werden. Falls die Vorteile beispielsweise im Verhältnis zum Organisationsaufwand, veränderten Konkurrenzsituationen, hoher Abhängigkeit oder vielleicht auch zu Kriterien der Verfassungsverträglichkeit als gering eingeschätzt werden, könnte man auf Sicherungsinfrastrukturen mit öffentlichen Schlüsselverfahren verzichten.

Gleichwohl dürfte kaum generell auf Sicherungsmaßnahmen verzichtet werden. Sie würden dann auf bereits existierende Verfahren, wie die symmetrische Sicherung des Electronic cash, zurückgreifen oder Leistungsmerkmale anderer Infrastrukturen mitverwenden, beispielsweise die Ruferidentifikation im ISDN. Sie könnten auch organisationsinterne oder -übergreifende Autorisierungsdienste einsetzen oder die Kontrollmöglichkeiten in den Anwendungsprogrammen auf der Chipkarte nutzen. Zu erwarten wären dann viele organisationsspezifische Sicherungsmaßnahmen, die in ihrer Gesamtheit eine heterogene Struktur aufweisen. Von einer gesellschaftlichen Sicherungsinfrastruktur kann dann nicht gesprochen werden.[129] Dementsprechend dürfte die Abhängigkeit einer einzelnen Organisation oder möglicherweise auch Branche von den technischen Sicherungen ähnlich hoch sein, wie dies für Sicherungsinfrastrukturen zu erwarten ist. Auch ihre Verletzlichkeit könnte ähnlich bewertet werden.[130]

Solange die Sicherungsmaßnahmen unabhängig voneinander realisiert werden, dürfte die gesellschaftliche Verletzlichkeit niedriger ausfallen. Werden dagegen On-line-Verfahren eingesetzt, könnte die Abhängigkeit von Telekommunikation höher ausfallen, als dies für Sicherungsinfrastrukturen mit öffentlichen Schlüsselverfahren notwendig ist. Eine solche vergleichende Bewertung bedarf allerdings detaillierter weiterer Untersuchung.

Heute gestalten!
Wie dargestellt, bestehen eine Vielzahl von Einflußmöglichkeiten auf die Verletzlichkeit von Gesellschaft, Organisationen und Teilnehmern durch die technische, organisatorische und rechtliche Gestaltung[131] von Sicherungsinfrastrukturen. Aufgabe des Gesetzgebers und der Exekutive muß es sein, durch vorlaufende Techniksteuerung[132] rechtzeitig so Einfluß auf die Ausgestaltung der Siche-

---

[129] Zur Definition von 'Sicherungsinfrastruktur' Hammer, Kap. 2., 44, in diesem Band.
[130] Unterschiede könnten sich allerdings aus den jeweils realisierten oder offengehaltenen Möglichkeiten zur präventiven und reaktiven Schadensbegrenzung ergeben. Sie könnten besser sein, da die Sicherungsmaßnahmen stärker unter der Kontrolle der Anwenderorganisationen stehen. Sie könnten aber auch niedriger ausfallen, weil bspw. aus ökonomischen Gründen auf sie verzichtet wird.
[131] Zu Ansätzen für rechtliche Regelungen für Sicherungsinfrastrukturen Roßnagel, Kap. 4., 160 ff., in diesem Band.
[132] Vgl. Roßnagel 1993, 241 ff.

rungsinfrastrukturen zu nehmen, daß die Verletzlichkeit gering gehalten wird. Aufgrund des Entwicklungsstandes scheinen günstige Voraussetzung für die Gestaltung der neuen gesellschaftlichen Infrastruktur gegeben. Allerdings sind weitere Forschungsarbeiten, in Koordination mit praxisrelevanten Anwendungsplanungen, und rechtliche Vorgaben erforderlich.

4. Rechtliche Gestaltung informationstechnischer Sicherungsinfrastrukturen

Alexander Roßnagel

4.1 Sicherungsinfrastruktur als Teil der Gesellschaftsordnung

Um den Austausch, die Verarbeitung und Archivierung elektronischer Dokumente und anderer Formen elektronischer Kommunikation gegen unerwünschte Kenntnisnahme, Verfälschung und Maskerade zu schützen, werden künftig öffentliche Schlüsselsysteme auf der Basis asymmetrischer Verschlüsselungsverfahren zum Einsatz kommen.[1] Mit ihrer Hilfe kann sowohl die Vertraulichkeit von Dokumenten und Kommunikationsinhalten gewährleistet als auch nachgewiesen werden, daß ein elektronisches Dokument authentisch ist und von wem es stammt. Insbesondere im Rahmen einer offenen rechtsverbindlichen Telekooperation[2] genügt es jedoch nicht, daß der Sender ein Dokument mit seinem geheimen, auf einer Chipkarte gespeicherten Schlüssel versiegelt und signiert und der Empfänger mit dem dazu passenden öffentlichen Schlüssel Identität und Authentizität prüft. Vielmehr muß zusätzlich ein sogenannter "vertrauenswürdiger Dritter" dem Empfänger und im Rechtsverkehr allgemein - etwa in Form eines Zertifikates - bestätigen, daß ein Schlüsselpaar zu einer bestimmten Person gehört. Dieser "vertrauenswürdige Dritter" ist eine unabdingbare Voraussetzung, um das notwendige Vertrauen in die authentische und vertrauliche Kommunikation zwischen den Partnern elektronischer Kommunikation zu schaffen.[3]

---

[1] Siehe hierzu näher Hammer/ Schneider, Kap. 1., 3 ff., 12 ff. mwN., in diesem Band.

[2] Siehe zu dieser ausführlicher provet/ GMD 1994a, 47 ff.; Roßnagel, NJW-CoR 1994, 96f.

[3] Siehe z. B. Kowalski 1992, 27.

Der "vertrauenswürdige Dritte" kann ein solches Zertifikat dadurch erteilen, daß er den zu bestätigenden öffentlichen Schlüssel mit seiner digitalen Signatur versieht. Wer aber gewährleistet, daß diese digitale Signatur tatsächlich von dem "vertrauenswürdigen Dritten" stammt? Um dies zu bestätigen kann der öffentliche Schlüssel des Zertifikats wiederum von einem weiteren "vertrauenswürdigen Dritten" digital signiert sein und so weiter. Auf diese Weise können sich Zertifizierungshierarchien ergeben, die in der Praxis bis auf die Stufe geführt werden, auf der die Kooperationspartner einen Dritten finden, dem sie gemeinsam vertrauen.[4]

Aus dieser Überlegung sind bereits zwei Schlußfolgerungen zu ziehen: Erstens ist die Bezeichnung der Bezugsinstanz für öffentliche Schlüsselsysteme als "vertrauenswürdiger Dritter" eine euphemistische Untertreibung der erforderlichen hochkomplexen Hintergrundstruktur rechtsverbindlicher Telekooperation. Öffentliche Schlüsselsysteme sind nicht nur auf einen oder mehrere "vertrauenswürdige Dritte", sondern auf eine umfangreiche, weltweit verzweigte, sichere und jederzeit verfügbare Sicherungsinfrastruktur[5] angewiesen. Denn außer der Aufgabe, die Verbindung eines Schlüsselpaares zu einer bestimmten Person durch ein elektronisches Zertifikat zu bestätigen, müssen weitere Anforderungen erfüllt werden: Die Schlüsselpaare müssen erzeugt und jeweils bestimmten Namen zugeordnet werden. Die geheimen Schlüssel müssen in Chipkarten geladen und diese an die Berechtigten ausgegeben werden. Die öffentlichen Schlüssel sind in öffentliche Datenbanken aufzunehmen, zu pflegen und auf Veranlassung zu sperren oder zurückzunehmen. Über Chipkarten, Schlüssel und ihre Inhaber sind berechtigten Anfragen Auskünfte zu erteilen. Um diese Aufgaben der Schlüsselverwaltung zu erfüllen, werden Institutionen benötigt, denen die Kooperationspartner vertrauen können, sogenannte Vertrauensinstanzen.[6]

Als zweite Schlußfolgerung ist festzuhalten: Diese hochkomplexe Sicherungsinfrastruktur ist letztlich auf das Vertrauen aller Beteiligten gegründet. Sie müssen darauf vertrauen, daß die Instanzen, die ihnen in der Telekooperation in Form von Zertifikaten, Verzeichnissen öffentlicher Schlüssel, Sperrlisten oder Auskünften entgegentreten, tatsächlich "vertrauenswürdige Dritte" sind. Technische und organisatorische Vorkehrungen innerhalb der Sicherungsinfrastruktur können durch Kontrolle und Bestätigung die Notwendigkeit von Vertrauen von Hierarchiestufe zu Hierarchiestufe bestenfalls verschieben, aber nicht aufheben. Jede Kontroll- und Bestätigungshierarchie hat ein offenes Ende, an dem Vertrauen eingefordert und erbracht werden muß, wenn die Sicherungsinfrastruktur als Ganzes ihre Funktionen erbringen soll.

Die künftige Sicherungsinfrastruktur bildet eine neue zusätzliche Infrastruktur, die zu den bisherigen staatlichen, sozialen und wirtschaftlichen Strukturen unse-

---

[4] Siehe hierzu auch Hammer, Kap. 2., 76 ff., in diesem Band; Strukturbeispiele finden sich außerdem in Hammer, Kap. 3., 98, in diesem Band.

[5] Zum Infrastrukturbegriff und dessen Relativität siehe näher Hammer, Kap. 2., 42 ff., in diesem Band.

[6] Siehe hierzu näher Hammer, Kap. 2., 58 ff., in diesem Band.

rer Gesellschaft hinzu kommt. Sie schafft neue Kooperationsbeziehungen, die in die bürokratischen Abläufe und in die Marktbeziehungen eingepaßt werden müssen. Aus rechtlicher Sicht stellen sich für die Organisation der Sicherungsinfrastruktur daher zwei Aufgaben: Erstens sollte sie in das weitgehend bewährte und konsentierte Gesellschafts- und Staatsmodell des Grundgesetzes eingeordnet werden. Zweitens sind ihre Strukturen so auszugestalten, daß ihr das erforderliche Vertrauen entgegengebracht werden kann. Im folgenden werden einige rechtliche Ansatzpunkte erörtert, die zur Verfassungsverträglichkeit und Vertrauenswürdigkeit einer künftigen informationstechnischen Sicherungsinfrastruktur beitragen könnten. Hierzu werden kurz die operationalisierbaren Ziele verfassungsverträglicher und vertrauenschaffender Technikgestaltung dargestellt (4.2) und danach in einem Überblick die Felder sowie die grundsätzlichen Optionen und Konsequenzen rechtlicher Gestaltung erläutert (4.3). Den Schwerpunkt bilden Erörterungen zu Möglichkeiten, Sicherungsinfrastrukturen zu institutionalisieren (4.4) sowie die in ihnen bestehenden Rechtsbeziehungen zu gestalten (4.5).

4.2 Die Aufgabe verfassungsverträglicher und vertrauenschaffender Technikgestaltung

Bisher bestehen keinerlei *spezifische* rechtliche Regelungen für eine informationstechnische Sicherungsinfrastruktur. Dies eröffnet einen großen rechtspolitischen Handlungsspielraum und ein weites Feld an Möglichkeiten rechtlicher Ausgestaltung. Technik, Organisation und rechtliche Ausgestaltung der Sicherungsinfrastruktur dürfen allerdings nicht gegen bestehende rechtliche Normen verstoßen (*Rechtmäßigkeit*) und sollten möglichst die Verwirklichungsbedingungen der Ziele des Grundgesetzes nicht verschlechtern, sondern vielmehr deren Umsetzung unterstützen (*Verfassungsverträglichkeit*). Rechtliche Anforderungen können somit als Maßstab der Rechtmäßigkeit und als Maßstab der Rechtspolitik aus geltenden Rechtsnormen abgeleitet werden. Der Maßstab der Rechtmäßigkeit gilt vor allem für alle Akteure, die diesen Maßstab nicht verändern können - wie Verwaltungsbehörden, Unternehmen und Bürger. Der Maßstab der Verfassungsverträglichkeit dagegen gilt vor allem für diejenigen, die - wie der Gesetz- und Verordnungsgeber - in der Lage sind, geltendes Recht zu verändern und etwa bestimmten Konzepten der Sicherungsinfrastruktur anzupassen.

Unter dem Blickwinkel der *Verfassungsverträglichkeit* ist zu prüfen, welche Verwirklichungsbedingungen für Grundrechte, Demokratie, Rechts- und Sozialstaat durch die Infrastruktur der Telekooperation beeinflußt werden könnten. Zu untersuchen ist, wo Telekooperation neue Entfaltungschancen für Grundrechte und Demokratie eröffnet und wo sie zu einer Stärkung rechtsstaatlicher und sozialstaatlicher Strukturen beitragen kann. Zu prüfen ist aber auch, wo sie die Verwirklichung dieser Verfassungsziele behindern könnte. Durch Vorschläge zur

Technikgestaltung, die an diesen Chancen und Risiken orientiert sind, soll erreicht werden, daß die Verwirklichungsbedingungen von Verfassungszielen nicht verschlechtert (Verträglichkeit), sondern verbessert werden (Nützlichkeit).[7]

Unter dem Blickwinkel der *Vertrauensbildung* ist entscheidend, daß die Bereitschaft, Vertrauen zu erweisen, zwar abhängt von psychischen Dispositionen, zugleich aber auch Ausdruck einer sozialen Beziehung ist, die sich in einem Interaktionsfeld nach eigenen Gesetzlichkeiten bildet.[8] Vertrauen als "Zutrauen zu eigenen Erwartungen"[9] ist zwar ein Mechanismus zur Reduktion von sozialer Komplexität,[10] indem Informationen über mögliche Zukünfte (Fehler, Mißbräuche, Ausfälle) durch die Vorwegnahme einer bestimmten Zukunft (korrektes Funktionieren) ersetzt werden.[11] Dieser Verzicht auf weitere Informationen ist aber nur auf der Basis objektiver Anhaltspunkte für die angenommene Zukunftsentwicklung möglich.[12] Als "riskante Vorleistung"[13] benötigt Vertrauen zur Verringerung des Risikos Strukturen, Institutionen, Verfahren, Prozesse oder Personen, auf denen es aufgebaut werden kann.[14] Die rechtliche Gestaltung der informationstechnischen Sicherungsinfrastruktur kann dazu beitragen, solche Grundlagen für Vertrauensbildung zu schaffen.[15]

Vorschläge zur verfassungsverträglichen und vertrauenfördernden Gestaltung informationstechnischer Sicherungsinfrastrukturen sind dringend erforderlich. Sie müssen diskutiert und umgesetzt werden, bevor öffentliche Schlüsselsysteme eingerichtet und genutzt werden, bevor die Investitionen getätigt, die Technik installiert, Organisationen umstrukturiert, Arbeitsgewohnheiten verändert und rechtliche Regelungen angepaßt worden sind. Noch besteht ein hoher Gestaltungsbedarf und existieren weite Gestaltungsspielräume. Diese für eine verfassungsverträgliche und vertrauenfördernde Entwicklung von Sicherungsinfrastrukturen zu nutzen, wollen die folgenden Überlegungen beitragen.

---

[7] Siehe zum Kriterium der Verfassungsverträglichkeit näher Roßnagel 1993a, 189 ff. und Roßnagel 1994c, 185 ff.

[8] Siehe z. B. Luhmann 1989, 4.

[9] Luhmann 1989, 1.

[10] Siehe näher Luhmann 1989, 7f., 23 ff.

[11] Siehe näher Luhmann 1989, 8 ff., 20 ff., 26. Je komplexer die Sozialordnung insbesondere durch technische Entwicklung wird, desto weniger erscheint die Zukunft selbstverständlich und vertraut, desto größer wird zugleich der Bedarf an Koordination und für eine gemeinsame Festlegung der Zukunft, also der Bedarf für Vertrauen gesteigert.

[12] Siehe z. B. Luhmann 1989, 62.

[13] Luhmann 1989, 23.

[14] Siehe näher Kausch 1991, 5; Luhmann 1989, 34 ff.

[15] Allgemein zur Funktion des Rechts, Verhaltenserwartungen sicherzustellen, siehe z. B. Kausch 1991, 5f.; zur Rechtsordnung als Grundlage für Vertrauensbildung siehe Luhmann 1989, 35 ff., 62.

4.3   Felder rechtlicher Gestaltung

Die Ausgestaltung der künftigen Sicherungsinfrastruktur ist bisher kaum erörtert worden und noch in keiner Weise geklärt.[16] Für ihre rechtliche Gestaltung können vor allem zwei Felder betrachtet werden: zum einen die institutionell-organisatorische Ordnung der Sicherungsinfrastruktur und zum anderen die Rechtsbeziehungen, in denen die verschiedenen Beteiligten zueinander stehen.

Für die Gestaltung beider Felder bestehen jeweils verschiedene Optionen mit jeweils unterschiedlichen Auswirkungen. Sie sind in vielerlei Beziehungen voneinander abhängig, sollen jedoch zur besseren Übersichtlichkeit getrennt dargestellt werden. Zur Motivierung ihrer genaueren Untersuchung werden in diesem Abschnitt mögliche Folgen unterschiedlicher Regelungskonzepte kurz angedeutet.

4.3.1   Institutionell-organisatorische Ausgestaltung der Sicherungsinfrastruktur

Als erstes stellt sich die Frage, ob die Funktionen der Sicherungsinfrastruktur oder einzelne Teile davon öffentliche Aufgaben sind und daher von staatlichen Stellen nach den Regeln des öffentlichen Rechts wahrzunehmen sind. Oder sind sie ein Bereich, der privater Initiative offenzuhalten oder gar vorzubehalten ist? Diese Frage ist für die weitere Bewertung und Gestaltung von Optionen der Sicherungsinfrastruktur von entscheidender Bedeutung. Um diese deutlich zu machen, seien die wichtigsten Folgen der unterschiedlichen Zuordnungen in ihrer idealtypischen Ausformung dargestellt.

Ist der Aufbau und die Gewährleistung einer funktionierenden Sicherungsinfrastruktur eine *öffentliche Aufgabe*, so gilt:

- Die Aufgabe ist grundsätzlich von staatlichen Organen wahrzunehmen und vielleicht sogar ihnen allein vorzubehalten.
- Sie ist nach Kompetenz und Befugnissen Trägern öffentlicher Gewalt zuzuordnen. Die Sicherungsinfrastruktur ist in die Organisation öffentlicher Aufgabenwahrnehmung einzuordnen, muß die horizontale (Gewaltenteilung) und vertikale (Föderalismus) Gliederung staatlicher Aufgabenwahrnehmung beachten.
- Die Vertrauensinstanzen verfügen in diesem Fall über die Handlungsformen der öffentlichen Gewalt, sind aber zugleich weitgehend auf diese begrenzt.
- Sie haben die Grundrechte der Bürger unmittelbar zu beachten.
- Sie unterliegen parlamentarischer und verwaltungsgerichtlicher Kontrolle.
- Datenschutzrechtlich gelten die strengeren Regelungen für öffentliche Verwaltungen. Die Datenverarbeitung unterliegt der umfassenden Kontrolle des

---

[16] So auch Seidel 1992, 41.

Bundes- oder Landesdatenschutzbeauftragten sowie des jeweiligen behördlichen Datenschutzbeauftragten. Für Schäden durch unzulässige oder unrichtige Datenverarbeitung hat die speichernde Stelle in Form einer Gefährdungshaftung einzustehen.

- Die rechtlichen Kontakte zu den Benutzern erfolgen grundsätzlich in den Formen des öffentlichen Rechts. Die Vertrauensinstanzen machen ihnen gegenüber ihre Kosten als Gebühren geltend. Diese können von den Vertrauensinstanzen unmittelbar mit den Mitteln des Verwaltungszwangs beigetrieben werden.
- Die Vertrauensinstanzen können im Rahmen der Verwaltungshilfe die Unterstützung anderer Behörden (Polizei) in Anspruch nehmen. Umgekehrt können sie diesen vereinfacht Unterstützung gewähren.
- Für die Mitarbeiter von Vertrauensinstanzen gelten grundsätzlich die Regeln des öffentlichen Dienstes. Möglicherweise gelten für Verstöße die verschärften Strafandrohungen für Beamtendelikte.

Alles dies gilt für die Sicherungsinfrastruktur nicht, wenn sie das Feld legitimer *Privatinitiative* ist. Eine Sicherungsinfrastruktur aufzubauen und zu betreiben, ist dann Ausdruck der durch Art. 12 Abs. 1 GG geschützten Berufsfreiheit und der durch Art. 2 Abs. 1 GG gewährleisteten wirtschaftlichen Betätigungsfreiheit.

- In diesem Fall ist grundsätzlich jeder berechtigt, so lange Funktionen der Sicherungsinfrastruktur anzubieten, bis der Gesetzgeber hierfür nähere, grundrechtskonforme Anforderungen an diese Tätigkeit gestellt hat.
- Den Betreibern der Sicherungsinfrastruktur wären in diesem Fall die hoheitlichen Handlungsmöglichkeiten verschlossen. Sie könnten keine Unterstützung staatlicher Behörden im Wege der Amtshilfe erwarten.
- Sie würden mit ihren Kunden über privatrechtliche Verträge kooperieren. Die privatrechtlichen Entgelte könnten nicht unmittelbar beigetrieben werden, sondern müßten über ein gerichtliches Verfahren eingeklagt und vollstreckt werden.
- Machtkonzentration würde allein über das Wettbewerbsrecht gesteuert.
- Eine parlamentarische Kontrolle wäre nicht möglich, eine gerichtliche Kontrolle nur durch die Zivilgerichte im Rahmen einer beschränkten vertraglichen Inhaltskontrolle (AGBG) gegeben.
- Die Grundrechte der Kunden gelten gegenüber den Vertrauensinstanzen als private Vertragspartner allenfalls mittelbar.
- Für die Datenverarbeitung gelten nur die Regeln des privaten Datenschutzrechts des Bundesdatenschutzgesetzes. Die Vertrauensinstanzen unterlägen nur der Anlaßkontrolle der Aufsichtsbehörden, nicht der umfassenden Kontrolle des Bundes- oder Landesdatenschutzbeauftragten. Schäden durch unzulässige oder unrichtige Datenverarbeitung können nicht mit Hilfe einer Ge-

fährdungshaftung geltend gemacht werden, sondern nur nach allgemeinen - schwer zu beweisenden - Haftungsvoraussetzungen.[17]
- Für die Mitarbeiter von Vertrauensinstanzen gelten die Regeln des Arbeitsrechts. Einzelne Verstöße gegen die Vertrauensanforderungen könnten durch ausdrückliche strafrechtliche Regelungen mit besonderen Strafandrohungen qualifiziert werden.

In der Praxis werden die Optionen für die Organisation der Sicherungsinfrastruktur nicht notwendig so trennscharf ausfallen, wie dies hier dargestellt wurde, um die prinzipiellen Unterschiede herauszuarbeiten. Zwischen beiden Grundformen gibt es mehrere Stufen von Zwischenformen. Die Differenzierung zwischen öffentlich und privat gilt vor allem für die Bestimmung des Charakters der Aufgabe und der primären Verantwortung. Davon kann aber die Wahrnehmung der Aufgabe im Detail unterschieden werden.

So kann eine öffentliche Aufgabe von staatlichen Stellen wahrgenommen werden. Dabei können diese sich in juristischen Personen des Privatrechts organisieren, sich von privaten Organisationen als Verwaltungshelfer unterstützen lassen oder einzelne öffentliche Teilaufgaben und Befugnisse auf Private als Beliehene übertragen (Organisationsprivatisierung). Unter Umständen kann sich der Staat sogar ganz aus der Wahrnehmung der Gesamtaufgabe zurückziehen und sie Privaten überlassen und sich auf die Kontrolle, ob bestimmte öffentliche Interessen eingehalten werden, beschränken (Aufgabenprivatisierung).

Umgekehrt gibt es für die Wahrnehmung von Sicherungsfunktionen als nicht öffentlich qualifizierte Aufgaben keinen rechtsfreien oder von staatlicher Aufsicht und Einflußnahme vollkommen freien Handlungsspielraum. Vielmehr ist hier zwischen mehreren Formen staatlicher Kontrolle zu unterscheiden. Je nach der Schutzwürdigkeit der durch private Tätigkeiten betroffenen privaten und öffentlichen Interessen trifft die staatlichen Organe eine Schutzpflicht. Diese ist je nach Intensität der Bedrohung durch unterschiedliche Kontroll- und Eingriffsregelungen wahrzunehmen.

4.3.2 Ausgestaltung der Rechtsbeziehungen

Unabhängig davon, ob die Träger der Sicherungsinfrastruktur öffentlich-rechtlich oder privat-rechtlich verfaßt sind, können die Rechtsbeziehungen zwischen ihnen von den Rechtsbeziehungen der Anwender von Sicherungsdienstleistungen unterschieden werden. Für die Gestaltung dieser Rechtsbeziehungen sind wiederum mehrere Optionen möglich.[18]

---

[17] Der Betroffene muß die unzulässige oder unrichtige Datenverarbeitung und das Vorliegen eines Schadens beweisen. Für die Frage, ob dieser Fehler für den Schaden ursächlich und von der speichernde Stelle verschuldet war, verlagert § 8 BDSG allerdings die Beweislast auf die speichernde Stelle.

[18] Siehe hierzu auch Kap. 2.4., in diesem Band.

Die *Innenbeziehungen* einer Sicherungsinfrastruktur umfassen alle Rechtsbeziehungen zwischen Trägern, die Sicherungsfunktionen erbringen. Die *Außenbeziehungen* einer Sicherungsinfrastruktur bestimmen das Verhältnis zwischen den Trägern der Sicherungsinfrastruktur und den Anwendern.[19] Beide Beziehungsebenen können weitgehend unabhängig voneinander gestaltet werden.

Die Außenbeziehung bestimmt auch die Funktion der Zertifizierung und des Zertifikats.[20]

- Sofern bereits eine anderweitige Rechtsbeziehung besteht und deshalb nur bestimmte Personen einer abgrenzbaren Gruppe berechtigt sind, ein Zertifikat zu erhalten, wird dies als *interne Zertifizierung* bezeichnet. Das typische Beispiel hierfür sind Zertifikate, die die Mitgliedschaft in einer Institution bestätigen.
- Sofern prinzipiell jeder berechtigt ist, ein Zertifikat zu führen, wird dies als *offene Zertifizierung* bezeichnet. Dies gilt auch, wenn hierfür besondere Voraussetzungen nachgewiesen werden müssen, der Kreis derer, die diese nachweisen können, aber nicht abgeschlossen ist. In diese Klasse fallen Zertifikate, die etwa Einwohnermeldeämter für jeden Bürger ausstellen könnten.

Darüber hinaus können Zertifikate hinsichtlich ihres Verwendungszwecks gegenüber Kooperationspartnern unterschieden werden.

- Zertifikate, die nur für Anwendungen innerhalb einer Institution verwendet werden sollen und gegenüber außenstehenden Dritten keinen Nachweis führen sollen, sind Zertifikate *ohne intendierte Außenwirkung*. Typisch für diese Klassen sind Zertifikate, die den Inhaber als Mitglied einer Institution ausweisen und zum Beispiel den Zugang zu Rechnern ermöglichen oder im Rahmen interner Verwaltungsvorgänge eingesetzt werden sollen.
- Zertifikate, die im Verkehr mit außenstehenden Dritten eingesetzt werden und diesen gegenüber den Nachweis der Identität oder bestimmter Eigenschaften führen sollen, sind Zertifikate *mit Außenwirkung*.[21]

Im Rahmen der Außenbeziehung werden beispielsweise auch die Zusicherungen durch Vertrauensinstanzen, der Wert und Zweck der Zertifikate und die Risikoverteilung festgelegt. Hier bestehen rechtspolitische Optionen hinsichtlich der Haftung für Schäden, die die Vertrauensinstanzen durch Fehler, Manipulationen oder Ausfälle verursachen. Auch können unterschiedliche Möglichkeiten vorgesehen werden, um Daten- und Verbraucherschutz sicherzustellen.

Rechtsbeziehungen bestehen schließlich *zwischen den Telekooperationspartnern* untereinander. So soll zum Beispiel der Einsatz digitaler Signaturen für die rechtsverbindliche Telekooperation dazu dienen, unmittelbar die Vertragsbeziehungen zwischen den kooperierenden Partnern abzusichern. Die Sicherungsinfra-

---

[19] Siehe hierzu näher Kap. 2.4.3.3., in diesem Band.
[20] Siehe hierzu näher provet/ GMD 1994a, 114 ff.
[21] Siehe hierzu auch das Schaubild 11 in Kap. 2.4.3.3, Gestaltungsoptionen, 84, in diesem Band.

struktur stellt dafür nur ein Hilfsmittel zur Verfügung. Im Verhältnis zwischen den Kooperationspartnern sind für jeden Inhalt und jede Form der Kooperation jeweils mehrere Optionen vorhanden, das Kooperationsverhältnis rechtlich auszugestalten und die spezifischen technikbedingten Risiken zu verteilen. Hier hätte der Gesetz- und Verordnungsgeber vor allem eine Ausgleichfunktion gegenüber bürokratischem und wirtschaftlichem Machtübergewicht.

4.4   Öffentliche Aufgabe oder Feld wirtschaftlicher Betätigungsfreiheit?

Eine zentrale Vorentscheidung für die Bewertung alternativer Optionen künftiger Sicherungsinfrastrukturen wird mit der Antwort auf die Frage getroffen, ob die Gewährleistung einer Sicherungsinfrastruktur eine öffentliche Aufgabe ist oder ob das Angebot von Sicherungsdienstleistungen ein Feld privatwirtschaftlicher Initiative sein soll.

Wird diese Frage auf die heutige Situation bezogen beantwortet, in der noch sehr, sehr wenige in einer offenen Struktur telekooperieren und hierfür auf eine informationstechnische Sicherungsinfrastruktur angewiesen sind, so dürfte die Absicherung dieser wenigen Kooperationen allein schon aufgrund der geringen Zahl nicht als eine öffentliche Aufgabe anzusehen sein. Auf die heutige Situation bezogen stellt sich die Frage also gar nicht. Die Frage, ob eine öffentliche oder private Aufgabe vorliegt, kann sinnvoll nur auf eine künftige Situation bezogen sein, in der eine Sicherungsinfrastruktur besteht, funktioniert und von vielen benötigt wird. Nur wenn viele Anwendungen offener Telekooperation Erfolg haben, stellt sich die rechtliche Ausgestaltung der Sicherungsinfrastruktur als praktisches Problem. Im folgenden wird daher ein weitgehend ausgebautes System vieler Sicherungsdienstleistungen und -anwendungen unterstellt. Ist diese Situation aber eingetreten, kann sie kaum noch gestaltet werden. Um sie rechtlich zu gestalten, muß sie gedanklich vorweggenommen werden. Heute sind die Gestaltungsentscheidungen für die Sicherungsinfrastruktur von morgen zu treffen. Nur wenn die rechtlichen Rahmenbedingungen rechtzeitig geschaffen werden, kann eine sichere und verbindliche Telekooperation überhaupt erfolgreich sein.[22]

4.4.1   Spielraum und Bindung des Gesetzgebers

Verfassungsrechtlich ist als Ausgangspunkt für die Beurteilung, wie die künftige Sicherungsinfrastruktur verfaßt sein sollte, festzustellen, ob die Sicherungsinfra-

---

[22]   Siehe hierzu näher Roßnagel, Kap. 8., in diesem Band.

struktur grundsätzlich eine öffentliche oder eine private Aufgabe ist. Hierfür ist die konkrete verfassungsrechtliche Bedeutung der öffentlichen Verantwortung des Staates für diese neue Infrastruktur einerseits und andererseits der Grundrechte auf Berufsfreiheit nach Art. 12 Abs. 1 GG, auf wirtschaftliche Betätigungsfreiheit nach Art. 2 Abs. 1 GG und auf Organisationsfreiheit nach Art. 9 Abs. 1 GG für dieses neue Feld unternehmerischer Initiative zu bestimmen. Die Dienstleistungen künftiger Sicherungsinfrastrukturen staatlichen Institutionen vorzubehalten, ist nach der Rechtsprechung des Bundesverfassungsgerichts nur zulässig, wenn dies "zur Abwehr nachweisbarer oder höchstwahrscheinlicher schwerer Gefahren für ein überragend wichtiges Gemeinschaftsgut" notwendig ist.[23] Diese Notwendigkeit dürfte für einige Anwendungsbereiche zu bejahen, für andere zu verneinen sein. Eine Lösung, die alle Dienstleistungen einer Sicherungsinfrastruktur allein einer spezifischen Verwaltung vorbehält und alle anderen Interessierten undifferenziert davon ausschließt,[24] dürfte mit geltendem Verfassungsrecht nicht zu vereinbaren sein. Auch ist nicht zu erwarten, daß die Europäische Union diesen künftig stark expandierenden Wirtschaftsbereich vollständig in staatliche Monopole übergehen läßt. Vielmehr dürfte sie auch für ihn europarechtliche Vorgaben schaffen, die wie in der Telekommunikation oder der Stromversorgung staatliche Monopole gerade verhindert und Wettbewerb ermöglicht.

Aufgrund dieser verfassungsrechtlichen Vorgabe und der zu erwartenden europarechtlichen Rahmensetzungen dürfte wahrscheinlich keine einheitliche Lösung für die Ausgestaltung der Sicherungsinfrastruktur zu erwarten sein. Vielmehr wäre danach genauer nach *Anwendungen* und *Funktionen* zu differenzieren. Die rechtliche Verfassung der künftigen Sicherungsinfrastruktur dürfte als rechtliche Grundstruktur eine Aufteilung in einen Bereich aufweisen, der als öffentliche Aufgabe grundsätzlich staatlichen Institutionen zugeordnet ist, und einen zweiten Bereich, der das Tätigkeitsfeld privater unternehmerischer Initiative sein wird.

Die Berufsfreiheit des Art. 12 Abs. 1 GG gewährleistet jedem privaten Unternehmer Sicherungsdienstleistungen anzubieten und zu diesem Zweck eigene Sicherungsinfrastrukturen aufzubauen. Die von Art. 2 Abs. 1 GG geschützte allgemeine Handlungsfreiheit ermöglicht jedem Unternehmen und jeder sonstigen privaten Organisation für eigene Zwecke öffentliche Schlüsselsysteme einzusetzen und die hierfür erforderliche Schlüsselverwaltung zu organisieren. Durch die Art und Weise, wie diese Sicherungsfunktionen erbracht werden, können die Grundrechte Dritter oder die Interessen der Allgemeinheit betroffen werden. Diese zu schützen, ist der Staat verpflichtet. Er darf daher den privaten Investoren keinen unbegrenzten rechtlichen Freiraum belassen, sondern muß für diese

---

[23]   Ständige Rechtsprechung des BVerfG seit BVerfGE 7, 377 ff.

[24]   So könnte der Vorschlag von Rihaczek, DuD 1992, 413 sowie Rihaczek, DuD 1994c, 129 verstanden werden, der diese Dienstleistungen als alleinige Aufgabe der Fernmeldeverwaltung ansieht.

Interessen schützende Regelungen erlassen.[25] Sind die Interessen der Bevölkerung und die Funktionsfähigkeit staatlicher Organe sichergestellt, dürfte es nach Art. 12 Abs. 1 GG nicht zu rechtfertigen sein, diesen Rahmen wahrende Angebote von Sicherungsdienstleistungen für private Anbieter zu sperren und staatlichen Organen vorzubehalten. Für unternehmens- oder organisationsinterne Anwendungen gibt es kein öffentliches Interesse, private Anwendungen zu verhindern - vorausgesetzt schutzwürdige Interesssen Dritter und der Allgemeinheit werden gewahrt.

Dies gilt allerdings nicht, soweit eine Sicherungsinfrastruktur benötigt wird, um die Amtsträger von Behörden oder die spezifischen Klienten der Behörden mit Dienstleistungen zu versehen. In diesem Fall sind die Sicherungsdienstleistungen Annex bereits bestehender öffentlicher Aufgaben und fallen unter die Organisationsgewalt der jeweiligen Körperschaft. Werden also zur Erfüllung staatlicher Aufgaben öffentliche Schlüsselsysteme eingesetzt, so ist auch die Organisation der Schlüsselverwaltung eine staatliche Aufgabe. Daher können private Unternehmer keinen Anspruch aus Art. 12 Abs. 1 GG ableiten, daß nur private Anbieter diese Sicherungsfunktionen erbringen dürfen. Vielmehr kann das jeweilige Staatsorgan verpflichtet sein, selbst für seine Funktionsfähigkeit zu sorgen. In welchen Formen es diese Verpflichtung erfüllen und in welchem Umfang es hierfür die Unterstützung Privater in Anspruch nehmen kann, wird weiter unten erörtert.[26] Festzuhalten bleibt hier jedoch, daß die Schlüsselverwaltung für öffentliche Aufgaben grundsätzlich selbst eine öffentliche Aufgabe ist.

Nach diesen Überlegungen könnten also die Bereiche öffentlicher und privater Sicherungsinfrastruktur rechtlich relativ klar abgegrenzt werden: Der Staat darf für seine eigene Sicherheit sorgen und hat den verbleibenden Bereich des Einsatzes von Informations- und Kommunikationstechniken privaten Dienstleistungsanbietern zu überlassen. Diese Abgrenzung wird jedoch dadurch überlagert, daß gerade ein Erfolg öffentlicher Schlüsselsysteme ein zusätzliches rechtliches Problem erzeugt: Eine weite Verbreitung digitaler Signaturverfahren könnte dazu führen, daß der Besitz einer Chipkarte und eines Schlüsselpaares zur Voraussetzung wird, um überhaupt oder in relevanten Bereichen an der geschäftlichen und gesellschaftlichen Kommunikation teilnehmen zu können. Unter dieser Voraussetzung bedeutet die Zulassung zu öffentlichen Schlüsselsystemen gewissermaßen die Verleihung einer "elektronischen Handlungs- oder Geschäftsfähigkeit".[27]

Auf die Leistungen der Sicherungsinfrastruktur, die die grundlegenden Berechtigungen und Handlungsmöglichkeiten in der Informationsgesellschaft vermitteln, werden die Bürger existenziell angewiesen sein. In dieser Hinsicht entscheiden die Leistungen der Sicherungsinfrastruktur über die faktischen Grundlagen für die Grundrechtsausübung in der Informationsgesellschaft. Sie

---

[25] Siehe zu solchen Regelungen unten Kap. 4.5.2.
[26] Siehe Kap. 4.4.2.2.
[27] Siehe hierzu auch Lenk/ Goebel/ Schmalz 1986, 100; Goebel/ Scheller 1991, 12.

sind als Leistungen der öffentlichen Daseinsvorsorge - vergleichbar mit Verkehrs-, Telekommunikations- oder Energieinfrastrukturen - zu qualifizieren.

Dieses Angebot von Sicherheitsdienstleistungen, die in starkem Maße die Grundrechte Dritter, die Funktionserfüllung staatlicher Aufgaben und das gesellschaftliche Zusammenleben beeinflussen, kann nicht allein den Marktkräften überlassen bleiben. Nicht jeder, der sich einen Gewinn davon verspricht, darf in der Lage sein, die Ausgabe und Verwaltung von Schlüsselpaaren anzubieten und dies - bei sinkendem Umsatz - wieder bleiben zu lassen.[28] Die Rechtssicherheit, die auch in einem telekooperativen Rechtsverkehr gewährleistet sein muß, erfordert - zumindest subsidiär - eine in jeder Hinsicht verläßliche Sicherungsinfrastruktur. Die Aufgabe einer Grundversorgung aller Bürger mit öffentlichen Schlüsseln, Zertifikaten und sonstigen Dienstleistungen als Voraussetzung für allgemeine Telekooperation paßt nicht in eine Umgebung, die ausschließlich durch Wettbewerb geprägt ist. Das Zertifikat darf keinem Berechtigten vorenthalten werden, auch nicht dadurch, daß es für ihn zu teuer werden könnte. Es soll auch nicht derjenige zertifizieren, der es am billigsten anbietet, sondern derjenige, der das auf lange Zeit hin angelegte Vertrauensverhältnis zur Öffentlichkeit am besten rechtfertigt.[29]

Hier eine Grundversorgung sicherzustellen, wird daher als eine öffentliche Aufgabe anzusehen sein, für deren Erfüllung der Staat die Verantwortung trägt. Neben dem Tätigkeitsfeld privater Initiative steht daher ergänzend die staatliche Aufgabe einer Grundversorgung der Bevölkerung. Die Parallelität einer Grundversorgung in öffentlicher Verantwortung und zusätzlicher Angebote in privater Initiative könnte sich insoweit an der Rechtsprechung des Bundesverfassungsgerichts zur Rundfunkfreiheit und zur Rundfunkverantwortung orientieren. Danach ist die unerläßliche "Grundversorgung" der Bevölkerung mit einem "inhaltlich umfassenden Programmangebot" die Aufgabe des öffentlich-rechtlichen Rundfunks. Auf dieser Basis ist es verfassungsrechtlich vertretbar, ergänzend private Anbieter zuzulassen, um ein Mehr an inhaltlicher Vielfalt zu ermöglichen.[30] Ein weiteres Beispiel für die Regelung einer Grundversorgung ergänzend zu privaten Angeboten für die Telekommunikation §§ 2 und 8 PTRegG.

Inhaltlich könnten sich demnach die Bereiche öffentlicher und privater Aufgaben von den Anwendungen her wie folgt aufgliedern:

Öffentliche Aufgabe:

- Daseinsvorsorge in der Informationsgesellschaft: rechtsverbindliche Telekooperation im allgemeinen Rechts- und Wirtschaftsverkehr.
- Annex hoheitlicher Tätigkeiten: z. B. Ausweiswesen, Geld, Verwaltung, Rechtspflege, Registerwesen.

Privates Tätigkeitsfeld:

---

[28] Ähnlich Lenk/ Goebel/ Schmalz 1986, 100, 103.
[29] Ebenso Rihaczek, DuD 1992, 413.
[30] BVerfGE 73, 118 (157f.); 74, 297 (324 ff.); siehe hierzu ausführlich Scheble 1994.

- Unternehmens- oder organisationsinterne Anwendungen.
- Annex zu privat-rechtlichen Vertragsbeziehungen: z. B. Banken, Handel, Reisen, Telekommunikation, Medizinische Versorgung, Versicherung.

Eine weitere Differenzierung könnte eventuell von den Funktionen her erfolgen. So könnte - um ein Beispiel zu geben - im öffentlichen Bereich die Schlüsselgenerierung vielleicht als private Aufgabe angesehen werden, während die Namensgebung und Personalisierung von der jeweiligen Anstellungsbehörde, die Zertifizierung und die Verzeichnisverwaltung aber von zentralen staatlichen Stellen durchgeführt werden.[31]

4.4.2   Sicherstellung der Daseinsvorsorge

Soweit die Sicherungsinfrastruktur die Aufgabe hat, die Grundversorgung der Bevölkerung mit elektronischen Handlungsmöglichkeiten in einer Informationsgesellschaft sicherzustellen, müssen diese Leistungen sicher, verläßlich und kontinuierlich angeboten werden. Dies zu gewährleisten, ist grundsätzlich als öffentliche Aufgabe anzusehen. Auf die Frage, wie diese Aufgabe wahrzunehmen ist, können jedoch mehrere Antworten gegeben werden. Einige der bestehenden Optionen werden kurz angedeutet und hinsichtlich möglicher Konsequenzen erörtert.

4.4.2.1 Wahrnehmung durch staatliche Organe

Grundsätzlich ist eine Verwaltungsaufgabe vom Verwaltungsträger in der Organisationsform der öffentlichen Verwaltung und den Handlungsformen des Verwaltungsrecht zu erbringen. Von diesem Grundsatz können jedoch Ausnahmen gemacht werden. Diese sind für die Ordnungsverwaltung sehr schwierig zu begründen, da diese auf Zwangsmittel angewiesen ist und daher nicht auf die hoheitlichen Befugnisse des öffentlichen Rechts verzichten kann.[32] Ausnahmen sind jedoch für die Leistungsverwaltung um so leichter zu realisieren, je weiter diese in ihrem Tätigkeitsbereich von den typischen Funktionen der Ordnungsverwaltung entfernt ist. Für die Leistungsverwaltung sind daher neben Organisationsformen öffentlicher Verwaltung auch verschiedene Formen der "Organisationsprivatisierung" denkbar.

---

[31]   Die Notwendigkeit, die Seidel 1992, 40 sieht, Namensgebungs- und Zertifizierungsinstanzen organisatorisch zusammenzulegen, dürfte so nicht gegeben sein. Beide können organisatorisch auch getrennt sein. Dies dürfte sich sogar empfehlen, weil die Namensgebung eine genaue Kenntnis des organisatorischen Umfelds voraussetzt und damit auf viele Organisationen verteilt sein sollte, während die Zertifizierung aus Sicherheitsgründen auf relativ wenige Instanzen begrenzt sein sollte - siehe hierzu auch Rihaczek, DuD 1992, 413.

[32]   Siehe z. B. Maurer 1994, 32.

Solange jeder sich frei entscheiden kann, ob er Leistungen der allgemeinen Sicherungsinfrastruktur in Anspruch nimmt, könnten diese Leistungen als Aufgabe der Leistungsverwaltung angesehen werden. Aber auch wenn, wie hier unterstellt, die Vergabe von Namen, Schlüsselpaaren, Zertifikaten und Chipkarten freiwillig beantragt werden und die Antragsteller sich mit dem Führen von Sperrverzeichnissen und dem Erteilen von Auskünften ausdrücklich einverstanden erklären, könnte die Grundversorgung mit diesen Leistungen als Aufgabe der Ordnungsverwaltung angesehen werden. Auch Gewerbescheine, Führerscheine oder Reisepässe werden freiwillig beantragt. Ähnlich wie für solche öffentlichen Bestätigungen einer Berechtigung oder einer Identität könnte dann für die Leistungen der die Grundversorgung sicherstellenden Sicherungsinfrastruktur gelten: Zertifikate ersetzen in der elektronischen Informationsverarbeitung und der Telekommunikation den Identitätsnachweis. Zwar sei es jedem freigestellt, ob er auf diese Weise elektronische Dokumente zeichnen und sichern wolle. Wenn er aber sich solcher Mittel bediene, bedürften die einzelnen Kommunikationspartner und der Rechtsverkehr allgemein der Durchsetzung eines bestimmten Maßes an Sicherheit. Dieses könne nur gewährleistet werden, wenn eine Behörde - notfalls auch mit den Zwangsmitteln des öffentlichen Rechts - dieses durch Widerrufe, Rücknahmen, Register und Auskünfte durchsetzen könne.

Unabhängig davon, ob die Grundversorgung mit Sicherungsdienstleistungen als eine Aufgabe der Ordnungs- oder Leistungsverwaltung angesehen und ob im Rahmen der Leistungsverwaltung für alle oder einige Aufgaben ein Spielraum für eine Organisationsprivatisierung gesehen wird, könnten einige Argumente dafür sprechen, daß diese Aufgaben von staatlichen Institutionen in den Formen des öffentlichen Rechts wahrgenommen werden. Wenn auch privaten Anbietern nicht verwehrt werden könne, Sicherheitsdienstleistungen im Wettbewerb anzubieten, so müsse doch jedem Bürger auch die Möglichkeit geboten werden, die "elektronische Handlungs- und Geschäftsfähigkeit" auf einer von Wettbewerbszwängen freien und von finanziellen Einflußnahmen unabhängigen Grundlage zu erlangen.

Zum einen könnte für eine staatliche Wahrnehmung der Sicherungsinfrastrukturaufgaben sprechen, daß nur diese die erforderliche breite und kontinuierliche Grundversorgung bieten können. Diese Aufgaben müssen von Institutionen wahrgenommen werden, die sie nicht - bei schlechter Ertragslage - aufgeben und die auch nicht in Konkurs geraten können.[33] Auch kann die erforderliche europa- oder weltweite Vernetzung von Vertrauensinstanzen in der erforderlichen Kontinuität nur durch staatliche Organisationen gewährleistet werden.[34]

Zum zweiten könnte für eine öffentliche Grundversorgung sprechen, daß kein Bürger gezwungen sein dürfe, die grundlegenden Voraussetzungen für die Handlungsfähigkeit und die Grundrechtsausübung in einer Informationsgesellschaft nur in einer Wettbewerbsumgebung erlangen zu können. Die Schlüssel-

---

[33] Siehe hierzu auch Roßnagel, NJW-CoR 1994, 100.
[34] Siehe hierzu z. B. Rihaczek, DuD 1992, 413.

verwaltung muß außerordentlich vertrauenswürdig sein. Denn der Mißbrauch ihrer Befugnisse eröffnet vielfältige Betrugsmöglichkeiten mit extrem hohem Schadenspotential.[35] Werden beispielsweise Zertifizierungs- oder Sperrlisten der Vertrauensinstanzen manipuliert oder auf automatische Abfragen dieser Listen falsche Antworten gegeben und dadurch die Verwendung gefälschter, entwendeter oder abgelaufener Chipkarten gedeckt oder die Ausgabe vieler falscher Chipkarten veranlaßt, können sehr hohe Schäden verursacht werden. Viele Telekooperationspartner könnten durch ihr Vertrauen auf die Zuverlässigkeit der Schlüsselverwaltung oder der Auskünfte der Vertrauensinstanzen betrügerisch zu Rechts- und Vermögenstransaktionen veranlaßt werden. Die Schlüsselverwaltung kann daher in ihren sensitiven Funktionen nur Organisationen anvertraut werden, die in ihrem Weiterbestehen nicht von finanziellen Angeboten spezifischer Interessenten abhängig sind und nicht von einem getarnten Verbrechersyndikat aufgekauft werden können.[36] Vieles spricht daher für die Schlußfolgerung, die erforderliche Vertrauenswürdigkeit biete nur oder zumindest am besten eine staatliche Institution.

Drittens gewährleistet nur ein staatlicher Betrieb von Vertrauensinstanzen den Anspruch eines jeden Bürgers auf die Erteilung eines Schlüsselpaares aus der unmittelbaren Geltung der Grundrechte.[37] Hier könnten vor allem die Grundrechte auf freiem Zugang zu Informationen, Berufsfreiheit, allgemeine Handlungsfreiheit und der Gleichheitsgrundsatz die Struktur der Vertrauensinstanzen und die Rechtsverhältnisse zu ihnen prägen.

Zumindest - so könnte aus den vorstehenden Erwägungen gefolgert werden - müsse jeder Bürger die Wahl haben, ob er einer privaten Organisation oder der staatlichen Grundversorgung mehr Vertrauen entgegenbringt. Diese angeführten Argumente legen die Ansicht nahe, daß die Grundversorgung mit Sicherheitsdienstleistungen von staatlichen Institutionen selbst wahrgenommen werden sollte.[38]

Eine Sicherungsinfrastruktur, die die Handlungsfähigkeit aller Bürger und des Staates in der Informationsgesellschaft sicherstellen soll, könnte als eigener öffentlich-rechtlicher Verwaltungsbereich etabliert oder an bestehende Verwaltungsbehörden angegliedert werden.

Eine eigene staatliche Infrastruktur aufzubauen, erscheint sehr aufwendig und in den absehbaren Zeiten leerer öffentlicher Kassen nicht realisierbar. Dagegen dürfte die Übertragung der Aufgabe auf eine bereits bestehende Behördenstruk-

---

[35] Siehe hierzu näher Hammer, Kap. 3., 96 ff., in diesem Band.

[36] Siehe zu diesem Argument auch Rihaczek, DuD 1992, 413.

[37] Diese gelten allerdings auch, wenn staatliche Organe ihre Aufgabe in Form einer von ihnen beherrschten juristischen Person des Privatrechts erbringen oder das Rechtsverhältnis zum Bürger in anderer Weise in privatrechtlicher Form ausgestaltet haben. Siehe hierzu näher z. B. Maurer, 32f. Zu Möglichkeiten des Verwaltungsprivatrechts siehe näher Kap. 4.4.2.2.

[38] Rihaczek, DuD 1992, 418 sieht daher zumindest die Zertifizierung als Hoheitsaufgabe des Staates an.

tur nicht von vornherein ausgeschlossen sein. Da die Sicherungsinfrastruktur in früheren Diskussionen vor allem eine sichere und rechtsverbindliche Telekommunikation ermöglichen soll, lag der Gedanke nahe, mit ihren Aufgaben die DBP Telekom als einzige "öffentliche Stelle, welche den operativen Aufgaben gewachsen wäre" zu betrauen.[39] Da diese jedoch vollständig privatisiert wird, scheidet sie wohl als Adressat einer öffentlich-rechtlichen Form der angestrebten informationstechnischen Grundversorgung mit Schlüsselpaaren und Chipkarten aus.

Da die Sicherungsinfrastruktur eine eindeutige Identifizierung informationstechnisch Handelnder ermöglichen soll, besteht eine gewisse Sachnähe zum Ausweiswesen.[40] Die Personalausweisbehörden böten zudem einen besonderen Sicherheitsvorteil bei der Personalisierung der Chipkarten, weil sie über die aktuellen Listen gesperrter Personalausweise verfügen und somit die Identität eines Antragstellers am besten überprüfen können. Daher soll im folgenden als Beispiel für die Anbindung einer Sicherungsinfrastruktur an eine bestehende Behördenstruktur untersucht werden, wie die Grundversorgung der Bevölkerung mit den Möglichkeiten rechtsverbindlicher Telekooperation den Personalausweisbehörden übertragen werden könnte. Um die Verfassungsverträglichkeit einer solchen Lösung zu gewährleisten, darf die Wahrnehmung der Sicherungsdienstleistungen durch eine Behörde nur als Angebot, nicht als Zwang ausgestaltet werden. Beispielsweise den Personalausweis nur noch als Chipkarte auszugeben,[41] wäre mit der gebotenen Alternativenwahl nicht zu vereinbaren.[42]

Für eine solche Aufgabenübertragung müßte im Personalausweisgesetz des Bundes die Möglichkeit eingeräumt werden, zusätzlich zum Personalausweis eine Chipkarte mit einem geheimen Schlüssel als Identitätsnachweis für die Telekooperation zu erhalten. Ebenso müßten dort die Verwendung des öffentlichen Schlüssels und die Aufgaben der Schlüsselverwaltung geregelt werden. Für diese Regelungen stehen dem Bund nach Art. 75 Nr. 5 GG die Kompetenzen zum Erlaß von Rahmenvorschriften über das Ausweiswesen zu.[43] Auszufüllen wären diese Rahmenregelungen des Bundes durch Landesgesetze.

Da die Verwaltungskompetenz nach Art. 83 und 84 GG bei den Ländern liegt, bestimmen diese, welche Behörden für die Wahrnehmung der Funktionen der Sicherungsinfrastruktur sachlich und örtlich zuständig sind. Nach den gegenwär-

---

[39]   Die Rihaczek, DuD 1992, 412 ff., mit dieser Aufgabe betrauen möchte; siehe hierzu auch Seidel 1992, 41; diese Lösung wird als eines von mehreren Szenarien auch von Lenk/ Goebel/ Schmalz 1986, 109f. diskutiert.

[40]   Diese sehen z. B. auch Seidel 1992, 42 und Gaal 1994, 1.

[41]   Mehrere Staaten wie Ägypten, Singapur, Paraguay, Namibia, Mazedonien u.a. erproben in Pilotprojekten die Einführung nationaler Ausweise auf Chipkarten. Die Konzepte reichen dabei von einfachen administrativen Karten bis hin zu komplexen Systemen mit Speicherung von Fingerabdrücken oder anderen biometrischen Eigenschaften zur eindeutigen Identifizierung des Karteninhabers. Siehe hierzu z. B. Gaal 1994, 1.

[42]   Siehe zur Absicherung der Freiwilligkeit Kap. 4.5.3.1.

[43]   Siehe hierzu z. B. näher Medert/ Süßmuth 1992, 70f.

tigen Ausführungsgesetzen der Länder[44] bestehen divergierende Festlegungen der jeweiligen sachlichen Zuständigkeit. Diese berücksichtigt die organisatorischen Besonderheiten der einzelnen Länder als Stadtstaaten oder Flächenländer und ihre unterschiedliche Kommunalverfassung und Polizeiverwaltungsorganisation.[45] So fungieren als Personalausweisbehörden zum Beispiel in Baden-Württemberg, Bremen und Rheinland-Pfalz die Ortspolizeibehörden, in Bayern, Niedersachsen, Nordrhein-Westfalen und Saarland die Gemeinden und in Berlin das Landeseinwohneramt. Örtlich zuständig ist in allen Ländern die Personalausweisbehörde, in deren Bezirk der Betreffende seinen Hauptwohnsitz hat.[46]

Aufgrund dieser Verwaltungsorganisation wäre in jeder Gemeinde eine Behörde, die in der Lage wäre, auf Antrag eine Chipkarte mit einem Schlüsselpaar auszugeben. Diese breite Ausfächerung der Hierarchie von Vertrauensinstanzen auf der untersten Ebene entspräche der Aufgabe der Grundversorgung. Jeder Bürger hätte den rechtlichen Anspruch und auch die faktisch leicht zu realisierende Möglichkeit, seine Chipkarte für die rechtsverbindliche Telekooperation zu erhalten. Auf dieser Ebene müßten allerdings nicht alle Funktionen der Schlüsselverwaltung erbracht werden. Unbedingt erforderlich wäre hier nur die Antragstellung, die Namensgebung und die Personalisierung der Chipkarte. Die Berechnung der Schlüssel und die Erstellung der Chipkarte könnten zum Beispiel der Bundesdruckerei übertragen werden. Die Zertifizierung und die Führung von Verzeichnissen könnte beispielsweise auf der Ebene der Länder oder der Regierungspräsidien erfolgen.[47]

Nach § 4 Abs. 1 Personalausweisgesetz dürfen Personalausweise, obwohl sie im Eigentum des Bundes stehen, im privatrechtlichen Bereich zum Nachweis der Identität seines berechtigten Inhabers als Ausweis- und Legitimationspapier verwendet werden. Der Personalausweis begründet in diesem Fall den - allerdings widerlegbaren - Nachweis, daß sein Inhaber die durch ihn ausgewiesene Person ist, und daß die in ihm enthaltenen personenbezogenen Angaben mit den tatsächlichen Daten des Ausweisinhabers übereinstimmen.[48]

Für eine Zentralisierung der Aufgabe bei einer einheitlichen Behördenorganisation spricht der einheitliche Zweck einer Grundversorgung für jedermann mit dem "Handwerkszeug" rechtsverbindlicher Telekooperation. Zugleich entsteht aber durch die allgemeine Abhängigkeit von der Sicherungsinfrastruktur bei dieser Verwaltung eine zusätzliche Machtansammlung. Außerdem verarbeiten sie eine große Zahl hoch sensitiver personenbezogener Daten. Daher ist zu überprüfen, wie den Organisationsprinzipien der Machtaufteilung und Machtausgleich,

---

[44] Siehe die Übersicht in Medert/ Süßmuth 1992, 80f.

[45] Siehe hierzu näher Medert/ Süßmuth 1992, 154.

[46] Zur Notwendigkeit Stellvertretungen von Vertrauensinstanzen gesetzlich zu regeln siehe näher Kap. 4.5.1.1.

[47] Siehe hierzu z. B. drei verschiedene Modelle der Realisierung unter Verletzlichkeitsgesichtspunkten in Hammer, Kap. 3., 98 ff., in diesem Band.

[48] Siehe hierzu näher Medert/ Süßmuth 1992, 136.

informationeller Gewaltenteilung, parlamentarischer und gerichtlicher Kontrolle in ausreichendem Maß entsprochen werden kann.

Zwar sind die Meldebehörden Teile der Landesverwaltung, so daß durch die Aufteilung in 16 Länder eine gewisse Machtteilung stattfindet und zwischen ihnen auch eine gewisse informationelle Gewaltenteilung besteht. Auch unterliegen sie der Kontrolle der Landesparlamente und der Landesdatenschutzbeauftragten. Ob dies angesichts der möglichen Bedrohung der Bürgerfreiheit ausreicht, wäre noch näher zu untersuchen.

Eine Trennung der Funktionen der Sicherungsinfrastruktur nach politischen (Sicherheitspolitik), fachlichen (Namensgebung und Zertifizierung) und technischen (Schlüsselgenerierung) Gesichtspunkten wäre jedoch aus Gründen des Systemdatenschutzes vorzuziehen.[49] Durch eine solche Organisation der Sicherungsinfrastruktur könnte die grundlegende Idee des Systemdatenschutzes ohne relevante Effizienzeinbußen verwirklicht werden, nämlich das künstliche Aufrechterhalten von machtbegrenzenden Informationsstrukturen oder Informationsdefiziten durch Organisationsvorgaben.[50]

4.4.2.2 Organisationsprivatisierung öffentlicher Aufgaben

Auch wenn die Daseinsvorsorge eine öffentliche Aufgabe ist, müßte sie nicht unbedingt von staatlichen Organen und in öffentlich-rechtlicher Form erbracht werden. Das Verwaltungsrecht ist in dieser Hinsicht sehr flexibel, um wirtschaftliche Aspekte berücksichtigen zu können. Angesichts der angespannten Lage öffentlicher Haushalte könnte es sein, daß ein Einbezug privater Investoren oder eine privatrechtliche Organisation der Vertrauensinstanzen den Aufbau einer Sicherungsinfrastruktur zur Grundversorgung erleichtert oder überhaupt erst ermöglicht. Für diesen Fall gibt es im wesentlichen drei Möglichkeiten, die weiterhin als öffentliche Aufgabe anzusehende Grundversorgung ganz oder teilweise durch private Organisationen erbringen zu lassen: die Übertragung der Aufgabe auf eine von staatlichen Organen beherrschte private Organisation, die Wahrnehmung von Teilaufgaben durch private Verwaltungshelfer oder die Übertragung von Aufgaben auf private Beliehene. In allen drei Fällen bleibt die Verantwortung staatlicher Organe bestehen und wird in unterschiedlicher Form wahrgenommen.

Sofern die Dienstleistungen der grundversorgenden Sicherungsinfrastruktur im wesentlichen als Leistungsverwaltung angesehen werden,[51] könnte der Gesetzgeber auch bestimmen, daß die Bundesländer ihre Dienstleistungen in *Formen des*

---

[49]   Siehe z. B. Podlech, DÖV 1970, 475; Podlech, DVR 1972/ 73, 159; Podlech, DVR 1976, 38; Steinmüller 1993, 623 ff., 670 ff.

[50]   Siehe hierzu näher Podlech 1982, 451 ff.

[51]   Die privatrechtliche Form der Erfüllung von Verwaltungsaufgaben kommt im Bereich der Lenkungs- und Leistungsverwaltung vor allem bei Geld-, Sach- und Dienstleistungen in Betracht, die in gleicher Weise auch von Privatunternehmen erbracht werden könnten - siehe z. B. Maurer 1994, 401.

Privatrechts erbringen.[52] Sie würden dann als Gegenleistung keine öffentlichen Gebühren, sondern private Entgelte fordern. könnten die zuständigen Körperschaften als Träger dieser Verwaltungsaufgabe auch eine - von ihnen beherrschte - juristische Person des Privatrechts (z. B. Aktiengesellschaft oder Gesellschaft mit beschränkter Haftung) gründen.[53] Sofern das Bundesgesetz diese Fragen offenläßt, könnten zum Beispiel die Länder jeweils - auch von Land zu Land unterschiedlich - bestimmen, in welcher Organisationsform und in welchem Leistungs- und Benutzungsverhältnis sie ihre Verwaltungsaufgabe der Grundversorgung erbringen wollen.[54]

Eine andere Form der Organisationsprivatisierung könnte darin bestehen, daß die zuständigen Behörden bestimmte, aufwendige oder schwierige Funktionen der Sicherungsinfrastruktur ausgliedern und privaten Organisationen übertragen. Das Verhältnis zwischen Privaten und Behörde kann so organisiert werden, daß nur einzelne Hilfsfunktionen auf die Privaten als *Verwaltungshelfer* übertragen werden. Diese handeln dann nicht als Private, sondern unterstützen die Verwaltungsträger lediglich als Verwaltungshelfer in ihrer Verwaltungsarbeit. Im Außenverhältnis zum Bürger bleibt allein die Behörde zuständig. Daher ist eine gesetzliche Ermächtigung zur Einbeziehung privater Verwaltungshelfer in die behördliche Aufgabenerfüllung nicht erforderlich.

Schließlich könnten die Verwaltungsträger ihre öffentlich-rechtlichen Rechte und Pflichten zur Grundversorgung der Bevölkerung mit einzelnen oder allen Dienstleistungen der Sicherungsinfrastruktur in Form der *Beleihung* auf Private übertragen.[55] Im Gegensatz zum Verwaltungshelfer wird der Beliehene auf eigene Rechnung und im eigenen Namen tätig. Ebenso wie der Verwaltungshelfer handelt der Private als Beliehener aber nicht als Privater,[56] sondern als "Teil" der öffentlichen Verwaltung. Er tritt nach außen als selbständiger Hoheitsträger auf und gilt verwaltungsrechtlich als "Behörde".[57] Die Beleihung wäre zum Beispiel eine Möglichkeit, die inzwischen zur Telekom AG privatisierte frühere Fernmeldeverwaltung wieder mit öffentlichen Aufgaben und Befugnissen zu betrauen.[58] Allerdings würde sie in dieser Funktion als Hoheitsträger aus dem Wettbewerb herausgenommen - eine Folge, die den Privatisierungsbemühungen der letzten Jahre widersprechen würde.

---

[52] Siehe zu der Möglichkeit der öffentlichen Verwaltung in privaten Handlungsformen z. B. Maurer 1994, 32f.

[53] Siehe zu den Voraussetzungen näher z. B. Maurer 1994, 32f., 473.

[54] Siehe hierzu grundsätzlich z. B. Maurer 1994, 33.

[55] Siehe hierzu z. B. Maurer 1994, 550 ff.

[56] Dies gilt auch, wenn er als Handlungsform das Verwaltungsprivatrecht wählen sollte. Er kann sich nicht auf seine Handlungs- oder Vertragsfreiheit berufen, sondern übt ihm durch die Beleihung übertragene öffentlich-rechtliche Befugnisse aus.

[57] Siehe näher z. B. Maurer 1994, 551.

[58] Damit könnte eventuell die Befürchtung Rihaczeks in DuD 1992, 413 berücksichtigt werden, daß "keine andere öffentliche Stelle" zu finden sein werde, "welche den operativen Aufgaben" einer Sicherungsinfrastruktur "gewachsen wäre".

Für eine Übertragung von Hoheitsbefugnissen auf Private ist jedoch aus zwei Gründen eine gesetzlichen Ermächtigung erforderlich.[59] Zum einen bedarf die Erfüllung von staatlichen Verwaltungsaufgaben durch Private einer gesetzlichen Grundlage, damit die Privatisierung nicht einer demokratischen Kontrolle des Parlaments entzogen ist. Ohne gesetzliche Grundlage darf die Verwaltung Aufgaben, die ihr gesetzlich zugewiesen sind, nicht auf Private übertragen. Zum anderen bedürfen Eingriffe in Grundrechte einer ausreichenden gesetzlichen Grundlage. Soweit die Übertragung von Verwaltungsaufgaben auf Private mit Eingriffen in die Grundrechte Dritter verbunden ist, muß eine ausreichend bestimmte gesetzliche Grundlage auch diese Aufgabenübertragung legitimieren. Dabei kommt es im einzelnen nicht darauf an, ob als Ansatzpunkt die übertragene Aufgabe oder aber die Rechtsstellung des dann Beauftragten dient. Entscheidender Gesichtspunkt sind die mit der Beauftragung verbundenen Grundrechtseingriffe, die durch die Tätigkeiten der Vertrauensinstanzen erfolgen.

4.4.2.3 Übertragung eines öffentlichen Amtes auf Private

Im Bereich der vorsorgenden Rechtspflege wird die Aufgabe eines vertrauenswürdigen Dritten von Notaren wahrgenommen. Diese beurkunden Dokumente und Unterschriften, beraten die Erklärenden über die Folgen ihrer Willenserklärungen und sorgen für eine streitvermeidende Abfassung von Erklärungen.[60] Notare sind zwar - in den meisten Bundesländern - Private, üben aber ein öffentliches Amt aus. Das ihnen für die Ausübung dieses Amtes zukommende Vertrauen genießen sie vor allem aufgrund ihrer besonderen Stellung und Qualifikation. Von ihnen wird absolute Zuverlässigkeit verlangt. Ihnen werden durch die Bundesnotarordnung (BNotO) besondere Sorgfaltspflichten auferlegt. Für Verstöße gegen diese Pflichten haftet der Notar mit seinem persönlichen Vermögen. Um ein ausreichendes Haftungspotential zu gewährleisten, muß er eine Berufshaftpflichtversicherung abschließen.[61] Die Tätigkeit des Notars setzt eine entsprechende fachliche und persönliche Qualifikation voraus, die durch eine juristische Ausbildung, eine mehrjährige berufspraktische Einarbeitungszeit und persönliche Eignung sichergestellt und von der Notarkammer und Aufsichtsbehörden überwacht wird.[62] Der Notar übt sein Amt unabhängig und unparteiisch aus. Er ist selbständig, in keine Organisation eingegliedert und an keine Weisungen gebunden.[63] In langer Tradition hat sich ein Berufsethos entwickelt, dessen Einhaltung durch strenge Strafvorschriften unterstützt wird.[64]

---

[59] Siehe hierzu näher Roßnagel/ Bizer, BWVBl 1992, 363 mwN.
[60] Siehe z. B. Bundesnotarkammer 1994, 1.
[61] Siehe § 19a BNotO.
[62] Siehe §§ 5 ff., 65 ff., 92 ff. BNotO.
[63] Siehe §§ 2 und 14 BNotO.
[64] Siehe zum Vorstehenden auch Goebel/ Scheller 1991, 17 ff.

Daher liegt der Gedanke nicht fern, den Notaren auch im Bereich der Teleko-operation die Aufgaben des vertrauenswürdigen Dritten aufzuerlegen.[65] Insbesondere eine Zertifizierungsinstanz nähme "eine schwerpunktmäßig beglaubigende Funktion"wahr und würde damit "gewissermaßen einem Netz-Notar" ähneln.[66] Daher wird daran gedacht, die Zertifizierungsinstanzen "von Notaren oder ihrem berufsständischen Zusammenschluß (etwa einer Notarkammer) betreiben zu lassen".[67]

Dieser Vorschlag stößt allerdings auf Gegeneinwände. Einmal wird bezweifelt, daß die Aufgaben der Schlüsselverwaltung zum bisherigen Profil des Notars passen würden.[68] So könne etwa die Aufgabe der Zertifizierung nicht mit einer herkömmlichen Aufgabe des Notars verglichen werden. Die Zertifizierungsinstanz beglaubige nicht wie der Notar Unterschriften, sondern öffentliche kryptographische Schlüssel, die Bestandteil der digitalen Signatur sind und dazu dienen, die Echtheit der Signatur zu erkennen. Vergleichsweise stelle sie damit die Kriterien zur Verfügung, anhand derer der Schriftsachverständige einen Unterschriftszug einer bestimmten Person zuordnen kann. Sie sei also in dieser Funktion mit dem Schriftsachverständigen und nicht mit dem Notar vergleichbar. Die Zertifizierung sei keineswegs die Beurkundung eines fremden Rechtsgeschäfts. Sie liege bestenfalls im Vorfeld der Notarsfunktionen.[69] Andere Funktionen paßten mit Funktionen, die Notare heute wahrnehmen, noch weniger zusammen, wie zum Beispiel kryptographische Schlüsselpaare generieren oder elektronische Verzeichnisse führen, aktualisieren und im Netz anbieten.

könnte es erforderlich sein, die Zahl der Zertifizierungsinstanzen aus Sicherheitsgründen gering zu halten. Sie sollen zwar eine gewisse Redundanz bieten, ansonsten aber auf das notwendige kontrollierbare Minimum beschränkt werden.[70] Dieses wäre aber weit überschritten, wenn jeder Notar auch die Funktionen einer Zertifizierungsinstanz übernehmen könnte.[71] Zugleich würde sich das Problem einer ausreichenden apparativen Ausstattung, der Gewährleistung der erforderlichen Sicherungsmaßnahmen und die Sicherstellung der notwendigen Sach- und Fachkunde stellen. Zwar könnten sich viele Notare zusammenschließen und ein privates Unternehmen gründen, das für sie diese Aufgaben erfüllt. Damit würde aber das mit der gegenwärtigen Organisationsstruktur verbundene besondere Vertrauen, das dem vor Ort selbständig agierenden Notar entgegengebracht wird, verloren gehen und damit auch der Anknüpfungspunkt, ausgerechnet Notare mit Aufgaben der Sicherungsinfrastruktur zu betrauen.

---

[65] Siehe z. B. Bundesnotarkammer 1994, 2.
[66] Goebel/ Scheller 1991, 17.
[67] Goebel/ Scheller 1991, 20; ähnlich bereits Lenk/ Goebel/ Schmalz 1986, 111.
[68] Siehe hierzu auch Seidel 1992, 42.
[69] Siehe hierzu Rihaczek, DuD 1992, 412.
[70] Siehe Hammer, Kap. 3., 98 ff., in diesem Band.
[71] Siehe hierzu Rihaczek, DuD 1992, 412.

Zu recht schränkt die Bundesnotarkammer in einer Stellungnahme[72] die Funktionen, die ein Notar im Rahmen rechtsverbindlicher Telekooperation ausfüllen kann, gegenüber den erforderlichen umfassenden Funktionen einer Schlüsselverwaltung deutlich ein. Zum einen beschränkt sie die Rolle des Notars auf den elektronischen Rechtsverkehr im Zivilrecht. Zum anderen beschreibt sie als mögliche Dienstleistungen eines Notars Tätigkeiten, die eher am Rande einer künftigen Sicherungsinfrastruktur angesiedelt sind. Als solche werden genannt: die Identifizierung von Personen, die Errichtung von Urkunden über rechtliche Beschränkungen elektronischer Erklärungs- und Verfügungsmacht, die Annahme und Weitergabe von Erklärungen, die Bestätigung bestimmter Handlungen, die körperliche Verwahrung von Disketten und die unkörperliche Verwahrung elektronischer Dokumente sowie die Protokollierung von Autorisierungen. Alle diese Funktionen beschränken sich weitgehend auf Unterstützungs- und Beratungsfunktionen rund um die Personalisierung von Chipkarten sowie die Beschränkung von Berechtigungen als Teil der Namensgebung.[73] In diesen Fällen mag die Einschaltung eines Notars wünschenswert und hilfreich sein, ersetzt aber keineswegs die sonstigen Funktionen einer Sicherungsinfrastruktur. Soweit ein Notar in den Austausch elektronischer Dokumente eingeschaltet wird, ist zu bedenken, daß dadurch der mit Telekooperation erstrebte Vorteil ihres schnellen und automationsunterstützten Austauschs verlorengeht. Die Stärke notarieller Unterstützung dürfte daher vor allem auf die konstitutiven Akte des Erwerbs einer Chipkarte zur rechtsverbindlichen Telekooperation beschränkt sein.

4.4.2.4 Private unter öffentlicher Kontrolle

Die für die Erfüllung einer öffentlichen Aufgabe erforderliche Wahrnehmung staatlicher Verantwortung könnte eventuell auch dadurch gewährleistet werden, daß der Staat hierzu zwar private Unternehmen zuläßt, sich aber wirksame Kontroll- und Handlungsmöglichkeiten vorbehält. Für eine solche Lösung des Organisationsproblems könnte etwa die Elektrizitäts- und Gasversorgungsinfrastruktur durch Energieversorgungsunternehmen und ihre rechtliche Regulierung im Energiewirtschaftsgesetz (EnWG) dienen. Ein anderer Vergleich könnten die Regelungen des PTRegG zur Daseinsvorsorge bieten. Wie dort müßte der Staat - wenn er die Aufgaben der Grundversorgung schon nicht selbst vornimmt, zumindest dafür sorgen, daß er ausreichende Kontroll- und Handlungsmöglichkeiten besitzt, um seiner Verantwortung gerecht werden zu können.[74]

So müßte der Staat beispielsweise die Voraussetzungen für eine Lizenzverteilung - wie etwa in § 5 EnWG - in strenger Weise genehmigungsrechtlich festle-

---

[72] Siehe Bundesnotarkammer 1994, 3 ff.
[73] Soweit diese auch weitere Attribute des Zertifikats festlegt - siehe hierzu näher Hammer, Kap. 2., 58, in diesem Band.
[74] Siehe zur Verantwortung für die Möglichkeiten, rechtlicher Verantwortung gerecht werden zu können, näher Roßnagel, ZRP 1992, 57 ff.; Steinmüller 1993, 636.

gen.[75] Die Grundversorgung aller Bürger zu gleichen Konditionen wäre durch einen Kontrahierungszwang der privaten Vertrauensinstanzen - wie etwa in § 6 EnWG - sicherzustellen. Zugleich hätte der Staat durch eine Preisaufsicht, die Genehmigung oder Festlegung der Tarife sowie die Überprüfung der Geschäftsbedingungen - wie etwa nach § 7 EnWG - die Ausgestaltung der Beziehungen zu den Kunden zu kontrollieren. Er könnte dadurch zumindest verhindern, daß die faktische Möglichkeit eines jeden Bürgers, Sicherungsdienstleistungen zu angemessenen Preisen in Anspruch nehmen zu können, dem Wettbewerb oder Gewinninteressen unterliegt. Ein aus Versorgungs- und Verletzlichkeitsgesichtspunkten[76] ausgewogener Ausbau der grundversorgenden Sicherungsinfrastruktur wäre durch eine Investitionsaufsicht des Staates - wie etwa in § 4 EnWG - zu gewährleisten. Zum Ausgleich für die mit der Aufsicht und den Eingriffen des Staates verbundenen Wettbewerbsbeschränkungen könnten bestimmte Ausnahmen von Regelungen zur Sicherung des Wettbewerbs - wie etwa in § 103 GWB - zugelassen werden. Als Kontrollbefugnis wäre ein Auskunftsrecht - wie etwa in § 3 EnWG - und als Eingriffsbefugnis die Möglichkeit vorzusehen, - wie etwa in § 8 EnWG - einem Unternehmen bei unzureichender Versorgung die Erlaubnis zu entziehen und die Aufgabe der Grundversorgung einem anderen Unternehmen zu übertragen.

Wird die Sicherungsinfrastruktur zur Grundversorgung durch private Vertrauensinstanzen gebildet, so treten - auch wenn der Staat seine Verantwortung durch besondere Kontroll- und Eingriffsbefugnisse wahrt - die bereits genannten rechtlichen Konsequenzen einer privaten Sicherungsinfrastruktur ein.[77] Beispielsweise könnte einer Machtkonzentration bei den privaten Vertrauensinstanzen nur begrenzt begegnet werden, eine unmitttelbare parlamentarische Kontrolle wäre nicht und eine gerichtliche Kontrolle nur durch die Zivilgerichte im Rahmen einer beschränkten vertraglichen Inhaltskontrolle möglich. Die Grundrechte der Kunden würden allenfalls mittelbar gelten. Für die Datenverarbeitung wären die weniger strengen Regelungen des privaten Datenschutzrechts des Bundesdatenschutzgesetzes einschlägig. Für die Mitarbeiter von Vertrauensinstanzen würden nur die Regeln des Arbeits- und nicht die des Beamtenrechts gelten.

Auch die hier als Orientierung gewählte Energieinfrastruktur unterliegt derzeit Bestrebungen zur Deregulierung.[78] Im Gegensatz zur Elektrizitäts- und Gasversorgung würde nach den verfassungsrechtlichen Vorgaben[79] die hier diskutierte

---

[75] So Rihaczek, DuD 1992, 418.

[76] Siehe zu diesem Hammer, Kap. 3., 96 ff., in diesem Band.

[77] Siehe Kap. 4.3.1.

[78] Siehe z. B. den Richtlinien-Vorschlag der Kommission der Europäischen Gemeinschaft vom 7.12.1993, KOM. (93) 643 endg. - siehe hierzu z. B. Koch, DVBl 1994, 840 ff.; Zur Deregulierung der Energieversorgung hatte bereits der Bundeswirtschaftsminister am 20.10.1993 einen Gesetzentwurf vorgelegt - siehe zu diesem z. B. Langer, ET 1994, 158 ff.; Marcus/ Baur, ET 1994, 407 ff. Dieser Entwurf wurde allerdings nicht ins Kabinett eingebracht und inzwischen wieder zurückgezogen - siehe Marcus/ Baur, ET 1994, 407.

[79] Siehe Kap. 4.4.1.

spezifische Sicherungsinfrastruktur nur der ergänzenden Grundversorgung der Bevölkerung mit öffentlich-rechtlich geregelten und gleichmäßig zugänglichen Sicherungsdienstleistungen dienen. Sie würde Sicherungsdienstleistungen durch Private nicht ausschließen. Daher ist die für die Elektrizitäts- und Gasversorgungsinfrastruktur geführte Deregulierungsdiskussion für die informationstechnische Sicherungsinfrastruktur nicht einschlägig.

4.4.2.5 Bewertung der Optionen

Die vier hier dargestellten Optionen zeigen die idealtypisch wichtigsten Möglichkeiten, die öffentliche Aufgabe der Grundversorgung der Bevölkerung mit erforderlichen Handlungsmöglichkeiten einer rechtsverbindlichen Telekooperation institutionell zu organisieren. Alle vier Optionen wären - eine entsprechende gesetzliche Ausgestaltung vorausgesetzt - grundsätzlich rechtlich möglich. Sie könnten - mit ausreichenden Sicherungen versehen[80] - prinzipiell in das Staats- und Gesellschaftsmodell des Grundgesetzes eingefügt werden.

Die Ziele des Grundgesetzes würden allerdings nicht in allen vier Optionen gleichermaßen verwirklicht. Die Grundrechte interessierter Unternehmer werden bereits durch die Möglichkeit, grundsätzlich jederzeit und überall Sicherungsdienstleistungen anbieten zu können,[81] gewahrt. Sie dürften durch ein ergänzendes Angebot für eine Grundversorgung nur in geringem Maße beeinträchtigt werden. Demgegenüber dürften die Grundrechte der Bürger erheblich stärker gefördert werden,[82] wenn sie die Wahlmöglichkeit zwischen privaten Angeboten und einer staatlich organisierten Grundversorgung hätten. Sie könnten dann ihr Vertrauen den Vertrauensinstanzen schenken, die ihrer Meinung nach durch ihre Sicherungsarrangements die zuverlässigsten Vertrauensgrundlagen geschaffen haben. Den Interessen der Allgemeinheit entspricht diejenige Option am meisten, die die weitestgehenden demokratischen Steuerungsmöglichkeiten für die künftige Entwicklung bietet. Diese sind für Sicherungsinfrastrukturen unter staatlicher Regie deutlich höher als für Sicherungsinfrastrukturen in privater Initiative.

Nach alledem wäre also eine Grundversorgung unmittelbar durch staatliche Instanzen zu bevorzugen. Aus finanziellen und organisatorischen Gründen dürfte diese Option jedoch kaum zu realisieren sein, so daß näher darüber nachzudenken wäre, wie durch eine Organisationsprivatisierung einzelner oder aller Funktionen der Sicherungsinfrastruktur einerseits den praktischen Erfordernissen Rechnung getragen werden kann und andererseits die rechtlich schützenswerten Interessen aller Beteiligten gewahrt werden können.

---

[80] Siehe zu diesen Kap. 4.5.
[81] Zu den notwendigen Bedingungen für diese Möglichkeit siehe Kap. 4.5.
[82] Zu den grundlegenden rechtlichen Folgen unterschiedlicher Organisations- und Betriebsformen für die Bürger siehe Kap. 4.3.1.

4.4.3   Annex hoheitlicher Tätigkeit

Soweit öffentliche Schlüsselsysteme verwendet werden sollen, um die bereits bestehenden Aufgaben staatlicher Organe zu erleichtern, handelt es sich um einen Annex dieser bereits bestehenden öffentlichen Aufgaben. Sie sind selbst auch als öffentliche Aufgaben anzusehen. Hier ist zu unterscheiden die

- interne Nutzung (Ausgabe der Schlüsselpaare an die Mitarbeiter zur Verwendung als Amtsträger) und die
- externe Nutzung (Ausgabe der Schlüsselpaare an Bürger zur Verwendung im Verkehr mit der Behörde).

In allen diesen Fällen ist die bisher schon bestehende Gliederung des Staates zu berücksichtigen. Die Sicherungsinfrastrukturen müßten dieser angepaßt werden. Vor allem ist hier die Unterscheidung in öffentlich-rechtliche Körperschaften zu beachten. Daher wird es verschiedene Sicherungsinfrastrukturen geben müssen - für die Bundesrepublik Deutschland, die sechzehn Bundesländer, die Gemeinden und die Selbstverwaltungskörperschaften (Rechtsanwaltskammer und andere Kammern). Außerdem ist die gewaltenteilende Differenzierung der öffentlichen Gewalt in die Funktionen der Gesetzgebung, Regierung und Verwaltung sowie Rechtsprechung und deren organisatorische Ausformungen zu beachten.[83]

Auch für diese Sicherungsinfrastruktur sind die Anforderungen an eine Teilung und Kontrolle entstehender Machtpotenzen, informationelle Gewaltenteilung und Abschottung, parlamentarische Kontrolle und Datenschutzkontrolle zu beachten.

4.4.4   Sicherungsinfrastrukturen im privaten Bereich

Auch wenn staatlichen Organen die Aufgabe übertragen wird, die Grundversorgung der Bevölkerung und die Funktionsfähigkeit staatlicher Aufgabenerfüllung sicherzustellen, verbleibt ein weiter Bereich für private Sicherungsinfrastrukturen. Für diesen Bereich gewährleistet die Berufsfreiheit des Art. 12 Abs. 1 GG jedem, wirtschaftlich tätig zu werden und Sicherungsdienstleistungen anzubieten. Die Vereinigungsfreiheit des Art. 9 Abs. 1 GG und die von Art. 2 Abs. 1 GG gewährleistete Freiheit wirtschaftlicher Betätigung sichern jeder privatrechtlichen Organisation die rechtliche Möglichkeit, für eigene Zwecke eine interne Sicherungsinfrastruktur aufzubauen. Ob tatsächlich jedes Unternehmen, jeder Verband und jeder größere Verein angesichts der erforderlichen finanziellen, technischen und organisatorischen Anstrengungen[84] ein "originäres Interesse" daran haben wird, "das gesamte Schlüsselmanagement eigenständig auszuge-

---

[83]   Ebenso Goebel/ Scheller 1991, 22.

[84]   "Eines steht heute schon fest: Ein Trust Center wird aufwendig und sein Betrieb teuer sein" - Kowalski 1992, 27.

stalten und zu verwalten"[85], muß hier nicht entschieden werden. Sie könnten jedenfalls rechtlich nicht grundsätzlich daran gehindert werden.

Für unternehmens- oder organisationsinterne Anwendungen gibt es kein öffentliches Interesse, private Anwendungen zu verbieten - vorausgesetzt daten-, arbeits- und betriebsverfassungsrechtliche Regelungen werden eingehalten. Für Anwendungen mit Außenwirkung sind die Interessen Dritter und der Allgemeinheit zu schützen. Hierfür genügt es aber, diese Anwendungen einem staatlichen Zulassungs- und Aufsichtsverfahren zu unterwerfen. Solche subjektiven Zulassungsvoraussetzungen dürften ausreichen, mögliche Gefahren abzuwehren. Dabei könnten eventuell Anforderungen an die Sicherungsinfrastruktur für die Zertifizierung ohne Außenwirkung weniger streng sein als für eine Zertifizierung mit Außenwirkung. Objektive Zulassungsbeschränkungen erscheinen hierfür unverhältnismäßig.

Über die Gefahrenabwehr und Risikovorsorge hinaus ist der Gesetzgeber außerdem verfassungsrechtlich verpflichtet, für einen Ausgleich gesellschaftlicher Macht im Sozialstaat zu sorgen.[86] Durch den Einsatz von Sicherungsinfrastrukturen und den dadurch möglichen Ausbau der Telekooperation können sich die Kräfteverhältnisse zwischen den Beteiligten verschieben. Für privatrechtliche Vertragsbeziehungen zwischen den Vertrauensinstanzen und ihren Kunden sind daher Rahmenregelungen aufzustellen, die eine gerechte, dem wirtschaftlichen Machtgefälle und den tatsächlichen Einflußmöglichkeiten angepaßte Risikoverteilung zwischen den Vertragspartnern ermöglichen. Außerdem sind datenschutzrechtliche Regelungen zur Verarbeitung personenbezogener Daten erforderlich. Schließlich sind Haftungsregelungen erforderlich.[87]

Die Dienstleistungen der privaten Sicherungsinfrastrukturen müssen vertrauenswürdig angeboten werden. Die Instanzen, die diese Aufgaben wahrnehmen, müssen unabhängig und dieser Aufgabe verpflichtet sein. Dies setzt eventuell besondere Maßnahmen zur Gewährleistung der Vertrauenwürdigkeit voraus. Auch müssen Rechtsbeziehungen im Innenverhältnis der Sicherungsinfrastruktur so gestaltet werden, daß die vereinbarte Sicherungspolitik durchgesetzt und gegebenenfalls kontrolliert werden kann.

4.5   Rechtliche Rahmensetzung

Unabhängig von der recmhcn-institutionellen Verfassung der gesamten künftigen Sicherungsinfrastruktur und ihrer vielen differenzierten Unterstrukturen sind Regelungen der vielfältigen Rechtsbeziehungen, die durch die Sicherungsinfra-

---

[85] So Seidel 1992, 41.
[86] Siehe Roßnagel/ Wedde/ Hammer/ Pordesch 1990b, 164 ff.
[87] Siehe hierzu auch Roßnagel, NJW-CoR 1994, 100.

struktur beinflußt werden, erforderlich. Diese Rechtsbeziehungen bestehen innerhalb der Sicherungsinfrastruktur, zwischen den Instanzen der Sicherungsinfrastruktur und ihren Nutzern sowie zwischen den Telekooperationspartnern, die sich der angebotenen Dienstleistungen bedienen. Ihre Ausgestaltung ist für das Erzeugen von Vertrauensgrundlagen mindestens ebenso wichtig wie die institutionelle Verfassung der Sicherungsinfrastruktur. Diese Rechtsbeziehungen müssen vom Gesetz- oder Verordnungsgeber[88] nicht detailliert ausformuliert werden. Vielmehr können sie weitgehend der rechtlichen Selbstorganisation der Beteiligten, insbesondere in Form von Verträgen, überlassen werden. Insbesondere zum Schutz schwächerer Vertragspartner, Dritter oder der Allgemeinheit sind jedoch einige gesetzliche Regelungen unumgänglich.[89] Diese können weitgehend auf Rahmensetzungen beschränkt werden.[90]

Der Bedarf an rechtlichen Regelungen und die erforderlichen Rahmensetzungen können im folgenden nur angedeutet werden. Sie zeigen aber die Notwendigkeit und Möglichkeit verfassungsverträglicher Gestaltung von Sicherungsinfrastrukturen. Dabei wird ein spezieller, besonders heikler Bereich einer gesonderten Untersuchung vorbehalten: nämlich das Verhältnis der Sicherungsinfrastruktur zur staatlichen Aufgabe der Gewährleistung innerer Sicherheit.[91]

4.5.1 Rechtsbeziehungen innerhalb der Sicherungsinfrastruktur

Die Sicherungsinfrastruktur insgesamt wird ein sehr komplexes Gebilde von hierarchischen und gleichgeordneten Instanzen verschiedener Rechtsverfassung mit eventuell unterschiedlichen Funktionen sein. Alle Vertrauensinstanzen müssen aber - unter Umständen weltweit - zusammenarbeiten, wenn rechtsverbindliche Telekooperation möglich sein soll.[92] Zwischen ihnen können eine Fülle rechtlicher Konflikte entstehen, für die Lösungen gefunden werden müssen. Im folgenden können zu diesem Problemkreis nur einige, besonders wichtige Aufgaben benannt werden.

---

[88] Eine Differenzierung zwischen diesen beiden Formen rechtlicher Regulierung unterbleibt im folgenden. Vielmehr ist vereinfachend nur vom Gesetzgeber die Rede. Welche der genannten Aufgaben auch der Regierung als Verordnungsgeber überlassen werden könnte, bedarf näherer Untersuchungen.

[89] Zur Dringlichkeit und Reihenfolge der notwendigen gesetzgeberischen Schritte siehe näher Roßnagel, Kap. 8., in diesem Band.

[90] Siehe hierzu z. B. den Gesetzentwurf für ein Sicherungsinfrastrukturgesetz für den Bereich der Rechtspflege in provet/ GMD 1994a, 287 ff.

[91] Siehe hierzu Bizer, Kap. 5., in diesem Band.

[92] Siehe hierzu näher z. B. Dix, DuD 1994, 484 ff.

4.5.1.1 Zusammenarbeit zwischen Vertrauensinstanzen

Vertrauensinstanzen sind auf Kooperation untereinander angewiesen.[93] Vertrauensinstanzen unterschiedlicher Sicherungsinfrastrukturen müssen ihre Zertifikate gegenseitig anerkennen[94] und sich gegenseitig zertifizieren, sie müssen Auskünfte austauschen, sich gegenseitig informieren und warnen. Sie müssen die Verzeichnisse öffentlicher Schlüssel und die Sperrlisten gemeinsam erstellen und pflegen oder zumindest kompatibel halten.

Innerhalb einer Sicherungsinfrastruktur müssen die Vertrauensinstanzen ihre Sicherungspolitik so aufeinander abstimmen, daß keine Sicherungslücken entstehen. Werden die Funktionen auf verschiedene Vertrauensinstanzen verteilt, müssen die Sicherungsmaßnahmen aufeinander aufbauen können. Hierzu muß ein gleichmäßiges Sicherungsniveau gewährleistet werden. In einer hierarchischen Sicherungsinfrastruktur dürfen die höheren Vertrauensinstanzen die untergeordneten Vertrauensinstanzen nur zertifizieren, wenn sie die Anforderungen der gemeinsamen Sicherungspolitik erfüllen.[95]

Die Sicherungsinfrastrukturen und Vertrauensinstanzen sind also von einem hohen Maß an Zusammenarbeit abhängig. Zugleich aber liegen die verschiedenen Anbieter von Sicherungsdienstleistungen miteinander in wirtschaftlichem Wettbewerb. Die zu erwartenden Spannungen zwischen Kooperation und Konkurrenz muß der Gesetzgeber erkennen und durch entsprechende Verfahrensregelungen zumindest entschärfen. Er muß einen Rahmen schaffen, innerhalb dessen die notwendige Zusammenarbeit vertraglich vereinbart werden kann. Die Vorlage solcher Verträge sollte eine Voraussetzung für die Zulassung von Vertrauensinstanzen sein.[96]

Aus dem Blickwinkel der Verletzlichkeit ist es erforderlich, daß Vertrauensinstanzen sich gegenseitig vertreten können. Bestehen Substitutionsmöglichkeiten, kann das Schadenspotential des Ausfalls einer oder mehrerer Vertrauensinstanzen erheblich reduziert werden.[97] Privatrechtlich organisierte Vertrauensinstanzen und Sicherungsdienstleistungsanbieter können gegenseitige Stellvertretungen und Ersatzhandlungen vertraglich vereinbaren. Eine vertragliche Vorsorge, daß im Notfall Ersatzfunktionen durch eine andere Vertrauensinstanz übernommen werden, sollte Voraussetzung für die Zulassung von Vertrauensinstanzen sein.[98] Im öffentlichen Recht ist die sachliche und örtliche Zuständigkeit staatlicher Organe aber eindeutig und überschneidungsfrei durch die gesetzliche Kompetenzordnung

---

[93]   Zur notwendigen Zusammenarbeit auf internationaler Ebene siehe den Discussion Draft der EG-Kom 1994b, 453 ff.; siehe hierzu auch Rihaczek, DuD 1994a, 452f.

[94]   Siehe z. B. Schäfer 1994, 6.

[95]   Siehe hierzu näher Hammer, Kap. 2., 72, 80, in diesem Band.

[96]   Siehe hierzu Kap. 4.5.2.1.

[97]   Siehe hierzu näher Hammer, Kap. 3., 107 ff, in diesem Band.

[98]   Siehe hierzu Kap. 4.5.2.1.

geregelt. Stellvertretungen sind daher grundsätzlich nicht möglich.[99] Eine solche Regelung könnte und müßte jedoch ein Sicherungsinfrastrukturgesetz vorsehen.

4.5.1.2 Zusammenarbeit mit Behörden

In ähnlicher Weise ist das Verhältnis der staatlichen und privaten Sicherungsinfrastruktur zu anderen staatlichen Aufgabenträgern auszugestalten. In dieser Hinsicht ist das Spannungsverhältnis zwischen der Sicherung staatlicher Aufgabenerfüllung durch Amtshilfe und Schutz der Bürgerfreiheit durch Machtteilung und Machtbalance, insbesondere durch informationelle Gewaltenteilung und Informationsabschottung, zu einem tragfähigen Kompromiß zu führen. Dieses Spannungsverhältnis kommt etwa zum Tragen, wenn Behörden oder Gerichte von Vertrauensinstanzen Auskünfte über personenbezogene Daten anfordern. Vor allem aber stellt sich wegen der Möglichkeit der Verschlüsselung von Dokumenten und Sprachkommunikationen das Problem, ob etwa den Sicherheitsbehörden ein Duplikat des "geheimen" Schlüssels[100] zugänglich zu machen ist.[101]

4.5.1.3 Wettbewerbssicherung

Soweit die Sicherungsinfrastruktur als Betätigungsfeld unternehmerischer Initiative angesehen wird, muß sichergestellt werden, daß die Bildung von Monopolstrukturen verhindert und ein ausreichend breites Marktangebot ermöglicht wird. Marktmacht, die Marktwettbewerb gefährdet, muß begrenzt werden durch die bekannten Regulierungsmechanismen gegen unlauteren Wettbewerb und gegen Wettbewerbsbeschränkungen. Um gleiche Wettbewerbsbedingungen für alle Anbieter zu gewährleisten, sind - eventuell durch bereichsspezifische Wettbewerbsregelungen - einheitliche Rahmenbedingungen zu schaffen. Hierfür sind etwa Regelungen zu Kontrahierungsgeboten, zur Qualitätssicherung, zur Kontrolle Allgemeiner Geschäftsbedingungen, zur Haftung für Schäden, zu Deckungsvorsorgen und zu ähnlichen Anforderungen zum Schutz des wirtschaftlich Schwächeren erforderlich.[102] Zur Gewährleistung ausreichender Markttransparenz bedarf es Regelungen zur Vergabe von Qualitätsbestätigungen und zu Mindestangaben in Beschreibungen von Produkt- und Dienstleistungsangeboten.

---

[99] Ausnahmen bilden etwa die Ersatzzuständigkeit der Polizei nach der polizeilichen Generalklausel oder die Regelungen zur gegenseitigen Stellvertretung von Richtern.

[100] Zur Problematik von Duplikaten "geheimer" Schlüssel siehe 3Hammer 1994a, 272f.

[101] Siehe zu der entsprechenden Lösung im "Clipper-Chip-System" der USA Rueppel, DuD 1994, 443 ff.

[102] Siehe zum Verbraucherschutz und zu Haftungsregelungen näher Kap. 4.5.2.2 und 4.5.2.4.

4.5.1.4 Strukturveränderungen

Rechtlich zu regeln ist auch, wie Strukturveränderungen in den Sicherungsinfrastrukturen und zwischen diesen ermöglicht, organisiert und abgesichert werden. So muß zum Beispiel gewährleistet sein, daß die Aufgaben einer Vertrauensinstanz, wenn sie aufgelöst werden soll, von einer anderen Vertrauensinstanz ohne Nachteile für die Betroffenen übernommen werden können. Für den privaten Bereich ist zu bestimmen, unter welchen Voraussetzungen der Betrieb einer Sicherungsinfrastruktur aufgeben werden kann und welche Maßnahmen bei einem Konkurs oder einer Auflösung des Trägers der Sicherungsinfrastruktur zu treffen sind. Die entsprechenden Auflagen sollten Bestandteil der Zulassungsvoraussetzungen werden.[103]

4.5.2   Rechtsbeziehungen zwischen Vertrauensinstanzen und Dritten

Auch die Rechtsbeziehungen zwischen Vertrauensinstanzen, ihren Kunden oder Klienten und Dritten bedürfen einer spezifischen rechtlichen Gestaltung. Denn die Gewerbefreiheit und das allgemeine Vertragsrecht erscheinen den künftigen Herausforderungen einer informationstechnischen Sicherungsinfrastruktur nicht gewachsen zu sein. Bei der Suche nach entsprechendem Regelungsbedarf wird im folgenden versucht, nicht eine der beschriebenen Möglichkeiten einer rechtlichen Verfassung der Sicherungsinfrastruktur zugrundezulegen, sondern für alle Formen künftiger Sicherungsinfrastruktursysteme Herausforderungen und Lösungsansätze zu beschreiben. Dieses Ziel und der begrenzte Raum erzwingen eine Beschränkung auf wenige Hinweise.

4.5.2.1 Zulassungsregelungen

Den Vertrauensinstanzen als den Knotenpunkten der Sicherungsinfrastruktur muß ein hohes Maß an Vertrauen entgegengebracht werden können. Dieses kann auf zweierlei Weise entstehen und jeweils durch rechtlich-organisatorische Arrangements unterstützt werden. Einmal kann Systemvertrauen in die rechtsverbindliche Telekooperation und ihre Sicherungsinfrastruktur durch laufend sich bestätigende Erfahrungen mit ihrem ordnungsgemäßen Funktionieren im Zeitablauf gleichsam von selbst aufgebaut werden.[104] Zugleich aber werden beide durch die Abhängigkeit des einzelnen von ihnen zu Symbolkomplexen, die besonders störempfindlich sind. Jedes bekannt gewordene Ereignis wird unter dem Gesichtspunkt der Vertrauensfrage registriert. Einzelereignisse können wie Stichproben ausschlaggebende Bedeutung für das Ganze gewinnen.[105] Entspre-

---

[103] Siehe hierzu z. B. auch provet/ GMD 1994a, 113f., 241.
[104] Siehe hierzu allgemein z. B. Luhmann 1989, 54.
[105] Siehe z. B. näher Luhmann 1989, 31.

chend wichtig sind Auswahl und Kontrollmechanismen, die - soweit dies überhaupt möglich ist - vertrauensgefährdende Ereignisse oder gar Akteure ausschließen.

Soweit Vertrauensbildung nicht auf persönlicher Erfahrung aufbauen kann, wird Vertrauen als subjektive Reduktion der Komplexität künftiger Entwicklungsmöglichkeiten[106] erleichtert, wenn vertrauenswürdige Instanzen dafür einstehen, daß die zum sicheren Betrieb einer Vertrauensinstanz erforderlichen technischen, organisatorischen und personellen Voraussetzungen gewährleistet sind. Diese Gewißheit, an die Vertrauensbildung ansetzen kann, setzt zumindest Prüfungen vor Inbetriebnahme der Vertrauensinstanz und Kontrollen während ihres laufenden Betriebs voraus.[107] Erscheinen diese Prüfungen und Kontrollen vertrauenserweckend, kann auf weitere Informationen über die Vertrauensinstanzen verzichtet und dennoch Vertrauen in ihre Tätigkeit ausgebildet werden.[108]

Für die Errichtung und den Betrieb von Vertrauensinstanzen und Sicherungsinfrastrukturen sind also Zulassungsprüfungen einzuführen.[109] Die Sicherheitsdienstleistungen sind hochsensive Tätigkeiten. Daher muß zum einen die Vertrauenswürdigkeit der Betreiber von Vertrauensinstanzen außer Frage stehen.[110] Zum anderen müssen alle Komponenten einer Vertrauensinstanz schon im Entwicklungsstadium validierbar gestaltet und überprüft werden.[111]

Wie vertrauenswürdig der "vertrauenswürdige Dritte" sein muß, welche personellen, technischen und organisatorischen Anforderungen an ihn zu stellen sind, ist daher in Form von Zulassungsvoraussetzungen festzulegen.[112] In den Zulassungsverfahren wäre auch zu prüfen, ob die organisatorischen Voraussetzungen für den gebotenen Datenschutz gewährleistet[113] und ausreichende Versicherungen zur Sicherstellung möglicher Haftungsverpflichtungen abgeschlossen worden sind. Weiterhin wären die vertraglichen Vereinbarungen zur erforderlichen Zusammenarbeit mit anderen Sicherungsinfrastrukturen und Vertrauensinstanzen nachzuweisen und die vertragliche Vorsorge für die Ersatzzuständigkeit einer anderen Vertrauensinstanz zu überprüfen.[114]

Die Einhaltung der Zulassungsvoraussetzungen ist aber nicht nur für die Zulassung einer Vertrauensinstanz zu prüfen, sondern auch während ihres Betriebs

---

[106] Siehe hierzu näher Luhmann 1989, 20.

[107] Zu Prüfungsmöglichkeiten als Grundlage von Vertrauen siehe z. B. Luhmann 1989, 68.

[108] Siehe hierzu näher Luhmann 1989, 7f., 23 ff., 35 ff.

[109] Siehe hierzu aus dem Blickwinkel der Verletzlichkeit Hammer, Kap. 3., 128 f., in diesem Band.

[110] Siehe z. B. Kowalski 1992, 27.

[111] Siehe Kowalski 1992, 29.

[112] Siehe z. B. auch Seidel 1992, 41; Schäfer 1994, 6.

[113] Insbesondere sind die Anforderungen der §§ 9 BDSG bzw. 78a SGB X zu gewährleisten.

[114] Siehe hierzu näher Kap. 4.5.1.1.

zu kontrollieren. Notwendig erscheint die "permanente technische und organisatorische Prüfbarkeit" der Vertrauensinstanzen.[115] Der Gesetz- und Verordnungsgeber hat daher ein Aufsichtsverfahren zu etablieren und Behörden mit dieser Überwachungsaufgabe zu betrauen.

Nicht alle diese Zulassungsprüfungen und Kontrollen muß der Staat selbst durchführen. Vielmehr können die Anforderungen und die Prüfverfahren sehr unterschiedlich sein, je nachdem welche Funktion eine Vertrauensinstanz im Rahmen der rechtsverbindlichen Telekooperation jeweils ausübt. Dies sei am Beispiel der Zertifizierung näher erläutert und kann auf andere Funktionen entsprechend übertragen werden. Nach der oben dargestellten Unterscheidung[116] könnte es genügen, wenn diejenigen Zertifizierungsinstanzen staatlich zugelassen und kontrolliert werden, die Zertifikate zur Verwendung gegenüber Dritten ausgeben. Für Vertrauensinstanzen, die nur Zertifikate ohne Außenwirkung vergeben und diese auch so deklarieren, könnte eine staatliche Zulassungspflicht entfallen. Für deren Vertrauenswürdigkeit wäre allein der Betreiber, dessen Verband oder Kunde zuständig.[117] Schließlich wird noch die Errichtung einer bundeseinheitlichen Stelle mit Überwachungs, Koordinierungs- und Technikgestaltungsbefugnissen gefordert:[118]

- Überwachung von Vertrauensinstanzen mit Eingriffsbefugnissen im Bedarfsfall,
- Beobachtungspflicht zum Stand der Technik von Signaturverfahren,
- Pflicht zur Beobachtung und Sammlung des juristischen Signatur-Verifikationswisssens.[119]

Bei der Beobachtung und Weiterentwicklung des jeweiligen Stands der Technik wird an die einheitliche Richtliniengestaltung bestimmter Eigenschaften der Bedienoberfläche von Kommunikationssystemen und Sicherheitseigenschaften zu denken sein.

4.5.2.2 Verbraucherschutz

Im privaten Anwendungsbereich wäre das Verhältnis zwischen der Vertragsfreiheit aller Partner und einem Anspruch auf Dienstleistungen der jeweiligen Sicherungsinfrastruktur auszugestalten. Je nach Bedeutung der Dienstleistung und Wettbewerbssituation könnte ein Kontrahierungszwang für den Träger der Sicherungsinfrastruktur - je nach Etablierung oder Fehlen einer Grundversorgung - erforderlich sein.

---

[115] Siehe Kowalski 1992, 29; Schäfer 1994, 6.
[116] Siehe Kap. 4.3.2.
[117] Siehe hierzu näher provet/ GMD 1994a, 239f.
[118] Seidel 1992, 43.
[119] Seidel 1992, 43, 84 ff., der einen ähnlichen Vorschlag einer zentralen Zertifizierungsbehörde für die verwendeten öffentlichen Schlüsselsyteme der Danish Computer Society referiert.

Wegen der Abhängigkeit der Teilnehmer von dem korrekten Erbringen der Dienstleistungen dürften bereichsspezifische Regelungen des Verbraucherschutzes erforderlich sein. So sollte jedem die Möglichkeit gegeben werden, die Verfügungsbefugnis durch seine digitale Signatur rechtlich und wirtschaftlich zu beschränken. Die Handlungspflichten und Risiken - etwa für eine falsche oder verspätete Sperrung von Chipkarten - müssen zwischen Anbietern und Kunden gerecht verteilt sein.[120] Technische Mängel der verwendeten Verfahren dürfen nicht unter Ausnutzung von Vertragsmacht - etwa in Form von Beweisabreden - durch einseitige vertragliche Fiktionen zu Lasten des wirtschaftlich Schwächeren ausgeglichen werden. Auch wäre zu prüfen, ob die bestehenden AGB-Kontrollmöglichkeiten ausreichend sind.[121]

4.5.2.3 Datenschutz

Vertrauensinstanzen verarbeiten personenbezogene Daten. Sie führen interne und öffentliche Listen zu vielerlei Zwecken. Sie benötigen Datensammlungen zu beantragten und ausgegebenen Chipkarten, Nachweise zur Aushändigung von Chipkarten, Listen für öffentliche Schlüssel und Namen, Listen zur Gültigkeitsdauer von Schlüsselpaaren, Listen zu Pseudonymen und deren Klarnamen, Listen gesperrter Schlüsselpaare und ähnliche Sammlungen. Diese Informationen müssen teilweise allgemein, teilweise auf berechtigte Nachfrage dem Rechtsverkehr zur Verfügung gestellt werden, damit rechtsverbindliche Telekooperation überhaupt möglich sein wird.

Für diese Datenverarbeitung gelten die allgemeinen Regeln des Datenschutzrechts. Sind die Vertrauensinstanzen als Behörden oder Teil von Behörden öffentliche Stellen, so gelten für sie die Regelungen der §§ 12 ff. BDSG oder die einschlägigen Vorschriften des jeweiligen Landesdatenschutzgesetzes. Danach dürfen sie die personenbezogene Daten dann verarbeiten und Dritten zugänglich machen, wenn dies "zur Erfüllung der in der Zuständigkeit der speichernden Stelle liegenden Aufgaben erforderlich ist und es für Zwecke geschieht, für die die Daten erhoben worden sind". Eine Übermittlung ist nach § 16 BDSG außerdem zulässig, wenn der Empfänger ein "berechtigtes Interesse an der Kenntnis der zu übermittelnden Daten darlegt und der Betroffene kein Interesse an dem Ausschluß der Übermittlung hat".

Sind die Vertrauensinstanzen private Unternehmen oder Teil solcher Unternehmen, so richtet sich die zulässige Datenverarbeitung nach den Vorschriften der §§ 27 ff. BDSG. Soweit mit den Personen, von denen Daten verarbeitet werden, eine Vertragsbeziehung besteht, ist die Datenverarbeitung für die Erfüllung eigener Geschäftszwecke nach § 28 Abs. 1 Nr. 1 BDSG im Rahmen der Zweckbestimmung dieses Vertragsverhältnisses erlaubt. Die Übermittlung oder

---

[120] Siehe hierzu näher Hammer, Kap. 3., 128 f., in diesem Band.
[121] Zu Haftungsfragen siehe eigens Kap. 4.5.2.4.

Nutzung der Daten ist nach § 28 Abs. 2 BDSG auch zulässig, soweit es zur Wahrung berechtigter Interessen eines Dritten oder öffentlicher Interessen erforderlich ist. Für das Führen von Sperrlisten, die personenbezogene Daten für den Zweck der Übermittlung enthalten, richtet sich die datenschutzrechtliche Zulässigkeit nach § 29 BDSG. Danach ist das Speichern und Verändern der Daten zulässig, wenn kein Grund zur Annahme besteht, daß der Betroffene ein schutzwürdiges Interesse an dem Ausschluß der Speicherung oder Veränderung hat. Ist die Chipkarte verloren oder gestohlen, hat der Betroffene selbst ein Interesse an der Datenspeicherung. Wird er in die Liste aufgenommen, weil er mit der Chipkarte Mißbrauch getrieben hat, dürfte sein Interesse an der Nichtaufnahme in die Sperrliste nicht schutzwürdig sein.[122] Die Übermittlung der Daten aus Sperrdiensten ist nach § 29 Abs. 2 BDSG zulässig, wenn der "Empfänger ein berechtigtes Interesse an ihrer Kenntnis glaubhaft dargelegt hat ... und kein Grund zu der Annahme besteht, daß der Betroffene ein schutzwürdiges Interesse an dem Ausschluß der Übermittlung hat". Ein berechtigtes Interesse des Anfragers und ein fehlendes schutzwürdiges gegenläufiges Interesse des Betroffenen wird immer dann anzunehmen sein, wenn der Anfrager die Gültigkeit einer digitalen Signatur des Betroffenen überprüfen will. Die Übermittlung kompletter Sperrlisten[123] dürfte dagegen datenschutzrechtlich unzulässig sein, weil der Anfrager kein berechtigtes Interesse hat, alle gesperrten Chipkarten und Schlüsselpaare zu kennen.[124] Die Gründe für das Vorliegen eines berechtigten Interesses und die Art und Weise ihrer glaubhaften Darlegung sind nach § 29 Abs. 2 Satz 4 BDSG bei der Übermittlung im automatisierten Abrufverfahren vom Empfänger aufzuzeichnen.[125]

Nach diesem kurzen Überblick dürften die für den Betrieb von Vertrauensinstanzen erforderlichen Speicherungen und Übermittlungen personenbezogener Daten nach geltendem Datenschutzrecht grundsätzlich zulässig sein.[126] Allerdings ist zu bedenken, daß die genannten Rechtsgrundlagen sehr allgemein gefaßt sind. Über die Frage, was "erforderlich" oder "schutzwürdig" ist, kann daher sehr leicht Streit entstehen, der langwierige Gerichtsprozesse nach sich zieht. Darüberhinaus ist zu berücksichtigen, daß die Vertrauensinstanzen viele und hochsensitive personenbezogene Daten verarbeiten. Die Datenspeicherung und -

---

[122] Siehe zu weitere Problemen des Datenschutzes bei Sperrlisten Hammer, Kap. 3., 116f., in diesem Band.

[123] Zu lokalen Sperrverzeichnissen der einzelnen Anwender siehe Hammer, Kap. 3., 113 ff., in diesem Band.

[124] Alle Daten aus der Sperrliste zu kennen, ist nicht erforderlich, um eine Signatur zu überprüfen - siehe hierzu auch Hammer, Kap. 2., 68 ff., in diesem Band, und ausführlicher Hammer 1994c, provet-AP 149, Kap. 2.6; zum Kriterium der Erforderlichkeit der Kenntnis als Voraussetzung der Übermittlung siehe z. B. BGH, NJW 1984, 1868.

[125] Eine Frist zur Aufbewahrung der Aufzeichnungen nennt das Gesetz nicht - siehe hierzu näher Ordemann/ Schomerus/ Gola 1992, § 29 Rn. 5.3.

[126] Zu dem gleichen Ergebnis kommen Goebel/ Scheller 1991, 46 ff.

übermittlung kann über die elektronische Handlungs- oder Geschäftsfähigkeit, Kredit- oder Vertrauenswürdigkeit entscheiden. Daher sollte die Zulässigkeit der Datenverarbeitung nicht den Streit provozierenden Generalklauseln des bereichsübergreifenden Datenschutzrechts überlassen werden. Vielmehr sollten die jeweils zulässigen Zwecke der Datenverarbeitung in bereichsspezifischen Regelungen des Datenschutzes festgelegt werden. Insbesondere sollte zweifelsfrei festgelegt werden, daß die gespeicherten Daten ausschließlich zu dem Zweck genutzt und übermittelt werden dürfen, um die notwendigen Funktionserfordernisse der Sicherungsinfrastruktur zu erfüllen.[127] Nur eine enge und spezifische Begrenzung der Verarbeitungszwecke kann die erforderliche Vertrauensbasis bei den Nutzern schaffen. Dabei muß die Schwierigkeit, die Zweckbegrenzung zu gewährleisten, durch verfahrensrechtliche und organisatorische Regelungen kompensiert werden.[128] Insgesamt würde durch eine solche bereichsspezifische Datenschutzregelung[129] nicht nur die Rechtssicherheit erhöht, sondern auch der Schutz des jeweils betroffenen Rechts auf informationelle Selbstbestimmung verbessert.[130]

Würde eine einheitliche und hierarchische, europäische oder weltweite Namens- und Zertifizierungshierarchie aufgebaut werden,[131] wie die Empfehlungen des internationalen Komitees der Fernmeldeverwaltungen in CCITT X.500 im Rahmen ihres "Directory Authentication Frameworks" vorschlägt, würde mit diesen Sammlungen personenbezogener Daten[132] ein europäisches oder weltweites Personenregister errichtet.[133] Der "distinguished name" könnte als weltweites Personenkennzeichen fungieren.[134] Wie der Rechtsausschuß des Deutschen Bundestags bereits 1976 festgestellt hat, ist bereits ein nationales Personenkennzeichen verfassungswidrig.[135] Umso mehr würde es gegen deutsches Verfassungsrecht verstoßen, an einem weltweiten Personenkennzeichen und Personenregister mitzuwirken. Diesem Problem kann eine Sicherungsinfrastruktur nicht völlig entrinnen. Denn sie setzt eine eindeutige Kennzeichnung und Schlüsselzuordnung zu einer bestimmten Person voraus. Das Problem kann aber entschärft werden. Zum einen verhindert eine pluralistische und dezentrale

---

[127] Zur datenschutzrechtlichen Abgrenzung der Sicherungsinfrastruktur von den Aufgaben staatlicher Sicherheits- und Geheimdienstbehörden siehe Bizer, Kap. 5., 184 ff., 191 ff., in diesem Band.

[128] Siehe hierzu Bizer 1992, 212f.

[129] Wie sie etwa im Personalausweisgesetz getroffen worden ist.

[130] Siehe hierzu näher BVerfGE 65, 1 (46).

[131] Siehe zu solchen Verzeichnisdiensten Hammer/ Pordesch/ Roßnagel/ Schneider 1994, 28 ff.

[132] Zu dem weiteren datenschutzrechtlichen Problem, die Zweckbindung der im Verzeichnisdienst gespeicherten Daten zu gewährleisten, siehe näher Hammer/ Pordesch/ Roßnagel/ Schneider 1994, 41 ff.

[133] Hierauf weist z. B. Seidel 1992, 39f. hin.

[134] Siehe hierzu z. B. Rihaczek, DuD 1988a, 336 ff.; Rihaczek, DuD 1994c, 129; Dix, DuD 1994, 487.

[135] Siehe BT-Drs. 7/ 1059; siehe auch BVerfGE 65, 1 (53, 56f.).

Struktur der Vertrauensinstanzen, insbesondere der Namensgebungs- und Zertifizierungsinstanzen, und die Nutzung getrennter Sicherungsinfrastrukturen für unterschiedliche Anwendungszwecke[136], daß ein einziges einheitliches Register[137] aufgebaut wird.[138] Zum anderen kann die Nutzung der verteilten Datensammlungen als dezentrales Personenregister und der "distinguished name" als Personenkennzeichen dadurch verhindert werden, daß verboten und sanktioniert wird, ihn zum Aufbau von Datensammlungen zu verwenden.[139] Drittens wird der Aufbau eines einheitlichen Personenregisters mit Personenkennzeichen durch die Möglichkeit erschwert, auf Pseudonyme Schlüsselpaare zu erwerben und unter Pseudonym elektronisch zu agieren.[140]

4.5.2.4 Haftung

Vertrauen setzt faktische Anhaltspunkte dafür voraus, daß derjenige, dem Vertrauen entgegengebracht werden soll, sich künftig so verhalten wird, wie der Vertrauende dies durch seinen Vertrauensvorschuß erwartet.[141] Mitentscheidend für Vertrauen ist, daß der Vertrauende Sanktionsmöglichkeiten hat und der Vertrauensempfänger keine oder wenige Vorteile von einer Enttäuschung des Vertrauens hat.[142] Mitentscheidend für das Vertrauen, das Vertrauensinstanzen entgegengebracht wird, dürfte daher die Regelung ihrer Haftung und die Durchsetzungsmöglichkeiten von Haftungsansprüchen sein.

Gegenüber dem geschädigten Kunden oder Klienten dürfte eine Haftung der Vertrauensinstanz bereits nach geltendem Recht bestehen. Sie haftet für Fehler je nach rechtlicher Ausgestaltung der Beziehung aufgrund des abgeschlossenen Vertrags oder aufgrund einer Amtspflichtverletzung nach §§ 839 BGB, Art. 34 GG. Wird ein Schlüsselpaar zweimal vergeben, der öffentliche Schlüssel falsch eingetragen, das Zertifikat mit einem fehlerhaften Schlüssel erteilt, die Chipkarte dem Falschen ausgehändigt oder eine unzulässige Sperrung veranlaßt, so müssen die Vertrauensinstanzen grundsätzlich für den gesamten dadurch entstandenen Schaden einstehen. Die Praxis muß jedoch erweisen, ob es dem Geschädigten auch gelingen kann, in einem Streitverfahren alle erforderlichen Voraussetzungen für den Haftungsanspruch zu beweisen.[143] Er müßte für eine vertragliche

---

[136] Dieses Gegenmittel hilft allerdings nicht gegenüber einer breiten Grundversorgung durch eine Sicherungsinfrastruktur.

[137] Dies würde allerdings einen Bruch mit der Konzeption von CCITT X.500 voraussetzen.

[138] Siehe zur freiheitssichernden Funktion der Gestaltung von Informations- und Kommunikationssystemen allgemein Roßnagel 1994b, 227 ff.

[139] Siehe z. B. für die Kranken-Versichertenkarte § 291 SGB V.

[140] Siehe hierzu näher Bizer, Kap. 5.3.4,, in diesem Band, sowie für X.500 z. B. Rihaczek, DuD 1988a, 342; Dix, DuD 1994, 487f.

[141] Siehe z. B. näher Luhmann 1989, 34.

[142] Siehe hierzu näher Luhmann 1989, 35.

[143] Zweifel hieran hegen z. B. Goebel/ Scheller 1991, 43.

Haftung nachweisen, daß ein Fehler der Vertrauensinstanzen vorliegt und für die Amtshaftung, daß eine ihm gegenüber bestehende Amtspflicht vorsätzlich oder fahrlässig verletzt worden ist. Da er wenig bis keinen Einblick in die internen Abläufe der Vertrauensinstanzen hat, dürfte ihm ein solcher Nachweis schwer fallen und in vielen Fällen sogar unmöglich sein.

Verbessert ist die Rechtsstellung des Betroffenen, wenn sein Schaden durch eine unzulässige oder unrichtige automatisierte Datenverarbeitung verursacht worden ist. Gegenüber einer öffentlichen Stelle kann er dann nämlich die Gefährdungshaftung nach § 7 BDSG geltend machen.[144] Dieser Anspruch ist allerdings auf 250.000 DM begrenzt. Weitergehende Schäden werden danach nicht ersetzt. Diese Erleichterung gilt allerdings nicht gegenüber einer nicht-öffentlichen Stelle. Wird die Vertrauensinstanz von einem privaten Unternehmen geführt, kann der Betroffene keine Gefährdungshaftung, sondern nur eine vertragliche Fehlerhaftung oder eine deliktische Verschuldenshaftung geltend machen.[145] Dabei ordnet § 8 BDSG allerdings eine begrenzte Beweislastumkehr zu seinen Gunsten an. Für die Frage, ob der Schaden die Folge eines von der speichernden Stelle zu vertretenden Umstandes ist, trifft diese die Beweislast.[146] Den Eintritt des Schadens und das datenschutzrechtswidrige Verhalten der Vertrauensinstanz muß der Betroffene auch in diesem Fall beweisen. Festzuhalten bleibt auch, daß alle diese Erleichterungen nur für die Betroffenen der Datenverarbeitung, also die Chipkarteninhaber, gelten. Als solche gelten nach § 2 Abs. 1 BDSG nur natürliche Personen, nicht zum Beispiel Vereine oder Handelsgesellschaften.[147] Die Haftungserleichterungen wirken auch nicht für alle sonstigen Beteiligten am elektronischen Rechtsverkehr.

Gegenüber einem Dritten - zum Beispiel gegenüber dem Empfänger einer digitalen Signatur - ist eine Haftung der Vertrauensinstanzen noch viel schwieriger zu begründen. Doch auch dieser ist schutzwürdig. Über diesen Aspekt ausgleichender Gerechtigkeit hinaus ist eine Haftung gegenüber Dritten eine Funktionsvoraussetzung der rechtsverbindlichen Telekooperation. Denn Vertrauen kann ein Dritter einem vorgelegten Zertifikat nur dann entgegenbringen, wenn die zertifizierende Stelle für den Inhalt des Zertifikats einsteht. Sofern das Zertifikat gegenüber Dritten eine Garantiefunktion übernehmen soll, muß diese Garantie als Tatbestand rechtlicher Haftung eingeklagt werden können. Dies ist derzeit allenfalls in Form einer deliktischen Verschuldenshaftung nach §§ 823 oder 839 BGB möglich. Hierfür müßte der Geschädigte der Vertrauensinstanz die kausale schuldhafte Verursachung seines Schadens nachweisen. Macht er eine Amtshaftung geltend, muß er außerdem darlegen, daß eine ihm gegenüber

---

[144] Siehe hierzu näher Ordemann/ Schomerus/ Gola 1992, § 7 BDSG Rn. 2; zu den Haftungsregelungen in den einzelnen Landesdatenschutzgesetzen siehe näher Schmidt 1990, 3 ff.

[145] Siehe hierzu näher Ordemann/ Schomerus/ Gola 1992, § 8 BDSG Rn. 1.

[146] Siehe hierzu näher Ordemann/ Schomerus/ Gola 1992, § 8 BDSG Rn. 4.

[147] Siehe hierzu z. B. Dörr/ Schmidt 1991, 26.

bestehende Amtspflicht verletzt worden ist. Ob eine solche Amtspflicht gegenüber allen möglichen künftigen Empfängern von Willenserklärungen des Chipkarteninhabers anzunehmen sein wird, dürfte ohne gesetzliche Klarstellung zweifelhaft sein. Macht er eine unerlaubte Handlung einer privatrechtlich agierenden Vertrauensinstanz geltend, kann er als Schaden nur die Verletzung von Leben, Körper, Gesundheit, Freiheit, Eigentum oder eines sonstigen absoluten Rechts geltend machen. Reine Vermögensschäden werden dagegen nicht ausgeglichen.

Schon heute ist absehbar, daß die nach geltendem Recht bestehende Vertrags- und Verschuldenshaftung der Vertrauensinstanzen nicht ausreichen dürfte, um in allen Schadensfällen sachgerechte Lösungen zu ermöglichen. Um die bestehenden Beweisschwierigkeiten der Geschädigten zu lindern, wäre eine Umkehr der Beweislast zu erwägen, wenn ein Schaden vorliegt und dieser durch die Vertrauensinstanz verursacht sein kann.[148] Damit auch in den Schadensfällen, in denen mangels Kenntnis der internen Abläufe den Vertrauensinstanzen weder Vorsatz noch Fahrlässigkeit nachgewiesen werden kann, ein Schadensausgleich möglich ist, wäre daran zu denken, eine Verschuldensvermutung bei objektiver Verletzung noch zu definierender Verkehrssicherungspflichten einzuführen. Um der sozial erforderlichen Garantiefunktion der Zertifikate auch rechtlich den erforderlichen Nachdruck zu verleihen, sollte für diese eine Gefährdungshaftung eingeführt werden. Aufgrund des vergleichbaren hohen Vertrauensanspruchs wäre dies auch für sensitive Sperrverzeichnisse und Sperrauskünfte zu erwägen. Für alle Vertrauensinstanzen sollte der Abschluß einer Haftpflichtversicherung verbindlich vorgeschrieben sein.[149]

4.5.3   Rechtsbeziehungen zwischen Telekooperationspartnern

Der elektronische Rechtsverkehr ist nicht der gleiche wie der in mündlicher oder in papierner Form geführte Rechtsverkehr, der sich "lediglich eines anderen Mediums" bedient.[150] Eine solche Sichtweise übersieht die entscheidenden Unterschiede zwischen mündlicher, papierner und elektronischer Kooperation. Die bisherigen Rechtsregeln, die das Medium Papier voraussetzen, können daher nicht problemlos auf die elektronische Informationsverarbeitung und Telekommunikation übertragen werden.[151] Es genügt auch nicht, nur in wenigen Zweifelsfällen einige "klarstellende Normen" zu schaffen, "die neue Risikoverteilungen oder juristischen Beistand vorsehen".[152] Vielmehr sind sowohl die neuen,

---

[148] Dies fordern ebenso Goebel/ Scheller 1991, 44, allerdings nur zugunsten des Nutzers. Sie übersehen dabei das Haftungsproblem gegenüber dem vertrauenden Dritten. Siehe zu vergleichbaren Regelungen z. B. das Umwelthaftungsgesetz.

[149] Ebenso Goebel/ Scheller 1991, 44.

[150] So aber Bundesnotarkammer 1994, 2.

[151] Siehe z. B. näher Roßnagel, NJW-CoR 1994, 96 ff.

[152] So Bundesnotarkammer 1994, 2.

durch Telekooperation geschaffenen Risiken für Grundrechte und bewährte Rechtsinstitute abzuwehren, als auch die sich neu eröffnenden Chancen, die Verwirklichungsbedingungen von Rechtszielen zu verbessern, zu nutzen.[153] Welche Risiken oder Chancen real werden, ist eine Frage der technischen, organisatorischen, aber auch weitgehend der rechtlichen Gestaltung.[154] Die damit verbundene Schutzaufgabe muß der Gesetzgeber annehmen, die sich bietenden Chancen muß er ergreifen. Die vor ihm liegende Gestaltungsaufgabe ist durch das Vorstehende bereits deutlich geworden. Sie soll im folgenden für die rechtliche Ausgestaltung der Beziehungen zwischen den die Sicherungsinfrastruktur nutzenden Telekooperationspartnern weiter verdeutlicht werden.

4.5.3.1 Sicherung der Freiwilligkeit

Die Chipkarte mit dem geheimen Schlüssel entspricht einer Art Personalausweis.[155] Das Schlüsselpaar und ihr Zertifikat dienen der elektronischen Identifikation. Diese ist im Rahmen einer sicheren, vertrauenswürdigen und rechtsverbindlichen Telekooperation unvermeidlich.[156] Die Identifikation kann auf andere persönliche Merkmale als den wahren Namen verschoben,[157] auf sie kann aber nicht gänzlich verzichtet werden. Zur elektronischen Identifizierung gibt es innerhalb der Telekooperation keine Alternative. Umso wichtiger für eine verfassungsverträgliche Ausgestaltung ist daher, daß es zu telekooperativem Handeln Alternativen gibt. Telekooperation soll von demjenigen frei gewählt werden können, der ihre Vorteile nutzen möchte. Sie soll aber gleichfalls von demjenigen gemieden werden können, der ihre Nachteile fürchtet.

Die Nutzung öffentlicher Schlüsselsysteme und digitaler Signaturen muß freiwillig sein. Jeder muß grundsätzlich die Möglichkeit haben, frei darüber zu entscheiden, ob er an elektronischer Telekooperation teilnimmt oder nicht. Rechtlich ist diese freie Entscheidung durch ein Diskriminierungsverbot sicherzustellen. Unterstützend zu dieser rechtlichen Regelung ist allerdings eine organisatorische Gestaltung der Anwendungen und Infrastrukturen erforderlich. Sie müssen jeweils Alternativen zur Telekooperation ermöglichen. Sonst läuft die rechtliche Absicherung der Freiwilligkeit praktisch ins Leere.

4.5.3.2 Rechtsverbindliche Telekooperation

Schließlich bedarf es für jede Anwendung Regelungen, die diese in die bisherige Regelungsstruktur des Anwendungsfeldes einpaßt. So wäre etwa für die

---

[153] Siehe zu den Aufgaben und Möglichkeiten z. B. Roßnagel, Universitas 1994, 837 ff.
[154] Siehe hierzu z. B. näher Roßnagel 1994a, 267 ff.
[155] Diese Nähe zum Personalausweis hat oben 4.4.2.2 bereits zu einer Organisationsalternative geführt.
[156] Siehe hierzu z. B. Lenk/ Goebel/ Schmalz 1986, 79f.
[157] Siehe zu Pseudonymen Kap. 4.5.3.3.

rechtsverbindliche Telekooperation zu regeln, in welchen Anwendungsbereichen Papierdokumente durch elektonische - eventuell digital signierte Dokumente ersetzt werden können. Vorbild könnten insofern § 37 Abs. 4 VwVfG, die Änderung des § 690 Abs. 3 ZPO im Jahr 1990 und das Registerverfahrensbeschleunigungsgesetz vom Dezember 1993 sein. Dabei muß der Gesetzgeber allerdings beachten, daß eine schlichte Freigabe elektronischer Verfahren der Bedeutung und den Folgen nicht gerecht würde, die mit dem Übergang vom Papier als Medium rechtsverbindlicher Willenserklärungen zur Elektronik verbunden sind. Über eine Zulassungsregelung hinaus muß der Gesetzgeber Regelungen treffen, die die spezifischen Besonderheiten digital signierter Dokumente erfassen. Hierfür kann auf Ergebnisse des Forschungsprojekts "Verletzlichkeit und Verfassungsverträglichkeit rechtsverbindlicher Telekooperation" zurückgegriffen werden.[158]

So müßte beispielsweise geregelt werden, in welchen Anwendungsbereichen jemand sich auf digitale Signaturen als Schriftform berufen kann oder sie gegen sich gelten lassen muß.[159] Umgekehrt ist nicht zu empfehlen, ein eigenes Beweismittel für digital signierte Dokumente bereits heute zu schaffen. Im Beweisrecht dürfte eher Vorsicht geboten sein. Hier sollten digital signierte Dokumente ihre Beweisqualitäten erst einmal im Rahmen des Augenscheins- oder Sachverständigenbeweises belegen.[160] Regelungen müßten dagegen für das Nebeneinander papierner und elektronischer Aktenbestandteile bei Gerichten und Verwaltungen und die damit verbundenen Konsistenzprobleme gefunden werden.[161] Da es die Unterscheidung zwischen Original und Kopie bei elektronischen Dokumenten nicht mehr gibt, sondern nur noch Originale, entfallen Abschriften, Durchschriften und deren Beglaubigung. Dafür entstehen aber neue Probleme, nämlich zum Beispiel der Nachweis einer Identität zwischen Ausdruck und elektronischem Dokument oder die Gewährleistung von Unikatsfunktionen etwa beim Wechsel, Scheck oder Vollstreckungsbescheid.[162] Für den telekooperativen Rechtsverkehr sind Zustellformen wie Einschreiben, Einschreiben mit Rückschein und Zustellungsurkunden nachzubilden und adäquat zu regeln.[163] Eine weitere regelungsbedürftige Frage betrifft die Möglichkeit, sich - im Gegensatz zur handschriftlichen - in der persönlichen Unterschrift vertreten zu lassen, ohne

---

[158] Siehe den Projektbericht in provet/ GMD 1994a; siehe z. B. auch Roßnagel, CR 1994, 498 ff.

[159] Siehe hierzu z. B. provet/ GMD 1994a, 104 ff., 200 ff.; Roßnagel, NJW-CoR 1994, 99; Roßnagel, CR 1994, 503.

[160] Siehe hierzu näher provet/ GMD 1994a, 227; Hammer 1993, 269 ff.; Hammer/ Bizer, DuD 1993, 689 ff.; Bizer/ Hammer, DuD 1993, 619 ff.; Bizer 1994a, 157 ff.; Roßnagel, NJW-CoR 1994, 99f.; Roßnagel, CR 1994, 505.

[161] Siehe provet/ GMD 1994a, 98 ff.; Roßnagel, CR 1994, 502f.

[162] Siehe provet/ GMD 1994a, 108 ff.; Roßnagel, CR 1994, 503.

[163] Siehe provet/ GMD 1994a, 110f., 223 ff.; Roßnagel, CR 1994, 503.

daß vom Empfänger der Willenserklärung erkannt werden kann, ob es sich um einen Fall der Stellvertretung handelt.[164] Um ein letztes Beispiel zu nennen: Die Rechtsordnung muß entscheiden, ob sie die Möglichkeit nutzen will, die digitale Signatur mit zertifizierten Qualifikationen zu versehen wie "Richter am Arbeitsgericht", "Anwalt, zugelassen beim ..." oder "allein zeichnungsberechtigter Geschäftsführer" und damit die Sicherheit im Rechtsverkehr zu erhöhen.[165]

4.5.3.3 Dateneinsparung

Zwischen den Partnern elektronischer Telekooperation können öffentliche Schlüsselsysteme dafür genutzt werden, Verwirklichungsbedingungen von Grundrechten gegenüber heute zu verbessern. Als Beispiele seien abschließend die Einsparung personenbezogener Daten, pseudonymes Handeln und Geheimnisschutz genannt.

Öffentliche Schlüsselsysteme können in Verbindung mit Chipkartennutzungen dafür verwendet werden, personenbezogene Daten einzusparen, indem weniger personenbezogene Daten gespeichert und verarbeitet werden, als dies gegenwärtig der Fall ist. Dateneinsparung ist die beste Form des Datenschutzes, weil keine Zweckbindungen der Datenverarbeitung festgelegt, keine Zweckentfremdungen kontrolliert und keine Rechte auf Transparenz und Korrektur unzulässiger Datenverarbeitung geltend gemacht werden müssen. Die Einsparung personenbezogener Daten läßt sich überall dort erreichen, wo mit Hilfe der Schlüsselpaare eine entsprechende Berechtigung für eine Leistung nachgewiesen werden kann, ohne daß hierfür der Leistungsempfänger oder auch der Leistungserbringer identifiziert werden müssen. Zwei Beispiele sollen diese Möglichkeiten, personenbezogene Daten einzusparen, erläutern:

- Mit Chipkarten können elektronische Geldbörsen realisiert werden, mit deren Hilfe am Ort des Verkaufs ebenso anonym bezahlt werden kann wie mit Bargeld auf dem Markt. Diese Form elektronischen Bezahlens bietet dessen Vorteile, verhindert jedoch, daß Datensammlungen über das Konsumverhalten angelegt werden können. Sie ist allen Formen identifizierenden Bezahlens vorzuziehen. Allerdings ist sie nur geeignet für die Vertragsverhältnisse, in denen Leistung und Gegenleistung gleichzeitig ausgetauscht werden.
- Patientenchipkarten können zur Dokumentation von Diagnose-, Prognose-, Therapie- und Notfalldaten verwendet werden. Werden die Daten dezentral beim Patienten gespeichert, hat grundsätzlich er die Verfügungsbefugnis über diese Daten. Durch die dezentrale Datenhaltung kann die Datenspeicherung in den geplanten großen, zentralen Netzwerken zur medizinischen Dokumentation überflüssig werden. Patientenkarten können sogar so gestaltet sein,

---

[164] Siehe provet/ GMD 1994a, 205f.; Roßnagel, CR 1994, 504f.
[165] Siehe provet/ GMD 1994a, 206 ff.; Roßnagel, CR 1994, 505.

daß sie von sich aus den Inhaber nicht identifizieren. Dadurch kann eine weitgehende Anonymität gewährleistet werden.[166]

Chipkarten als Instrument der Dateneinsparung setzen eine entsprechende technische Gestaltung, eine passende organisatorische Infrastruktur und geeignete rechtliche Rahmenregelungen voraus. So wäre zum Beispiel für die elektronische Geldbörse technisch sicherzustellen, daß das Fälschen elektronischen Geldes ausgeschlossen ist. In organisatorischer Hinsicht ist zu klären, wer elektronische Geldbörsen ausgeben und "auftanken" darf, wie und zwischen wem die Verrechnung elektronischen Geldes erfolgt, wer in welcher Form für fehlerhafte Geldbörsen haftet. Banken haben nur ein beschränktes Interesse an elektronischen Geldbörsen, weil sie Gebühren und Kundenkontakte reduzieren. Für eine anonyme Patientenkarte wäre zum Beispiel sicherzustellen, daß nicht jeder behandelnde Arzt die Daten aus der Chipkarte in seinen Datenbestand übernimmt, mit einem identifizierenden Bezug versieht und dann vielleicht mit anderen Ärzten oder Leistungsträgern austauscht. Ohne staatliche Hilfestellung und Rahmensetzung dürften sich anonyme Chipkartenanwendungen - trotz ihrer Grundrechtsvorteile - nicht durchsetzen. Der Gesetzgeber sollte deshalb dafür Sorge tragen, daß sie zumindest als ein Angebot bestehen, das Verbraucher oder Patienten wählen können.

4.5.4   Pseudonyme

Zur Verbesserung der Verwirklichungsbedingungen mehrerer Grundrechte könnten Pseudonyme ermöglicht werden.[167] Sie ermöglichen dem einzelnen, rechtsverbindlich unter unterschiedlichen Namen zu handeln und dadurch tatsächlich "selbst zu entscheiden, wann und innerhalb welcher Grenzen persönliche Lebenssachverhalte offenbart werden".[168] Da künftig nahezu jeder Telekooperationsakt Datenspuren hinterläßt, wird die Zusammenführung, Auswertung und Vermarktung dieser personenbezogenen Informationen deutlich zunehmen. Gegen diese Gefahr könnte das Konzept pseudonymen Handelns eine individuelle Handlungsmöglichkeit eröffnen. Nach diesem kann sich jeder von Vertrauensinstanzen beliebig viele Namen als Pseudonyme zuteilen lassen und seine Teleüberweisungen, Teleeinkäufe, Telebuchungen, Teleberatungen und Informationsnachfragen unter wechselnden Namen, aber dennoch rechtssicher abwickeln. Mit Hilfe dieses Konzepts könnten die Selbstbestimmung und Entscheidungsfreiheit des einzelnen verbessert und insbesondere seine Rechte auf infor-

---

[166] Die Nachweise der Berechtigungen und der Authentizität der Daten wird durch Zertifikate gesichert.

[167] Siehe hierzu näher provet/ GMD 1994a, 210 ff.; Roßnagel 1994a, 274f.; zu der damit verbundenen Strategie des kalkulierten Nichtwissens siehe bereits Lenk/ Goebel/ Schmalz 1986, 75, 101f.

[168] BVerfGE 65, 1 (43).

mationelle und kommunikative Selbstbestimmung gesichert werden. Auch wenn er nicht verhindern kann, daß er eine Datenspur hinterläßt, so kann er mit Pseudonymen zumindest unterbinden, daß diese Spur aus einseitigen Interessen bis zu ihm zurückverfolgt werden kann. Indem er entscheidet, ob er in elektronischen Kontakten unter einem Pseudonym auftritt, kann er selbst darüber bestimmen, wer die Informationen, die durch diesen Kontakt entstehen, personenbezogen verarbeiten kann. So kann er sich mit Hilfe von Pseudonymen etwa dagegen wehren, daß Unternehmen oder Verwaltungen über ihn Kunden- oder Klientenprofile erstellen oder verschiedene Organisationen seine Datenspuren verbinden. Gegenüber Konzepten anonymen Handelns sind Pseudonyme dann vorzuziehen, wenn durch die Form der Rechtsbeziehung - etwa bei Vorleistung einer Seite - die persönliche Verantwortung gewahrt bleiben muß. Im Konzept der Pseudonymität bleibt die Identität zwar im Regelfall, solange der pseudonym Handelnde alle seine Verpflichtungen erfüllt, dem Gegenüber verborgen, kann aber im Streitfall - auf Beschluß eines Richters oder einer Schiedsstelle - aufgedeckt werden.

Voraussetzung für die Nutzung von Pseudonymen wäre aber deren Anerkennung im Rechtsverkehr. Im Geldverkehr werden Pseudonyme wohl nur dann genutzt werden können, wenn entgegen der geltenden Fassung des § 154 Abgabenordnung pseudonyme Konten eingerichtet werden können. Wie dies ermöglicht und zugleich den berechtigten Interessen des Finanzamts Genüge getan wird sowie Gelegenheiten zur Geldwäsche unterbunden werden können, bedarf noch näherer Untersuchungen. Um pseudonymes Handeln zu ermöglichen, sind schließlich die Sicherungsinfrastrukturen auf diese Aufgabe vorzubereiten. Hierzu gehören auch Regelungen über die Zuordnung von Pseudonymen und die Gewährleistung ihrer Aufdeckung im Streitfall, ohne dadurch Möglichkeiten für Mißbräuche zu eröffnen.[169]

4.5.5 Geheimnisschutz

Mit Hilfe von Verschlüsselung könnten alle rechtlich anerkannten "Geheimnisse" technisch gesichert werden, ohne daß dafür noch Strafrecht, Staatsanwälte und Gerichte bemüht werden müßten.[170] Indem so in individueller Selbstbestimmung alle rechtlich anerkannten "Geheimnisse" technisch gesichert werden, könnte Technik zu einer wesentlichen Verbesserung der Verwirklichungsbedingungen mehrerer Grundrechte führen.[171] Dies gilt für das von Art. 2 Abs. 1 GG gewährleistete Recht auf Privatsphäre ebenso wie für das nach der gleichen

---

[169] Siehe hierzu näher provet/ GMD 1994a, 211, 287 ff.

[170] Siehe hierzu ausführlicher provet/ GMD 1994a, 218 ff.; Roßnagel 1994a, 275; Kowalski 1992, 29f.

[171] Dagegen werden Sicherheitsinteressen geltend gemacht, die eine staatliche Überwachungsmöglichkeit erfordern sollen - siehe z. B. den Vorschlag der EG-Kom 1994b, 453 ff.; siehe hierzu auch Bizer, Kap. 5., in diesem Band.

Vorschrift geschützte Mandanten-, Patienten-, Steuer- und Sozialgeheimnis. Eine technische Absicherung können ebenfalls die von Art. 12 GG geschützten Berufsgeheimnisse erfahren - wie die der Ärzte, Rechtsanwälte, Psychologen, Wirtschaftsprüfer, Steuerbevollmächtigten und anderer. Verbessert werden können auch die Verwirklichungsbedingungen für den Schutz der durch Art. 14 GG anerkannten Betriebs- und Geschäftsgeheimnisse. Schließlich könnte erstmals in der Geschichte das durch Art. 10 Abs. 1 GG gewährleistete Fernmeldegeheimnis durch Technik gesichert werden.

Aber auch diese Möglichkeit zieht einen rechtlichen Regelungsbedarf nach sich. So ist zum Beispiel zu entscheiden, ob die Träger der rechtlich zu schützenden Geheimnisse, also etwa die Ärzte oder Rechtsanwälte, einer Pflicht zum Verschlüsseln unterliegen oder ob für sie in dieser Hinsicht Entscheidungsfreiheit herrscht. Ein ähnliches Problem ergibt sich durch die Frage, ob der Empfänger einer verschlüsselten Nachricht, diese in der Form gegen sich gelten lassen muß oder ob er verschlüsselte Nachrichten zurückweisen darf.[172]

---

[172] Siehe hierzu näher provet/ GMD 1994a, 222.

5. Die Kryptokontroverse - Innere Sicherheit und Sicherungsinfrastrukturen

Johann Bizer

5.1 Die Verschlüsselungsoption zwischen individueller Autonomie und innerer Sicherheit

Schlüsselsysteme ermöglichen den Partnern einer Kommunikation, elektronische Nachrichten[1] inhaltlich zu verschlüsseln, so daß nur der berechtigte Empfänger, nicht aber Dritte sie entschlüsseln können.[2] Im Unterschied zu steganographischen Verfahren, die das Verbergen von Nachrichten ermöglichen, verwendet man in der Kryptographie die offene Verschlüsselung.[3] Die Entwicklung und Anwendung kryptographischer Methoden für private und kommerzielle Zwecke, hier als zivile Anwendungen zusammengefaßt, ist eine Folge der Digitalisierung des Fernmeldeverkehrs.[4] Technisch sind Verschlüsselungen mit Hilfe von symmetrischen und asymmetrischen Schlüsseln möglich.[5]

Symmetrische Schlüsselverfahren setzen vor der Nachrichtenübermittlung einen Kontakt zwischen Absender und Empfänger voraus, in dem der später verwendete Schlüssel vereinbart bzw. für den einzelnen Kommunikationsakt gesondert ausgetauscht wird. Ihre Verwendung ist daher auf geschlossene Benutzergruppen

---

[1] Der Sprachgebrauch orientiert sich hier an DIN 44300, danach sind Informationen, die verarbeitet werden sollen "Daten und Informationen", soweit sie übermittelt werden "Nachrichten", vgl. Scherer 1987, 9 Fn. 2. Nachrichten können digitalisierte Texte, Sprache, Bilder, multi-media sein.

[2] Bauer 1994, 21; Fumy/ Rieß 1994, 13.

[3] Vgl. Bauer 1994, 21 ff.

[4] Bauer 1994, 4; Fumy/ Rieß 1994, 7. Fölsing 1981, 93.

[5] Als bekannteste Verfahren sind zu nennen: das symmetrische Verfahren DES (Data Encryption Standard), dazu z. B. näher Fumy/ Rieß 1994, 218 ff., und das asymmetrische RSA-Verfahren (benannt nach Rivest, Shamir und Adleman), Rivest/ Shamir/ Adleman, C.ACM 1978; dazu z. B. auch Bauer 1994, 148 mwN und Beutelspacher 1993, 133 ff.

beschränkt. Dagegen sind *asymmetrische Schlüsselverfahren* auch für offene Telekooperationen geeignet, in denen Partner ohne einen vorherigen Kontakt Nachrichten austauschen.[6] Aus diesem Grund werden sie auch als *öffentliche Schlüsselsysteme* bezeichnet.

Asymmetrische Schlüsselverfahren verwenden mathematisch zusammenhängende Schlüsselpaare mit je einem geheimen und einem öffentlichen Schlüssel.[7] Der geheime Schlüssel wird unausforschbar auf einer Chipkarte gespeichert, der öffentliche Schlüssel ist allgemein, beispielsweise über ein elektronisches Register, verfügbar. Der Nachrichtenaustausch mit Hilfe eines asymmetrischen Verfahrens erfolgt, indem der Absender seine Nachricht mit dem öffentlichen Schlüssel des Empfängers verschlüsselt und diese verschlüsselte Nachricht an den Empfänger übermittelt. Nunmehr kann nur der Empfänger mit Hilfe seines "geheimen" Schlüssels die verschlüsselte Nachricht entschlüsseln und im Klartext lesen.[8]

Die Funktionalität asymmetrischer Schlüsselverfahren ist nicht auf die Verschlüsselung von Nachrichteninhalten beschränkt. Unter Verwendung asymmetrischer Schlüsselverfahren können mit Hilfe digitaler Signaturen elektronische Nachrichten auch gegen nachträgliche Veränderungen und Verfälschungen gesichert werden.[9] Unter bestimmten technischen und organisatorischen Voraussetzungen können digitale Signaturen als Instrument rechtsverbindlicher Telekooperation eingesetzt werden.[10]

Voraussetzung eines vertrauenswürdigen Schlüsselverfahrens ist, daß der zugrundeliegende Algorithmus veröffentlicht ist, so daß seine Integrität ständiger Überprüfung durch die Fachöffentlichkeit unterliegt. Daneben ist die Vertrauenswürdigkeit des Verfahrens jedoch auch an technisch-organisatorische Bedingungen geknüpft. Dazu zählen die Unikatsfunktion des geheimen Schlüssels oder ein Verfahren, das es dem Teilnehmer ermöglicht, autonom seine Schlüssel zu generieren, so daß Dritte erst gar nicht in Besitz des geheimen Schlüssels kommen können.

Allerdings setzen asymmetrische Verfahren eine vertrauenswürdige Sicherungsinfrastruktur voraus,[11] denn die Schlüssel müssen sicher erzeugt, Personen zugeordnet, zertifiziert und gegen einen kompromittierenden Zugriff Dritter geschützt sein. Diese Funktionen machen die Sicherungsinfrastruktur aber gleichzeitig auch für die Sicherheitsbehörden interessant. Ihr Interesse, für die innere

---

[6]   Vgl. Beutelspacher 1993, 117 f.;

[7]   Ausführlicher provet/ GMD 1994a, 56 ff. mwN oder Hammer/ Schneider, Kap. 1., 12 ff. mwN, in diesem Band.

[8]   Zum Prinzip öffentlicher Schlüsselverfahren vgl. Hammer/ Schneider, Kap. 1., 12 ff. mwN, in diesem Band.

[9]   Vgl. provet/ GMD 1994a, 54 mwN.

[10] provet/ GMD 1994a. Zu den Bedingungen und Voraussetzungen eines hohen Beweiswertes digital signierter Dokumente Bizer/ Hammer, DuD 1993, 629 ff; Hammer/ Bizer, DuD 1993, 689 ff.; Bizer, DuD 1992, 168 ff.; Bizer 1994a, 157 ff.

[11] Zum Begriff der Sicherungsinfrastruktur siehe Hammer, Kap. 2., 44, in diesem Band. Zu deren Aufgaben z. B. Hammer, Kap. 2., 58 ff mwN., in diesem Band.

Sicherheit vertrauliche Kommunikation aufzudecken, betrifft demnach Organisation und rechtliche Absicherungen der Einrichtungen der Sicherungsinfrastruktur. Aus diesem Grund stellt der vorliegende Beitrag das Interesse der Sicherheitsbehörden am Aufdecken vertraulicher Kommunikation in einen Zusammenhang mit der Gestaltung der Sicherungsinfrastruktur.

Die Verwendung von kryptographischen Methoden zur Verschlüsselung von Nachrichten war lange Zeit eine Domäne der Instanzen des staatlichen Geheimschutzbereichs.[12] Hier werden Verschlüsselungsverfahren vornehmlich zum Schutz der Übermittlung amtlich geheimgehaltener Informationen (Verschlußsachen) verwendet, beispielsweise zur Übermittlung militärischer, diplomatischer und geheimdienstlicher Instruktionen. Verschlüsselte Nachrichten auswärtiger Staaten und Dienste sowie innerstaatlicher Organisationen wecken jedoch gleichermaßen die Aufmerksamkeit der Dienste, diese im Interesse der inneren und äußeren Sicherheit - möglichst unbemerkt - zu dechiffrieren (Kryptoanalyse).

Das "fürsorgliche" Interesse der Geheimdienste an Kryptoverfahren zu zivilen Zwecken läßt sich anschaulich an dem Einfluß belegen, den die amerikanische NSA (National Security Agency) auf die Entwicklung und Standardisierung des weltweit bedeutsamen DES (Data Encryption Standard) genommen hat.[13] Seiner Mitarbeit und Intervention im zuständigen Normausschuß ist es zu verdanken, daß das Sicherheitsniveau des DES abgesenkt wurde, indem die ursprünglich beabsichtigte Schlüssellänge verringert wurde. Angenommen wird, daß dieses Kryptoverfahren nunmehr für die im übrigen technisch gut ausgestattete NSA beherrschbar ist.[14] Außerdem durften Forschungsunterlagen, die für eine internationale Normung Voraussetzung gewesen wären, nicht vollständig veröffentlicht werden.[15] Letztlich haben die Einwände der Sicherheitsbehörden eine internationale Normung von Verschlüsselungsverfahren verhindert.[16] Dieselben Interessen zeigen sich nunmehr auch an dem in den USA diskutierten Konzept eines "Clipper-Chip", der für zivile Zwecke vorgesehen ist, dessen Verschlüsselungsalgorithmus "Skipjack" jedoch von der NSA entwickelt und geheimgehalten wird.[17]

Schließlich läßt sich die Brisanz der zivilen Verwendung von Kryptoverfahren auch aus den jeweils geltenden Ausfuhrbeschränkungen für Kryptotechniken ablesen. So sind beispielsweise eine Reihe von Sicherungsanwendungen des PEM (Privacy Enhanced Mail), die für e-mail im Internet angeboten werden könnten,

---

[12] Rihaczek, DuD 1987a, 240 ff., DuD 1993, 220 ff.; Fölsing 1981, 92 mwN.; Bauer 1994, 156 sowie Kahn 1967.

[13] Fumy/ Rieß 1994, 219; Fölsing 1981, 102f.; Coy 1981, 87 ff.

[14] Rihaczek, DuD 1993, 221; Fölsing 1981, 102f.; Coy 1981, 87 ff.; Rueppel, DuD 1994, 443, 445.

[15] Fumy/ Rieß 1994, 219, Fölsing 1981, 102f.; Coy 1981, 87 ff.

[16] Vgl. zum DES Rihaczek, DuD 1987a, 242; 1993, 222; Waidner/ Pfitzmann/ Pfitzmann, DuD 1987, 297f.; Roßnagel 1993, 162.

[17] Näher Rueppel, DuD 1994, 445; zu den Vorläufern dieses Konzepts bereits Rihaczek, DuD 1987a, 243f.; Waidner/ Pfitzmann/ Pfitzmann, DuD 1987, 293 ff.

wegen geltender Exportbeschränkung nur in Kanada und den USA verfügbar.[18] In Deutschland unterliegen der Export von Kryptotechniken zur Gewährleistung der Informationssicherheit sowie Techniken zur Ausführung kryptoanalytischer Funktionen einem Genehmigungsvorbehalt.[19]

In der Bundesrepublik Deutschland ist für die Entwicklung, Überprüfung und Zulassung von Verschlüsselungsverfahren für die Verarbeitung oder Übermittlung amtlich geheimgehaltener Informationen das Bundesamt für Sicherheit in der Informationstechnik (BSI) zuständig.[20] Vorläufer war die im Umfeld der Geheimdienste angesiedelte Zentralstelle für das Chiffrierwesen (ZfCH)[21], die 1990 in das um neue Aufgaben erweiterte BSI umgewandelt wurde.[22]

Für den staatlichen Geheimschutzbereich als eine geschlossene Benutzergruppe von Geheimnisträgern genügt weitgehend die Entwicklung und Anwendung symmetrischer Schlüsselverfahren.[23] Symmetrische Verschlüsselungsverfahren werden auch im zivilen Bereich innerhalb geschlossener Benutzergruppen verwendet, beispielsweise zur Sicherung des Mobilfunks zwischen Teilnehmergerät und Basisstation[24] und von den Banken zur Sicherung ihres Clearings.

Mit der Entwicklung asymmetrischer Schlüsselverfahren wird die Verschlüsselungsoption nunmehr auch für zivile Anwendungen außerhalb geschlossener Benutzergruppen interessant.[25] Zum einen wächst mit zunehmender Telekooperation in Wirtschaft, Verwaltung und im Bereich privater Kommunikation das Sicherungsinteresse der Anwender. Dies hat technische Gründe, denn das Abhören elektronisch übermittelter Nachrichten ist im Unterschied zur Kenntnisnahme physisch gesicherter Nachrichten (Briefe etc.) spurenlos möglich. Hinzu kommt, daß die technischen Mittel zur Verfügung stehen, wenige Nachrichten aus einer

---

[18] So Horster/ Portz, DuD 1994, 440.

[19] § 7 Abs. 1 AWG i. V. m. § 5 Abs. 1 AWV i. V. m. Teil I Abschnitt C 5A011 i.Vm. 5E011 der Ausfuhrliste. Ausgenommen sind lediglich einzelne Anwendungen, bspw. in pay-TV für den allgemeinen Gebrauch, wenn die digitale Entschlüsselung auf die Bild-, Ton- oder Bedienfunktion beschränkt ist, oder in Mobilfunktelefonen für den zivilen Einsatz, die Verschlüsselung enthalten, wenn sie ihren Anwender begleiten, Ausfuhrliste Teil I, Abschnitt C, 5E011 Ziff. 1 c und d. Abgedruckt in Hocke/ Berwald/ Maurer 1994. Einfuhrbeschränkungen bestehen, soweit ersichtlich, nicht.

[20] BSI-Errichtungsgesetz - BSIG, vom 17.Dezember 1990, BGBl. I, S. 2834.

[21] Nach Waidner/ Pfitzmann/ Pfitzmann, DuD 1987, 298 war es der ZfCH zu verdanken, daß die Normung des DES vom DIN ersatzlos eingestellt wurde.

[22] Zu den Aufgaben des BSI Kersten, DuD 1992, 293 ff.; zur Entwicklungsgeschichte des BSI und seiner Aufgaben kritisch Bizer/ Roßnagel, KJ 1990, 436 ff.; Bizer/ Hammer/ Pordesch/ Roßnagel, DuD 1990, 178 ff.; Bizer 1991.

[23] Vgl. die Darstellung von Verschlüsselungsgeräten bei Bitzer 1994.

[24] Schyguda/ Schneider 1992, provet AP 88, 49 f.; Beheim, DuD 1994, 330.

[25] Vgl. Rihaczek, DuD 1993, 221 ff. unter Hinweis auf die amerikanische Entwicklung.

Vielzahl von Kommunikationsakten zu erfassen und nach bestimmten Merkmalen zu selektieren.[26]

Zum anderen ist das Interesse an einer Verschlüsselung mit zunehmender Telekooperation wirtschaftlich motiviert. Schutzbedürftig sind vornehmlich Betriebs- und Geschäftsgeheimnisse, die vor Diebstahl und Industriespionage effektiv geschützt werden sollen.[27] Das Sicherungsbedürfnis gewinnt auch im kleinen Maßstab an Bedeutung, weil nach der Digitalisierung der Geschäftsverbindungen von Dienstleistungsunternehmungen nunmehr auch die elektronische Geschäftsverbindung zum Kunden und Endverbraucher in das Blickfeld rückt. Dienstleistungen, wie elektronische Bestellungen (Teleshopping), Geldverkehr (Electronic banking), Informationsbeschaffung und andere Rechtsgeschäfte sind meist auf die Vertraulichkeit der Kommunikation angewiesen. Schließlich kann mit Verschlüsselungsverfahren der dem herkömmlichen Berufsgeheimnis unterliegende Datenaustausch der Ärzte, Rechtsanwälte, Psychologen, Wirtschaftsprüfer, Steuerbevollmächtigten und anderer Berufsgruppen gesichert werden, deren Dienstleistungen auf einem besonderen Vertrauensverhältnis zu ihren Klienten beruhen.

Öffentliche Verschlüsselungsverfahren ermöglichen nunmehr erstmals in der Geschichte des Fernmeldewesens, daß das durch Art. 10 Abs. 1 GG, § 10 FAG geschützte Fernmeldegeheimnis durch den Teilnehmer selbst technisch gesichert werden kann.[28] Nunmehr können Grundrechtsträger ihre Freiheit mit technischen Mitteln individuell sichern, denn die Anwendung eines Verschlüsselungsverfahrens liegt in der Verfügungsmacht der Kommunikationspartner. Die Möglichkeit der End-zu-End-Verschlüsselung (Absender zu Empfänger) sichert die Kommunikation unabhängig von Sicherheitsschwachstellen und Sollbruchstellen der Dienstleister und Netzanbieter. Nur der Empfänger, nicht aber Dritte, verfügt über den Schlüssel, um die Nachricht zu dechiffrieren.

---

[26] Weitere Beispiele sind die ungesicherten Leitungsverbindungen der TELEKOM, das Anzapfen von Hausanschlüssen an ungesicherten Verteilungsdosen, die Verwendung schnurloser Telefone etc. Vgl. HessDSB 1992, 114 ff.; BfD 1993, 123 ff.; Pordesch 1993, 46 ff.

[27] Das Sicherungsbedürfnis wird anschaulich am Fall der Siemens AG. Siemens hatte als Führer des ICE Firmenkonsortiums gegenüber Südkorea ein Angebot für den Bau von Hochgeschwindigkeitszügen abgegeben, war jedoch abgewiesen worden (Auftragswert 4 Milliarden DM). Daraufhin beklagte sich Siemens nach Presseberichten bei der Regierung schriftlich über "illegale und unfaire Methoden der Informationsbeschaffung". Intern zwischen Siemens in Seoul und der deutschen Konzern-Zentrale ausgetauschte Informationen hätten dem Kunden Südkorea vorgelegen. Siemens vermutete, Telefon oder Telefax seien angezapft worden, Frankfurter Rundschau vom 9.9.1992. Siemens hätte selbst über die erforderliche Kryptosoftware aus dem eigenen Haus verfügen können.

Vgl. auch die exemplarische Darstellung von 10 Ermittlungsfällen bei Bär 1992, 37 ff.

[28] provet/ GMD 1994a, 218; Roßnagel/ Wedde/ Hammer/ Pordesch 1990b, 145f.

Der Gewinn an Autonomie der Kommunikationspartner stößt jedoch auf Bedenken bei Polizei und Geheimdiensten.[29] Die rechtlich normierten Befugnisse von Polizei und Staatsanwaltschaft sowie der "Dienste" Verfassungsschutz, Bundesnachrichtendienst und Militärischer Abschirmdienst, den Fernmeldeverkehr abzuhören, könnten, so die Befürchtung, leer laufen, wenn die Bürger tatsächlich ihr Fernmeldegeheimnis (und andere Geheimnisse) individuell und autonom durch die Verwendung von Verschlüsselungsverfahren sichern.[30] Mitgliedern der organisierten Kriminalität, Extremisten, Spionen und Landesverrätern, ausländischen Mächten und Wehrkraftzersetzern könnte, so das Schreckensszenario, durch die Verwendung privater Schlüsselverfahren ein ungehinderter Informationsaustausch möglich werden, ohne daß die Behörden der inneren Sicherheit mithören und entsprechend ihrem gesetzlichen Auftrag eingreifen könnten.

Im folgenden wird daher der grundrechtliche Schutz des Fernmeldegeheimnis in Hinblick auf die neue Verschlüsselungsoption untersucht (Kap. 5.2). Anschließend werden die Befugnisse der Behörden der inneren Sicherheit erörtert (Kap. 5.3) und schließlich zwei Strategien aus der Sicht des zukünftigen Rechts (de lege ferenda) diskutiert, mit denen versucht werden könnte, das Primat der Behörden der inneren Sicherheit gegenüber der individuellen Verschlüsselungsoption zu sichern (Kap. 5.4). Schließlich soll auf Implikationen von Vertraulichkeit und Rechtssicherheit aufmerksam gemacht werden (Kap. 5.5).

5.2 Der verfassungsrechtliche Schutz der Vertraulichkeit der Kommunikation

Das *Post- und Fernmeldegeheimnis* wird durch Art. 10 Abs. 1 GG verfassungsrechtlich gegen staatliche Eingriffe geschützt. Im Zusammenhang mit der Verschlüsselungsoption stellt sich die Frage, ob das Post- und Fernmeldegeheimnis auch verschlüsselte Nachrichten und damit die Verwendung von Verschlüsselungsverfahren schützt.

Art. 10 Abs. 1 GG zählt zu den Grundrechten, die den Schutz der Privatsphäre garantieren.[31] Er gewährleistet die freie Entfaltung der Persönlichkeit durch einen privaten, vor den Augen der Öffentlichkeit verborgenen Austausch von Nachrichten, Gedanken und Meinungen.[32] Das Post- und Fernmeldegeheimnis erfährt seine inhaltliche Rechtfertigung aus der Schutzbedürftigkeit einer durch

---

[29] Vgl. oben, S. 181, die Auseinandersetzung um DES; auch Roßnagel 1993, 162 mwN.

[30] In diese Richtung Seidel 1992, 74.

[31] BVerfGE 67, 157, 171, 85, 386, 395f. Badura 1965 in: BK (Zweitb.), Art. 10, Rn. 26. Näher zum Zusammenhang von Schutz der Privatheit und Fernmeldegeheimnis Rohlf 1980, 163 ff. mwN.

[32] BVerfGE 67, 157, 171.

Dritte oder Technik vermittelten Kommunikation.[33] Im Unterschied zu einer Kommunikation von Angesicht zu Angesicht verfügen die Partner nicht mehr ausschließlich über Inhalt und Umstände der Kommunikation. Ihre Kommunikation ist Ein- und Zugriffen nicht nur schutzlos preisgegeben, sondern sie würde auch ohne ihre Kenntnis erfolgen. Die Unsicherheit der Übermittlung kann sich auf das Kommunikationsverhalten der Beteiligten selbst auswirken und damit die Entfaltung der Persönlichkeit behindern.

Soweit der Fernmeldeverkehr durch die Post vermittelt wird, ist das Postgeheimnis für den Schutz der Kommunikation einschlägiges Grundrecht und das Fernmeldegeheimnis lediglich ein Sonderfall des durch die Post vermittelten Fernmeldeverkehrs. Jedoch ist das Fernmeldegeheimnis einschlägig, soweit der Fernmeldeverkehr nicht durch die Post, sondern andere Betreiber vermittelt wird.[34] Mit der schrittweisen Auflösung des Fernmeldemonopols der Deutschen Bundespost wächst die eigenständige Bedeutung des Fernmeldegeheimnisses. Das Netzmonopol für das Errichten und Betreiben von Übertragungswegen und Funkanlagen liegt nur noch bis Ende 1997 in der Hand des Bundes, § 1 Abs. 2 Satz 2 FAG.[35] Bereits heute kann das Errichten und Betreiben von Übertragungswegen einschließlich der zugehörigen Abschlußeinrichtungen sowie Funkanlagen durch den Bundesminister für Post und Telekommunikation an private Betreiber verliehen werden, § 1 Abs. 2 Satz 1 FAG. Entsprechendes gilt für das Errichten und den Betrieb einzelner Fernmeldeanlagen, § 2 Abs. 1 FAG. Von dieser Befugnis ist beispielsweise für den Mobilfunk Gebrauch gemacht worden. Darüber hinaus können Telekommunikationsdienstleistungen von Dritten über Fest- und Wählverbindungen der Telekom erbracht werden (Mehrwertdienste), § 1 Abs. 4 FAG. Endgeräte unterliegen ohnehin nicht mehr einem Monopol, § 1 Abs. 3 FAG. Mit der für die nächsten Jahre geplanten Aufhebung des Netzmonopols der Bundespost für die Sprachkommunikation wird sich auch in diesem Bereich das Fernmeldegeheimnis vom Postgeheimnis "emanzipieren" und eigenständige Bedeutung erringen.[36] Aus diesen und aus Vereinfachungsgründen wird hier einheitlich der Begriff des Fernmeldegeheimnisses verwendet, auch wenn es sich um einen Sonderfall des Postgeheimnisses handelt.

Grundrechtlichen Schutz genießt in erster Linie der Kommunikations*inhalt*.[37] Ob dieser für Dritte verständlich ist (Klartext) oder durch kryptographische Ver-

---

[33] Ähnlich Rohlf 1980, 165f.; Evers 1960, 180f. Gusy, JuS 1986, 90; Roßnagel, KJ 1990, 273f.

[34] So bspw. Schmitt Glaeser in: HdbStR, Bd. VI, § 129, Rn. 64; Pieroth/ Schlink 1993, Rn. 852; Schuppert in: AK-GG 1989, Art. 10, Rn. 24; Badura 1965 in: BK, Art. 10, Rn. 23; 43. A. A. Löwer in: v.Münch/ Kunig 1992, Art. 10, Rn. 12.

[35] Auf dieses Datum haben sich laut Pressemitteilungen die Postminister der EU jüngst geeinigt. FAG in der Fassung des Art. 5 des Postneuordnungsgesetzes (PTNeuOG) vom 14. September 1994, BGBl. I S. 2363.

[36] Dies war bspw. 1973 für Dürig, in: Maunz/ Dürig, Art. 10, Rn. 18, eine nicht vorstellbare Entwicklung. Er hielt daher das Post- *und* Fernmeldegeheimnis für eine Tautologie.

[37] BVerfGE 85, 386, 396.

fahren verfremdet und damit Dritten als unverständlicher "Ziffernsalat" erscheint, ist für den Grundrechtsschutz unerheblich. Letztlich ist es das Wesen eines Geheimnisses, daß es vor Dritten - auf welche Weise auch immer - verborgen wird. Also unterliegt auch eine verschlüsselte Nachricht dem Schutz des Fernmeldegeheimnisses.

Das BVerfG präzisiert den Schutz des Kommunikationsinhalts auch in Hinblick auf die Subjekte des Grundrechtsschutzes. Danach ist es "Sache der am Kommunikationsvorgang Beteiligten, darüber zu bestimmen, wer von dem Inhalt Kenntnis erlangen soll".[38] Es ist daher nicht nur der Inhalt der Nachricht grundrechtsgeschützt, sondern auch die Entscheidungs- und Verfügungsbefugnis der Beteiligten, ihr Geheimnis selbst zu schützen.[39] Aus diesem Grund ist der Geheimnisschutz nicht auf das Haben des Geheimnisses beschränkt, sondern beinhaltet auch die Freiheit, es selbst mit technischen Mitteln zu schützen. Insoweit besteht kein Unterschied zum Briefgeheimnis, das ebenfalls die Freiheit schützt, Nachrichten im verschlossenen Umschlag zu versenden und sie dadurch vor dem Zugriff Dritter zu schützen.[40] Da Schutzgegenstand des Fernmeldegeheimnisses die Vertraulichkeit der Kommunikation ist und diese mindestens zwei Beteiligte voraussetzt, gilt es auch für den die Nachricht entschlüsselnden Empfänger. Das Fernmeldegeheimnis schützt auch seine Entscheidungsfreiheit, eine verschlüsselte Nachricht zu entschlüsseln oder als (verschlüsseltes) Geheimnis zu bewahren.

Dem steht nicht entgegen, daß der Kommunikationsinhalt auch ohne Verschlüsselung durch das Fernmeldegeheimnis bereits grundrechtlich geschützt ist. Eine solche Auslegung würde den Grundrechtsschutz unzulässig verkürzen, ohne die technischen Entwicklungen näher zu berücksichtigen, die es ermöglichen, in die Vertraulichkeit einer Kommunikation einzubrechen. Die Entwicklung von der analogen Fernmeldetechnik zur modernen digitalen Telekommunikationstechnik und die Integration der Datenverarbeitungstechnik (Telematik) hat zusätzliche Möglichkeiten eröffnet, an Endgeräten (drahtlose Telefone), Nebenstellenanlagen, Leitungen und Funkstrecken Nachrichten abzufangen und diese rechnergestützt auszuwerten.[41] Verschlüsselungsverfahren sind hier eine gefährdungsadäquate Maßnahme der Teilnehmer, ihre vertrauliche Kommunikation effektiv zu schützen. Technische Entwicklungen haben im übrigen das BVerfG

---

[38]   BVerfGE 85, 386, 396 und BVerfGE 67, 157, 172.

[39]   Hier ergeben sich Parallelen zum informationellen Selbstbestimmungsrecht, das die Befugnis schützt, über die Verwendung seiner personenbezogenen Daten zu entscheiden, BVerfGE 65, 1, 42; Bizer 1992, 139 ff. Diese Entscheidungsbefugnis ist elementarer Bestandteil jeder Freiheit.

[40]   Löwer in: v.Münch/ Kunig 1992, Art. 10, Rn. 10; Schuppert in: AK-GG, Art. 10, Rn. 23.

[41]   Vgl. u. a. BfD 1993, 123, 149; BfD 1991, 52 ff.; HessDSB 1992, 114.

bereits wiederholt zu derartigen risikoadäquaten Schutzbereichsauslegungen und Konkretisierungen, insbesondere des Persönlichkeitsrechts, veranlaßt.[42]

Schließlich erweist sich der rechtliche Schutz des Fernmeldegeheimnisses häufig nicht als ausreichend, denn er ist auf eine Befolgung des Normbefehls angewiesen.[43] Verbote und Sanktionsandrohungen mögen präventive Wirkungen haben, sie ermöglichen jedoch lediglich nachträglich eine Sanktionierung des Rechtsbruchs, wenn er überhaupt entdeckt und nachgewiesen werden kann. Demgegenüber ermöglichen Verschlüsselungsverfahren in der Hand der Grundrechtsträger einen wirksamen und vorbeugenden Schutz des Fernmeldegeheimnisses gegen Eingriffe, ohne auf die Effektivität des staatlichen Gewaltmonopols angewiesen zu sein.

Neben dem Kommunikationsinhalt schützt das Post- und Fernmeldegeheimnis auch den Kommunikations*vorgang*, also die näheren Umstände des Fernmeldeverhältnisses, insbesondere die Tatsache, ob und wann zwischen welchen Personen und Fernmeldeanschlüssen Fernmeldeverkehr stattgefunden hat oder versucht worden ist.[44] Da das Fernmeldegeheimnis ebenso verschlüsselte Nachrichten schützt, fallen in seinen Schutzbereich auch die Umstände einer verschlüsselten Nachrichtenübermittlung, nämlich die Tatsache, ob und wer an wen verschlüsselte Nachrichten übermittelt hat.

Gegenüber dem sachlich einschlägigen Schutz des Fernmeldegeheimnisses ist das allgemeine Persönlichkeitsrecht subsidiär.[45] Anders verhält es sich jedoch zwischen dem aus dem allgemeinen Persönlichkeitsrecht abgeleiteten "Recht der kommunikativen Selbstbestimmung"[46] und dem Fernmeldegeheimnis. Als Ausdruck autonomer Selbstdarstellung schützt das Recht der kommunikativen Selbstbestimmung die kommunikative Kompetenz der Beteiligten. Es sichert das Recht eines jeden, selbst darüber zu bestimmen, mit wem er wann und wo über welchen Inhalt und mittels welchen Mediums kommunizieren will.[47] Das Verschlüsseln von Nachrichten betrifft jedoch nicht das Medium der Kommunikation (Brief, Telefon etc.), sondern lediglich die Frage, in welchem *Modus* der Kommunikationsinhalt fernmeldetechnisch übermittelt wird. Aus diesem Grund steht das fernmeldetechnische Übermitteln verschlüsselter Nachrichten ausschließlich unter dem Schutz des Fernmeldegeheimnisses.

Der Grundrechtsschutz ist vornehmlich gegen *staatliche Eingriffe* gerichtet.[48] Das Fernmeldegeheimnis schützt also jeden Kommunikationspartner nicht nur

---

[42] BVerfGE 65, 1, 41ff.; 54, 148,153; Roßnagel 1993, 203 spricht von "gefährdungsadäquaten" Konkretisierungen des Schutzgehalts von Grundrechten.

[43] Roßnagel 1993, 262.

[44] BVerfGE 85, 386, 396; BVerfGE 67, 157, 171.

[45] BVerfGE 67, 157, 171. Subsidiär bedeutet hier, daß das Persönlichkeitsrecht hinter das Recht auf Schutz des Fernmeldegeheimnisses zurücktritt, jedoch seine Schutzwirkungen entfaltet, sobald das Fernmeldegeheimnis nicht einschlägig sein sollte.

[46] Dazu Roßnagel, KJ 1990, 274, 280 ff., 283.

[47] Roßnagel, KJ 1990, 283.

[48] BVerfGE 67, 157, 172; BVerfGE 85, 386, 396.

gegen Eingriffe der Post, sondern gegen jeden Eingriff der öffentlichen Gewalt in den Fernmeldeverkehr.[49] Art. 10 Abs. 1 GG gewinnt, wie das BVerfG hervorhebt, seine besondere Bedeutung aus der Erfahrung, daß der Staat unter Berufung auf seine eigene Sicherheit sowie die Sicherheit seiner Bürger häufig zum Mittel der Überwachung privater Kommunikation gegriffen hat.[50] Der Grundrechtsschutz bezieht sich daher "historisch und aktuell vor allem auf die staatlichen Sicherheitsbehörden".[51]

Das Fernmeldegeheimnis schützt die Kommunikation mit Hilfe des *Fernmeldeverkehrs*.[52] Fernmeldeverkehr beinhaltet alle Akte der fernmeldetechnischen Nachrichtenübermittlung[53], so daß das Fernmeldegeheimnis die Kommunikation mit Hilfe von Fernmeldetechnik schützt.[54] Gemeint ist damit die "körperlose Übermittlung von Nachrichten in der Weise, daß die ausgesandten Zeichen am Empfangsort wieder erzeugt werden" und zwar unabhängig von der dabei verwendeten Technik.[55] Regelmäßig wird es sich um Übertragungen durch elektromagnetische Wellen, sei es drahtgebunden (Kabel), drahtlos (Funk) oder optisch (Lichtwellen/Laser im Glasfaserkabel) handeln.[56] Zur Unterscheidung von anderen optischen (Signallampen) oder akustischen Übertragungsmöglichkeiten (Buschtrommel, Kirchenglocken) ist das Kriterium der Reproduktion der Nachricht am Empfangsort maßgeblich.[57]

Vielfach wird in der juristischen Literatur davon ausgegangen, daß der durch das Fernmeldegeheimnis geschützte Fernmeldeverkehr eine Vermittlungsleistung durch Dritte, wie beispielsweise die Post oder private Dritte, voraussetzt.[58] Diese Auslegung wird durch die überkommene Betrachtungsweise des in der Hand der Bundespost monopolisierten Fernmeldewesens nahegelegt. Mißverständlich ist insoweit auch eine Äußerung des BVerfG, das Sinn und Zweck des Fernmeldegeheimnisses mit den Gefahren begründet hat, die sich für die Vertraulichkeit der Mitteilung "gerade aus der Einschaltung eines Übermittlers ergeben".[59] An-

---

[49] BVerfGE 67, 157, 171.

[50] So BVerfGE 85, 386, 396.

[51] BVerfGE 85, 386, 396. Vgl. ausführlich zur Geschichte Badura 1965 in: BK, Art. 10, Rn. 2 ff.

[52] BVerfGE 67, 157, 172.

[53] BT-Drs. 5/ 1880,7.

[54] Das FAG verwendet den Begriff der Fernmeldeanlage in § 1 FAG, näher dazu unten.

[55] Roßnagel, KJ 1990, 273; Pieroth/ Schlink 1993, Rn. 861; BVerfGE 46, 120, 143. Ausführlich zu der Definition des Fernmeldens, Kämmerer/ Eidenmüller 1991, § 1 FAG, Anm. 4f.

[56] Näher Kämmerer/ Eidenmüller 1991, § 1 FAG, Anmk. 4f. Vgl. auch Pieroth/ Schlink 1993, Rn. 861, die jedoch die optischen elektromagnetischen Wellen (Laser) übersehen; ebenso BT-Drs. 5/ 1880, 7.

[57] Kämmerer/ Eidenmüller 1991, § 1 FAG, Anmk. 4f.

[58] Schuppert in: AK-GG, 1989, Art. 10, Rn. 24; Löwer in: v.Münch/ Kunig 1992, Art. 10, Rn. 12.

[59] BVerfGE 85, 386, 396. Tatsächlich hatte das BVerfG auch nur über einen Postfall zu entscheiden. Vgl. auch früher Gusy, JuS 1986, 89, 90.

dererseits besteht Einigkeit darüber, daß das Fernmeldegeheimnis in Hinblick auf die technische Entwicklung "dynamisch" zu verstehen ist.[60] Es erfaßt demnach alle Übermittlungen mit Hilfe von individuellen Telekommunikationstechniken. Eine Beschränkung des Fernmeldegeheimnisses auf die nur durch Dritte (Personen und Institutionen) vermittelten Nachrichten wird jedoch den spezifischen Gefahren der Übertragungstechnik nicht gerecht. Nachrichten können auch ohne Einschaltung eines Dritten nur mit fernmeldetechnischen Mitteln, beispielsweise durch Funk, übermittelt werden.

Im Vordergrund des Fernmeldegeheimnisses steht als Schutzgegenstand die "Vertraulichkeit der Mitteilung".[61] Diese ist bereits gefährdet, wenn eine Nachricht mit Hilfe von *Fernmeldetechnik* übermittelt wird. Denn mit Hilfe der Fernmeldetechnik wird zum Zweck der Nachrichtenübermittlung eine räumliche Distanz überwunden, ohne daß die bei einer face to face Kommunikation vorhandenen Verfügungs- und Schutzmöglichkeiten der Kommunikationsübermittlung bestehen. Das Fernmeldegeheimnis soll die Privatheit der Kommunikation schützen, die durch die Überwindung der räumlichen Distanz allein mit fernmeldetechnischen Mitteln durch staatliche Zugriffsmöglichkeiten gefährdet sein kann.[62] Aus diesem Grund erstreckt sich der Schutz des Fernmeldegeheimnisses auch auf Übertragungstechniken, die nicht von der Vermittlung durch einen Dritten abhängig sind, wie beispielsweise das Haustelefon, der Amateurfunk[63] oder walkie-talkie.[64] Eine derartige Auslegung findet im übrigen auch eine Parallele im Schutzumfang des Briefgeheimnisses, das die Kommunikation durch das Medium "Brief" vor staatlichen Eingriffen schützt, und zwar unabhängig davon, ob der Brief durch Dritte oder einen Kommunikationspartner selbst übermittelt wird.[65]

Neben seinem verfassungsrechtlichen Schutz ist das Fernmeldegeheimnis auch *einfachgesetzlich* geschützt. Das in § 10 Abs. 1 FAG geregelte Fernmeldegeheimnis verpflichtet die Betreiber von Fernmeldeanlagen, die für den öffentlichen Verkehr bestimmt sind, und deren Beschäftigte zur Wahrung des Fernmel-

---

[60] Löwer in: v.Münch/ Kunig 1993, Art. 10, Rn. 12; i. E. ebenso Hammer/ Pordesch/ Roßnagel 1993, 48. Für den Gesetzesbegriff des Fernmeldewesens ebenso BVerfGE 46, 120, 143.

[61] So das BVerfG 85, 369, 396.

[62] Vgl. soweit auch Gusy, JuS 1986, der jedoch im Unterschied zu mir den Grund des Schutzbedürfnisses nicht in der fernmeldetechnischen Übermittlung, sondern darin sieht, daß man sich eines Dritten als Übermittler bedient.

[63] A. A. Borgs/ Ebert 1986, G 10, § 1, Rn. 21 mit dem Argument, er sei für jedermann ohne weiteres zugänglich. Aber auch das Post- und Briefgeheimnis gilt für Postkarten.

[64] Vgl. im Ergebnis auch Pieroth/ Schlink 1993, Rn. 861 (Haustelefon und Amateurfunk). Dürig 1973 in: Maunz/ Dürig, Art. 10, Rn. 19, Fn. 3 (Amateurfunk).

[65] BVerfGE 33, 1, 11; 67, 157, 171; Löwer in: v.Münch/ Kunig, 1992, Art. 10, Rn. 11, Dürig 1973 in: Maunz/ Dürig, Art. 10, Rn. 14; Badura 1965 in: BK, Art. 10, 28.

degeheimnisses.[66] Darüber hinaus sind die Betreiber von Fernmeldeanlagen verpflichtet, technische Vorkehrungen oder sonstige geeignete Maßnahmen zum Schutze des Fernmeldegeheimnisses und personenbezogener Daten zu treffen, § 10a Abs. 1 Nr. 1 FAG.[67] Vorschriften für Konzepte, die bei dieser Verpflichtung zu erfüllen sind, erläßt der Bundesminister für Post- und Telekommunikation, § 10a Abs. 2 Satz 1 FAG. Mit diesen Vorschriften hat der Gesetzgeber die offene Flanke der fehlenden Drittwirkung des Grundrechts jedenfalls gegenüber privaten Betreibern und deren Beschäftigten geschlossen. Gesetzlich abgesichert ist schließlich auch das Fernmeldegeheimnis für Nachrichten, die von einer öffentlichen Zwecken dienenden Fernmeldeanlage übermittelt und von einer privat betriebenen Funkanlage empfangen worden sind, ohne daß die Nachricht für diese bestimmt gewesen ist, § 11 FAG. Eine entsprechende Verpflichtung gilt auch für Funkamateure, soweit sie Nachrichten von öffentlichen Zwecken dienenden Fernmeldeanlagen empfangen, § 6 AFuG.[68] Der einfachgesetzliche Schutz des Fernmeldegeheimnisses umfaßt ebenso wie der grundrechtliche Schutz Kommunikationsinhalt und -vorgang und damit auch den Schutz verschlüsselter Kommunikation.

Strafrechtlich ist das Fernmeldegeheimnis durch § 354 StGB abgesichert[69]. Als Täter kommen jedoch lediglich Bedienstete und sonstige Beschäftigte der Post in Betracht sowie Personen, die mit der Herstellung von Einrichtungen der Post oder einer nicht der Post gehörenden, dem öffentlichen Verkehr dienenden Fernmeldeanlage oder mit Arbeiten daran betraut sind. Die Verletzung des "Funk-" geheimnisses nach § 11 FAG, Art. 10 Abs. 1 GG ist nach § 18 FAG strafbar.

Das Ausspähen von Daten, die nicht für den Täter bestimmt sind und "gegen unberechtigten Zugang besonders gesichert sind", wird durch § 202a StGB unter Strafe gestellt. Zu derartigen Zugangssicherungen zählt auch das Verschlüsseln von Daten.[70] Strafrechtlich sanktioniert sind, wie sich aus der Datendefinition des § 202a Abs. 2 StGB ergibt, nicht nur das Ausspähen von Daten, die gespeichert, sondern auch übermittelt werden.[71] Die Strafvorschrift gilt daher auch dem Schutz verschlüsselter Datenkommunikation.

Zusammengefaßt ist festzuhalten, daß das Fernmeldegeheimnis nach Art. 10 Abs. 1 GG die Möglichkeit der Kommunikationspartner schützt, bei der Verwendung von Telekommunikationstechnik verschlüsselt miteinander zu kommu-

---

[66] "... jeder, der eine für den öffentlichen Verkehr bestimmte Fernmeldeanlage betreibt, beaufsichtigt, bedient oder sonst bei ihrem Betrieb tätig ist."

[67] In der Fassung des Art. 5 des PTNeuOG vom 14. September 1994, BGBl I. S. 2367.

[68] Gesetz über den Amateurfunk vom 14.März 1949 (WiGBl. S. 20).

[69] Schutzgut ist aber auch das Vertrauen der Allgemeinheit in die Integrität des Nachrichtenverkehrs; Lenckner in: Schönke/ Schröder 1991, § 354, Rn. 1.

[70] Lenckner in: Schönke/ Schröder 1991, § 202a, Rn. 7 ff., 10.

[71] Lenckner in: Schönke/ Schröder 1991, § 202a, Rn. 4; Nach der Gesetzesbegründung sollte damit auch das Anzapfen von Datenübertragungsleitungen erfaßt werden, BT-Drs. 10/ 5058, 28.

nizieren und auf diese Weise die Vertraulichkeit ihrer Kommunikation autonom zu schützen.

5.3 Befugnisse der Behörden der inneren Sicherheit zum Abhören und Entschlüsseln

Soweit der Schutzbereich des Fernmeldegeheimnisses reicht, bedürfen Eingriffe durch die Behörden der inneren Sicherheit einer gesetzlichen Grundlage, Art. 10 Abs. 2 GG.[72] Zu untersuchen ist daher, ob und in welchem Umfang die Behörden der inneren Sicherheit befugt sind, dem Fernmeldegeheimnis unterliegende Nachrichten abzuhören und darüber hinaus verschlüsselte Nachrichten zu entschlüsseln.

5.3.1 Polizei und Staatsanwaltschaft

Abgehört werden darf der Fernmeldeverkehr nach § 100a StPO von der Polizei nur im Rahmen ihrer Aufgabe der Straftatverfolgung (als Hilfsorgan der Staatsanwaltschaft).[73] Diese Befugnis ist auf die Verfolgung bestimmter Katalogstraftaten beschränkt[74], wenn die Erforschung des Sachverhalts oder die Ermittlung des Aufenthaltsortes des Beschuldigten auf andere Weise aussichtslos oder wesentlich erschwert wäre, § 100a Satz 1 a. E. StPO. Die Befugnis steht unter Richtervorbehalt, § 100b Abs. 1 StPO. Die getroffenen Maßnahmen sind den Betroffenen nach Abschluß der Maßnahmen mitzuteilen, näher § 101 Abs. 1 StPO.

5.3.1.1 Überwachen und Aufzeichnen des Fernmeldeverkehrs nach § 100a StPO

Die Ermächtigung zum Abhören ist nach dem Wortlaut des § 100a StPO auf die Überwachung und Aufzeichnung des *"Fernmeldeverkehrs"* beschränkt. Für die nähere Bestimmung kann auf den Begriff der Fernmeldeanlage in § 1 FAG Be-

---

[72] BVerfGE 85, 369 ff.

[73] Zur Gesetzgebungsgeschichte ausführlich Bär 1992, 300 ff.

[74] Vgl. § 100a Abs. 1 Nr. 1 bis 5 StPO (i. d. Fassung des Art. 4 des Verbrechensbekämpfungsgesetzes vom 28. Oktober 1994, BGBl. I S. 3186), dazu zählen u. a. die Staatsschutzdelikte, Geld- und Wertpapierfälschung, schwerer Menschenhandel, Mord, Totschlag oder Völkermord, Erpressung, gewerbsmäßige Hehlerei und Bandenhehlerei, bestimmte Straftaten gegen das Waffengesetz, das Außenwirtschaftsgesetz, das Betäubungsmittelgesetz sowie das Ausländer- und Asylverfahrensgesetz.

zug genommen werden.[75] Die Befugnis, die Vertraulichkeit der Kommunikation einzuschränken, hat zwar als strafprozessuale Befugnis eigenständige Bedeutung gegenüber der fernmelderechtlichen Definition der Fernmeldeanlage, die zur Umschreibung von Kompetenzen im Fernmelderecht dient. Aber beide Vorschriften betreffen, wenngleich mit unterschiedlichen Regelungszielen, das klassische Fernmelden (Telefon, Fernschreiben) sowie die moderne Datenübertragung.[76] Zu dem fernmelderechtlichen Begriff der Fernmeldeanlage hat das BVerfG bereits 1977 festgehalten, daß der Gesetzgeber ihn bewußt für neue, noch nicht bekannte Techniken offengehalten habe.[77] In der fernmelderechtlichen Literatur ist daher auch vom "funktionellen Fernmeldeanlagenbegriff" die Rede.[78] Eine in Hinblick auf die Übertragung von Daten entsprechende Auslegung des strafprozessualen Fernmeldebegriffs ist nunmehr durch eine Gesetzesänderung von 1989 abgesichert.[79] Danach wurde die Befugnis zur "Aufnahme" des Fernmeldeverkehrs auf "Tonträger" durch die Formulierung "Aufzeichnung des Fernmeldeverkehrs" ausgeweitet.[80] Die für die frühere StPO-Fassung noch vertretene Auffassung, das "Abhören" von Btx sei unzulässig, da der Btx-Verkehr nicht aufgenommen, sondern nur aufgezeichnet werden könne, ist nunmehr hinfällig.[81]

Seit dieser Novelle hat nicht nur die Deutsche Bundespost, sondern auch "jeder andere Betreiber von Fernmeldeanlagen, die für den öffentlichen Verkehr bestimmt sind", die Überwachung und das Aufzeichnen des Fernmeldeverkehrs zu ermöglichen. Damit sind auch private Betreiber zur Mitwirkung an staatlichen Abhörmaßnahmen verpflichtet[82]; ausgenommen sind lediglich private Betreiber

---

[75] Zu den Bedenken und mit weiteren Argumenten Bär 1992, 308f.; ders. CR 1993, 580 ff. Die von Nack in: KK-StPO 1993, § 100a, Rn. 2 vorgenommene Orientierung an Art. 10 GG ist methodisch zweifelhaft, weil damit unterstellt wird, der Gesetzgeber habe das Fernmeldegeheimnis im Umfang seiner grundrechtlichen Gewährleistung einschränken wollen. Im Ergebnis besteht jedoch kein Unterschied.

[76] Bär 1992, 312 ff. I. E. ebenso Schäfer in: Löwe/ Rosenberg 1988, § 100a, Rn. 15; Maiwald in: AK-StPO 1992, § 100a, Rn. 3; A. A. Rudolphi in: SK-StPO 1994, § 100a, Rn. 4.

[77] BVerfGE 46, 120, 143f. Siehe auch oben zu Fn 55. Das BVerfG schließt ausdrücklich auch eine Maschine-Maschine-Übertragung in den Begriff der Fernmeldeanlage ein. Fernmeldeverkehr ist daher auch der automatische Informationsabruf. Kein Fernmeldeverkehr, weil keine mit Fernmeldetechnik übermittelte Kommunikation, ist aber das Abhören eines Raumgespräches, BGHSt. 31, 296 ff. und 34, 39 ff., oder das Auffangen der Abstrahlung einer Telekommunikationseinrichtung, so zutreffend Bär CR 1993, 582.

[78] Kämmerer/ Eidenmüller 1991, § 1 FAG, Anm. 4; zustimmend Bär CR 1993, 580.

[79] Art. 4 PoststrukturG vom 8.6.1989 (BGBl.I S. 1026).

[80] Kritisch zu dieser Erweiterung der Abhörbefugnis Walz, CR 1990, 139; Schapper/ Schaar, CR 1989, 312.

[81] Vgl. zur alten Fassung Scherer, NJW 1983, 1837; Neuere Kommentierungen sind insoweit veraltet, bspw. Maiwald in: AK-GG 1992, § 100a, Rn. 3.

[82] Rütter, jur-pc 1991, 1362; Walz, CR 1990, 139.

von nicht allgemein zugänglichen Fernmeldeanlagen.[83] Nach der jüngsten FAG-Novelle ist der Betreiber einer Fernmeldeanlage verpflichtet, die Gestaltung der technischen Einrichtungen zur Umsetzung von Überwachungsmaßnahmen des Fernmeldeverkehrs im Einvernehmen mit dem Bundesminister für Post- und Telekommunikation festzulegen, § 10b Satz 1 FAG.[84]

Inhaltlich erstreckt sich die Befugnis auf das *"Überwachen und Aufzeichnen"* des Fernmeldeverkehrs, § 100a Satz 1 StPO. Ob Überwachen als Oberbegriff und Aufzeichnen lediglich als Unter-Befugnis von Überwachen zu verstehen ist, ist zweifelhaft.[85] Das Aufzeichnen (= Speichern) der Kommunikation als Perpetuierung des Grundrechtseingriffs bedarf einer eigenen Ermächtigungsgrundlage, weil dadurch der Eingriff in das Geheimnis nicht nur auf den Moment und die Personen des Abhörens beschränkt ist, sondern die Kenntnisnahme für einen unbestimmten Personenkreis auch für die Zukunft möglich wird.[86] Im übrigen ergibt sich aus § 100b Abs. 2 Satz 3 StPO, daß in der richterlichen Anordnung des Abhörens auch die "Art" der Maßnahmen angegeben sein muß, so daß auch der Gesetzeswortlaut von zwei unterschiedlichen Befugnissen ausgeht.[87]

"Überwachen des Fernmeldeverkehrs" bedeutet seinem Wortsinn nach zunächst Kenntnisnahme der Kommunikation, hier zum Zweck der Straftatverfolgung. Das Überwachen entspricht dem datenschutzrechtlichen Erheben, jedenfalls soweit personenbezogene Daten betroffen sind.[88] Überwachen ist also die Kenntnisnahme einer Kommunikation, soweit sie wahrgenommen werden kann, nämlich ob und wann, von welchem zu welchem Anschluß eine (bestimmte), möglicherweise auch verschlüsselte Nachricht übermittelt worden ist. Darüber hinaus beinhaltet das Überwachen jedoch über die bloße Kenntnisnahme hinaus auch das Moment des kontrollierenden Beobachtens.

Offen ist die in der einschlägigen Kommentarliteratur bislang nicht erörterte Frage, ob das "Überwachen" auch das *Entschlüsseln* chiffrierter Fernmeldekommunikation umfaßt.[89] Aus der Entstehungsgeschichte dieser Vorschrift ergeben sich keine Hinweise.[90] Denkbar ist, daß der fernmeldetechnischen Übermittlung verschlüsselter Nachrichten durch Straftäter keine Bedeutung zugemessen wurde und nach den damaligen technischen Möglichkeiten auch nicht werden

---

[83] Bspw. bestimmte Local Area Network, näher Bär, CR 1993, 582.

[84] In der Fassung des Art. 5 des PTNeuOG vom 14. September 1994, BGBl. I, S. 2367. Näheres kann die Bundesregierung durch Rechtsverordnung regeln, § 10b Satz 2 FAG.

[85] Zu dieser Frage bspw. Maiwald in: AK-StPO 1992, § 100a, Rn. 4.

[86] Vgl. zum Speichern näher Bizer 1992, 157.

[87] Maiwald in: AK-StPO, § 100a, Rn. 5; Nack in: KK-StPO 1993, § 100b, Rn. 2.

[88] Zum Erheben Dammann 1992 in: Simitis/ Dammann/ Geiger/ Mallmann/ Walz, BDSG, § 3 Rn. 108, 115.

[89] Andeutungen bei Bär 1992, 323, 464 ff, 503f. und CR 1993, 583.

[90] BT-Drs. 5/ 1980, 7 enthält keine Hinweise.

mußte.[91] Jedoch wurde die zivile Nutzung von Verschlüsselungsverfahren auch später nicht im Zusammenhang mit Novellierungen des § 100a StPO durch das PoststrukturG[92], das OrgKG[93] und aktuell durch das Verbrechensbekämpfungsgesetz[94] im Gesetzgebungsverfahren diskutiert, obwohl ihre Anwendung im Zusammenhang mit möglichen kollidierenden Interessen der Staatsanwaltschaften bereits Gegenstand von Fachdiskussionen war.[95]

Systematisch könnte gegen eine Auslegung des Tatbestandsmerkmals "Überwachung" als Entschlüsselungsbefugnis sprechen, daß die StPO in einer neueren Befugnisnorm, nämlich § 163d Abs. 1 Satz 2 StPO, nunmehr den Verarbeitungsschritt des "Auswertens" aufgenommen hat. Möglicherweise verfügt die StPO nunmehr für die inhaltliche Interpretation von Daten und somit auch verschlüsselter Nachrichten über einen gegenüber dem Überwachen speziellen Begriff.[96] Allerdings meint Auswerten hier nicht das Entschlüsseln von chiffrierten Nachrichten, sondern das (Um)sortieren personenbezogener Daten nach einzelnen Suchmerkmalen im Rahmen der Schleppnetzfahndung. Das Besondere dieser Fahndungsmethode liegt in der Erfassung und Verwendung von Datensätzen zahlreicher Unverdächtiger, während sich der Entschlüsselungsversuch immer nur auf eine bestimmte verschlüsselte Nachricht eines (verdächtigen) Absenders beschränkt.

Fraglich könnte das Entschlüsseln unter dem Gesichtspunkt einer ausreichend normenklaren und bestimmten Ermächtigungsgrundlage sein. Diese Anforderung findet ihre Rechfertigung in der Transparenz möglicher Grundrechtseingriffe für die potentiell Betroffenen sowie der Begrenzung staatlichen Handelns.[97] Maßgeblich ist insoweit der Wortlaut der Befugnis "Überwachen" im Verständnishorizont der Kommunikationspartner. Teilnehmer werden ihren Fernmeldeverkehr verschlüsseln, weil sie ihre Kommunikation gerade vor einer Überwachung,

---

[91] Das Gesetz datiert vom 13. August 1968, BGBl. I, S. 949 ff. Der Hinweis von Goebel/ Scheller 1991, 7f. auf eine damals bereits bestehende Rechtsregel über Verschlüsselung in der 2. DVO zum KWKG führt hier nicht weiter. § 9 Abs. 7 Satz 3 dieser VO, wonach das Kriegswaffenbuch auch verschlüsselt geführt werden kann, wenn ihm ein Verzeichnis zur Entschlüsselung beigegeben wird, betrifft lediglich das Führen bzw. bei Verwendung automatischer Datenverarbeitung das Speichern des Kriegswaffenbuches nicht aber Übermittlungen, vgl. Pottmeyer 1994, § 12, Rn. 43. Außerdem wurde diese Vorschrift erst durch Art. 2 Nr. 2 der Verordnung vom 3. Oktober 1986 (BGBl.I, 1625) eingeführt.

[92] Vom 8.Juni 1989, BGBl. I S. 1026 ff.

[93] Vom 15.Juli 1992, BGBl. 1992 I S. 1302. Durch diese Novelle wurde der Straftatkatalog erweitert.

[94] Vom 28. Oktober 1994, BGBl. I S. 3186, wiederum wurde der Straftatkatalog erweitert.

[95] Vgl. bspw. Rihaczek, DuD 1987a, 240 ff. und DuD 1987b, 299 ff.

[96] Bär, CR 1993, 583; ders. 1992, 327.

[97] BVerfGE 31, 255, 264; 56, 1, 12; Näher im Zusammenhang mit dem Recht auf das informationelle Selbstbestimungsrecht Bizer 1992, 174 ff.; allgemein Denninger 1990, 161. Zur Anwendung dieser Grundsätze auf Art. 10 GG, Gusy, StV 1992, 484.

sei sie nun staatlich begründet oder privat motiviert, schützen wollen. Darin zeigt sich einerseits ein erhöhtes Interesse am Schutz ihrer Kommunikation, andererseits aber liegt es im Erwartungshorizont dieser Grundrechtsträger, daß ihre Kommunikation abgehört werden könnte. Trotz der mit der Wahl eines weitgehend sicheren Schlüsselverfahrens verbundenen Erwartung, daß die Kommunikation nunmehr "polizeifest" sei, sind die Kommunikationspartner jedoch vor Entschlüsselungsversuchen auf der Grundlage des § 100a StPO prinzipiell nicht gefeit. Staatsanwaltschaft und Polizei ist es schließlich auch in anderen Überwachungsfällen nicht verwehrt, andere Codierungsversuche der Kommunikation zu "knacken", wie beispielsweise eine (seltene) Fremdsprache oder einen Dialekt oder bestimmte Codeworte, vorausgesetzt die Fernmeldeüberwachung ist zulässig. Immerhin können die Kommunikationspartner das Risiko einer erfolgreichen Überwachung minimieren, indem sie ein mehr oder weniger sicheres Verschlüsselungsverfahren wählen. Überwachen ist also nicht nur auf das aktuelle Verstehen der Kommunikation beschränkt, sondern berechtigt auch zu Interpretationsversuchen des inhaltlich Gemeinten und damit auch zu Entschlüsselungsversuchen.

5.3.1.2 Keine Aufbewahrungspflicht von Schlüsselduplikaten

Für die Sicherheitsbehörden würde die Überwachung verschlüsselter Kommunikation erheblich erleichtert, wenn sie unmittelbar auf den Schlüssel zugreifen könnten, um mit seiner Hilfe die verschlüsselte Nachricht im Klartext zur Kenntnis nehmen zu können.[98] Da die Sicherheitsbehörden die Kommunikation von den Betroffenen unbemerkt, d. h. heimlich abhören wollen, scheidet eine Beschlagnahme der Schlüssel zum Dechiffrieren bei den abzuhörenden Personen aus praktischen Gründen aus.

Um die verdächtige Kommunikation unbemerkt von den Kommunikationspartnern abzuhören, bleibt demnach nur die Möglichkeit, den Schlüssel bei dem Dienstleistungsanbieter des Verschlüsselungsverfahrens zu beschlagnahmen. Voraussetzung ist jedoch, daß der Anbieter eines Verschlüsselungsverfahrens über ein Duplikat des geheimen Schlüssels verfügt. Nach geltendem Recht (de lege lata) sind Dienstleistungsanbieter von Verschlüsselungsverfahren jedoch nicht verpflichtet, Schlüsselduplikate aufzubewahren. Anbieter von Verschlüsselungsverfahren sind sogar datenschutzrechtlich gehindert, Schlüsselduplikate freiwillig aufzubewahren, wenn der Kunde nicht ausdrücklich eingewilligt hat.

Einschlägige Datenschutzvorschriften für Telekom als Anbieter von Telekommunikationsdienstleistungen enthält die Telekom-Datenschutzverordnung

---

[98] Für diese Sichtweise offensichtlich Seidel 1992, 70f, 90.

(TDSV)[99], für andere Anbieter gilt die Teledienstunternehmens-Datenschutzverordnung (UDSV)[100] mit weitgehend gleichlautenden Bestimmungen. Voraussetzung für eine Anwendung der TDSV / UDSV ist, daß es sich bei Verschlüsselungsverfahren um Telekommunikationsdienstleistungen handelt.[101] Das sind Dienstleistungen, die "zur Übermittlung" von Informationen zwischen Dritten über Fernmeldeanlagen, die für den öffentlichen Verkehr bestimmt sind, geschäftsmäßig angeboten werden, § 2 Nr. 2 TDSV / UDSV. Fraglich ist, ob die Zweckbestimmung "zur Übermittlung" restriktiv nur im Sinne der technischen Übermittlung von Informationen zu verstehen ist oder in einem weiteren Sinne auch Dienstleistungen erfaßt, die lediglich im Rahmen einer Informationsübermittlung über Fernmeldeanlagen angeboten werden. Maßgeblicher Gesichtspunkt für die Auslegung ist der Wortlaut der Vorschrift, nämlich das *Angebot* der Dienstleistung *zur* Informationsübermittlung über Fernmeldeanlagen. Demnach ist ein Verschlüsselungsverfahren nur dann eine Telekommunikationsdienstleistung im Sinne von TDSV / UDSV, wenn es als Bestandteil der Dienstleistung, Nachrichten über Fernmeldeanlagen zu übermitteln, angeboten wird.

Dies ist dann nicht der Fall, wenn das Verschlüsselungsverfahren unabhängig von einer Telekommunikationsdienstleistung angeboten wird.[102] Der Kunde kann ein solches Verschlüsselungsverfahren zwar zur Chiffrierung von Nachrichten einsetzen, die er übermitteln will, maßgeblich ist aber, daß ihm diese Dienstleistung nicht als Bestandteil der Übermittlungsdienstleistung angeboten worden ist. In diesem Fall richtet sich die Speicherung von Schlüsselduplikaten nach den Vorschriften des BDSG[103], das regelmäßig die Einwilligung des über den Speicherzweck aufgeklärten Kunden voraussetzt, § 4 Abs. 1 BDSG.[104] Vertragsinhalt zwischen Kunde und Dienstleistungsanbieter ist eine Dienstleistung, die es dem Kunden ermöglicht, seine Kommunikation autonom zu sichern. Die Aufbewahrung eines Schlüsselduplikats steht diesem Vertragszweck jedoch entgegen, § 28 Abs. 2 Nr. 1 BDSG, es sei denn der Kunde stimmt der Aufbewah-

---

[99] Verordnung über den Datenschutz bei Dienstleistungen der Deutschen Bundespost TELEKOM vom 24. Juni 1991, BGBl. I 1390. Zur fehlenden Rechtsgrundlage der TDSV, BVerfG, NJW 1992, 1877, diesem Mangel hat der Gesetzgeber nunmehr durch § 10 des Art. 7 des Postneuordnungsgesetzes vom 14. September 1994, BGBl. I S. 2325 abgeholfen.

[100] Verordnung über den Datenschutz für Unternehmen, die Telekommunikationsdienstleistungen erbringen vom 18.Dezember 1991, BGBl.I, S. 2337.

[101] Dies ergibt sich aus § 1 Abs. 1 Satz 1 i. V. m. § 2 Nr. 1 TDSV sowie § 1 Abs. 1 Satz 1 UDSV.

[102] Zur möglichen Angebotsstruktur siehe Hammer/ Schneider, Kap. 1., 24 ff., in diesem Band und Roßnagel, Kap. 4., 143 ff., in diesem Band.

[103] Diese Prüfung steht unter der (realistischen) Annahme, daß die Schlüsselverwaltung in den Händen eines privaten Betreibers liegt, der die Schlüssel automatisiert verwaltet.

[104] Zum Einwilligungsprinzip Tinnefeld/ Ehmann 1994, 103 ff.

rung ausdrücklich zu.[105] Das Speichern von Schlüsselduplikaten ist auch nicht zur Wahrung berechtigter Interessen des Anbieters notwendig, denn das Interesse des Kunden an einer autonomen und effektiven Sicherung seiner Kommunikation ist vorrangig, § 28 Abs. 1 Nr. 2 BDSG, anderenfalls würde er kein Kryptoverfahren kaufen und anwenden.[106]

Die Einwilligung des Kunden ist für die Aufbewahrung von Schlüsselduplikaten auch nach TDSV / UDSV maßgeblich, wenn das Angebot eines Verschlüsselungsverfahrens Bestandteil der Übermittlungsdienstleistung ist. Nach § 3 Abs. 1 TDSV / UDSV dürfen die Dienstleistungsanbieter personenbezogene Daten der am Fernmeldeverkehr Beteiligten zu Telekommunikationszwecken nur erheben, verarbeiten und nutzen, soweit es die TDSV / UDSV erlaubt oder der Beteiligte nach den Vorschriften des BDSG eingewilligt hat. Eine Vorschrift, die für die Nachrichtenübermittlung die Speicherung von Schlüsselduplikaten zuläßt, findet sich in beiden Verordnungen nicht, so daß sie nur mit Einwilligung des Schlüsselinhabers (= Beteiligter im Sinne der TDSV / UDSV) möglich ist.

Darüber hinaus darf nach § 3 Abs. 2 Satz 1 TDSV / UDSV die Erbringung einer Telekommunikationsdienstleistung auch nicht von der *Angabe* personenbezogener Daten abhängig gemacht werden, "soweit die Angaben nicht für die Erbringung der *Dienstleistung* erforderlich sind". Da der Anbieter eines Verschlüsselungsverfahrens für die Erbringung seiner Dienstleistung keine Schlüsselduplikate benötigt, ist es den Anbietern verwehrt, über die Ausübung faktischen Zwangs ihre Kunden zu einer Einwilligung in die Aufbewahrung von Schlüsselduplikaten zu bewegen.

Die Angabe des geheimen Schlüssels steht auch nicht "in sachlichen Zusammenhang mit einer Telekommunikationsdienstleistung", § 3 Abs. 2 Satz 2 TDSV / UDSV, denn mit der Verschlüsselungsoption in der Hand des Kunden soll die Wahrung der Vertraulichkeit gerade von der Dienstleistung der Übermittlung unabhängig gestellt werden.

Das Interesse eines Kunden an einer Aufbewahrung von Schlüsselduplikaten durch den Dienstleister wird sich regelmäßig auf die Sicherung gegen Verlust oder Beschädigung der Chipkarte bzw. des zum Entschlüsseln erforderlichen geheimen Schlüssels beschränken, um auch in diesem Fall eine Entschlüsselung empfangener Nachrichten zu ermöglichen.[107] Diese Besorgnis hat jedoch nur Gewicht, wenn mit Hilfe von Verschlüsselungsverfahren gespeicherte Daten gegen unbefugtes Auslesen geschützt werden sollen, denn in diesem Fall könnten die Daten nicht mehr ausgelesen werden. Werden Verschlüsselungsverfahren jedoch zur Sicherung der Nachrichtenübermittlung und damit des Fernmeldegeheimnisses eingesetzt, dann wird, so ist zu vermuten, das Interesse an der Wah-

---

[105] Der Vertragszweck der autonomen Sicherung der Kommunikation steht einer Aufbewahrung auch entgegen, wenn das BDSG keine Anwendung findet, weil die Schlüssel nur in Akten verwaltet werden.

[106] Entsprechendes gilt auch für verschenkte (nicht "geschäftsmäßig angeboten") oder in nicht-öffentlichen Fernmeldeanlagen verwendete Verschlüsselungsverfahren.

[107] Vgl. das Konzept der datev, Schäfer 1994, 5.

rung der Vertraulichkeit der Nachricht gegenüber der Besorgnis einer defekten Chipkarte überwiegen. Das Risiko, eine verschlüsselte Nachricht nicht entschlüsseln zu können, läßt sich mit der Bitte des Empfängers an den Absender, die Übermittlung mit Hilfe eines anderen Schlüssels zu wiederholen, deutlich minimieren, ohne die Vertraulichkeit der Nachrichtübermittlung mit der Aufbewahrung von Schlüsselduplikaten durch Dritte gleich prinzipiell gefährden zu müssen.[108]

Soweit ein geheimer Schlüssel eines öffentlichen Schlüsselverfahrens sowohl zum Signieren als auch zum Verschlüsseln verwendet wurde, ist außerdem zu bedenken, daß die Aufbewahrung des geheimen Schlüssels auf die Gewährleistung des digitalen Signaturverfahrens durchschlagen und diese erheblich beeinträchtigen würde. Die Qualität digitaler Signaturverfahren und der Beweiswert digital signierter Dokumente beruht wesentlich auf der Unikatsfunktion des geheimen Schlüssels.[109] Ein Kunde, der in die Speicherung eines Duplikats seines geheimen Schlüssels einwilligt, würde also gleichzeitig den Beweiswert von Dokumenten, die er mit diesem Schlüssel digital signiert hat, erheblich beeinträchtigen.

Im übrigen ist aus Markt- und Akzeptanzgründen kaum anzunehmen, daß Dienstleistungsanbieter zum Entschlüsseln geeignete Duplikate vorrätig halten wollen.[110] Zunächst ist der Hinweis, aus Sicherheitsgründen wäre eine solche Speicherung erforderlich, nicht geeignet, das Vertrauen in die Eignung der Chipkartentechnik zu bestärken. Außerdem erhöht die Speicherung von Schlüsselduplikaten die Wahrscheinlichkeit, daß die Vertraulichkeit der Kommunikation auch tatsächlich kompromittiert wird.[111] Aufwendige und teure Verschlüsselungsverfahren, beispielsweise zum Schutz gegen Industriespionage, würden entwertet werden und könnten zu Absatzschwierigkeiten führen, wenn Dritte über den Dienstleister potentiell Zugriff auf Duplikate des geheimen Schlüssels hätten.

Aber selbst für den Fall, daß sich der Dienstleistungsanbieter eines öffentlichen Schlüsselverfahrens auf den ausdrücklichen Wunsch des Kunden zu einer Speicherung eines Schlüsselduplikats bereit findet sollte, dann ist das erfolgreiche Abhören verschlüsselter Kommunikation von zahlreichen Bedingungen abhängig. Die erfolgreiche Beschlagnahme eines Schlüsselduplikats setzt nämlich voraus, daß Staatsanwaltschaft und Polizei sowohl den Dienstleister als auch den notwendigen Schlüssel identifizieren können. Für diesen Zweck enthält der in den USA diskutierte Clipper-Chip eine gesonderte Kennung in einem "Law En-

---

[108] Voraussetzung ist dann allerdings, daß das Dokument den Absender im Klartext enthält, bspw. in einer gesonderten Journalzeile, dazu provet/ GMD 1994a, 178.

[109] Hammer/ Bizer, DuD 1993, 695.

[110] So die Einschätzung von Kowalski (Telesec) aus Kundengesprächen, Vortrag auf Sitzung der Arbeitsgruppe Technik der Datenschutzbeauftragten des Bundes und der Länder am 31.8.1994.

[111] Zu Mißbrauchsmotiven und Angriffsformen vgl. bspw. Roßnagel/ Wedde/ Hammer/ Pordesch 1989, 129 ff.

forcement Access Field", mit dessen Hilfe die Behörden auf den Schlüssel zugreifen können.[112] Eine Voraussetzung, die erhebliche Normungs- und Zulassungsverfahren erfordert, die sowohl in der Bundesrepublik als auch der Europäischen Union - jedenfalls derzeit - nicht besteht.

Eine Aufbewahrungspflicht von Schlüsselduplikaten kann schließlich auch nicht aus der *Mitwirkungspflicht* nach § 100b Abs. 3 StPO abgeleitet werden. Danach müssen die Telekom und andere Betreiber von Fernmeldeanlagen das Überwachen "ermöglichen". Diese Anforderung läßt sich realisieren, wenn die Betreiber selbst die Nachrichten für die Übermittlung von einem Punkt zum anderen ver- und entschlüsseln.[113] In diesem Fall soll den Diensten der inneren Sicherheit das Abhören der Kommunikation vor oder nach der Verschlüsselung auf der Übermittlungsstrecke vom Betreiber ermöglicht werden.

Die Mitwirkungspflicht nach § 100b Abs. 3 StPO ist jedoch nicht einschlägig, wenn die Kunden selbst ihre Nachrichten von Endgerät zu Endgerät verschlüsseln. In diesem Fall könnten allenfalls die Anbieter dieser Dienstleistung zur Mitwirkung verpflichtet sein. Das Vorhalten von Schlüsselduplikaten setzt jedoch die Einwilligung der Kunden voraus. Im übrigen beschränkt sich die Mitwirkungspflicht auf den Einzelfall einer angeordneten Überwachung und begründet keine general-präventive Speicherungspflicht.

Schließlich ist die Mitwirkungspflicht neben der ausdrücklich genannten Telekom auf die *Betreiber* von Fernmeldeanlagen beschränkt, § 100b Abs. 3 StPO. Verschlüsselungsverfahren sind aber keine Fernmeldeanlagen im Sinne des Gesetzes, sondern lediglich ein Mittel zur Veränderung (Verfremdung) von Daten *vor* ihrer Übermittlung. Sie dienen lediglich zur Herstellung des Übermittlungsobjektes, sind aber selbst keine Fernmeldetechnik zur Übermittlung von Nachrichten. Das Angebot eines Verschlüsselungsverfahrens als Bestandteil einer Übermittlungsdienstleistung kann zwar eine Telekommunikationsdienstleistung im Sinne von TDSV / UDSV sein, es ist aber keine Fernmeldeanlage, denn mit Hilfe des Verschlüsselungsverfahrens werden keine Informationen übermittelt.

Auch § 10b FAG, der durch das Postneuordnungsgesetz in Kraft getreten ist, enthält keine weitergehende Verpflichtung zur Aufbewahrung von Schlüsselduplikaten.[114] § 10b Satz 1 FAG verpflichtet die Betreiber von Fernmeldeanlagen lediglich, die Gestaltung der technischen Einrichtungen zur Umsetzung von Überwachungsmaßnahmen des Fernmeldeverkehrs nach dem G 10, § 100a StPO sowie § 39 AWG im Einvernehmen mit dem Bundesminister für Post und Telekommunikation festzulegen. Auch diese Verpflichtung richtet sich nur an die Betreiber von Fernmeldeanlagen, nicht aber an die Hersteller und Anbieter von Verschlüsselungsverfahren, die Teilnehmern das selbständige Verschlüsseln von Nachrichten ermöglichen.

---

[112] Vgl. Rueppel, DuD 1994, 445, 448.

[113] Dies ist beispielsweise auf der Mobilfunkstrecke des D-Netzes der Fall, Beheim, DuD 1994, 327 ff.

[114] Art. 5 des PTNeuOG vom 14. September 1994, BGBl. S. 2325. In Kraft am 1. Januar 1995.

5.3.1.3 Auskunftspflicht nach § 12 FAG

Eine weitere, erst neuerdings beachtete Befugnis zur Überwachung des Fernmeldeverkehrs ergibt sich aus § *12 FAG*.[115] Danach können Richter und bei Gefahr in Verzug auch die Staatsanwaltschaften in strafgerichtlichen Untersuchungen *Auskunft* über den an den Beschuldigten gerichteten und von ihm ausgehenden Fernmeldeverkehr verlangen. Einschränkungen wie etwa einen in § 100a StPO enthaltenen Katalog schwerwiegender Straftaten, die diese Befugnis auslösen, enthält diese Vorschrift nicht.[116] Allgemein wird auf der Grundlage dieser Vorschrift auch die Auskunft über betriebsbedingt gespeicherte Daten für zulässig gehalten und zwar auch für den in der Vergangenheit bereits abgewickelten Fernmeldeverkehr.[117] Mit der Umstellung auf digitale Vermittlungstechniken haben sich Art und Umfang der den Betreibern zur Verfügung stehenden Daten erheblich vermehrt,[118] so daß die 1927 urprünglich nur als Komplementärvorschrift zur Postbeschlagnahme gedachte Vorschrift nunmehr neue Bedeutung erhalten hat, ohne selbst ausreichende verfahrensrechtliche Beschränkungen zu bieten.[119]

Auf der Grundlage des § 12 FAG könnte demnach im Rahmen der Straftatverfolgung Auskunft auch über die Übermittlung von in der Vergangenheit verschlüsselten Nachrichtenverkehr verlangt werden. Die Auskunft ist auf den Fernmeldeverkehr, also den Austausch von Nachrichten beschränkt. Da Anbieter von Verschlüsselungsverfahren keinen Fernmeldeverkehr anbieten, sondern Herstellungs- bzw. Verfremdungsverfahren für zu übermittelnde Daten, sind sie auf der Grundlage des § 12 FAG nicht zur Auskunft berechtigt bzw. verpflichtet.

5.3.2 Zollkriminalamt

Grundsätzlich ist das Abhören des Fernmeldeverkehrs zu präventiv-polizeilichen Zwecken unzulässig. Eine Ausnahme bildet die 1992 eingeführte Abhörbefugnis des Zollkriminalamts[120], nach der das Abhören zur Verhütung von Straftaten nach dem Außenwirtschaftsgesetz oder dem Kriegswaffenkontrollgesetz, also be-

---

[115] Vgl. Bär 1992, 351 ff.; Walz, CR 1990, 140 ff.; Klesczewski, StV 1993, 382 ff.

[116] Kritisch Bär 1992, 352 mwN.

[117] OLG Köln NJW 1970, 1857; Badura 1965 in: BK, Art. 10, Rn. 55; Dürig 1973 in: Maunz/ Dürig, Art. 10, Rn. 56. Bär 1992, 353 mwN.

[118] Nach § 6 TDSV ist eine Löschung der Verbindungsdaten spätestens nach 80 Tagen vorgesehen. Längstens bis zu diesem Zeitraum sind diese Daten technisch zugriffsfähig.

[119] Kritisch auch Bär 1992, 352 ff. mwN.; Walz CR 1990, 140 ff.

[120] Früher Zollkriminalinstitut, BGBl 1992 I 1222.

reits im Vorfeld strafbaren Handelns, zulässig sein soll, § 39 Abs. 1 AWG.[121] Die Vorschrift entspricht in den hier interessierenden Tatbestandsmerkmalen der Vorschrift des § 100a StPO. "Überwachen" ermächtigt also auch das Zollkriminalamt zum Abhören und Entschlüsseln chiffrierter Nachrichten. Jedoch besteht auch nach dieser Vorschrift keine Verpflichtung von Dienstleistungsanbietern von Verschlüsselungsverfahren, Schlüsselduplikate aufzubewahren. Auch § 10b FAG enthält keine derartige Verpflichtung.

5.3.3 Nachrichtendienste

Das Abhören ist zur Abwehr drohender Gefahren für die freiheitlich demokratische Grundordnung oder den Bestand oder die Sicherheit des Bundes oder eines Landes sowie der in der Bundesrepublik Deutschland stationierten NATO-Truppen möglich, § 1 Abs. 1 G 10.[122] Zur Kontrolle individueller Anschlüsse ermächtigt das G 10[123], wenn tatsächliche Anhaltspunkte für den Verdacht bestimmter Straftaten gegen die innere und äußere Sicherheit bestehen, § 2 G 10.

Im Rahmen der sogenannten strategischen Kontrolle darf ausschließlich der BND den internationalen nicht leitungsgebundenen Fernmeldeverkehr abhören, § 3 G 10.[124] Ziel ist die Gewinnung von Erkenntnissen über die Gefahr eines bewaffneten Angriffs auf die Bundesrepublik, aber auch über den internationalen Terrorismus, Rauschgiftschmuggel nach Deutschland, den illegalen Handel mit Kriegswaffen und über internationale Geldwäsche- und Geldfälschungsaktivitäten.[125] Zur Abwehr eines bewaffneten Angriffs dürfen auch leitungsgebundene Fernmeldeverkehrsbeziehungen abgehört werden, § 3 Abs. 1 Satz 3 G 10. Strategische Kontrolle bedeutet, daß der Fernmeldeverkehr rechnergestützt nach bestimmten Suchbegriffen abgehört wird, § 3 Abs. 2 G 10. Diese Suchbegriffe dürfen keine Identifizierungsmerkmale enthalten, die zu einer gezielten Erfassung bestimmter Fernmeldeanschlüsse führen. Diese Einschränkung gilt allerdings nur für Anschlüsse deutscher Staatsangehöriger oder von Gesellschaften mit Sitz im Ausland mit überwiegend deutscher Beteiligung, näher § 3 Abs. 2 G 10. Die durch Maßnahmen der strategischen Kontrolle gewonnenen personen-

---

[121] Gesetz zur Änderung des Außenwirtschaftsgesetz vom 23.Januar 1992, BGBl.I, S. 372. Dazu kritisch vor allem auch unter dem Gesichtspunkt der Effektivität Hund, NJW 1992, 2118 ff.; Michalke, StV 1993, 266 ff.; Gusy, StV 1992, 484 ff.; BfD 1993, 140. A. A. Hantke, NJW 1992, 2125; Jahnke, ZRP 1992, 83f.

[122] Gesetz zur Beschränkung des Brief-, Post- und Fernmeldegeheimnis (Gesetz zu Art. 10 GG) vom 13. August 1968, BGBl.I S. 949, zuletzt geändert durch Gesetz vom 27.Mai 1992, BGBl.I S. 997 und durch Art. 13 des Verbrechensbekämpfungsgesetzes vom 28. Oktober 1994, BGBl. I S. 3186. Näher Roewer 1987, G 10, § 1, 5 ff.; Borgs-Maciejewski/ Ebert 1986, G 10 vor § 1.

[123] In der Fassung des Art. 13 des Verbrechensbekämpfungsgesetzes vom 28. Oktober 1994, BGBl. I S. 3186.

[124] Zur Zulässigkeit der strategischen Kontrolle nach altem Recht, BVerfGE 67, 157 ff.

[125] BT-Drs. 12/ 6853; vgl. näher § 3 Abs. 1 Nr. 1 bis 6 G 10.

bezogenen Daten dürfen zur Verhinderung, Aufklärung oder Verfolgung bestimmter näher bezeichneter Straftaten verwendet und an die zuständigen Behörden, Verfassungsschutz, Zollkriminalamt, Staatsanwaltschaft und Polizei übermittelt werden, § 3 Abs. 3 bis 5 G 10. Die Abhörmaßnahmen unterliegen der Kontrolle durch eine parlamentarische Kontrollkommission, § 9 G 10.

Die Abhörbefugnis der Nachrichtendienste ergibt sich aus § 1 Abs. 1 G 10 und entspricht ihrem Umfang nach ("Überwachen und Aufzeichnen des Fernmeldeverkehrs") der strafprozessualen Regelung des § 100a StPO. Diese Formulierung läßt auch die Überwachung *neuer Medien* zu.[126] Das Überwachen beinhaltet ebenso wie § 100a StPO auch die Befugnis, den chiffrierten Fernmeldeverkehr zu entschlüsseln.[127]

Entsprechend § 100b Abs. 3 StPO sind die Deutsche Bundespost sowie jeder andere Betreiber von Fernmeldeanlagen, die für den öffentlichen Verkehr bestimmt sind, verpflichtet, die Überwachung und Aufzeichnung zu ermöglichen, § 1 Abs. 2 Satz 2 G 10, vgl. auch § 10b FAG. Eine Mitwirkungspflicht von Betreibern nichtöffentlicher Anlagen besteht nicht.[128] Zusätzlich sind die Telekom sowie die anderen Betreiber verpflichtet, *Auskunft* über den nach Wirksamwerden der Abhöranordnung durchgeführten Fernmeldeverkehr zu erteilen, § 1 Abs. 2 Satz 2 G 10. Aber weder aus dieser Auskunftspflicht noch aus der Mitwirkungspflicht ergibt sich eine Verpflichtung von Dienstleistungsanbietern von Verschlüsselungsverfahren, Schlüsselduplikate zum Dechiffrieren individuell verschlüsselter Nachrichten aufzubewahren.

5.3.4 Zusammenfassung

Festzuhalten ist, daß die bestehenden gesetzlichen Befugnisse der Behörden nur zum Überwachen und Aufzeichnen des Fernmeldeverkehrs berechtigen. Die Überwachungsbefugnis beinhaltet auch die Befugnis, wenn möglich, verschlüsselte Nachrichten zu dechiffrieren. Die Pflicht der Betreiber von Fernmeldeanlagen, bei der Überwachung des Fernmeldeverkehrs mitzuwirken, beschränkt sich auf den Zugang zum Fernmeldeverkehr bevor oder nachdem Nachrichten durch den Betreiber für die Übertragung verschlüsselt worden sind. Die Dienstleistungsanbieter von Verschlüsselungsverfahren, mit denen Teilnehmer selbständig Nachrichten verschlüsseln können, sind nicht verpflichtet, Schlüsselduplikate aufzubewahren. Schlüsselduplikate können die Dienstleistungsanbieter nur mit ausdrücklicher Einwilligung der Schlüsselinhaber unter konkreter Benennung des Speicherungszwecks aufbewahren. Andernfalls sind sie datenschutzrechtlich ge-

---

[126] Dazu kritisch Riegel, ZRP 1991, 392f.

[127] I. E. ebenso Borgs-Maciejewski/ Ebert, 1987, G 10, § 1, Rn. 21 in Hinblick auf den in den Rundfunkverkehr östlicher Länder eingebetteten codierten Agentenverkehr.

[128] Zu weitgehend die Auslegung von Riegel, ZRP 1991, 393, der das Abhören privater Einrichtungen nicht gedeckt sieht.

hindert, Schlüsselduplikate aufzubewahren, da diese zur Abwicklung der Verschlüsselungsdienstleistung nicht erforderlich sind.

Gegenüber diesem Befund werden im folgenden zwei denkbare Strategien zur Sicherung des Primats der inneren Sicherheit unter verfassungsrechtlichen Gesichtspunkten diskutiert.

5.4   Strategien zur Rettung des Primats der inneren Sicherheit

Zwei Strategien können unterschieden werden, die Interessen der Dienste der inneren Sicherheit am Mitlauschen privater Kommunikation zu befriedigen. Die erste besteht darin, die Verwendung von Kryptoverfahren zur Sicherung privater Kommunikation zu verbieten.[129] Die Verwendung von Verschlüsselungsverfahren wäre damit auf den staatlichen Geheimschutzbereich beschränkt.[130] In Deutschland besteht ein Verbot der zivilen Nutzung von Verschlüsselungsverfahren derzeit nicht.[131]

Die zweite Strategie würde zwar die Verschlüsselung privater Kommunikation ermöglichen, jedoch nur mit Hilfe von staatlich zugelassenen Verschlüsselungsverfahren, die durch ihre technische und organisatorische Gestaltung eine Sollbruchstelle in die Vertraulichkeit der Telekooperation exklusiv für die Dienste der inneren Sicherheit enthalten. So könnten die Anbieter von Verschlüsselungsverfahren verpflichtet werden, Schlüsselduplikate aufzubewahren.[132] Allerdings würde eine derartige Sollbruchstelle das Sicherheitskonzept der Verschlüsselungsverfahren erheblich relativieren. Die Anbieter müßten nämlich auch gegen den Willen des Betroffenen verpflichtet werden, ein Duplikat des generierten geheimen Schlüssels aufzubewahren und ihn im Bedarfsfall den Diensten zur Verfügung stellen. Auf diese Weise wäre die Erwartung der Kommunikanten, die Vertraulichkeit ihrer Nachricht läge durch die Verschlüsselung in ihren Händen und sei damit gewahrt, getäuscht.

Beide Strategien sollen nunmehr unter verfassungsrechtlichen Gesichtspunkten näher beleuchtet werden.

---

[129] Ein solches Verbot besteht bspw. in Frankreich. Der Einsatz von Chiffriertechnik ist genehmigungspflichtig, vgl. Rueppel, DuD 1994, 449.

[130] Vgl. § 3 Abs. 1 Nr. 4 BSIG.

[131] Vgl. auch Seidel 1992, 73; Goebel/ Scheller 1991, 7 ff. Nach der Anlage zu § 9 BDSG kann das Verschlüsseln als Datensicherheitsmaßnahme verstanden werden. Die Ausfuhr von Kryptoverfahren ist genehmigungspflichtig, die Einfuhr ist nicht untersagt (siehe oben Fn. 19).

[132] Zustimmend zu derartigen Überlegungen Seidel 1992, 89f.; zu verschiedenen Varianten Rihaczek, DuD 1987b, 302f. In diese Richtung scheint auch der Diskussionsentwurf der EU-Komission zu gehen, EG-Kom 1994b, 453; Ablehnend Möller/ Pfitzmann/ Stierand, DuD 1994, 318 ff.

5.4.1 Verbot der zivilen Verwendung von Kryptoverfahren?

5.4.1.1 Fernmeldegeheimnis

Ein Verbot der zivilen Verwendung von Kryptoverfahren ist ein Eingriff in das Fernmeldegeheimnis nach Art. 10 Abs. 1 GG der Betroffenen, da das Grundrecht des Fernmeldegeheimnisses auch die Bestimmungsbefugnis über Schutzmaßnahmen des Kommunikationsinhalts mit einschließt (siehe oben 5.2). Voraussetzung für ein Kryptoverbot ist eine ausreichende gesetzliche Grundlage, die den Anforderungen des Verhältnismäßigkeitsgrundsatzes genügen muß, Art. 10 Abs. 2 GG.[133]

Das Verbot von Kryptoverfahren soll Polizei und Staatsanwaltschaft sowie den Diensten die Option zum Abhören vertraulicher Kommunikation bewahren. Dieses Ziel ist verfassungsrechtlich legitim, soweit auch das Abhören selbst unter qualifizierten Voraussetzungen zulässig ist. Zu diesen zählt beispielsweise im Rahmen der Straftatverfolgung die Beschränkung auf bestimmte Straftaten oder im Rahmen der Befugnisse der Geheimdienste die Beschränkung auf die Abwehr drohender Gefahren für die freiheitlich demokratische Grundordnung oder den Bestand des Staates. Allein diese Zwecke rechtfertigen jedoch ein Kryptoverbot noch nicht, wenn es als Mittel zur Verfolgung dieser Ziele ungeeignet, nicht notwendig oder außer Verhältnis steht.

Faktisch würde ein Verbot von Verschlüsselungsverfahren bewirken, daß flächendeckend allen Grundrechtsträgern die technische Sicherung ihres Fernmeldegeheimnisses verboten werden würde, um in wenigen Einzelfällen das staatliche Abhören zu ermöglichen.[134] Ein solchen präventiven Verbot steht entgegen, daß das individuelle Interesse an einem technischen Schutz des Fernmeldegeheimnisses angesichts der technisch bedingten Gefahren nicht nur legitim, sondern auch verfassungsrechtlich geschützt ist. Ein präventives Verbot derartiger individueller Schutzmaßnahmen würde die Wahrnehmung der Verschlüsselungsoption von vornherein als "verdächtig" diskreditieren und unter einen grundsätzlichen Ausübungsvorbehalt stellen. Damit wäre nicht mehr der staatliche Eingriff in das Fernmeldegeheimnis rechtfertigungsbedürftig, sondern der individuelle Schutz des Fernmeldegeheimnisses mit Hilfe von Verschlüsselungsmaßnahmen. Ein Verbot von Kryptoverfahren würde also das Verhältnis von individueller Frei-

---

[133] Jarass in: Jarass/ Pieroth 1992, Art. 10, Rn. 10f.

[134] 1993 wurden in Deutschland 3.964 Genehmigungen zum Abhören von Gerichten und Staatsanwaltschaft erteilt, BT-Drs. 12/ 8306, nach wib 15/ 1994-I/ 28. 1992 waren es in Deutschland 3.499, im selben Zeitraum wurden in den USA lediglich 821 Abhörgenehmigungen erteilt, vgl. Böttger/ Pfeiffer, ZRP 1994, 7f. Diese Daten beruhen auf Angaben der TELEKOM, Erhebungen der Gerichte resp. der Staatsanwaltschaften liegen nicht vor, vgl. Pfeiffer, ZRP 1994, 8. Angaben über die Anzahl der von den Geheimdiensten abgehörten Telefongespräche sind nicht bekannt.

heit und staatlicher Eingriffsbefugnis verkehren und wäre mehr als nur ein Schritt auf dem Weg zum "Präventionsstaat".[135]

Ein Verbot wäre auch unter den historischen Entstehungsbedingungen des Fernmeldegeheimnisses verhängnisvoll. Als Reaktion auf die technisch bedingte Aufhebung der Unmittelbarkeit der Kommunikation und den dadurch bedingten Zugriffsmöglichkeiten Dritter begründet, gerät der Schutz der Vertraulichkeit in dem Moment unter Rechtfertigungsdruck, in dem er sich von den staatlichen Monopolisten der Kommunikationswege emanzipiert und eigener Wege geht. Solange die Übermittlungstechnik die Vertraulichkeit der Kommunikation Eingriffen preisgab, wurde ihr grundrechtlicher Schutz durch das Fernmeldegeheimnis hochgehalten; wohlwissend daß dieses durch Ausnahmeregeln im staatlichen Interesse nicht unbedingt gelten muß. Sobald aber der individuelle Schutz des Fernmeldegeheimnisses technisch möglich ist, wird seine tätige Inanspruchnahme zur latenten Bedrohung staatlicher Überwachungs- und Verfolgungsinteressen.

Die Verhältnismäßigkeit eines Kryptoverbots wird auch dadurch in Frage gestellt, daß die Effektivität von Abhörmaßnahmen mangels nachlaufender richterlicher und staatsanwaltlicher Kontrolle in Deutschland zweifelhaft ist. Rechtsvergleichende Untersuchungen mit den durch Richter angeordneten Abhörmaßnahmen in den USA zeigen, daß dort sehr viel weniger abgehört wird als in Deutschland.[136] Schließlich ist zu bedenken, daß von einer genehmigten Abhörmaßnahme eines Anschlusses eine Vielzahl von unverdächtigen Personen betroffen ist.[137]

Zweifelhaft ist aber auch die Eignung eines Kryptoverbots, da es praktisch ohne großen Aufwand unterlaufen werden kann. Verhindert werden könnte zwar das öffentliche Angebot von Verschlüsselungsdienstleistungen, insbesondere von öffentlichen Schlüsselverfahren, da diese eine gewisse Infrastruktur mit zum Teil öffentlichen Gewährleistungen voraussetzen. Rechtsregeln könnten es einerseits den öffentlichen oder privaten Betreibern von Sicherungsinfrastrukturen, die für offene Telekooperation benötigt werden,[138] verbieten, Leistungen bereitzustellen, die die Verschlüsselung von Nachrichten unterstützen. Andererseits wird ein Verbot von Verschlüsselungsverfahren praktisch nicht durchzusetzen sein, da die erforderlichen Schlüssel mit geringen Kenntnissen selbst hergestellt und einge-

---

[135] Denninger, KJ 1988, 1 ff.

[136] Die Zahlen im Vergleich USA-Deutschland 821:3499, nach Böttger/ Pfeiffer, ZRP 1994, 12f. Als Grund wird eine restriktivere Selbstkontrolle der Richter und Staatsanwälte genannt. Außerdem bekommen die Richter in den USA - im Gegensatz zu Deutschland - Kenntnis vom (Miß-)Erfolg und den Auswirkungen der von ihnen angeordneten Maßnahmen.

[137] Das Verhältnis von überwachten und später verurteilten Personen lagt 1992 bei der Überwachung eines Telefonanschlusses bei 1:44,7, je angeordneter Maßnahme sind 3,3 Personen verurteilt worden, nach Böttger/ Pfeiffer, ZRP 1994, 12f.

[138] Näher Hammer, Kap. 2., 73, in diesem Band; Roßnagel, Kap. 4., 160 ff., in diesem Band.

setzt werden können. Allein das rechtliche Verbot wird die technischen Möglichkeiten des Verschlüsselns nicht verhindern können.[139]

Zusätzlich muß berücksichtigt werden, daß gerade die interessanten und gefährlichen Objekte staatlicher Überwachung über die erforderlichen Mittel verfügen, um ihre Kommunikation ausreichend gegen staatlichen Zugriff zu schützen, sei es, daß sie, wenngleich verbotswidrig, hochwertige Schlüsselverfahren verwenden oder daß sie andere Methoden der elektronischen Tarnung benutzen, wie beispielsweise die der Steganographie.[140] Dies gilt für den Nachrichtenaustausch der für die "Dienste" Verfassungsschutz, BND und MAD interessanten Klientel ohnehin. Die Kommunikation auswärtiger Botschaften mit ihren Regierungen im Rahmen der Auslandsaufklärung wird durch ein Verbot der zivilen Nutzung von Kryptoverfahren ebenfalls nicht tangiert. Entsprechendes gilt für die Spionagetätigkeiten auf dem Gebiet der Bundesrepublik Deutschland. Und schließlich werden auch verfassungsfeindliche Gruppen des Rechts- und Linksextremismus beispielsweise ihre Mailbox-Kommunikation mit Hilfe hochwertiger Schlüssel ausreichend zu schützen wissen. Schon heute zeigt sich, daß Täter aus dem Bereich der organisierten Kriminalität oder rechtsextremer Kreise versiert genug sind, ihre Kommunikation über Dienste abzuwickeln, die abzuhören den Sicherheitsbehörden Schwierigkeiten bereitet.[141]

Allein der Effekt eines Kryptoverbots, daß "verdächtige", weil verbotswidrig verschlüsselte Kommunikation nunmehr identifiziert werden könnte, ist kein ausreichender Sicherheitsgewinn. Die Strafverfolgungsbehörden müßten, ob mit oder ohne Kryptoverbot, die verschlüsselten Nachrichten erst entschlüsseln, bevor sie Maßnahmen der Strafverfolgung ergreifen könnten. Müssen aber auch die verbotswidrig verschlüsselten Nachrichten erst entschlüsselt werden, dann kann ebensogut auf das Verbot verzichtet werden.

Eine Beschlagnahme der Schlüssel bei den Verdächtigen im Rahmen der Strafverfolgung nach § 94 Abs. 1 StPO[142] scheidet wegen des damit verbundenen Warneffekts bereits aus praktischen Gründen aus, weil die Betroffenen auf diese Weise von der geplanten Maßnahme informiert werden würden. Im übrigen würde eine offene Beschlagnahme nur eine rückwirkende Kontrolle der aufgezeichneten Kommunikation ermöglichen.

Möglicherweise werden die Kooperationspartner bei einem hohen Sicherungsbedürfnis ihrer Kommunikation auch gar nicht mehr im Besitz ihres für das Ent-

---

[139] So auch Seidel 1992, 74f. und 90.

[140] Z. B. Möller/ Pfitzmann/ Stierand, DuD 1994, 318 über das Verstecken von Nachrichten in digitalisierter Sprache.

[141] Der Spiegel 13/ 1994, 81 "Drahtlos kriminell". Entsprechendes berichtet auch der hessische Innen-Staatssekretär Fromm über die rechtsextreme Szene, Frankfurter Rundschau vom 13.8.1994.

[142] Beschlagnahmt werden kann nach § 94 StPO als Gegenstand nur der Datenträger, vgl. ausführlich Bär 1992, 240 ff. und 248f.; Kleinknecht/ Meyer 1992, § 94, Rn. 4; Rudolphi in: SK-StPO 1994, § 94, Rn. 11; jedoch können auf einem Datenträger gespeicherte Daten nach § 94 Abs. 1 StPO durch Kopieren sichergestellt werden, näher zu den Voraussetzungen Bär 1992, 248 ff. und 266 ff.

schlüsseln erforderlichen Schlüssels sein. Werden asymmetrische Schlüsselverfahren verwendet, dann scheitert ein Zugriff auf den geheimen Schlüssel bereits aus technisch-organisatorischen Gründen des Sicherheitskonzepts. Der geheime Schlüssel soll nämlich, gerade um seine Integrität und die Vertrauenswürdigkeit des Verfahrens zu gewährleisten, unausforschbar auf einer Chipkarte gegen jeden Zugiffsversuch geschützt gespeichert werden.[143] Der Empfänger kann als Beschuldigter einer Straftat aus Rechtsgründen nicht zur Mitwirkung an seiner Überführung gezwungen werden, d. h. auch nicht zur Herausgabe seines Schlüssels oder der für den Zugriff auf die Chipkarte notwendigen PIN.[144]

Im übrigen ließe sich ein Verbot von Kryptoverfahren auch kaum mit wirksamen Sanktionen durchsetzen. Ob eine Strafandrohung angesichts des legitimen Schutzbedürfnisses eines Grundrechtsträgers, seine individuelle Kommunikation auch gegen privaten Zugriff technisch zu schützen, überhaupt verhältnismäßig sein kann, ist höchst zweifelhaft. Schließlich würde eine derartige Strafsanktion lediglich die Wahrnehmung eines Grundrechts an sich verfolgen ohne Nachweis seiner mißbräuchlichen Verwendung gegen andere rechtlich geschützte Interessen. Aus diesem Grund könnte ein Verstoß gegen das Kryptoverbot allenfalls als Ordnungswidrigkeit geahndet werden. Wegen des im Grunde genommen legitimen Schutzbedürfnisses des einzelnen Grundrechtsträgers, sein Fernmeldegeheimnis selbst technisch zu schützen, wäre der Strafrahmen niedrig anzusiedeln. Ohnehin dürften kriminelle Organisationen oder verfassungsfeindliche Gruppen sich durch ein strafbewehrtes Kryptoverbot nicht von einem autonomen Schutz ihrer Kommunikationsbeziehungen abhalten lassen. Außerdem dürfte der Nachweis der Täterschaft bei verbotswidrig verschlüsselter Kommunikation auf erhebliche Schwierigkeiten stoßen, zumal wenn sie von öffentlichen Anschlüssen aus übermittelt werden. Letztlich ist zu vermuten, daß die Verfolgung des verbotswidrigen Verschlüsselns wegen des damit verbundenen Verwaltungsaufwands ins Leere laufen würde.

Schließlich ist rechtspolitisch zu berücksichtigen, daß ein Verbot von Kryptoverfahren auf erhebliche Akzeptanzprobleme bei privaten Fernmeldeteilnehmern, insbesondere aber industriellen Anwendern und Anbietern stoßen wird.

5.4.1.2 Berufsfreiheit

Ein Verbot der Verwendung von Kryptoverfahren greift auch in die Berufsfreiheit nach Art. 12 Abs. 1 GG der Hersteller und Anbieter derartiger Verfahren ein,[145] denn ein Verwendungsverbot wirkt sich gleichzeitig auch auf Unternehmen aus, die Kryptoverfahren herstellen, anbieten oder dies beabsichtigen.[146]

---

[143] provet/ GMD 1994a, 57; Kruse, CR 1987, 792 ff.

[144] Rudolphi in: SK-StPO 1994, § 95, Rn. 5; Kleinknecht/ Meyer 1992, § 95, Rn. 5.

[145] Betroffen könnten sein die Hersteller und Anbieter von Hardware und Software sowie von Dienstleistungen der Instanzen der Sicherungsinfrastruktur. Siehe näher Hammer, Kap. 2., 44f., 58 ff., in diesem Band.

[146] Einschlägig BVerfGE 46, 120, 137f.

Das unmittelbare Verbot des Herstellens und Anbietens von Kryptoverfahren selbst ist ohnehin ein Eingriff in die Berufsfreiheit. Dabei ist unerheblich, ob das Herstellen und Anbieten von Kryptoverfahren ein eigenständiger Beruf ist,[147] solange die Tätigkeit nur der Schaffung und Unterhaltung einer Lebensgrundlage dient.[148] Schließlich werden durch das Kryptoverbot auch die durch Art. 12 GG geschützten Berufsgeheimnisse betroffen.[149]

Das Verbot von Kryptoverfahren bedarf als Eingriff in Grundrechte einer gesetzlichen Grundlage, wobei die vom BVerfG entwickelten Grundsätze der Stufentheorie zu beachten sind.[150] Das Recht der Berufs*ausübung* ist betroffen, wenn nur Art und Umfang des Herstellens und Anbietens von Kryptoverfahren für den zivilen Bereich geregelt werden. Demgegenüber greift ein Verbot des Herstellens und Anbietens von Kryptoverfahren für den zivilen Bereich in die Freiheit der Berufs*wahl* ein.[151] In diesem Fall bliebe nämlich nach § 3 Abs. 1 Nr. 4 BSIG das Herstellen von Kryptoverfahren dem staatlichen Geheimschutzbereich vorbehalten. Eine derartige Monopolisierung der Bereitstellung von Kryptoverfahren bedeutet eine objektive Zulassungsschranke,[152] an deren verfassungsrechtliche Rechtfertigung das BVerfG hohe Anforderungen stellt. Sie ist nur gerechtfertigt, wenn es der Schutz eines überragend wichtigen Gemeinschaftgutes unter Wahrung des Verhältnismäßigkeitsgrundsatzes zwingend erfordert.[153] Unterstellt, das Interesse der inneren Sicherheit wäre ein derartiges Schutzgut,[154] so ist ein Verbot von Kryptoverfahren zur Straftatverfolgung (StPO), zur vorbeugenden Verbrechensbekämpfung (AWG) und zu Zwecken des Verfassungsschutzes (G 10) gleichwohl ungeeignet. Denn Mitglieder der organisierten Kriminalität, Waffenexporteure und Verfassungsfeinde (Extremisten) werden, um ihre materiellen Gewinnchancen oder immaterielle Ziele durchsetzen zu können, über ausreichende Mittel verfügen, um ihre Kommunikation mit Hilfe sicherer Verschlüsselungsverfahren vor staatlichen Eingriffen zu schützen. Ein Kryptoverbot würde also die Kommunikation dieser Personen und Gruppen nicht einmal erheblich erschweren. Außerdem verhindert die bereits heute bestehende Möglichkeit des Abhörens auch nicht die interne Kommunikation dieser Personen und Gruppen,

---

[147] Diese Frage wird in BVerfGE 46, 120, 138 für das Herstellen und Verkaufen von bestimmten Zusatzeinrichtungen für Telekommunikationsanlagen (Direktruf) aufgeworfen, letztlich aber offen gelassen.

[148] BVerfGE 7, 377, 397; BVerfGE 54, 301, 313.

[149] Vgl. Roßnagel, Kap. 4., 178, in diesem Band.

[150] BVerfGE 7, 377, 405 ff. st. Rspr.

[151] Vgl. BVerfGE 46, 120, 138.

[152] Zur Einordnung von staatlichen Monopolen, Jarass in: Jarass/ Pieroth, 1992, Art. 12, Rn.32.

[153] BVerfGE 7, 377, 408f.; 21, 261, 267, weitere Nachweise bei Jarass in: Jarass/ Pieroth, 1992, Art. 12, Rn.32, 25.

[154] Beispiele aus der Rechtsprechung des BVerfG: "Volksgesundheit" in BVerfGE 7, 377, 414, "Minderung der Arbeitslosigkeit", in 21, 245, 251, Sicherung der Volksernährung in 25,1,16.

sondern motiviert sie lediglich zu Gegenstrategien.[155] Eine Beschränkung der Berufsfreiheit der Hersteller und Anbieter von Verschlüsselungsverfahren ist schließlich auch aus den bereits oben (5.4.1.1) näher dargelegten Gründen unverhältnismäßig.

5.4.2   Sollbruchstelle für die "Dienste"?

Auf verfassungsrechtliche Probleme stößt auch die Umsetzung eines *staatlichen Treuhändermodells* nach dem amerikanischen Modell des Clipper-Chip.[156] Es handelt sich hierbei um ein *staatlich lizensiertes Verschlüsselungsverfahren*, bei dem die Schlüssel treuhänderisch von staatlichen Stellen verwaltet werden.[157] Das technisch-organisatorische Konzept ermöglicht den Behörden der inneren Sicherheit, sich auf der Grundlage eines richterlichen Beschlusses über eine spezielle in dem verschlüsselten Dokument enthaltene Kennung den Schlüssel zum Dechiffrieren des Dokuments zu verschaffen. Besondere Implikation dieses Verfahrens ist neben der staatlichen Verwaltung der Schlüssel, daß der einmalige Zugriff auf die Entschlüsselungsoption sowohl das Entschlüsseln von Nachrichten ermöglicht, die vor der richterlichen Anordnung verschlüsselt wurden, als auch zukünftiger Nachrichten, die nach Ablauf der Gültigkeit der Anordnung verschlüsselt werden.[158]

Rechtlich müßte ein solches Treuhänderkonzept durch ein gesetzliches Verbot der Verwendung staatlich nicht zugelassener Kryptoverfahren umgesetzt werden. Zugelassen würden dann nur Anbieter, deren Verschlüsselungsverfahren durch geeignete technische oder organisatorische Maßnahmen den staatlichen Behörden die Überwachung der verschlüsselten Kommunikation erlauben.

Ein derartiges Verfahren wäre in Hinblick auf die Berufsfreiheit der Hersteller und Anbieter lediglich ein Eingriff in ihre Ausübungsfreiheit, da Herstellung und Angebot nicht grundsätzlich verboten, sondern einem Lizensierungsvorbehalt unterworfen werden. Beschränkungen der Ausübungsfreiheit werden durch jede vernünftige Erwägung des Gemeinwohls legitimiert, wenn der Eingriff verhältnismäßig ist.[159] Ein derartiges Treuhändermodell würde im übrigen auch in das Fernmeldegeheimnis der Teilnehmer eingreifen, weil es den staatlichen Be-

---

[155] Vgl. die oben in Fn. 141 genannten Beispiele.

[156] Vorschläge in dieser Richtung auch bei Seidel 1992, 90f., allerdings ohne Aufarbeitung der verfassungsrechtlichen Fragen. Der jüngste Entwurf einer ISDN-Richtlinie der EU, abgedruckt in DuD 1994, 492, enthält keine ausdrückliche Verpflichtung der Mitgliedsstaaten mehr, den Teilnehmern bei besonderen Risiken der Verletzung der Netzsicherheit eine Verschlüsselung von Endgerät zu Endgerät anzubieten, Art. 8 Abs. 2 (alt). Art. 4 (neu) spricht nur noch allgemein von Verschlüsselungsmöglichkeiten. Vgl. näher Rihaczek, DuD 1994b, 491.

[157] Näher Rueppel 1994, 183 ff.; Pordesch 1993; Randow 1993. Zu früheren Überlegungen Rihaczek, DuD 1987a, 240 ff.

[158] Rueppel 1994, 196; Pordesch 1993, 47.

[159] BVerfGE 7, 377, 405f.; Jarass in: ders./ Pieroth 1992, Art. 12, Rn. 23 mwN.

hörden prinzipiell Einblicke in die vertraulich über Fernmeldeanlagen geführte Kommunikation ermöglicht. Auch diese Eingriffe sind verfassungsrechtlich am Maßstab des Verhältnismäßigkeitsgrundsatzes zu prüfen.

Der Vorteil eines präventiven Verbots verbunden mit einem Zulassungsverfahren bestimmter Verschlüsselungsverfahren liegt darin, daß der einzelne seine Kommunikation zumindest gegen private Eingriffe schützen könnte, so lange er nicht das Interesse der Behörden der inneren Sicherheit erweckt. Andererseits sind seine Schutzmaßnahmen nur solange wirksam, wie die Verwaltung der Schlüssel nicht kompromittiert ist. Hierbei ist zu bedenken, daß die Vertrauenswürdigkeit der Verschlüsselungsverfahren allein schon durch die Möglichkeit staatlichen Zugriffs erheblich gefährdet wird. Das Speichern von Schlüsselduplikaten ist aber auch unter dem Gesichtspunkt der Angriffsfläche für potentielle Angreifer problematisch. Mit der Zunahme des privaten und vor allem geschäftlichen Datenaustausches wird auch das Interesse an vertraulicher Kommunikation steigen. Damit werden sich die Instanzen der Schlüsselverwaltung, die über die Schlüsselduplikate verfügen, zu höchst sicherheitsempfindlichen Stellen entwickeln. Insider dieser Stellen könnten daher einem beträchtlichen Bestechungsdruck ausgesetzt sein, was wiederum das Vertrauen in die Vertrauenswürdigkeit zugelassener Verschlüsselungsverfahren nicht stärken wird. Welche Bank, welcher Autokonzern, welche Entwicklungsfirma würde schließlich ihren Datenaustausch mit einem Verschlüsselungsverfahren sichern wollen, auf dessen Schlüsselverwaltung Externe direkt oder indirekt Zugriff haben können? Schließlich wäre die Aufbewahrung von Schlüsselduplikaten auch unter dem Gesichtspunkt der Kontrolle der freien Kommunikation der Bürger und der politischen Willensbildung problematisch, denn die zuständigen Instanzen der Schlüsselverwaltung könnten letztlich die kommunikativen Prozesse in der Gesellschaft kontrollieren.

Auch das Lizensierungsmodell in Verbindung mit der Zulassung bestimmter Verschlüsselungsverfahren ist mit dem Makel belastet, die Ausübung des Fernmeldegeheimnisses staatlich zu lizensieren und damit den grundrechtlichen Schutz des Fernmeldegeheimnisses in eine vorbeugende Offenbarungspflicht zu verkehren: Das Fernmeldegeheimnis wäre zwar durch staatlich lizensierte Kryptoverfahren prinzipiell gegen Zugriff Dritter geschützt, aber um den Preis der prinzipiellen Zugriffsmöglichkeit der staatlichen Sicherheitsbehörden, gegen das es doch "historisch und aktuell"[160] schützen soll. Zwar könnten der Zugriff auf die Schlüsselduplikate verfahrensrechtlich und organisatorisch durch eine richterliche Anordnung und öffentliche Berichts- und Rechtfertigungspflichten wie in den USA[161] beschränkt werden, gleichwohl ist diese Sicherung unzureichend, wenn einmal kompromittierte Schlüssel technisch das Entschlüsseln aller vergangenen und zukünftigen Nachrichten an den Empfänger ermöglichen.[162] Da der Betroffene nach deutschem Recht erst über die Abhörmaßnahmen informiert

---

[160] BVerfGE 85, 386, 396.
[161] Vgl. näher Böttger/ Pfeiffer, ZRP 1994, 7 ff.
[162] Vgl. zum Clipper-Chip- Modell Rueppel 1994, 196.

wird, wenn ihr Zweck nicht mehr gefährdet ist,[163] kann er die Vertraulichkeit seiner Kommunikation erst sehr viel später durch neue Schlüssel wieder herstellen. Aber auch in diesem Fall kann er nicht sicher sein, ob seine Schlüssel erneut diskreditiert sind. Aus der Sicht der Grundrechtsträger führt das Lizensierungsmodell zu einer prinzipiellen Verunsicherung der aktuellen Kommunikationssituation.

Der ursprüngliche Grund für das Grundrecht, der Schutz der Privatheit gegen staatliche Eingriffe, würde durch das Lizensierungsmodell in ein staatliches Kontrollfenster vertraulicher Kommunikation verändert. Die Verschlüsselungsoption in der Hand der Teilnehmer ist ein autonomes Schutzinstrument gegen die durch digitale Übermittlungs- und Abhörtechniken (wie beispielsweise Scanner) hervorgerufenen zusätzlichen Risiken für die Vertraulichkeit der Kommunikation. Zwar soll das Fernmeldegeheimnis die Vertraulichkeit der Kommunikation gegenüber dem Staat schützen, sobald sie aber wirklich vertraulich ist, weil sie durch die Teilnehmer selbst geschützt wird, dann beansprucht der Staat ein Ende der Diskretion und stellt die Verschlüsselungstechnik in den Dienst der staatlichen Überwachungsinteressen.

Schließlich stößt auch das Lizensierungsverfahren auf tatsächliche Schranken, die unter dem Gesichtspunkt fehlender Eignung seine Unverhältnismäßigkeit begründen. Auch ein staatliches Lizensierungsmodell von Kryptoverfahren wird die Verwendung nicht lizensierter Verschlüsselungsverfahren nicht unterbinden können. Straftäter, Verfassungsfeinde und andere Objekte staatlicher Überwachung werden ihre Kommunikation auch trotz Verbot mit nicht zugelassenen Kryptoverfahren sichern können.[164]

Eine gesetzlich festzulegende Aufbewahrungspflicht von Schlüsselduplikaten würde ebenso wie bei einem Totalverbot letztlich leer laufen, weil einem Einbruch in die Kommunikation entweder durch die Verwendung nicht zugelassener Verfahren und/oder durch Verstoß gegen die Aufbewahrungspflicht effektiv begegnet werden kann. Regelmäßig werden die straf- oder ordnungsrechtlichen Sanktionen niedriger sein als der immaterielle oder materielle Wert der vertraulichen, aber verbotenen Kommunikation. Abgesehen davon sind Sanktionen für die Wahrnehmung eines Grundrechts ohne Nachweis seiner mißbräuchlichen Ausübung verfassungsrechtlich problematisch.

Sanktionen wegen der Verwendung nicht zugelassener Kryptoverfahren hätten in Hinblick auf das Sicherheitsbedürfnis keine Abschreckungswirkung. Letztlich würde das Lizensierungsmodell nur dazu führen, daß das Fernmeldegeheimnis normaler Teilnehmer staatlichem Zugriff technisch ungeschützt preisgegeben wäre, hingegen würde sich die Klientel der Behörden der inneren Sicherheit gegen deren Abhörversuchen durch nicht zugelassene Kryptoverfahren erfolgreich schützen können. Auch ein staatliches Lizensierungsverfahren ist daher unverhältnismäßig, weil für seine Zwecke untauglich.

---

[163] BVerfGE 30, 1, 31; § 101 Abs. 1 StPO; § 3 Abs. 8, § 5 Abs. 5 G 10.
[164] So auch Rueppel 1994, 196.

Faßt man diese Ergebnisse zusammen, so bestehen sowohl gegen ein Verbot von Kryptoverfahren wie auch gegen ein Verbot verbunden mit einem Zulassungsverfahren von Verschlüsselungsverfahren, die den staatlichen Behörden einen Zugriff ermöglichen, erhebliche verfassungsrechtliche Bedenken. Sie ergeben sich daraus, daß ein Verbot von Verschlüsselungsverfahren die Wahrnehmung des Fernmeldegeheimnisses und nicht etwa das staatliche Überwachungsinteresse unter Rechtfertigungszwang stellt. Zum anderen kann aus praktischen Gründen das Ziel eines Verbots, nämlich die Überwachung von Nachrichten des Fernmeldeverkehrs einer bestimmten Klientel zu ermöglichen, ob mit oder ohne Lizensierungsverfahren, nicht erreicht werden.

5.5   Kryptokontroverse und Rechtssicherheit

Die Kryptokontoverse um die Sicherheit vertraulicher Kommunikation wird durch die zusätzliche Funktion asymmetrischer Verschlüsselungsverfahren als Instrument rechtsverbindlicher Telekooperation verschärft.[165] Während zur Sicherung vertraulicher Kommunikation der Absender das Dokument mit dem öffentlichen Schlüssel des Empfängers verschlüsselt und nur dieser es mit seinem geheimen Schlüssel entschlüsseln kann, können mit umgekehrten Verfahren digitale Dokumente mit Hilfe einer digitalen Signatur zum Nachweis ihrer Authentizität und Urheberschaft gesichert werden. Der Absender signiert das Dokument mit seinem geheimen Schlüssel, jeder Empfänger kann dann mit Hilfe des öffentlichen Schlüssels des Absenders überprüfen, ob das Dokument nachträglich verändert wurde (Authentizität) und ob es tatsächlich vom Aussteller der Signatur stammt (Urheberschaft).[166]

Die digitale Signatur ist als Sicherungsinstrument rechtsverbindlicher Telekooperation jedoch nur tauglich, wenn das hierzu verwendete öffentliche Schlüsselverfahren mathematisch sicher, technisch korrekt implementiert und die Sicherungsinfrastruktur integer und vertrauenswürdig ist.[167] Anderenfalls wird im Rechtsverkehr sowie im Streitfall vor Gericht der Beweiswert digital signierter

---

[165] Eine entsprechende doppelte Funktionalität wird auch für das US-amerikanische ESCROW-Modell diskutiert. Der Clipper-Chip dient zur Verschlüsselung, der Capstone-Chip für digitale Signaturen, Rueppel 1994, 189f.

[166] Vgl. näher provet/ GMD 1994a, 54 ff. Bizer/ Hammer DuD 1993, 629 ff.; Hammer/ Bizer, DuD 1993, 689 ff. Zum technischen Prinzip digitaler Signaturen vgl. z. B. Hammer/ Schneider, Kap. 1., 14f., in diesem Band.

[167] Zur Bedeutung und möglichen Mechanismen der Vertrauensbildung siehe auch Roßnagel, Kap. 4., 138 und 165, in diesem Band; Bizer 1994a; provet/ GMD 1994a, 258 ff. Zu den Voraussetzungen für einen hohen Beweiswert digital signierter Dokumente Bizer/ Hammer DuD 1993, 629 ff.; Hammer/ Bizer, DuD 1993, 689 ff. sowie Bizer/ Hammer/ Pordesch 1995. Bereits früher Rihaczek, DuD 1987b, 299 ff.

Dokumente gering sein.[168] Der Beweiswert und damit die Vertrauenswürdigkeit digital signierter Dokumente wird jedoch durch die Kryptokontroverse um staatlich legitime Eingriffe in die Vertraulichkeit individueller Kommunikation nachhaltig beeinträchtigt. Solange nicht ausgeschlossen werden kann, daß sich Dritte der Schlüssel zur Verfolgung ihrer Interessen bemächtigen können, so lange können diese Schlüssel auch nicht zur Sicherung rechtsverbindlicher Telekooperation verwendet werden.[169] Dies gilt auch, wenn diese Möglichkeit nur auf bestimmte staatliche Stellen der inneren Sicherheit beschränkt ist, denn auch sie können die Rechtssicherheit des Privatrechtsverkehrs beeinträchtigen.

Das Problem der Verknüpfung von Vertraulichkeit und Rechtsverbindlichkeit ist weder trivial noch zu vernachlässigen. Will man entgegen der oben näher ausgeführten verfassungsrechtlichen Bedenken nicht auf die Diskreditierung der Vertraulichkeit der Kommunikation verzichten, dann läßt sich der Schaden für eine im Streitfall erfolgreiche Beweisführung mit einem digital signierten Dokument nur beschränken, wenn eine technische und organisatorische Trennung der Schlüsselpaare zum Schutz der Vertraulichkeit einerseits und für Zwecke rechtsverbindlicher Telekooperation andererseits sichergestellt ist. Aber auch eine solche Trennung könnte sich als Pyrrhussieg erweisen, denn bereits heute sieht unsere Rechtsordnung zugunsten der Behörden der inneren Sicherheit Einbruchstellen in die Integrität des Rechtsverkehrs vor.

Nach § 110a StPO dürfen sog. Verdeckte Ermittler unter näher gesetzlich bestimmten Voraussetzungen zur Straftatverfolgung eingesetzt werden. Es handelt sich dabei um Polizeibeamte, "die unter einer ihnen verliehenen, auf Dauer angelegten veränderten Identität (Legende)" ermitteln, § 110a Abs. 2 Satz 1 StPO. Soweit für den Aufbau oder die Aufrechterhaltung dieser Legende unerläßlich, dürfen Urkunden hergestellt, verändert und gebraucht werden, § 110a Abs. 3 StPO. Unter ihrer Legende dürfen die Verdeckten Ermittler am Rechtsverkehr teilnehmen, § 110a Abs. 2 Satz 2 StPO. Der Begründung ist vertiefend zu entnehmen, daß der verdeckte Ermittler alle Rechtshandlungen und Rechtsgeschäfte unter der ihm verliehenen Legende vornehmen könne; weiterhin könne er klagen und verklagt werden. Die Gesetzesbegründung hebt selbst hervor, daß es nunmehr gesonderter Vorschriften über die Gründung von "(Schein-)firmen" oder die Eintragung in Bücher und Register nicht mehr bedürfe.[170] Vergleichbare Regelungen, allerdings zur vorbeugenden Verbrechensbekämpfung, enthalten auch zahlreiche Polizeigesetze.[171]

Auch das BVerfSchG ermächtigt das Bundesamt für Verfassungsschutz ausdrücklich, zur Erfüllung seiner Aufgaben Methoden, Gegenstände und Instru-

---

[168] Bizer 1994a; Bizer/ Hammer 1993, 629 ff.; Hammer/ Bizer, DuD 1993, 689 ff.

[169] In diese Richtung auch Vorschläge von Rihaczek, DuD 1987b, 302f.

[170] BR-Drs. 219/ 91, 143. Nur der Gesetzesbegründung ist zu entnehmen, daß es für den Fall, daß der Verdeckte Ermittler einen Schaden verursache und (!) seine Legende aufgehoben oder verändert werde, Aufgabe des Dienstherrn sei, dafür zu sorgen, daß der Gläubiger keinen Nachteil erleide.

[171] Näher bei Bäumler 1992, Kap. J, Rn. 453, 514 ff.

mente zur heimlichen Informationsbeschaffung, insbesondere von "Tarnpapieren und Tarnkennzeichen" anzuwenden, § 8 Abs. 2 Satz 1 BVerfSchG.[172] Entsprechendes gilt für den MAD, vgl. § 4 Abs. 1 MADG, und kann für den Auslandseinsatz des BND ohnehin unterstellt werden.

Zu vermuten ist, daß die Mitarbeiter der Dienste auch in Kommunikationszusammenhängen rechtlich handlungsfähig sein sollen, die mit Hilfe neuer Medien digitalisiert abgewickelt werden. Zu diesem Zweck könnten neue virtuelle Personen erfunden werden (digital under cover agent), die lediglich digital über neue Medien handeln. Um glaubwürdige Legenden konstruieren zu können, werden digitale Dokumente als Ausweise, Zeugnisse, Verträge etc. benötigt, die rückwirkend hergestellt werden müssen. Deren Anfertigung respektive Fälschung ist jedoch nur möglich, wenn auch über den geheimen Schlüssel des zur Signatur Berechtigten verfügt wird. Betroffen könnten staatliche Behörden oder auch private Stellen sein, mit deren geheimen Schlüsseln beispielsweise Zeugnisse für eine Legende hergestellt werden sollen. Mehr als nur eine eigenhändige Unterschrift, die jedesmal wieder neu gefälscht werden muß, ermöglicht die Verfügungsmacht über einen geheimen Schlüssel einer anderen Rechtsperson die Herstellung unendlicher Rechtshandlungen. Derartige Verfügungsmöglichkeiten staatlicher Stellen über geheime Schlüssel anderer Rechtspersonen können das erforderliche Vertrauen, auf das die Sicherungsinfrastrukturen öffentlicher Schlüsselsysteme angewiesen sind, nachhaltig beeinträchtigen, und zwar bereits bevor sie es erworben haben. Im Unterschied zum konventionellen Rechtsverkehr ist dabei zu beachten, daß der elektronische Rechtsverkehr unpersönlich und virtuell ist. Rechnerunterstützt lassen sich eine Vielzahl von Rechtspersonen fingieren, um wiederum eine Vielzahl fingierter oder tatsächlicher Rechtshandlungen auszulösen. Setzt man zudem die im geltenden Polizeirecht sich durchsetzende Tendenz zu neuen Methoden der "Vorfeldaufklärung"[173] in Beziehung zu diesen neuen technischen Möglichkeiten, dann läßt sich erahnen, daß die Rechtssicherheit durch neue elektronische Fahndungsmethoden erheblich belastet werden kann.

Denkbar ist aber auch, daß im Zuge neuer Fahndungsmethoden wirkliche Rechtspersonen im elektronischen Rechtsverkehr simuliert werden sollen. Diese Variante setzt voraus, daß die Sicherheitsbehörde über Schlüsselduplikate der wirklichen Person verfügt, eine Voraussetzung, die einen kaum zu rechtfertigenden Eingriff in das Persönlichkeitsrecht der betroffenen Person darstellen würde und bereits als rechtlich legitimierte Möglichkeit geeignet ist, die Vertrauenswürdigkeit von rechtlichen Handlungen und damit den gesamten Rechtsverkehr zu zerstören.

Festzuhalten ist, daß Lösungen der Kryptokontroverse, die den Sicherheitsbehörden einen Zugriff auf autonome Verfahren des Vertraulichkeitsschutzes er-

---

[172] Diese Befugnisse verbergen sich hinter dem Begriff "nachrichtendienstliches Mittel", § 3 Abs. 3 BVerfSchG a. F. und einzelne Landesverfassungsschutzgesetze; Gusy, DVBl. 1991, 1288f.

[173] Vgl. zusammenfassend und mwN. bspw. Rachor 1992, Kap. F, Rn. 124.

möglichen, nicht nur die Vertraulichkeit der Kommunikation, sondern auch die Integrität des elektronischen Rechtsverkehrs gefährden können. Eine Gegenmaßnahme ist eine technisch-organisatorisch durchzuführende und rechtlich zu flankierende strikte Trennung der Funktionen Verschlüsselung und digitale Signatur.[174] Jedoch kann eine derartige Maßnahme die Risiken für die Rechtssicherheit des elekronischen Rechtsverkehrs nur minimieren, denn bereits heute ist es den Sicherheitsbehörden rechtlich möglich, auch Rechtshandlungen zu fingieren und dadurch das Vertrauen der Rechtsgenossen in die Sicherheit des elektronischen Rechtsverkehrs zu belasten.

5.6 Fazit

Die zukünftige rechtliche Gestaltung öffentlicher Schlüsselsysteme muß sowohl die Vertraulichkeit der Kommunikation als auch die Sicherheit rechtsverbindlicher Telekooperation vor den Interessen der inneren Sicherheit wahren. Berücksichtigt werden muß, daß öffentliche Schlüsselsysteme selbst Reaktion auf die mit der Informatisierung verbundene Entpersönlichung individueller Kommunikation sind. Verschlüsselungsverfahren sollen die Vertraulichkeit der Kommunikation und digitale Signaturen die rechtsverbindliche Telekooperation sichern. Eine Diskreditierung dieser Sicherungsmechanismen zugunsten strategischer Interessen der Behörden der inneren Sicherheit ist unverhältnismäßig, zumal sie von ihren Überwachungsobjekten erfolgreich unterlaufen werden kann. Zudem würden sie das für die weitere technische Entwicklung unerläßliche Vertrauen in die Integrität einer Technik zur Wahrung von Vertraulichkeit und Rechtssicherheit nachhaltig stören.

---

[174] Unter einem anderen Gesichtspunkt, nämlich der Reduzierung des Schadenspotentials im Rahmen der Verletzlichkeit, provet/ GMD 1994a, 179f.

6. Digitale Sicherheit und Sicherheitskultur

Christel Kumbruck

Papier hat sich in unserer Kultur als ein Stoff erwiesen, der Kommunikationsinhalte über die Zeit unverändert speichert. Mögliche nachträgliche Änderungen sind optisch wahrnehmbar. Selbst im Falle geschickter Fälschung kann in der Regel ein Schriftgutsachverständiger anhand der materiellen Spuren Fälschungen nachweisen. Diese materielle Spurensicherung gilt auch für den eigenhändigen Unterschriftszug. Dieser hat den weiteren Vorteil, daß er als biometrisches Muster für jeden Menschen einmalig und unverwechselbar ist und deshalb dem Urheber eindeutig zugeordnet werden kann. Elektronische Dokumente haben per Definition diese materielle Beständigkeit nicht. Die Sicherheit bezüglich der Unverfälschtheit der Dokumenteninhalte und Eindeutigkeit der Zuordnung zu einem Urheber müssen technisch und organisatorisch sichergestellt werden mittels Verfahren der digitalen Signatur und einer Sicherungsinfrastruktur. Insbesondere um eine eindeutige Zuordnung einer digitalen Signatur zu einem Urheber zu ermöglichen, benötigen die Kooperationspartner eine Sicherungsinstanz, weshalb man sie auch den "vertrauenswürdigen Dritten" nennt.

Die technischen und organisatorischen Maßnahmen zur Sicherung greifen aber nur dann, wenn ihnen auch im Alltagshandeln entsprochen wird. Wenn die Technikanwender diese Sicherheitstechnik aber nicht korrekt verwenden, beispielsweise fahrlässig damit umgehen, nützen die ausgeklügelten Sicherungsmaßnahmen nichts.

Der Technikanwender und die Art und Weise seiner Aneignung von Technik, auch Sicherungstechnik, sind Gegenstand einer psychologischen Betrachtung. Wir untersuchen den psychologischen Forschungsausschnitt unter dem Kriterium der Anwendergerechtheit. Uns interessiert dabei, ausgehend von den einzelnen Individuen, wie Gruppen von Menschen gemeinsame Orientierungen, Denkweisen und Handlungsmuster ausbilden. Desweiteren liegt unser Interesse in der Beantwortung der Frage, wie sich diese Muster angesichts von Technikeinsatz im Laufe der Zeit verändern und einen kulturellen Wandel einleiten. Wir haben unter diesen Fragestellungen empirische Untersuchungen zur kulturellen Aneignung von Telekooperationstechnik durchgeführt. Ein Untersuchungsstrang bezog sich dabei auf Fragen des Umgangs mit Sicherheitstechnik und -organisation für Telekooperation. Diese Ergebnisse werden im Rahmen des vorliegenden Beitrags dargestellt.

Im folgenden wird zunächst der Ansatz der Sicherheitskultur vorgestellt. Dann wird ausgeführt, wie der Technikanwender mit der Sicherungsinfrastruktur im Alltag in Kontakt tritt. Schließlich werden empirische Ergebnisse der Umgangsweisen der Anwender mit der Sicherungsinfrastruktur präsentiert.[1]

6.1   Kultur und digitale Sicherheit

Für den Umgang mit Sicherheitstechnik und -organisation hat der Kulturansatz eine besondere Relevanz, weil er ein Umdenken sowohl in der Ursachenanalyse als auch im Gestaltungsansatz signalisiert. In der traditionellen ingenieursmäßig ausgerichteten Sicherheitsforschung wird im Schadensfall durch fehlerhafte Nutzung immer wieder das sogenannte menschliche Versagen als Schadensursache festgestellt. Doch die Sicherheitsforschung kommt mit diesem Kausalitäten konstruierenden Ansatz an eine Grenze ihrer Erklärungsfähigkeit, wenn gefragt wird, warum bei vergleichbarem technischen Sicherheitsstandard in einem Betrieb höhere Fehlerhäufigkeiten als in einem anderen auftreten. Im Versuch, hierauf eine Antwort zu finden, wird in letzter Zeit ein Ansatz gewählt, in dem nicht nur das einzelne Individuum, sondern auch das Gruppenverhalten und das Sicherheitsbewußtsein innerhalb einer Organisation als ein bedeutsamer Faktor für das Fehlergeschehen angesehen werden. Dieser Ansatz, der die "Sicherheitskultur"[2] innerhalb der Gruppe oder Organisation in den Vordergrund rückt, lenkt den Blick auf neue Facetten des Fehlergeschehens, die in der bisherigen Sicherheitsdiskussion vernachlässigt wurden. Im Mittelpunkt des Interesses steht der intersubjektive Faktor des Geschehens und seine Einbettung in das Alltagshandeln.

Intersubjektiver Faktor
Mit der Kulturperspektive wird dem Umstand Rechnung getragen, daß Technik als kulturelles Material nicht so genutzt wird, wie es vorgesehen und vorhersehbar ist. Für die Sicherheitsforschung heißt dies, daß Technik oftmals in einer unvorhersehbaren Art und Weise "fehl"-genutzt wird, weil die technisch-organisatorischen Maßnahmen zum Schutz vor Fehlern und Schäden gruppenspezifisch nicht so angewendet werden, wie es nach Ansicht der Technikentwickler notwendig wäre. Der Kulturansatz in der Sicherheitsforschung respektiert damit

---

[1]   Der vorliegende Beitrag ist ein Ergebnis des Forschungsprojekts "Psychologische Technikfolgenforschung und Gestaltung im Bereich Telekooperationstechnologie", das provet im Auftrag der Volkswagen-Stiftung durchführt.

[2]   Vgl. Weißbach 1994; vgl. Strübing 1992.

das Vorhandensein eines subjektiven Faktors. Er will zur Klärung der Frage beitragen, warum es zu unterschiedlicher Nutzung der Sicherheitsmaßnahmen kommt, respektive warum Sicherheitstechnik unterschiedlich angeeignet wird. Das Interesse gilt jedoch der intersubjektiven Aneignung der Technik. Damit ist gemeint, daß nicht die individuellen Voraussetzungen der Umgangsweise des einzelnen mit der Technik interessieren, sondern die Voraussetzungen, die in den besonderen subjektiven Bedingungen der Gruppe liegen: Die Gruppe als Träger einer eigenen Kultur, die den Umgang des einzelnen mit der Technik prägt.[3]

Das Alltagshandeln

Die Nutzung des Kulturbegriffs markiert einen Perspektivenwechsel insofern, als der eingeengte Blick aus Einzeldisziplinen heraus, beispielsweise der Arbeitspsychologie oder der Ingenieurswissenschaften, zugunsten eines weitgefaßten Blicks auf das Alltagshandeln aufgegeben wird. Denn die Telekooperationstechnik kann weniger als andere Computertechnik in ihrem Wirkungsgefüge aus einer räumlich begrenzten Sichtweise heraus verstanden werden, z. B. aus der Perspektive des einzelnen Arbeitsplatzes. Auf diese Weise stehen nicht nur die unmittelbar die Technik nutzenden Menschen im Blickfeld, sondern auch diejenigen, die indirekt mit der Technik in Berührung kommen. Aber auch der einzelne in seinen unterschiedlichen Lebensrollen, in denen er möglicherweise auch unterschiedliche Interessen und Betroffenheiten der Technik gegenüber ausbildet, ist Gegenstand des Blicks auf das Alltagshandeln.

Die Muster des Alltagshandelns verändern sich langsam und unmerklich unter dem Diktus einer neuen Technologie. Es handelt sich aber trotz dieses Momentes "einschleichender" Einflußnahme der Technik in den Alltag nicht um einen deterministischen Vorgang, der von der Technik ausginge. Denn Alltagshandeln ist mehr als bloße Reproduktion des vorgegebenen Musters: Einerseits wird das Alltagshandeln von der Technik geprägt. Andererseits wird die Technik im Alltagshandeln eigensinnig genutzt.

Technische Geräte prägen durch ihre Nutzung bestimmte Lebensformen - d.h. Kultur - mit: Durch den ständigen Gebrauch verändern sich Gebärden und Rituale des Alltags, verändern sich die Maßstäbe von Raum und Zeit und entwikkeln sich die Strukturen von Wahrnehmung und Erfahrung weiter.[4] Beispielsweise implizierte der Buchdruck Eindimensionalität und Linearität der Gedanken; beispielsweise insistiert das Telefon auf Erreichbarkeit.

Durch den Einsatz der digitalen Signatur und damit verbunden der Sicherungsinfrastrukturen könnte sich die symbolische Bedeutung der Unterschrift für gegenseitige Verbindlichkeit und Sicherheit im Kooperationsakt und allgemeiner das Verständnis sozialer Vertrauensbildung verändern.

---

[3] Vgl. Neuberger 1991, 302.
[4] Vgl. Hörning 1988, 82.

Kulturperspektive und Technikgestaltung
Der kulturalistische Blick macht aber insbesondere deutlich, daß die Art und
Weise der Aneignung der Technik durch die Menschen nicht in vollem Umfang
vorauszusagen ist. Dennoch müssen heute durch Technikfolgenabschätzung und
-gestaltung die Weichen dafür gestellt werden, daß Schäden vermieden werden,
die morgen die psychische, soziale und biologische menschliche Existenz und
Weiterentwicklung gefährden könnten.

Ein wesentliches Gestaltungsziel ist demzufolge Schadensvermeidung. Diese
ist - wie ausgeführt - mit Hilfe von technischen Sicherungsmaßnahmen nicht
vollständig zu erzielen. Denn Menschen machen immer Fehler: Weil Menschen
Fehler machen und dadurch Schäden und Unfälle verursachen, ja diese sogar
evolutionär eine wichtige Rolle spielen, kann es nicht darum gehen, die Fehler
auszumerzen, weder durch die jedem Fehler vorbauende Technik und Organisation, noch durch rechtliche und moralische Selbstbeschränkungen des Individuums. Vielmehr muß eine positive Haltung dem Fehler gegenüber ausgebildet
werden. Das setzt jedoch voraus, daß nur solche Technik zum Einsatz kommen
darf, die fehlerfreundlich[5] ist, das heißt, deren mögliche Fehlerfolgen tolerabel
sind, so daß die Menschen und die Gesellschaft daraus lernen können. Es darf
keine Technik eingesetzt werden, in der keine Fehler auftreten dürfen, weil deren mögliche Konsequenzen katastrophal wären. Die Gestaltungsorientierung an
der Prämisse, daß Menschen Fehler machen, ist Ausdruck einer prinzipiellen
Umorientierung. Das Maß für das, was technisch gemacht wird, sind in diesem
Fall die menschlichen, nicht die technischen Möglichkeiten.

Mit dem Konzept der Fehlerfreundlichkeit[6] arbeitet seit Jahren die Gruppe um
den Psychologen Wehner.[7] Zentral an ihrem Ansatz ist die methodisch zu
nutzende These, Fehler als Brüche vom alten zum neuen Verfahren zu deuten,
indem bisher gewohnte Handlungs- und Bewertungsmuster auf neue Situationen
übertragen werden, in denen sie keine Gültigkeit mehr haben. Es wirkt sozusagen das kulturelle Erbe in Form von bewährten Fähigkeiten, Perzeptionsmustern
sowie Problemlösungswissen nach. Demzufolge wird die Wirklichkeit des
Sicherheitsrisikos nach einem bisher gültigen, jetzt aber inadäquaten Muster definiert. Diese Brüche aufzuspüren und Überbrückungsmöglichkeiten in Form
von Technikgestaltung, organisatorischer Gestaltung und Schulung anzudenken,
muß folglich eine wesentliche Aufgabe von Technikfolgenabschätzung und -
gestaltung unter der sicherheitskulturalistischen Perspektive sein.

Die künftige Sicherungsinfrastruktur für die digitale Signatur ist ein besonderes Untersuchungsfeld insofern, als zum einen die Anwendung selbst sich auf
Sicherheit bezieht, nämlich elektronische Mechanismen zur Absicherung von
rechtsverbindlicher Kooperation. Zum anderen ist für die Nutzung der digitalen
Signatur zusätzlich eine Sicherheitstechnik und eine Organisation erforderlich

---

5   Vgl. Weizsäcker/ Weizsäcker 1987, 97 ff.
6   Vgl. Weizsäcker/ Weizsäcker 1987, 97 ff.
7   Vgl. Wehner/ Reuter 1992.

geworden, im Gegensatz zur eigenhändigen Unterschrift. Es handelt sich also um eine Sicherungsinfrastruktur für eine Sicherheitsanwendung.

6.2 Instanzen der Sicherungsinfrastruktur garantieren sichere Kooperation

Was unterscheidet die digitale Signatur von der eigenhändigen Unterschrift, so daß eine Sicherungsinfrastruktur notwendig ist?

Als Probleme bei der Übermittlung elektronischer Dokumente im Gegensatz zu papiernen sind zu nennen: Die Möglichkeiten des Fixierens individueller Merkmale wie auf dem Papierträger gehen verloren. Dadurch hat der Empfänger eines Dokumentes auch nicht mehr die Möglichkeit, dieses aufgrund der individuellen Spuren, insbesondere der eigenhändigen Unterschrift, sowie mittels des geschriebenen Kontextes (Briefkopf, Briefpapier etc.) einer Person als Absender kognitiv zuzuordnen. Elektronische Dokumente können leicht verändert werden, ohne daß dies Spuren hinterläßt und nachgewiesen werden könnte. Es ist möglich, Erklärungen unter fremdem Namen abzugeben, ohne daß dies optisch erkannt werden könnte. Übermittelte Daten können Dritten zugänglich werden und als Datenspuren und zur Profilbildung mißbraucht werden.

Diese den Eigenschaften des elektronischen Mediums zuzuschreibenden Mängel sollen künftig mittels elektronischer Sicherungsverfahren kompensiert werden[8]. Dazu sollen öffentliche Schlüsselverfahren, Chipkarten als sichere Hardware-Komponenten eingesetzt und diese mit organisatorischen Maßnahmen flankiert werden. Mit ihnen können Texte verschlüsselt, Manipulationen am Inhalt eines Dokumentes erkennbar und die Urheberschaft an einem Dokument gesichert werden.

Szenarien der offenen Telekooperation gehen von Organisationen aus, die durch eine geeignete Schlüsselverwaltung den Nachweis der Urheberschaft ermöglichen und sicherstellen[9]. Der geheime Schlüssel des Telekooperationsteilnehmers

---

[8] Vgl. zu den Sicherungsproblemen und technischen Lösungsmöglichkeiten ausführlicher Hammer/ Schneider, Kap. 1., 3 ff., in diesem Band.

[9] Vgl. zu Szenarien von Sicherungsinfrastrukturen Hammer/ Schneider, Kap. 1., 24 ff., in diesem Band; Hammer, Kap. 3., 129 ff., in diesem Band; zur Rolle von Instanzen der Schlüsselverwaltung auch Roßnagel, Kap. 4., in diesem Band. Einen Ansatz ohne Vertrauensinstanzen verfolgt allerdings PGP, vgl. z. B. Schneier 1993, 436f. Dort tauschen beliebige Teilnehmer die Schlüssel ihrer Kooperationspartner aus. Offen ist allerdings, welche Zusicherungen dann für digitale Signaturen gelten können.

wird in einer Chipkarte ausforschungssicher gespeichert[10], und die Inhaberschaft des zugehörigen öffentlichen Schlüssels in einem Zertifikat bestätigt.[11] Der Verlust des Schlüssels oder die Rücknahme des Zertifikats kann darüber hinaus in Sperrverzeichnissen vermerkt werden. Der Anwender muß also neben den Anwendungsprogrammen für die Telekooperation sowohl über seine Chipkarte, über die Sicherungsfunktionen zum Signieren und Prüfen bzw. Ver- und Entschlüsseln über den Zugang zu den notwendigen Verzeichnisdiensten verfügen.

Für die weitere Diskussion ist zu beachten, daß digitale Signaturen einerseits die Authentizität elektronischer Dokumente und andererseits die Inhaberschaft des öffentlichen Schlüssels und damit die Urheberschaft belegen sollen.[12] Dabei bedeutet die *Authentizität* der zur Signatur gehörigen *Zertifikate* allerdings nur, daß *deren Inhalte nicht verändert* wurden. Daß wirklich der genannte Teilnehmer und auch nur er allein über den passenden geheimen Schlüssel *verfügen* kann, muß organisatorisch-technisch sichergestellt werden. Dazu müssen die Chipkarten als Trägermedium gegen unbefugten Zugriff, beispielsweise mittels einer persönlichen Identifikationsnummer (PIN), gesichert werden. Diese Konstellation soll gewährleisten, daß nur die berechtigte Person, der Schlüsselinhaber, den geheimen Schlüssel benutzt.

Die Instanzen der Sicherungsinfrastruktur stehen also mit einer Vielfalt von Aufgaben und Funktionen hinter den alltäglichen Aktivitäten Signieren und Signaturprüfen:[13] Sie können Namensgebungsinstanz, Schlüsselgenerierungsinstanz, Zertifizierungsinstanz oder Personalisierungsinstanz sein. Sie werden Verzeichnisse oder Autorisierungsdienste bereitstellen und haben Benutzerservicefunktionen. Für die Ausgestaltung und Verteilung der Aufgaben und Funktionen in einer Sicherungsinfrastruktur und bezüglich der Anwender bestehen eine Fülle von Alternativen. Diese Varianten könnten Einfluß auf die Sicherheitskultur haben, sollen im folgenden jedoch nicht weiter untersucht werden. Dies könnte die Aufgabe künftiger Studien zur Anwendergerechtheit von Sicherungsinfrastrukturen sein.

Der Schwerpunkt der hier behandelten Fragestellung liegt auf den möglichen prinzipiellen Einflüssen einer künftigen Sicherungsinfrastruktur für rechtsverbindliche digitale Signaturen auf die Sicherheitskultur. Die Nutzung der Sicherungsinfrastruktur durch den Anwender wird in der überwiegenden Zahl der

---

[10]   Zu möglicherweise anders lautenden Anforderungen aus der Perspektive der "inneren Sicherheit" (und den resultierenden Problemen) vgl. Bizer, Kap. 5., in diesem Band.

[11]   zu den Aufgaben von Sicherungsinfrastrukturen Hammer, Kap. 2., 58 ff., in diesem Band.

[12]   Vgl. zur mathematisch-technischen Beziehung zwischen den Teilen digital signierter Dokumente und den enthaltenen Authentikatoren Hammer/ Schneider, Kap. 1., 14 ff., in diesem Band.

[13]   Vgl. dazu Hammer, Kap. 2., 58 ff., in diesem Band und ausführlicher Hammer 1994c, provet-AP 149, 7 ff. mwN.

Teletransaktionen jedoch integriert in den Aktivitäten Signieren[14] oder Signaturprüfen erfolgen und nicht auf einem eigenen exponierten Akt beruhen. Dementsprechend werden auch die Veränderungen in der Sicherheitskultur zu einem großen Teil an der Verwendung der digitalen Signatur auszumachen sein. Aus diesem Grund wird das Augenmerk auf Signaturen gerichtet, wenn es um die Frage nach der Aneignung dieser Infrastrukturen im Alltag geht. Unter der Kulturperspektive sind folglich die Brüche in den Bedeutungszuweisungen herauszufinden, die in unserem Beispiel für Menschen beim Übergang von der eigenhändigen Unterschrift zu der digitalen Signatur, auftreten und auf die Sicherungsinfrastruktur zurückgeführt werden können.

Der Einsatz der Technik der digitalen Signaturen impliziert eine Verlagerung des Schwerpunkts der Bedeutungszuweisung und des Handelns mit der digitalen Signatur gegenüber der eigenhändigen Unterschrift hin zu Sicherheitsfragen. Dennoch wäre es fatal, den Sicherheitsaspekt isoliert in den Mittelpunkt zu stellen und sich nur an der Frage aufzuhalten, wie man mit noch mehr zusätzlichen Aktivitäten zur Erfüllung von Sicherheitsanforderungen Sicherheit erreicht. Die Kulturperspektive führt zur Untersuchung von Kommunikationsweisen, Austauschweisen und sozialen Reglements, die sich möglicherweise durch die Anwendung der Sicherheitstechnik verändern und die letztendlich über die Angemessenheit des technischen Verfahrens für den psychosozialen Austausch entscheiden. Um diesen kulturellen Wandel gedanklich vorwegzunehmen, müssen die folgenden Fragen beantwortet werden: Wie sieht das kulturelle Erbe, also die bewährten Fähigkeiten, Perzeptionsmuster und das Problemlösungswissen bezüglich der eigenhändigen Unterschrift aus? In welchen sozialen Kontext und Handlungskontext ist dieselbe eingebunden? Welche Brüche gibt es von den intersubjektiven Orientierungsmustern und Werthaltungen, die der eigenhändigen Unterschrift gelten, zu den der digitalen Signatur geltenden? Wie werden die auf die digitale Signatur bezogenen Unsicherheiten im Alltagshandeln definiert? Welche Rolle spielen dabei die Instanzen der Sicherungsinfrastruktur? Das Augenmerk ist auf die Wahrnehmung von Unsicherheiten bezüglich der digitalen Signatur zu richten. Wir beschäftigen uns mit dem symbolischen Gehalt für die Überbrückung von Unsicherheit, welcher der eigenhändigen Unterschrift zukommt, und den Möglichkeiten, einen entsprechenden Gehalt in die digitale Signatur zu legen. Die psychosozialen Mechanismen sind zu analysieren, die im Kooperationsprozeß wirken und für welche die eigenhändige Unterschrift ein Kumulationspunkt darstellt sowie der Frage, ob und unter welchen Bedingungen dieselben im digitalen Verfahren weiterwirken können. Man muß sich mit den kognitiven und sozialen Rahmenbedingungen der eigenhändigen Unterschrift auseinanderzusetzen, und der Frage, welche Substitute beim Einsatz der digitalen Signatur geboten werden oder geboten werden könnten.

---

[14] Zukünftig wird es im Hinblick auf die Sicherung von Texten vor Einsicht durch Dritte auch die Möglichkeit des Verschlüsselns geben. Sie wird hier nicht gesondert aufgeführt, weil sie aus der Alltagsperspektive gesehen im Kontext mit der Maßnahme des Signierens erfolgt.

6.3   Rolle der Sicherungsinfrastruktur für die neue Definition von (Un)sicherheit im Alltag

Der kulturalistische Blick auf Subjektivität und Alltagshandeln hat methodische Konsequenzen: Einerseits können keine Erkenntnisse ohne den Technikanwender gewonnen werden, denn nur er kann seine Aneignungsweise im Dialog mit Technikern und Forschern mitteilen und entschlüsseln helfen. Andererseits bedarf es der Möglichkeit für den Anwender, Alltagserfahrungen mit dieser Technik zu machen, auch dann, wenn diese wie im Fall der Sicherungstechnik noch nicht angewendet wird. Da es bisher noch keinen Alltag mit digitalen Signaturen und dazugehöriger Sicherungsinfrastruktur gibt, simulierten wir den telekooperativen Alltag in der Simulationsstudie zur Telekooperation im Bereich der Rechtspflege und in der Simulationsstudie zur Vorgangsbearbeitung im Büro. Außerdem führten wir einen reversiblen Feldversuch durch, nämlich die Feldstudie zu telekooperativen Vorgängen im Büro[15]. Der Dialog von Anwendern, Technikern und Forschern sowie das interpretative Verstehen nehmen dann in dem darauf aufbauenden Technikfolgenabschätzungs- und Gestaltungsprozeß einen zentralen Stellenwert ein.[16]

Einige empirische Ergebnisse dieser Studien zum Kriterium Anwendergerechtheit bezogen sich auch auf Fragen der Nutzung von Sicherungsinfrastruktur und -technik. Sie werden exemplarisch präsentiert. Ansatzpunkt der Analyse sind die Brüche, die sich beim Übergang vom alten zum neuen Verfahren ergeben und sich auf die Definitionen der Sicherheit des Verfahrens der eigenhändigen Unterschrift bzw. der digitalen Signatur beziehen. Diese Definitionsbrüche zeigen sich in sprachlichen Äußerungen, Handlungsmustern und Vergegenständlichungen. Zeichen dieser Definitionsbrüche werden anhand von Aussagen der Anwender unserer empirischen Untersuchungen aufgezeigt.

Folgende die Sicherheitskultur erfassenden Ausdrucksformen wurden erhoben:

- *Sprachliche Äußerungen:* Welche Sprachregelungen gibt es zur Nutzung und Bewertung der eigenhändigen Unterschrift bzw. digitalen Signatur? Gibt es unausgesprochene Leitsätze?
- *Handlungsmuster:* Welche Routinen zur eigenhändigen Unterschrift bzw. der digitalen Signatur werden ausgebildet? Wie dienen diese als denkentlastender Ablauf? Welche Symbolik haben sie? Welchen latenten Funktionen dienen sie?

---

[15]   Vgl. provet 1993; vgl. Kumbruck 1993b, provet/ GMD 1994a.
[16]   Vgl. Kumbruck 1993a; Kumbruck 1993b; Kumbruck 1993c; Kumbruck DuD 1994, 20 ff.; provet/ GMD 1994b, provet-PB 11; provet 1993; provet/ GMD 1994a.

– *Vergegenständlichungen:* Welche Formen der Veräußerlichung gibt es für die eigenhändige Unterschrift bzw. die digitale Signatur? Welche Rolle nimmt das Zertifikat im Prozeß der Vertrauensbildung ein? Werden Statussymbole darüber vermittelt und wenn ja auf welche Weise? Welche Funktion haben die Instanzen der Sicherungsinfrastruktur im Prozeß der Vertrauensbildung?

In den nächsten Abschnittenn werden einige die Sicherungsinfrastruktur beziehungsweise den "vertrauenswürdigen Dritten" betreffenden Beispiele aus unseren empirischen Untersuchungen präsentiert. Da dieser "vertrauenswürdige Dritte" ja in der Regel nur indirekt im Alltagshandeln in Erscheinung tritt, mag es auf den ersten Blick so scheinen, als ob er keine große Rolle spielt. Aber seine Rolle ist die eines Hintergrunds, den man braucht, damit der Vordergrund überhaupt in Erscheinung treten kann. Konkret: Ohne Sicherungsinfrastruktur ist die digitale Signatur nicht sicher.

6.3.1   Der direkte Kontakt zu den Instanzen der Sicherungsinfrastruktur

Die direkte Kontaktaufnahme zu diesen Instanzen erfolgt, wenn der Anwender die Chipkarte beantragt oder erhält, wenn er Kontakt zu einem Verzeichnisdienst aufnimmt sowie wenn der geregelte Ablauf der Signaturerzeugung oder -prüfung unterbrochen ist. Dies ist beispielsweise dann der Fall, wenn der Gültigkeitszeitraum von Zertifikat und Schlüsseln abgelaufen oder wenn die eigene Chipkarte verloren gegangen ist. Aber auch dann, wenn die Sperrung eines Zertifikats, eines Schlüssels oder einer Chipkarte erfolgt, ist die direkte Kontaktaufnahme nötig.

In unserem Versuch mußte für einen Anwender eine Kontaktierung mit der Zertifizierungsinstanz, weil diese ein Zertifikat gesperrt hatte. Er äußert sich zu den Schwierigkeiten der Kommunikation mit der Zertifizierungsinstanz wegen der Bereinigung des Problems:

"Das war typisch, das war 'schön', es war eine typische Reaktion einer Bürokratie, nämlich: 'Ich habe Recht, beweis Du mir das Gegenteil'. Und das ist jemand, der einen ganz sensiblen Punkt inne hat."

Der Anwender machte hier die Erfahrung, daß er in seinen Möglichkeiten, zu signieren, von dieser Institution gehindert werden kann und empfand dabei eine beinahe ohnmächtige Abhängigkeit. Die Institution wurde von ihm, entgegen sonstiger Umgangsweise der Anwender, personifiziert, und es schimmert in der Wortwahl die Sorge durch, daß dieses Machtverhältnis durch bürokratische Abwicklung auch mißbraucht werden könnte.

Zertifikate für Schlüsselpaare werden aus Sicherheitsüberlegungen und organisatorischen Gründen nur für einen begrenzten Gültigkeitszeitraum vergeben. Auch im Rahmen unserer Untersuchung konnte diese Gültigkeitsdauer ablaufen und somit die Signatur bei ihrer Erzeugung ungültig sein, so daß eigentlich vor jeder Nutzung eine Überprüfung ihrer Gültigkeit notwendig war. Diese Prüfung war den Anwendern sowohl lästig als auch völlig ungewohnt. Es konnte den Anwendern also an der Signiermächtigkeit fehlen, so daß sie nicht wie gewohnt spontan irgendwelche Verbindlichkeiten eingehen konnten. In solchen Fällen mußten sie sich direkt an die chipkartenausgebende Stelle wenden.

Diese gegenüber der Handunterschrift zusätzliche Prozedur der Gültigkeitsprüfung könnte auch automatisiert werden. Dann bleibt nur das Problem, daß die Signatur nach abgelaufener Gültigkeitsdauer des Zertifikats möglicherweise nicht voll einsetzbar ist. Man könnte für diesen Fall allerdings Übergangsregelungen einrichten wie beispielsweise gültige Aktivierung und Anerkennung der Signatur noch drei Monate nach Ablauf der Gültigkeitsdauer. Die besondere Form von Vergegenständlichung der Signatur wird sich gegenüber der Handunterschrift dadurch auszeichnen, daß ihre Erzeugung nur für einen begrenzten Zeitraum gültig sein wird. Dadurch werden die Kooperationspartner immer wieder von einer dritten Instanz abhängig, welche die Zertifikate vergibt und über sie wacht. Es erscheint nicht unproblematisch, daß das Eingehen von Verbindlichkeiten von einer dritten Stelle abhängig sein wird.

Die Anwender äußerten angesichts des Machtpotentials der Zertifizierungsinstanzen Ängste darüber, daß hinter jeder Zertifizierungsinstanz konkrete Menschen mit möglicherweise konkreten Schwächen stehen. Diese Personen, die in den Instanzen der Sicherungsinfrastrukturen tätig sind, beispielsweise im Betrieb die chipkartenausgebende Stelle, hätten damit auch den Zugriff auf die Schlüssel. Diese Möglichkeit könnten sie dazu mißbrauchen, in anderer Leute Vorgänge "ihre Nase hineinzustecken".

Die Macht der Instanzen der Sicherungsinfrastruktur, Sicherheit zu gewährleisten, birgt zumindest aus der subjektiven Sicht der Anwender zugleich die Gefahr, daß diese ausgenutzt wird. Dies wird die Ambivalenz des "vertrauenswürdigen Dritten" sein.

6.3.2 Die Inhaberschaft des Schlüssels verpflichtet zum Aufpassen auf Chipkarte und PIN

Mit der eigenhändigen Unterschrift kann jede Person quasi "aus sich heraus" unterschreiben. Für die digitale Signatur ist der Anwender auf Institutionen angewiesen, die Schlüssel vergeben, verwalten, zuordnen und die Zuordnung garantieren. Die Schlüssel gehen, in einer Chipkarte sicher versteckt vor den Augen eines Fremden, in den Besitz des Anwenders über. Die Chipkarte stellt somit das Bindeglied zwischen dem Anwender und der Sicherungsinfrastruktur dar. Er selbst kann seinen geheimen Schlüssel auf der Chipkarte nur mit Hilfe eines Identifikationsverfahrens, beispielsweise durch die Eingabe einer Geheimnummer (PIN), aktivieren. Die Aufgabe des Anwenders ist es, auf den Schlüssel und somit auf die Chipkarte, auf der dieser gespeichert ist, aufzupassen, so daß keine andere Person sie benutzen kann. Er muß desweiteren die PIN, mit der die Chipkarte aktiviert wird, geheimhalten. Für die digitale Signatur bedarf es also

im Gegensatz zur eigenhändigen Unterschrift personenbezogener und sicherungs-
bedürftiger Hilfsmittel. Dies hat Konsequenzen für den Umgang damit.

Die wesentlichste Folge ist, daß niemand ohne diese Hilfsmittel signieren
kann. Beispielsweise hatte ein Nutzer seine Chipkarte zu Hause liegen lassen. Er
konnte im Büro nicht signieren und war darüber verärgert:

"Das geht doch nicht. Ich muß doch immer signierfähig sein."

Der implizite Leitsatz dieser Aussage lautet, daß die Unterschrift bzw. Signatur
immer verfügbar sein müßte, ohne daß der Anwender etwas dafür tut. Statt dessen konnte er nicht aus dem Stand heraus signieren.

Ohne die Utensilien - die neuen Vergegenständlichungen der Signiermittel -
insbesondere der Chipkarte und der PIN, ging nichts. Dies führte zu Problemen,
beispielsweise daß die Karte nicht präsent war, weil sie in der falschen Jackenta-
sche steckte. Der Anwender überlegte sich, ob es die richtige Lösung war, sich
die Chipkarte vom Kollegen zu leihen und mit dessen PIN zu signieren oder die
Sekretärin mit ihrer Chipkarte (und ihrem Namen) signieren zu lassen. Angesichts dieser Situation spekulierten einige Anwender darüber, daß auch eine
Bürosignatur Vorteile hätte. Sie verstanden darunter eine Chipkarte, die von allen Mitarbeitern des Büros aktiviert werden könnte und statt eines personenbezogenen ein kanzleibezogenes Zertifikat erzeugen würde.

Die Handlung des Signierens unterliegt im Gegensatz zu dem des eigenhändigen Unterschreibens infolge der Hilfsmittel einem Bruch. Dieser wird von den
Anwendern aktiv dadurch fortgesetzt, daß sie die Signatur partiell auch nicht
mehr als persönliches, nur ihnen zustehendes Merkmal wahrnehmen, sondern sie
auch verleihen.

Die äußere Verobjektivierung der Signierfunktion birgt in sich Ambivalenz:
Sie steht nicht immer zur Verfügung, weil sie an ein äußeres Objekt gebunden
ist. Sie ist einer Person nicht unmittelbar "angewachsen", sondern wird sozusagen zugeteilt und als Objekt benutzbar. Somit wird sie auch verleihbar. Damit
kommen die Bemühungen um die Garantie der Urheberschaft an eine Grenze, die
im Umgang des Anwenders mit der Chipkarte liegt. Der Unterschied zur Fälschung der eigenhändigen Unterschrift besteht darin, daß diese ja wirklich eine
Fälschung darstellt und als solche auch erkannt werden kann, im Gegensatz zum
Mißbrauch der Signaturutensilien.[17] Dem Handlungsbruch entspricht ein Bruch
in der Bewertung des Signierens gegenüber dem der eigenhändigen Unterschrift:
Es stellt sich die Frage, wer im Falle der "Verleihung" der Chipkarte und der
"verteilten Verfügung" über die Chipkarte die Verantwortung für die erteilte Signatur tragen wird und wem der Kooperationspartner sein Vertrauen schenken
kann?

Ein ständiges Problem bestand darin, daß sich die Anwender die PIN nicht
merken konnten. Einige schrieben sie sich auf oder nahmen die Geburtstagsdaten
als PIN, weil sich diese gut behalten ließen. Die Mitarbeiter in den Sekretariaten

---

[17] Vgl. Pordesch 1994, provet-AP 144; Pordesch, DuD 1993.

kannten recht bald die PIN ihrer Chefs. So lasen sie beispielsweise die Merkzettel ihrer Chefs oder schauten auf die Tasten, wenn der Chef seine PIN eintippte. Wenn sie sich dann noch die Chipkarte des Chefs beschafften, konnten sie mit seinem Namen unterzeichnen. Auch dies war kein größeres Hindernis, da die Teilnehmer häufig die Chipkarte im Lesegerät vergaßen. Insbesondere unter Zeitdruck häuften sich solche "Pannen"[18].

Signaturen können nur insoweit einem Schlüsselinhaber zugerechnet werden,[19] als der Anwender sich im Umgang mit seinem Schlüssel beziehungsweise den materiellen Vergegenständlichungen desselben, Chipkarte und PIN, korrekt verhalten wird. In der Nutzung der Utensilien werden also Sicherheitsrisiken liegen, welche die Bemühungen der Instanzen der Sicherungsinfrastruktur um eine sichere Schlüsselorganisation zunichte machen könnten. Verantwortung im Kooperationsakt hieße deshalb ständiges Aufpassen auf diese Utensilien. Eine Änderung im Handlungsmuster wird deshalb notwendig sein, ebenso in der Einstellung dazu. Auf der Handlungsebene stellt sich die Frage, ob sich dieses Aufpassen zu einem Routinevorgang entwickeln wird wie das Mitführen des Wohnungsschlüssels oder der Kreditkarte? Bezüglich der Bewertung der digitalen Signatur durch die handelnden Personen stellt sich die Frage, ob die Menschen möglicherweise auf andere Aspekte als bei der Prüfung der eigenhändigen Unterschrift achten werden. Wird ein Kooperierender beispielsweise einem Partner Vertrauen schenken, der seine Karte nicht dabei hat oder die PIN auf einem Zettel ablesen muß?

Eine weiteres neues Handlungsmuster deutete sich darin an, daß die Anwender die Signaturfunktion freigaben und damit die Dokument-Authentikatoren gleich für mehrere Dokumente zugleich erzeugen ließen. Sie signierten also mehrere Dokumente zugleich, ohne diese für die Signaturerzeugung im einzelnen zur Kenntnis zu nehmen. Sie nutzten somit den Rationalisierungsvorteil, den ein Computer auch für das Signieren bieten kann, nämlich die Tätigkeit des Signierens wie am Fließband durchzuführen: Für die Anwender bot dieses Verfahren Analogien zur Unterschriftsmappe, war sozusagen deren elektronische Variante.

Statt des gezielten Einsatzes der eigenhändigen Unterschrift wird die Signatur zu einer Routineangelegenheit umfunktioniert, die in gewisser Weise von einer Maschine übernommen wird. Dies bedeutet jedoch eine Entwertung der Funktion der Verantwortungsübernahme als bewußtem Akt. Fraglich ist, ob der Anwender dann noch eine Kontrolle darüber haben wird, was er eigentlich signiert? Er wird seine Verantwortungspflicht verletzten und er geht damit auch ein erhöhtes Risiko ein, daß ihm ein Dokument untergeschoben wird, das er nicht signieren will.[20] Die Sammelsignatur ist gerade keine Unterschriftsmappe. Denn mittels der Sammelsignatur wird im Gegensatz zur Unterschriftsmappe keine letzte Sichtkontrolle durchgeführt. Die Unterzeichnung der Dokumente einer Unterschriftsmappe erfolgt zwar auch im Schnelldurchgang, jedoch kann auch

---

[18] Vgl. Kumbruck DuD 1994, 20 ff.

[19] Diese Aussage hat nichts mit der juristischen Zurechnung zu tun.

[20] Vgl. Pordesch/ Schneider, GMD-Spiegel 1993; Pordesch 1993, provet-AP 106.

dann noch ein oberflächlicher Blick auf die Dokumente geworfen werden und bei dabei auftretendem Zweifel eine ausgiebige Dokumentenprüfung erfolgen. Die Sammel-Signatur wäre also gar nicht geeignet für ein verantwortungsvolles Signieren. Die Einzelsignatur am Bildschirm würde zu mehr Konzentration auf das Dokument zwingen, als es die Unterschriftenmappe erfordert. Sie würde aber mehr Zeit kosten und dadurch ineffektiver als die Unterschriftenmappe sein.

Der digital Kooperierende wird auf die Chipkarte und PIN aufpassen müssen im Gegensatz zur angewachsenen Hand als alleiniges "Mittel" zur Erzeugung des individuellen Schriftzugs. Dieses Aufpassenmüssen ist Ausdruck der Tatsache, daß sich der ganz individuelle und eigenmächtige Vorgang des eigenhändigen Unterschreibens modifiziert hat zu dem Vorgang des Signierens, der nur mittels einer dritten "Macht" funktioniert, deren materieller Ausdruck im Alltagshandeln die Chipkarte ist. Hierin stecken Sicherheitsrisiken und Verfügungseinschränkungen. Werden andere Schutzmaßnahmen gebraucht werden, die einfacher zu handhaben sind, beispielsweise biometrische Verfahren wie der digitale Daumenabdruck, um die Chipkarte scharf zu machen? Oder nimmt die Gesellschaft einen Wertewandel in Kauf, der sich darin äußert, daß die Gerätschaften nicht gewissenhaft behandelt werden und die Signatur einen niedereren Wert für Sicherung und Verbindlichkeit von Kooperation erhält als die eigenhändige Unterschrift? Wird sich infolgedessen das Mißtrauenspotential gegenüber der Sicherheit einer digitalen Signatur und damit auch gegenüber der Verbindlichkeit des Kooperationsaktes erhöhen? Ist es tolerabel, daß die Maßnahmen, die der Anwender für das digitale Signieren aufbringen muß, sich verselbständigen von der Entäußerung eines Zeichens der Verbindlichkeit hin zu Maßnahmen des Aufpassens und des richtigen Hantierens mit Utensilien und Programmfunktionen?

6.3.3 Prüfung des Unterschriftszugs und Zertifikats

Der Unterschriftszug verweist aufgrund seines individuellen Musters eindeutig auf den Kooperationspartner. Dieser Umstand wird zum Identifizieren einer Person genutzt. So werden beispielsweise der Unterschriftszug, der unter einen Vertrag gesetzt wird, mit dem auf dem Personalausweis befindlichen verglichen. Oder es existiert eine hinterlegte Unterschriftsprobe, beispielsweise auf der kontoführenden Bank, mit der ein Abgleich stattfinden kann. Unter Geschäftspartnern ist das Muster bereits bekannt und wird bei Ansicht erinnert. Die Identifizierung erfolgt somit per optischer Wahrnehmung durch den Kooperationspartner selbst. Neben seiner identifizierenden Funktion hat der Schriftzug der eigenhändigen Unterschrift für Kooperationspartner auch identitätsstiftende Funktion. Die Person ist sozusagen im Schriftzug vergegenständlicht. Falls direkter Kontakt bestand, wird die Person über ihre Unterschrift vor dem geistigen Auge vergegenwärtigt. Falls nur ein schriftlicher Austausch herrscht, kann sich die Person ein Bild ihres Kooperationspartners über das individuelle Muster der

Unterschrift machen, allerdings unter Hinzuziehung des schriftlichen und inhaltlichen Kontextes. Sowohl für die identifizierende als auch identitätsstiftende Funktion der Unterschrift ist bedeutsam, daß die Unterschrift in der Regel nicht allein steht. Der Unterschriftszug ist eingebettet in einen für den Kooperationspartner typischen schriftlichen Kontext, also beispielsweise den Briefkopf und das Briefpapier. Für die eigenhändige Unterschrift wie für die Signatur gilt, daß sie Teil einer längerfristigen Kooperationsbeziehung und eines organisatorischen Kontextes sein kann. Dieser äußere Kontext besteht auch für das elektronische Verfahren fort. Für das schriftlich Übermittelte gilt jedoch, daß sich das Bild des Kooperationspartners in der digitalen Signatur auf das Zertifikat sowie den Inhalt des Schreibens reduziert. Nur das Zertifikat ist der ersten Wahrnehmung zugänglich, wohingegen der Inhalt eines Schreibens sich nicht so leicht erschließt. Die Individualität, die das Zertifikat ausdrückt, ist formaler Natur, nämlich die von einer dritten Instanz konstruierte und bestätigte eindeutige Beziehung zwischen einer Person und ihrem Namen. Eine Zertifizierungsinstanz garantiert dafür, daß die Angaben im Zertifikat korrekt sind, also die Zuordnung zu der im Zertifikat genannten oder sich hinter einem Pseudonym verbergenden Person stimmt. Eine optische Kontrolle über individuelle Spuren des Partners, wie sie eben das Prüfen des biometrischen Musters des Unterschriftszuges auszeichnet, hat der Prüfer einer digitalen Signatur nicht. Dies ist deshalb nicht möglich, weil der Gegenstand der Prüfung und die Präsentation derselben elektronisch immer auseinanderfallen. Vielmehr muß der Anwender den Angaben im Zertifikat vertrauen. Er muß zudem die Bestätigungen über die Korrektheit des Zertifikats dechiffrieren, d.h. in Alltagsverständnis umsetzen.

Eine typische Reaktion auf diesen Umstand war folgende Aussage eines Anwenders:

"Die eigenhändige Unterschrift ist so schön einfach."

Gemeint ist, daß der Blick auf die eigenhändige Unterschrift in der Regel als Prüfverfahren ausreicht. Der Leitsatz heißt also, daß die Unterschrift ein einprägsames Muster und ihre Prüfung ein einfacher Vorgang ist, der trotzdem für Sicherheitszwecke ausreicht.[21]

Zur Prüfung der digitalen Signatur mußten die Anwender eine maschinelle Verifikation durchführen lassen. Sie wurde von den meisten Anwendern vergessen oder als überflüssig abgetan. Insbesondere unter Zeitdruck wurde die Verifikation vernachlässigt. Hierfür gab es vor allem zwei Beweggründe, nämlich das Festhalten an der Vorrangigkeit der Präsentation der Signatur sowie die Kontextarmut des Verfahrens.

---

[21] Allerdings verfügen Menschen im Alltag für den eigenhändigen Unterschriftszug trotz möglicher Sicherheitsmängel über keine weiterreichenden Prüfmöglichkeiten. Schriftsachverständige werden ja schon aus Kostengründen nur im Streitfall herangezogen.

Die Präsentation des Zertifikats - das Abbild - hat für die Anwender Vorrang
Die Anwender schauten in der Regel bei der Entgegennahme eines Dokumentes
auf die Präsentation der Signatur. War der zu erwartende Name hier zu lesen,
dann wurde für die meisten Anwender trotz mehrfacher Hinweise, daß dies nicht
ausreiche, die Prüfung als positiv erledigt angesehen.

Es zeigt sich an diesem Beispiel besonders deutlich, daß sich die Menschen
erst einmal an das halten werden, von dem sie gewohnt sind, daß es ihnen Sicherheit bietet, unabhängig davon, ob das Verhalten noch adäquat ist oder
nicht.[22] Und das sind bei der Entgegennahme papierner Dokumente die individuellen Spuren, die sich auf dem Papier materiell vergegenständlichen in Form
des Briefpapiers, Briefkopfs, der Schrift und vor allem des bekannten Unter-
schriftzuges. Ein Anwender bezeichnet diese Spuren zusammen als die "Physiognomie" des Kooperationspartners, die er auf diese Weise "im übertragenen
Sinne sehen" könne.

Die Präsentation der eigenhändigen Unterschrift ist also aussagekräftig und
leistet die Funktion, über das Erkennen eines konstanten Musters Vertrauen zu
erwecken. Diese Spuren wird es aber im elektronischen Verfahren zumindest als
individueller Ausdruck prinzipiell nicht mehr geben können.

Eine Differenzierung in Farbe, Form und Gestalt von elektronischen Dokumenten sowohl am Bildschirm als auch im Druck ist bisher für offene Telekooperation noch nicht möglich. Erstens müßte dazu die entsprechenden Dokumentstandards erarbeitet werden. Zum zweiten müßten die Telekooperationspartner mit entsprechend kompatiblen und leistungsfähigen Geräten ausgestattet
sein. Zum dritten benötigten die Absender ein einheitliches Layout. Die Empfänger müßten viertens bereit sein, die Formatierungen der Absender zu akzeptieren - und dürften nicht, beispielsweise um Platz auf dem Bildschirm zu sparen
oder um ihre "Schönheitsideale" zu erreichen, eigene Formatierungen vorziehen.
Trends, individuell gestaltete elektronische Dokumente herzustellen und zu
übernehmen, werden im Zuge von Multimedia-Anwendungen im World Wide
Web (WWW) unterstützt.[23] Mit diesen Versuchen, elektronisch individuelle
Aspekte zu vermitteln, würde sich ein Spannungsfeld zwischen individueller Re-
präsentation und Standardisierung auftun, ähnlich der Massenproduktion von
"individuellen" Designmöbeln.

Mit diesen Möglichkeiten der Differenzierung und der Übermittlung "individueller Anmerkungen" könnte zwar der Schein von Individualität erzeugt werden. Jedoch ist der Eindruck eines guten Briefpapiers mit Wasserzeichen oder
eines Eselohrs im Papier ebenso wie einer Verwischtheit oder Akuratesse bei der
Nutzung einer bestimmten Tinte weiterhin an den physischen Träger gebunden.
Diese materiellen Spuren lassen sich demzufolge generell elektronisch nicht erfassen und nicht abbilden.

---

[22] Vgl. Wehner 1992.
[23] Vgl. zu WWW z. B. Grau, c't 1994.

Individuumsspezifisch wäre auf jeden Fall die formal-organisatorische Zuordnung eines Zertifikats zu einer Person oder Organisation. Jedoch dürfte dessen Präsentation von dem durch Standards für Zertifikate prinzipiell gleichen technischen Aufbau bestimmt werden. Eine gleichartige Präsentation von Zertifikaten oder Zertifikatketten könnte sogar unter Gesichtspunkten der Transparenz gefordert sein, um dem Anwender den Umgang mit digitalen Signaturen zu erleichtern. Die äußere Erscheinung zumindest der digitalen Signatur, möglicherweise auch die des elektronischen Dokuments, dürfte daher für den Empfänger an Aussagekraft verlieren. Er selbst wird den Gegenüber anhand seiner Spuren nicht persönlich erkennen und identifizieren können; was ihm bleibt, ist die Bestätigung der Identität.

Dies ist besonders bedeutsam für die identitätstiftende Funktion der Unterschrift bzw. Signatur. So beklagten sich die Anwender darüber, daß sie sich mangels der offensichtlichen individuellen Spuren kein Bild vom Kooperationspartner - "seiner Physiognomie" - machen konnten, wenn dieser noch unbekannt war, und sie sich deshalb auch weniger verbindlich fühlten. Es handelt sich weniger um die Funktion objektiver Sicherheit, der das Erkennen der Physiognomie dienen kann, was bei einem Erstkontakt ja besonders deutlich wird, sondern eher um das Nutzen von Menschenkenntnis. Auch wenn diese Fähigkeit, gerade wo sie sich nur auf einen Unterschriftszug nebst schriftlichem Kontext stützt, vielleicht von Rationalisten in den Bereich der Mystik abgeschoben wird, so läßt sich doch nicht ihre Funktion wegdiskutieren, auf diese Weise "ein Gefühl von Sicherheit" zu entwikkeln, wegdiskutieren. Im elektronischen Prüfverfahren gibt es für dieses Gefühl keine entsprechenden Ansatzpunkte. Der gegenläufige Trend dürfte durch die Möglichkeit, statt des echten Namens ein Pseudonym im Zertifikat eintragen zu lassen, noch verstärkt werden. Dabei dürfte die psychisch-kognitive Bezugnahme zu einer Person noch geringer ausgeprägt sein, weil es dann nicht mal Sinn macht, den akustischen Klang oder die visuelle Anordnung der Buchstaben eines Namens als Repräsentant einer Person im Gedächtnis niederzulegen, weil sie ja morgen bereits anders heißen kann.

Andererseits bestehen im Verfahren des digitalen Signierens auch Möglichkeiten, Informationen zum Individuum an das Zertifikat zu binden, die für die eigenhändige Unterschrift nicht möglich sind. Hier ist insbesondere die Möglichkeit zur "Qualifizierung" des Zertifikats zu nennen. Qualifizierung bedeutet, daß neben dem Namen weitere Hinweise, wie die Funktion des Zertifikatinhabers, "Richter des Amtsgerichts Heidelberg", oder sein Ausbildungsgrad, "Dr. phil.", aber auch materielle Gültigkeitsgrenzen, "Scheckdeckung bis DM 1000.-", aus dem Zertifikat zu ersehen sind und durch die Zertifizierungsinstanz garantiert werden. Dies sahen die Anwender auch eindeutig als begrüßenswerte Ausweitung der Zertifikatsfunktion. Sie mußten sich beispielsweise bezüglich der Bonität eines Scheckunterzeichners nicht mehr auf ihr durchaus fehleranfälliges "Gefühl" verlassen.

Von der Vielfalt an individuellen Zügen wird bei der digitalen Signatur also nur noch die im Zertifikat dokumentierte Zuordnung eines Schlüssels zu einer

Person, möglicherweise mit einer Differenzierung in Form einer Qualifizierung, zurückbleiben. Diese Zuordnung jedoch wird nicht als typischen Musters dem Augenschein ersichtlich, wie Menschen bisher gewohnt sind, Individualität zu definieren, sondern indirekt in Form einer Garantieerklärung durch eine dritte Instanz. Unter dem Blickwinkel der Sicherheitskultur muß deshalb gefragt werden, ob das Zertifikat die verbindlichkeitsstiftende Rolle der eigenhändigen Unterschrift einnehmen kann. Desweiteren interessiert, welchen Beitrag dabei die "Mittlung" durch die Zertifizierungsinstanz leisten wird.

Die Prüfung des Zertifikats erfolgt kontextarm

Die Unterschriftsprüfung per Augenschein erfolgt beiläufig, ja wird oftmals nicht einmal bewußt registriert. Sie ist eingebettet in den Vorgang des Entgegennehmens und Lesens des Dokumentes. Die Personen, die ein Dokument entgegennehmen und lesen, schauen automatisch mit auf die Unterschrift. Nur Auffälligkeiten geraten ins Bewußtsein. Dadurch ist sie ein denkenentlastender[24] Vorgang, denn es muß keine Entscheidung über den Zeitpunkt und die Art und Weise und Ausführlichkeit des Prüfens getroffen werden.

Die Verifikation einer Signatur und des darin enthaltenen Zertifikats war für unsere Anwender ein zusätzlicher, bewußt zu initiierender Akt. Er konnte auch von einer anderen Person durchgeführt werden als von derjenigen, die das Dokument las, beispielsweise von der die Post ablegenden Sekretärin. Dies führte jedoch zu Unklarheiten bezüglich der Zuständigkeiten, so daß der Vorgang oftmals vergessen wurde. Zudem war die Verifikation den Anwendern zu langwierig und umständlich. Gegen diese beiden Mängel könnte die automatische Signaturprüfung helfen. Bei leistungsfähiger Technik dürfte auch die Wartezeit für einzelne Signaturprüfungen vernachlässigbar sein. Allerdings könnte die automatische Prüfung auch die "Vernachlässigung" der zudem notwendigen optischen Prüfung der Signatur durch den Anwender zur Folge haben. Warum soll etwas (unter Zeitdruck) detailliert betrachtet und nachgeprüft werden, wenn die Maschine es sowieso tut? Die inhaltliche Kontrolle von Prüfergebnissen jedoch, die der Anwender zusätzlich als optische Prüfung durchführen muß, beispielsweise hinsichtlich der Zeichnungsberechtigung oder der Zuständigkeit von Zertifizierungsinstanzen für die Bestätigung öffentlicher Schlüssel, dürfte nur schwerlich völlig zu automatisieren sein.

Aus dem Blickwinkel der Sicherheitskultur könnte dadurch der Widerspruch zwischen schneller Telekooperationstechnik, aber aufwendig zu bedienender Sicherungstechnik entstehen. Einerseits werden die Anwender mit der Elektronik Zeit sparen können, insbesondere durch zeitliche Verkürzung des Postweges, wodurch neue Maßstäbe an Geschwindigkeit gesetzt werden. Andererseits werden sie zusätzliche Zeit und Qualifikation für die notwendige Kontrolle und Interpretation einer der Sicherheit dienenden Maßnahme benötigen. Ausgerech-

---

[24] Ein Vorgang ist denkentlastend, wenn er infolge der Ausbildung von Routinen keinen aktiven Anstoß braucht.

net die Aktivität, die bisher in einem Augenblick und als Bestandteil eines anderen erfolgte, könnte zwar im Detail aussagekräftiger werden, würde dann aber um ein Vielfaches komplizierter und zeitlich relativ aufwendiger als bisher. Die Sicherheitsmaßnahmen könnten dadurch trotz aller Integrationsanstrengungen aus den eigentliche Aufgaben herausfallen und zu einem lästigen Anhängsel werden. Besonderes Augenmerk ist daher auf die Ausgestaltung der Bedienoberfläche hinsichtlich der Darstellung von Signatur- und Prüfinformationen zu richten.

Unter psychosozialen Gesichtspunkten dient das Prüfen der Unterschrift im Akt des Entgegennehmens und Lesens eines Dokumentes der Funktion, daß sich der Leser seines Kooperationspartners vergewissert und Vertrauen in diesen faßt. Vertrauen antizipiert die Bereitschaft des Kooperationspartners, für seine Ausführungen im Dokument die Verantwortung zu übernehmen. Seine Unterschrift steht für sein Verantwortlichzeichnen. Aber der Blick allein auf die Unterschrift als verbindlichkeitsbildende Maßnahme wäre zu eingeschränkt. Sie steht nie allein. Sie ist eingebettet in einen schriftlichen und sozialen Kontext; bei Mißklängen in der äußeren Erscheinung und im sozialen Akt "stolpert" der Anwender in der Regel darüber.[25]

Die Prüfung der digitalen Signatur wird zunächst für sich stehen müssen, ohne schriftlichen Kontext und ohne Einbettung in eine gesamtheitliche Beschäftigung mit dem Dokument. Denn es stehen nicht die individuumtypischen materiellen Spuren zur Verfügung. Auch ist das Lesen am Bildschirm, das den inhaltlichen Kontext eröffnet, mühselig.

Es gibt jedoch noch einen anderen Kontext, auf den die Anwender zugriffen, nämlich den äußeren Kontext, in den ein Vorgang und ein im Zusammenhang damit erstelltes Dokument eingebunden ist: Die kontextorientierte Begründung, daß man die digitale Signatur ebenso wie die eigenhändige Unterschrift nicht von vornherein überprüfen müßte, lautete:

"Aber, wir haben uns doch in abgesicherten Kontexten bewegt, die wirklich jetzt im normalen Zusammenspiel von Vertrauen gekennzeichnet sind!"

Doch die Übertragung der bisherigen Erfahrungen ist nicht gültig: Beim "Überfliegen" der Unterschrift mit den Augen fallen bereits Unregelmäßigkeiten auf, nicht jedoch beim Betrachten der digitalen Signatur. Der Kontext organisationsinterner Kooperation kann nach Ansicht anderer Anwender nicht mit gleicher Eindeutigkeit wie im papierorientierten Verfahren als Schutzraum gegenüber

---

[25] Allerdings werden diese vertrauensbildenden Aspekte auch mißbraucht, beispielsweise von Werbefirmen, die ihre Massenbriefe mittels Kopiertechniken mit scheinbar eigenhändigem Unterschriftszug und persönlich formulierten und adressierten Anschreiben versehen und ihnen somit den Anschein von Individualität und Direktheit geben. Dieses Beispiel ist ein Hinweis darauf, daß sich herkömmliche Verfahren der Vertrauensbildung nicht mehr in gleicher Weise eignen wie vor der Erfindung dieser Kopiertechnik und sich somit eine gewisse gesellschaftliche Notwendigkeit nach anderer Arten der Sicherung auftut.

Manipulationen angesehen werden. Denn die Identifizierung eines Manipulators ist nicht anhand der Signatur möglich (im Gegensatz zum Unterschriftenfälscher)[26], so daß die Hemmschwelle sinken dürfte. Aus diesem Grund muß flächendeckend in jedem Fall eine gleich gründliche Prüfung des Zertifikats vor der Durchführung weiterer Aktivitäten mit dem Dokument erfolgen.

Im papierorientierten Verfahren bedarf es eines Kontextes, in dem die Unterschrift eingebettet ist und auf den man achtet, einerseits, um einen emotionalen Bezug zum Kooperationspartner herzustellen, andererseits, um Hinweise zu erhalten, für welche Fälle eine ausführliche Prüfung angesagt ist.

Das auf diese Weise erfolgreiche Handlungsmuster wurde auch im elektronischen Verfahren fortgeführt. Dies ist ein Zeichen dafür, daß der Einbezug eines Kontextes in das Prüfverfahren als notwendig angesehen wird. Die Orientierung an einem anders gearteten Kontext, in den das Zertifikat eingebettet sein könnte, müßte sich erst noch entwickeln. Dieser schriftliche Kontext könnte beispielsweise die Differenziertheit des Zertifikats über eine Qualifizierung sein. Aber auch der gute Ruf der jeweiligen Zertifizierungsinstanzen, die sich von oben nach unten bestätigen, könnte solch eine kontextuelle Funktion einnehmen. Schließlich wird auch weiterhin der inhaltliche Kontext bestehen, der aber nicht dem ersten Blick zugänglich ist. Für den äußeren Kontext ist festzustellen, daß er nicht mit der gleichen Selbstverständlichkeit von der Pflicht entbindet, von vornherein zu prüfen, wie das im papierorientierten Verfahren mittels der Handkürzel der Fall ist. Ohne die Entwicklung eines solchen alternativen Kontextes besteht die Gefahr, daß das Zertifikat nicht als Teil eines verbindlichkeitsbildenden Prozesses wahrgenommen wird.

Im Hinblick auf den ablauforientierten Kontext - die Signaturprüfung als Teil einer Gesamtaufgabe zu verstehen - sind Überlegungen anzustellen, ob und wie die der Sicherheit dienenden Maßnahmen und Utensilien ein Bestandteil der Primäraufgabe, Verbindlichkeit aufzubauen, werden können. Reicht vielleicht ein einfacher technischer "Trick", nämlich die technische Präsentation von Individualität, beispielsweise durch ein Pixelmuster der eigenhändigen Unterschrift, um die Kooperationspartner emotional zu Verbindlichkeit herauszufordern? Allerdings wird es den materiellen Grund für das "Sich-sicher-Fühlen" nicht mehr geben, nämlich die Speicherung materieller und individueller Spuren. Das Symbol "Pixel-Unterschrift" wird damit "in der Luft hängen", statt für Verbindlichkeit eine Art Pfand zu sein. Wird aber vielleicht solch ein Schein von Individualität in Verbindung mit der technisch-organisatorischen Absicherung der digitalen Signatur durch die Zertifizierungsinstanz das soziale Verhalten der Verbindlichkeit stützen und reproduzieren helfen?

---

[26] Vgl. Pordesch 1993, provet-AP 106.

6.3.4   Sicherheit in verschiedenen Stufen

Die bloße Prüfung der Präsentation der digitalen Signatur mittels optischer Wahrnehmung ist obsolet. Doch der Blick auf das Ergebnis der elektronischen Prüfung der Signatur wird auch nicht hinreichen. Das elektronische Prüfverfahren bezieht sich auf die Unversehrtheit des Dokumentes und der Signatur. Doch manchmal wird diese Prüfung nicht ausreichen, weil nicht alle relevanten Aspekte geprüft werden können. Es sind zwei Arten von Prüfungen zu unterscheiden, die zusätzlich notwendig werden können.

In manchen Fällen ist eine optische Prüfung der Präsentation der Signatur erforderlich. Sie kann Inplausibilitäten aufdecken helfen. So kann beispielsweise eine Signatur zwar korrekt sein, aber auf den Namen einer Person lauten, der von dem des Absenders abweicht. Dies ist dann der Fall, wenn jemand die Chipkarte einer anderen Person zum Signieren benutzt hat, weil er die eigene gerade nicht verfügbar hatte. In anderen Fällen ist eine stärker ins Detail der Zertifikatsketten zielende zusätzliche Prüfung angebracht.[27] So wird es die Notwendigkeit geben, die über mehrere Hierarchiestufen erfolgte Bestätigung der Korrektheit des Zertifikats beziehungsweise der Identität des Urhebers im einzelnen nachzuvollziehen. Je nach Ausgestaltung der Präsentation des Prüfergebnisses wird der Anwender zu diesem Zweck weitere Prüfschritte anstoßen müssen, so wenn er die Korrektheit der Zertifikatketten, also die Korrektheit der einzelnen Zertifizierungsinstanzen in der Zertifizierungshierarchie, zurückverfolgen will. Es kann pragmatische Inkonsistenzen zwischen den verschiedenen hierarchischen Stufen des Zertifikats geben. Beispielsweise kann die Fälschung des Zertifikats eines vermeintlichen Anwalts dadurch deutlich werden, daß er in seiner angeblichen Funktion als Anwalt nicht von einem Landgericht, sondern von einem Handelsregister zertifiziert wurde. Der Anwender muß, um die Plausibilität dieser Hierarchien zu überprüfen, Organisationswissen besitzen. Besonders undurchsichtig und nur mit zusätzlichen Prüfaktionen realisierbar sind Prüfungen, wenn Querzertifikate Verwendung finden. Beispielsweise könnte es sogar erforderlich sein, auftretende Querzertifikate[28] in komplexen Zertifizierungsgraphen zu bewerten[29]. Ebenso könnte es notwendig sein, durch Rückgriff auf spezielle Verzeichnisse zur weiteren Prüfung Informationen über die Zertifizierungshierarchien einzuholen. Der technische Zugriff und die Präsentation der Daten kann zwar weitgehend technisch unterstützt werden, nur in Grenzen dagegen die inhaltliche Entscheidung, eine Zertifikatkette zu akzeptieren oder abzulehnen[30].

---

[27]   Vgl. Pordesch 1993, provet-AP 106.

[28]   Zu Querzertifikaten siehe Hammer 1994b, provet-AP 148. Sie werden beispielsweise als Gestaltungsvorschlag zur Reduzierung der Verletzlichkeit diskutiert, vgl. Hammer, Kap. 3., 102 ff., in diesem Band

[29]   Um in diesem Fall auch Sicherheit über die "gewollte" Zertifikatkette des Signierenden erhalten zu können, müßte zudem der technische Aufbau der Signaturen geeignet gewählt werden, vgl. Hammer 1995c.

[30]   Vgl. Hammer 1995d, 6f.

In unserer Untersuchung verzichteten die meisten Nutzer auf eine ausführliche Prüfung der Zertifikate.

"Und ich kriege die Meldung, die Signatur ist in Ordnung, gehe ich auch davon aus, daß sie in Ordnung ist. Und nicht, daß bei der Signaturprüfung dann hinterher rauskommt, die Signatur ist nicht mehr in Ordnung.

So lautete eine Aussage im Rahmen unserer empirischen Untersuchung. Der Leitsatz hieß: Der vertrauenswürdige Dritte hat immer recht. Was aber steckte dahinter? Der Anwender hatte die Verifikation durchführen lassen und die Antwort auf dem Bildschirm erhalten "Signatur korrekt". Damit war für den Nutzer klar, daß er wie gewohnt auf Grundlage des Dokumentes tätig werden konnte, das heißt, daß er sich auf seinen Kooperationspartner verlassen konnte. Nur gab es auch in unserer Untersuchung bei der Prüfung der digitalen Signatur eben nicht nur "richtig" oder "falsch"; sie konnte auf der ersten Stufe der Prüfung stimmen und doch konnten bei ausführlicher Prüfung Fälschungen ausfindig gemacht werden. Die Beispiele wurden bereits oben genannt, nämlich vom Absender abweichende Namen im Zertifikat oder von einer unpassenden Organisation zertifizierte Zertifikate.[31]

Wenn sich im Nachhinein erwies, daß die Anwender einer Fälschung aufgesessen waren, so waren sie extrem verärgert über die mangelnde Güte der maschinellen Prüfung. Ihren eigenen Part berücksichtigten sie in der Regel nicht. Ihr Verhalten verwies auf die implizite Forderung nach denkentlastenden Routinen. Es bedarf jedoch noch eines langwierigen Umstellungsprozesses, um das richtige Verhältnis zu finden zwischen der Nutzung der normalen automatischen Prüfung als denkentlastendem Vorgang und dem Anstoßen besonderer Prüfschritte in Abhängigkeit von spezifischen Situationen und Dokumenten.

Wird angesichts der Komplexität der Informationen, die eine Prüfung erbringen kann, die Nutzung der Verifikation überhaupt den Eindruck erzeugen können, daß sich der Nutzer darauf verlassen kann, oder wird eine latente Verunsicherung zurückbleiben? Wann wird der Anwender genug geprüft haben? In welchen Fällen wird er auf solche ausführliche Prozeduren verzichten können und wann nicht? Und wenn er weiter prüft, was erkennt er denn eigentlich, wenn er in verschiedenen Schritten prüft? Oder anders ausgedrückt: Ist das Verfahren nicht viel zu kompliziert, als daß es von einem technischen Laien durchdrungen werden könnte? Warum schimpfen die Anwender auf das Verfahren und übersehen ihre eigene "Mitschuld"? Ist das Verfahren so konzipiert, daß sie jegliche Verantwortung für die Korrektheit der Prüfung an das Verfahren und an jene, die Güte des Verfahrens garantierende Instanz, den "vertrauenswürdigen Dritten", delegieren? Ist das die neue Art von Routine? Diese offenen Fragen deuten auf den Bruch, der sich durch das Aufteilen der Verantwortung für das Prüfverfahren der digitalen Signatur gegenüber dem Prüfen der eigenhändigen Unterschrift ergibt.

---

[31] Vgl. Pordesch 1993, provet-AP 106.

6.3.5   Der technisch-organisatorische Kontext der digitalen Signatur

Die Verfahren des digitalen Signierens und des Signaturprüfens erfolgen für die Menschen nicht mit der gleichen Direktheit wie die eigenhändige Unterschrift: Es gibt eine technische Apparatur, die das Verfahren umsetzt, und eine dritte Instanz, die organisatorisch die Verbindlichkeit zwischen den Kooperationspartnern stiftet. Soviel "Mittlung" ihrer Handlungen läßt bei den Anwendern Zweifel am Verfahren an verschiedenen Stellen aufkommen:

1. Ist das auf dem Bildschirm zu Lesende, das der Anwender zu signieren beabsichtigt, auch das Geschriebene?
2. Was macht das Prüfprogramm?
3. Wer steht hinter der Zertifizierungsinstanz, daß man ihren Garantien trauen kann?

6.3.5.1 Der Anwender sieht nicht, was er signiert

Ein Papierdokument wird gesichtet und überblickt, bevor es unterschrieben wird. Die Unterschrift bildet somit einen Abschluß der Handlung. Dies wird räumlich dadurch zum Ausdruck gebracht, daß die Unterschrift direkt unter das Dokumentende gesetzt wird. Wegen des üblichen Bildschirmformates und der niedrigen Auflösung von Bildpunkten kann derzeit ein elektronisches Dokument auf dem Bildschirm nicht in gleicher Weise kursorisch überblickt werden wie ein Papierdokument. Dies dürfte durch höhere Zeichenauflösung technisch erleichtert werden. Eine andere Frage ist allerdings die Möglichkeit, in einem mehrseitigen Papierdokument zu blättern und auf diese Weise das ganze Dokument zu erfassen. Man faßt das Papierdokument ja beim Blättern an, hält es dadurch als ganzes im Griff, wohingegen man das elektronische Dokument immer nur fragmentarisch einsehen kann. Vielleicht werden sich aber auch hierfür praktikable technische Lösungen finden. Neben diesen "Entwicklungsdefiziten" wurden in unseren empirischen Untersuchungen aber auch prinzipielle Transparenzmängel des Signiervorgangs beklagt. Es fehle jegliche materielle Gewißheit darüber, daß das, was die Nutzer elektronisch zu signieren beabsichtigten und auf dem Rechner präsentiert wird, auch wirklich identisch sei mit der Datenstruktur, die im Rechner der Signierprozedur unterworfen wird. Dieses Problem wurde in unseren Untersuchungen besonders deutlich dadurch, daß die Anwender die Dokumente nicht einsehen konnten, während sie die Funktion "Signieren" aufriefen. Dies mokierte ein Anwalt:

> *"Ja, dann Mißtrauen, tack, tack, ich unterschreibe immer blind. Wenn ich das nicht sehen kann, ist das für mich intolerabel. (... Denn:) Unterschrift ist das A und O für uns; unterschreibe ich, dann hafte ich dafür. Hafte, und da hängt auch auch ganz viel davon ab."*

Der implizite Leitsatz meint, daß man für Dokumente, die man nicht sieht, auch nicht verantwortlich sein kann. Ein Kooperationspartner steht mit seinem guten

Namen für den Inhalt eines Dokumentes gerade, und dies setzt moralisch und praktisch voraus, daß er weiß, was er unterzeichnet.

Als Beispiel für die Gefahren, die dem Umstand geschuldet sind, daß eine elektronische Maschine das Eigentliche verdeckt, wurde von einem Untersuchungsteilnehmer ein Fall aus den USA berichtet: Eine Art Bankomat war für betrügerische Zwecke manipuliert worden:

> *"Die Leute haben ihre Chipkarte da reingesteckt, haben die PIN eingegeben, der Apparat hat gesagt, tut mir leid, habt kein Geld mehr, ach, na ja, gut, sind sie mit der Chipkarte zum anderen, wunderbar. Dann war aber die PIN und sämtliche Daten in dem Lesegerät gespeichert, die die dazu brauchten, um eine zweite identische Chipkarte zu erstellen. Genau das haben die Betrüger gemacht und mit dieser Chipkarte Geld abgeholt, ist doch toll. Einfach nur deshalb, weil die Chipkarte nicht prüfen konnte, ob der Apparat jetzt tatsächlich ein ordentliches Lesegerät war. Denn dieser Teil der Prüfung wird einfach immer weggelassen."*

Auch wenn es sich im vorliegenden Fall um Magnetstreifenkarten und nicht Chipkarten handelte, zeigt es doch die Angst des Anwenders vor der Undurchschaubarkeit der technischen Apparatur, der Blackbox. Der zukünftige Nutzer wird sich nämlich auch auf die Sicherheit der Apparatur verlassen müssen. Er wird es vermeiden müssen, in einer fremden Umgebung, das heißt auf einem anderen Gerät als dem eigenen zu signieren, damit er den Funktionen der Systemumgebung und der Präsentation der zu signierenden Daten trauen kann.[32] Das Verfahren wird somit in vielfacher Hinsicht außerhalb der kognitiven Kontrolle der handelnden Personen sein. Dadurch werden sich die Voraussetzung dafür verschlechtern, bewußt Verantwortung übernehmen zu können.

Eine wichtige Frage für die zukünftige Sicherheitskultur dürfte sein, ob die Anwender es immer bewerkstelligen können, ihre eigene Systemumgebung - beispielsweise als Personal Digital Assistant - mitzuführen.[33] Wichtiger noch ist die Frage, ob die kognitive Kontrolle beim Unterzeichnen eines Dokumentes durch die Sicherheitsaktivitäten als Akt bewußter Verantwortungsübernahme substituiert werden kann? Diese Sicherheitsaktivitäten könnten beispielsweise zukünftig darin bestehen, daß man sich beispielsweise der Gerätschaften vergewissert und dazu das Wissen um die Manipulationssicherheit eines Programms oder eines spezifischen Gerätetyps einsetzt.

Verantwortungsübernahme setzt Kontrollmöglichkeiten voraus. Hier ist ein strenger Bruch im elektronischen Verfahren gegenüber den bisherigen Möglichkeiten zu verzeichnen. Die Kontrolle mittels der optischen Wahrnehmung - wie

---

[32] Zu entsprechenden Angriffsmöglichkeiten siehe bspw. Pordesch, DuD 1993, 561 ff. Zur Möglichkeit der Verwendung sogenannter Personal Digital Assistants als benutzereigenes Kartenzugangsgerät vgl. Hammer/ Pordesch/ Roßnagel/ Schneider 1994, 67 ff. Zu Gestaltungsanforderungen vgl. auch Pfitzmann/ Pfitzmann/ Schunter/ Waidner 1995.

[33] Vgl. Hammer/ Pordesch/ Roßnagel/ Schneider 1994, 67 ff.

im papierorientierten Verfahren - reicht nicht mehr aus. Die Mittel, welche die Zertifizierungsinstanzen zur Verfügung stellen, können nur dann wirksam werden, wenn die zum Signieren und Signaturprüfen benutzten Geräte korrekt arbeiten. Dies erfordert den Besitz beziehungsweise die Kontrolle derselben. Und auch dann kann man noch nicht "rein gucken". Wie sich diese Kontrollmöglichkeiten entwickeln werden, dürfte darüber entscheiden, ob die individuelle Verantwortungsübernahme erhalten bleibt.

6.3.5.2 Die Signaturprüfergebnisse sind "Potemkinsche Dörfer"

Der Anwender steckt seine Chipkarte in ein Lesegerät und veranlaßt durch Knopfdruck die Funktion "Dokument signieren". Die Maschine arbeitet kurz und dann erhält er die Mitteilung auf dem Bildschirm "Signieren erfolgt". Oder die Maschine bearbeitet auf Anforderung des Anwenders ein empfangenes elektronisches Dokument mit einer Prüfsoftware. - und er erhält dann auf dem Bildschirm die Mitteilung: "Signatur korrekt". Doch kann man sich auf diesen Mechanismus verlassen? Greift der Computer auf die richtigen Schlüssel zu oder präsentiert er eine Oberfläche, die damit in keinem Zusammenhang steht? Hierzu meldeten viele Anwender Zweifel an:

> *"Zur Signaturprüfung könnte man vielleicht überhaupt fragen, was bringt mir überhaupt die Signaturprüfung? Weil ich habe sowieso dem Unterschriftsmechanismus blind zu glauben, und wenn ich eine Signaturprüfung initiiere, habe ich ihm genauso blind zu glauben."*

Dieser Nutzer stellte die Anforderung nach einem Gütesiegel für das Prüfverfahren durch eine öffentlich-rechtlich anerkannte Institution auf.

Ein anderer Anwender befürchtete, die Signaturprüfergebnisse könnten "Potemkinsche Dörfer" sein. Leitsatz dieser Aussage ist, daß das Verfahren möglicherweise nur Trugbilder vorspiegeln und Ergebnisse vortäuschen könnte, ohne überhaupt zu arbeiten. Dem Anwender aber bieten sich in der Regel keine Möglichkeiten, selbst festzustellen, was es mit den internen Prüfprozessen auf sich hat.

Der zweifelnde Anwender versuchte, dem Signaturverfahren seinen Schleier zu nehmen, indem er[34] auf der Ebene der Datenstrukturen ein Bit fälschte. Als das Prüfergebnis auf diese gefälschte Signatur lautete "Signatur nicht korrekt", war er zufrieden und nahm dies zum Anlaß, auch den positiven Prüfergebnissen und damit den dahinterliegenden Zertifizierungsinstanzen zu vertrauen. Dennoch konnte er, wie er selbst sagte, auch weiterhin "nicht hinter die Kulissen schauen".

Die Anwender suchten also Beweise, wollten etwas in der Hand haben, um sich auf solch ein technisches Prüfverfahren zu verlassen, das sie nur bedingt

---

[34] Er war Informatiker, sonst hätte er diesen "Abstieg" gar nicht bewältigen und sich dementsprechend auch keine Gewißheit verschaffen können.

durchschauen konnten. Hier war also die implizite Anforderung zu hören, dem Verfahren vergegenständlichte Elemente beizufügen.

Andere Nutzer reagierten auf diese Undurchschaubarkeit des Verfahrens mit Fatalismus. Gemäß ihrem Motto 'Wer weiß, was der schwarze Kasten damit macht' verzichteten sie auf jegliche Art von Prüfung. Alle Beispiele verweisen darauf, daß es den Nutzern an der Möglichkeit zur Kontrolle über das Verfahren mangelte und sie sich statt dessen entweder bedingungslos der maschinellen Prüfprozedur und den Garantien einer übergeordneten Instanz überließen oder eben mißtrauisch blieben und Sicherheitsgarantien einklagten. Der Hintergrund der digitalen Signatur - der technisch-organisatorische Kontext, die Infrastruktur - war somit nicht selbstverständlich. Es fehlten den Anwendern die Bedingungen, sich selbst Gewißheit zu verschaffen.

Die Kluft zwischen Handeln - mit einem Kooperationspartner - und über ihn keine Kontrolle zu haben, muß mit Vertrauensgewährung überbrückt werden. Diese kann sich nach und nach, wenn auch nie mit dem Ergebnis von Sicherheit, über affektive und kognitive "Prüf"schritte entwickeln. Sie basieren auf den materiellen Grundlagen der eigenhändigen Unterschrift und dem Wissen, daß man sich auf sich selbst verlassen kann. Die kognitive Kontrolle des papierorientierten Verfahrens bestand in der Möglichkeit, mit eigenen Augen zu prüfen. Die digitale Signatur wird von einem Mechanismus geprüft. Der Nutzer wird den eigenen Augen nicht trauen können. Aber auch das Vertrauen in die Maschine und die Leistungen der Sicherungsinfrastruktur, auf die dabei zugegriffen wird, ist nicht selbstverständlich. Dies ist ein Bruch, der die Anwender zutiefst verunsichert. Sie müssen sich auf die Dienstleistungen der Sicherungsinfrastruktur verlassen, wenn sie im Alltag mit der digitalen Signatur umgehen wollen. Sie wollen diese materielle Lücke gefüllt haben, um dieser vermittelnden Instanz und den von dieser bereitgestellten Verfahren zu trauen, beispielsweise durch ein Gütesiegel.

6.3.5.3 Der vertrauenswürdige Dritte

In der mangelnden Möglichkeit zur kognitiven Kontrolle liegt die Gefahr, alles der maschinellen Prüfprozedur und den Zerifizierungsinstanzen zu überlassen. Diese Tendenz kam deutlich in Aussagen der Anwender zum Ausdruck:

"Aber das kann man alles nicht nachvollziehen, aber das geht bei jedem schwarzen Kasten so, wo man eine Karte reinsteckt, wenn der hinterher sagt "Unterschrift okay" oder "Unterschrift geleistet", muß man also glauben. Da ist halt die vertrauenswürdige Instanz wichtig, die einem glaubhaft versichert, daß es alles seine Ordnung hat."

In vielen Aussagen der Untersuchungsteilnehmer wurde deutlich, daß sie von dem Verfahren der digitalen Signatur verunsichert wurden und somit weniger Sicherheit und Grundlage zum Aufbauen einer verbindlichen Beziehung empfunden haben. Diese Unsicherheitslücke müßte für viele durch die vertrauenswürdige Instanz gefüllt werden.

Die Entwicklung von Vertrauen innnerhalb zwischenmenschlicher Kooperationen ist auf das Vorhandensein von materiellen und individuellen Spuren des Gegenübers als Zeichen von Konstanz angewiesen. Im Falle der elektronisch vermittelten Kooperation werden diese materiellen Zeichen fehlen. Aber eine dritte Partei wird sich für einzelne Aspekte des Austausches verbürgen, nämlich für die Inhaberschaft der Schlüsselpaare und damit für die Identität des Urhebers einer digitalen Signatur. Aber diese dritte Partei wird nicht, wie beispielsweise ein Notar, als Person in Erscheinung treten und entsprechend nicht als Autoritätsperson und kraft ihres Amtes das beiderseitige Vertrauen genießen. Vielmehr wird sie vermittelnd über die Alltagshandlungen Signieren und Signaturprüfen in Erscheinung treten. "Vertrauens"-Instanzen werden ihre Brauchbarkeit und ihre Garantien in einem längeren historischen Prozeß erst noch beweisen müssen. Ihre Güte kann nicht nachvollzogen werden, indem man ihr ihre korrekte Arbeitsweise ansieht. Vielmehr wird der Anwender davon auch nur vermittelt über seine Maschine erfahren, der er ihre Arbeitsweise ebenfalls nicht ansehen kann (Blackbox). Vielmehr wird der Anwender davon auch nur vermittelt über seine Maschine erfahren, der er ihre Arbeitsweise ebenfalls nicht ansehen kann, eben einer 'Black-box'. Genau hier setzt jedoch das Problem an, daß der Anwender die Situation nie unter eigener kognitiver Kontrolle haben wird. Aus dieser Mangelsituation heraus entsteht der Wunsch nach kognitiver Kontrolle der Vertrauensinstanz, beispielsweise durch ein offizielles Gütesiegel für die Prüfverfahren. Auch der Fall des Anwenders, der ein Bit fälschte, um zu prüfen, ob der Prüfmechanismus die Fälschung wirklich erkannte und meldete, ist ein Beispiel dafür, daß Anwender die dritte Instanz selbst überprüfen wollen.

In der mangelnden Möglichkeit zur kognitiven Kontrolle liegt also die Gefahr, alles der maschinellen Prüfprozedur zu überlassen, obwohl die Technik und auch die dahinter stehenden Instanzen ja nur eingeschränkt Sicherheit versprechen können. Aber vielleicht liegt in der nur eingeschränkten Sicherheit eine Chance zur eigensinnigen Nutzung der Sicherheitstechnik: Der digital Kooperierende wird sie vielleicht ergreifen, indem er selbst wachsam sein wird, statt sich nur auf die Maschine und ein dahinterliegendes Gebilde, das Sicherheit verspricht, zu verlassen. Wie wird der Anwender jedoch dieses Wechselspiel zwischen den Verhaltensweisen, sich zu verlassen oder selbst nachzuprüfen, lernen und es auf Situationen mit unterschiedlich hohen Sicherheitsanforderungen anpassen? Und was wird er damit erreichen? Vermutlich eine Erhöhung des Sicherheitsniveaus und eine Gewißheit, daß die Signatur nicht gefälscht ist. Dieses Gefühl der Gewißheit setzt bereits voraus, daß der Nutzer den Garantien der Zertifizierungsinstanzen 'vertraut', mit anderen, besseren Worten, sich darauf verläßt. 'Vertrauen' oder Verlaß dürfte sich am ehesten dadurch einstellen, daß keine negativen Erfahrungen mit diesen Instanzen gemacht werden, diese sozusagen einen konstanten positiven Faktor darstellen. Zum anderen setzt dieses Gefühl der Gewißheit voraus, daß der Nutzer sich seines eigenen Tuns sicher ist, daß er sich beispielsweise im Dschungel der Zertifikatketten - also der Organisation von Zertifizierungsinstanz-Hierarchien und den entstandenen Graphen[35] - zu orientieren weiß. Die Gewißheit gegenüber dem Kooperationspartner, daß seine Signatur korrekt ist, als Voraussetzung, ihm gegenüber Vertrauen auszubilden, wird sich somit nur sehr vermittelt entwickeln. Damit wird sich die Konzentration weg von der Frage nach der Vertrauenswürdigkeit des Vertragspartners hin zu Fragen der Güte der Sicherheitsmaßnahmen verlagern. Statt der latenten Funktion der Unterschrift, zur Bildung von Verbindlichkeit beizutragen, wird das Verfahren der digitalen Signatur und die dazu notwendigen Sicherungsinfrastrukturen der Gewißheit dienen, daß die formalen, äußerlichen Voraussetzungen für einen Tele-kooperationsakt stimmen.

Die Kooperationspartner werden ihre Beziehung, das Maß an Vertrauen, das sie einander zubilligen, nicht mehr durch direkte Bezugnahme auf die Individualität des Kooperationspartners hin entwickeln können: Einerseits, weil die Möglichkeit zu schnellen und billigeren medialen Kontakten die Face-to-Face-Kontakte reduzieren werden (die Tendenz zeichnet sich beispielsweise in Form von Bankomaten ab), andererseits, weil auf den elektronischen Dokumenten keine auf ein Individuum verweisenden Spuren vermittelt werden. Damit wird dann letztendlich Vertrauen nicht mehr auf eigenständiger Überprüfung der Voraussetzungen für die Vertrauenswürdigkeit des Partners fußen, was aber eine psychologische Grundvoraussetzung wäre. Stattdessen wird die Delegation an eine höhere Macht erfolgen, die Sicherheit verspricht. So sähe zumindest der geradlinige deterministische Entwicklungsweg aus. Wird zu diesem "Vertrauen und Verantwortung aus zweiter Hand" ein alltagspraktisches Pendant von Verbindlichkeit entstehen? Wie könnte dieses Pendant aussehen?

6.3.6 Vertrauensbildung und Verantwortungsübernahme im Rahmen technisch-organisatorischer Sicherheitsgarantien

Die Instanzen der Sicherungsinfrastruktur werden zwischen den Kooperationsbeziehungen vermitteln. Dadurch wird aus dem Symbol individueller sozialer Verpflichtung (der Unterschrift) ein Symbol einer höheren Instanz, die Garantien übernimmt (die digitale Signatur). Trotz ihres unpersönlichen Charakters wird sie also eine zentrale Funktion im Kooperationsakt haben, nämlich als Verteiler persönlicher Identität. Doch diese Funktion wird so abstrakt sein, daß ihre Bedeutung völlig übersehen werden könnte. Was im Zertifikat vom Individuum bleibt, sind formale Aspekte, die für das Aufbauen von Verbindlichkeit als Kompensation des Verlustes individueller Spuren herangezogen werden, nämlich in Form von Qualifizierungen der Zertifikate, beispielsweise die Hinweise auf berufliche Funktion, Titel und Bonität, aber auch die gesellschaftliche Anerken-

---

[35] Vgl. Hammer, Kap. 2., 76 ff., in diesem Band.

nung der spezifischen Zertifizierungsinstanz, beispielsweise ob es sich um ein Massa- oder BSI-Zertifikat handelt.

Den einzelnen Informationen, die das Zertifikat vermitteln kann, wird also eine differenziertere Bedeutung zukommen können, als dies bisher mit der Unterschrift möglich ist. Mit diesen Differenzierungen wird vielleicht auch ein Gefühl für die Güte der Signatur sowie des Vertrauensgrades vermittelt, das der Anwender der Instanz gewährt, und es werden bewußte Schritte der Verantwortungsübernahme bei der Signatursetzung durchgeführt. Für Dokumente, die formal und stark strukturiert sind, die also im zwischenmenschlichen Bereich besonders viel Unsicherheit mit sich brachten, weil sie wenige persönlichkeitsbezogene Aspekte vermitteln, wird die technische Lösung die weitaus sicherere sein.

Infolge der Verminderung des Individuellen im Zertifikat wird aus dem psychosozialen Akt des Unterschreibens und Erkennens der Unterschrift ein formalerer Akt werden. In Konsequenz dessen würde dann auch die Verbindlichkeit äußerlicher, formaler werden. Ob die Menschen andere Instrumente finden werden, soziale Kompetenz zu pflegen und auszudrücken, bleibt offen. Dies wird insbesondere auch davon abhängen, welche Möglichkeiten sich die Gesellschaft leistet, trotz der Leichtigkeit, elektronisch zu kommunizieren und zu kooperieren, weiterhin soziale Kompetenzen, insbesondere Menschenkenntnis, im direkten Kontakt auch mit Geschäftspartnern zu erwerben. Denn im Akt des Signierens und Signaturprüfens hat Menschenkenntnis keinen Platz mehr. Dies heißt, daß die beiden Funktionen der Unterschrift - Identifizieren und Identifikation-Schaffen - im Verfahren der digitalen Signatur auseinanderdriften.

Ob die mit der digitalen Signatur verbundenen Sicherheitsmaßregeln durch die Anwender eingehalten werden (Schützen des eigenen Schlüssels vor Fremdgebrauch, aktive Nutzung von über die automatische Prüfung hinausgehenden Prüfschritten), wird vor allem von folgenden Aspekten abhängen: Sie werden wenig Zeit in Anspruch nehmen dürfen und in der Bedienung einfach sein müssen - Routinetätigkeiten. Sie werden bezüglich der zeitlichen Abfolge und der Aktivitäten in die dazugehörigen Tätigkeitsschritte - dem Schreiben und dem Lesen eines Dokumentes - passen müssen. Aber gleichzeitig müssen auch die sozialen Funktionen deutlich werden: Die Übernahme von Verantwortung über die kognitive Kontrolle, das symbolische Setzen eines Schlußzeichens und die Entwicklung von Vertrauen über das Erkennen eines vertrauten Musters. Dabei werden die "Zeichen" eine wichtige Funktion haben: Beispielsweise die Nutzung eines biometrischen Verfahrens zum "Scharfmachen" der Chipkarte oder beispielsweise die Präsentation des Pixelmusters der eigenhändigen Unterschrift im Zertifikat. Welche Form zu wählen ist, bleibt zu untersuchen. Im papierorientierten Verfahren entsprach der symbolischen Ebene des individuellen Zeichens der Unterschrift der materielle Grund, daß das biometrische Muster über die Zeit unverändert gespeichert wird. Im Falle der Nutzung eines Pixelmusters der eigenhändigen Unterschrift als Präsentation der digitalen Signatur würde es sich dagegen nur um den Schein von materiellen, individuellen Spuren des Kooperationspartners handeln. Infolgedessen besteht bei dieser Gestaltungsvariante die Gefahr, daß die Anwender in Analogie zur eigenhändigen Unterschrift nur auf das Muster schauen und die maschinelle Prüfung vernachlässigen.

Wie aber können die Nutzer dazu angehalten werden, sich um die Sicherheitsmaßnahmen zu kümmern? Das Gefühl für die Bedeutung der Sicherheitsaktivitäten und -utensilien für den Kooperationsakt wird durch Erfahrung und möglicherweise entsprechende Bildungsmaßnahmen erst noch geweckt werden müssen, ebenso auch das Wissen und die Fähigkeit, die technischen Anforderungen und Erscheinungen, insbesondere das Zertifikat und die Verifikationsergebnisse, richtig zu deuten. Inwiefern das zur Signaturprüfung nötige Organisations- und Informatikwissen Allgemeingut werden wird oder ob es den Spezialisten vorbehalten bleibt, ist heute ebenfalls noch nicht absehbar.

Vielleicht erfolgt eine Umorientierung dergestalt, daß die Anwender nicht mehr das eher kontinuierlich abgestufte Sicherheitsverhalten in Abhängigkeit von der Bedeutung der Unterschrift praktizieren, sondern nur zwei Alternativen kennen: Prüfen oder es sein lassen. Dies hieße, daß die Unterzeichner von morgen einfach formaler im Umgang mit der Verausgabe ihrer Signatur und der Entgegennahme anderer Signaturen würden. Nach unseren Untersuchungsergebnissen scheint jedoch eine Bedeutungsverlagerung dahingehend wahrscheinlicher, daß die persönlich angestoßene Signatur viel seltener als bisher die Unterschrift, aber dann möglicherweise gründlicher genutzt wird, dagegen bei Massengeschäften die Signatur automatisch vergeben wird.

Probleme mangelnder Verfügbarkeit werden sich sicherlich organisatorisch lösen lassen, beispielsweise durch eine Zweitkarte wie man heute einen Zweitschlüssel hat und durch Provisorien wie signaturlose Dokumente, für die signierte Dokumente nachgeliefert werden, beispielsweise wie dies heute beim Fax Praxis ist. Darüber hinaus ist es wahrscheinlich, daß das Aufpassen auf die Utensilien und das Mitführen selbstverständlich wird - ein Routinevorgang eben. Dadurch werden Verlust und Diebstahl nicht ausgeschlossen, aber doch seltener als in einer Übergangsphase, der ja unsere Studie entspricht.

Auch die Zertifizierungsinstanzen werden einen ihnen angemessenen Platz bekommen müssen. Sie werden in der Rolle des sogenannten "vertrauenswürdigen Dritten" eine Entmythologisierung erfahren müssen, denn sie können keine sozialen Verbindlichkeiten stiften wie beispielsweise ein Notar. Selbst die Sicherheitsgarantien, die sie geben können, sind eingeschränkt. Dies sollte auch in den entsprechenden "Antworten" auf Prüfvorgänge zum Ausdruck kommen, beispielsweise als Hinweis darauf, was geprüft wurde. Diese "Bescheidenheit" würde den Nutzer eher dazu ermutigen, selbst weitere Prüfschritte vorzunehmen und sich der sozialen Unsicherheit gewahr zu bleiben, als absolute "Antworten" einer unangreifbaren Instanz aus einem undurchschaubaren schwarzen Kasten zu erwarten.

Die digitale Signatur ist somit zunächst ein technisches Verfahren zum Erkennen von Manipulationen, das mittels einer übergeordneten sichernden dritten Instanz zusätzlich auch die Urheberschaft belegen kann. Im Gegensatz dazu ist die eigenhändige Unterschrift eine individuelle Entäußerung im bilateralen Akt der Kooperationspartner und ein Symbol derselben. Wenn die digitale Signatur korrekt verwendet wird, dürfte sie mehr Sicherheit bieten als die eigenhändige Unterschrift. Insofern ist sie gerade für die Fälle sehr geeignet, in denen Formulare getauscht werden und wenig Möglichkeiten für zwischenmenschliche Vertrauensbildung besteht. Sie dient hier der Funktion des Identifizierens. Offen muß allerdings bleiben, ob sie bzw. die Instanzen der Sicherungsinfrastruktur, die ja Vertrauensinstanzen sein sollen, der Funktion des Identifikation-Schaffens dienen können und somit eine tragende Rolle im Prozeß der psychosozialen Vertrauensbildung einnehmen werden.

7. Gesellschaftliche Folgen von Sicherungsinfrastrukturen und Grenzen der Technikgestaltung

Ulrich Pordesch

Die zunehmende Anwendung von Telekooperationssystemen und der Aufbau von Sicherungsinfrastrukturen werden Auswirkungen auf das soziale und politische System der Bundesrepublik und anderer Staaten haben. Einige dieser Auswirkungen im Hinblick auf die Verletzlichkeit, die Verfassungsverträglichkeit und die Anwendergerechtheit wurden in den vorangegangenen Aufsätzen bereits dargestellt.[1] In diesem Aufsatz werden weitergehende soziale und politische Implikationen untersucht.

Soziale und politische Auswirkungen ergeben sich zum einen aus der Tatsache, daß durch Sicherungsinfrastrukturen die Anwendungsmöglichkeiten der Telekommunikation und Telekooperation erweitert werden. Sicherungsinfrastrukturen wirken in dieser Hinsicht als Katalysator einer weiteren Informatisierung der Gesellschaft und verstärken damit auch deren soziale und politische Folgen. Dieser Effekt wird im ersten Abschnitt dargestellt. Daneben sind aber auch Auswirkungen zu erwarten, die auf die Sicherungsinfrastrukturen und deren spezifische Ausprägung direkt zurückgeführt werden können. Beispielhaft für derartige Auswirkungen sollen in den folgenden Abschnitten die Risiken einer Verstärkung sozialer Ungleichgewichte und internationaler Abhängigkeiten sowie die Überwachungsgefahren dargestellt werden.

---

[1] Siehe hierzu Hammer, Kap. 3., in diesem Band; Roßnagel, Kap. 4., in diesem Band und Kumbruck, Kap. 6., in diesem Band.

7.1   Die Sicherungsinfrastruktur als Informatisierungskatalysator

Digitale Signatur- und Verschlüsselungsverfahren und Sicherungsinfrastrukturen als Gesamtheit der technischen, organisatorischen und rechtlichen Voraussetzungen zu deren Einsatz können die Sicherheit bei heutigen Anwendungen der Informations- und Kommunikationstechnik wesentlich erhöhen. Sie können Risiken der unbemerkbaren Verfälschung von Daten und des unberechtigten Zugriffs auf gespeicherte und übertragene Daten erheblich reduzieren. Soziale und politische Probleme der ungesicherten Datenverarbeitung und Telekommunikation, insbesondere im Zusammenhang mit der Verletzlichkeit der Gesellschaft, können in dieser Hinsicht reduziert werden.

Sicherungsinfrastrukturen werden aber nicht primär dafür geschaffen, vorhandene Informations- und Kommunikationstechniken sicherer zu machen. Die heutigen Anwendungen der Telekommunikation und -kooperation haben bisher auch ohne diese Verfahren funktioniert. Der mit den neuen Sicherungsmöglichkeiten erreichbare Sicherheitsgewinn alleine wäre nur in wenigen sensitiven Bereichen Anlaß genug, den damit verbundenen finanziellen Aufwand zu tätigen. Der Hauptzweck der zu schaffenden Sicherungsinfrastrukturen dürfte vielmehr darin bestehen, die Voraussetzungen für die Nutzung der Informations- und Kommunikationstechniken für Arbeitsgebiete zu schaffen, in denen ein Einsatz aus rechtlichen Gründen oder wegen hoher Schadensrisiken bisher nicht erfolgte.[2] Hier kann dann durch den Einsatz von Sicherungsinfrastrukturen eine breite Anwendung von Informations- und Kommunikationstechniken in allen gesellschaftlichen Bereichen möglich werden. Die damit verbundene Ausbreitung sozialer und politischer Nebenwirkungen kann allerdings nur mittelbar auf den Einsatz von Sicherungsinfrastrukturen zurückgeführt werden.

Sicherungsinfrastrukturen als Anwendungsvoraussetzung
Mit dem Ausbau leistungsfähiger Telekommunikationsnetze und -dienste, ISDN, Electronic Mail und Telefax und der Schaffung von Standards für den elektronischen Datenaustausch (z. B. EDIFACT) wurden und werden die technischen Voraussetzungen für die Telekooperation zwischen Unternehmen und Organisationen geschaffen. Auch Privatpersonen verfügen zunehmend über Anschlüsse für die Text- und Datenkommunikation. Trotzdem wird jedoch zumindest der Schriftverkehr zwischen Unternehmen bzw. Organisationen und zu Privatkunden bzw. Klienten zumeist noch über Papier und Briefpost abgewickelt. Auch die Fax-Kommunikation ist zumeist noch mit dem Einlesen von Papierdokumenten beim Sender und dem Ausdruck von Papierdokumenten beim Empfänger verbunden. Das papierlose Büro blieb bisher eine Fiktion, die Papierberge wachsen weiter. Ursache für diesen wider Erwarten schleppenden Verlauf der Büroauto-

---

[2]   Vgl. z. B. Raubold 1994, 35 ff.

matisierung sind unter anderem die fehlenden Nachweismöglichkeiten der Authentizität und Urheberschaft elektronischer Dokumente. Außerdem machen es bestehende rechtliche Vorschriften, z. B. zur Notwendigkeit der eigenhändigen Unterschrift, in vielen Fällen unmöglich, auf Papierdokumente zu verzichten.[3] Mit dem Einsatz elektronischer Signaturverfahren, dem Aufbau nationaler und internationaler Sicherungsinfrastrukturen und der Integration von Signierprogrammen in Anwendungssysteme (z. B. in Textverarbeitungssysteme) werden technisch Nachweismöglichkeiten geschaffen. Daraus wird ein großer Druck erwachsen, die rechtlichen Vorgaben für die Beweiswertanerkennung elektronisch signierter Dokumente entsprechend diesen Möglichkeiten zu formulieren oder anzupassen, auch wenn dies derzeit noch mit großer Skepsis betrachtet werden muß.[4] Sicher ist damit alleine noch nicht das "papierlose Büro" realisierbar. Es wird jedoch zumindest eine wesentliche Voraussetzung dafür geschaffen, immer größere Teile der bisher papiergebundenen Schriftkommunikation elektronisch abzuwickeln.

Arbeitsplatzeffekte
Werden digital signierte Dokumente rechtlich anerkannt, so können Willenserklärungen aller Art elektronisch erstellt, versendet, empfangen und archiviert werden. Medienbrüche durch die Mehrfacherfassung von Daten und der personelle Aufwand für das Ausdrucken, Versenden und Archivieren von Papierdokumenten können entfallen. Werden auch Dokumente in Form elektronischer Formulare mit Signaturen verwendet, so können damit zusammenhängende Arbeitsvorgänge automatisch oder teilautomatisch erledigt werden.[5] Der Anteil formalisierbarer und standardisierbarer Tätigkeiten in der Büroarbeit kann dadurch weiter anwachsen.

Sicherungsinfrastrukturen könnten daher, unabhängig von ihrer Ausgestaltung, mittel- und langfristig Voraussetzungen für eine umfassende Bürorationalisierung in Betrieben, öffentlichen Verwaltungen, Versicherungen und Banken schaffen, die in dieser Form bisher nicht möglich war. Auch wenn Papierdokumente nicht völlig verdrängt werden, so könnten doch verbleibende Tätigkeiten der Papierbearbeitung neu zusammengefaßt werden. Viele Arbeitsplätze im Bürobereich könnten dadurch mittel- und langfristig entfallen. Auch heutige konventionelle Infrastrukturen, wie das herkömmliche Briefpostwesen, könnten langfristig weiter abgebaut werden.

Ähnliche Entwicklungen ergeben sich auch in anderen Anwendungsbereichen. Kryptographische Verfahren und Sicherungsinfrastrukturen sind die Voraussetzung dafür, herkömmliche Formen des Bargeldverkehrs im Handel, im Verkehr und in anderen Bereichen durch elektronische Zahlungsformen auf Chipkarten-

---

[3] Näher hierzu provet/ GMD 1994a, 41 ff. und 97 ff., sowie Hammer/ Bizer DuD 1993, 689 ff.

[4] Bizer/ Hammer/ Pordesch 1995.

[5] Siehe z. B. die elektronische Urlaubsbeantragung, provet/ GMD 1994b.

basis, z. B. elektronische Kleingeldbörsen, zu substituieren.[6] Viele Tätigkeiten, die bisher mit dem Kassieren von Bargeld verbunden waren, können dadurch entfallen.

Der Ausbau der Telekommunikationsnetze und die Verbreitung neuer multifunktionaler und portabler Endgeräte kann allerdings auch neue Formen der Telekooperation und neue Dienstleistungen ermöglichen. Beispiele hierfür sind neue Telekommunikationsdienste für die Mobilkommunikation und das Erreichbarkeitsmanagement, sowie individuelle Verkehrsinformations- und leitsysteme.[7] Sicherungsinfrastrukturen zur Sicherung der Vertraulichkeit und Rechtsverbindlichkeit können diese neuen Telekooperationsformen und Dienstleistungen für Kunden und Anbieter attraktiver machen und bestimmte Formen von Dienstleistungen überhaupt erst ermöglichen. Davon könnten auch positive Arbeitsplatzeffekte ausgehen.

Ob negative oder positive Arbeitsplatzeffekte überwiegen werden, ist schwer vorauszusehen. Selbst wenn die negativen Effekte überwiegen sollten: Das Problem der gesellschaftlichen Verteilung der Arbeit steht nur mittelbar im Zusammenhang mit Sicherungsinfrastrukturen und kann folglich durch deren Gestaltung nicht oder nur am Rande beeinflußt werden.

Arbeitsinhalte und Arbeitsqualität

Werden Bürotätigkeiten im Zusammenhang mit der Umstellung bisheriger Dokumenten- und Aktenbearbeitung stärker formalisiert und automatisiert, so verändert dies auch die Arbeitsinhalte. Formen ganzheitlicher Arbeit können verstärkt zu Gunsten formaler Bearbeitungsmethoden verdrängt werden.[8] Dies kann bei einem Teil der Beschäftigten auch eine Verringerung der Qualifikationsanforderungen an die Mitarbeiter zur Folge haben. Umgekehrt kann der Abbau von Routinetätigkeiten, wie z. B. der Erfassung von Daten aus Papierdokumenten in Computersysteme, bei anderen Beschäftigten zu einer Höherqualifizierung führen. Diese können allerdings auch mit einer Intensivierung der Arbeit verbunden sein und neue psychische Belastungen hervorrufen.

Durch die Abnahme oder den völligen Wegfall von Papier- und Aktenbearbeitung und eine dementsprechende Zunahme der Bildschirmarbeit können bei den Beschäftigten verstärkt gesundheitliche Belastungen auftreten. Zwar werden Bildschirmarbeitsplätze heute nach ergonomischen Gesichtspunkten gestaltet. Diese Anstrengungen können jedoch durch eine quantitative Zunahme des Anteils von Bildschirmarbeit zunichte gemacht werden. Wenn Tätigkeiten im Zusammenhang mit der Bearbeitung von Papierdokumenten und Briefpost anteilsmäßig abnehmen oder ganz entfallen, können heute noch praktikable Regelungen

---

[6] Siehe hierzu Hammer/ Schneider, Kap. 1., 28f., in diesem Band.

[7] Siehe hierzu Hammer/ Pordesch/ Roßnagel/ Schneider 1994, 13 ff, Roßnagel/ Pordesch DuD 1995.

[8] Erste empirische Erkenntnisse aus Simulationsstudien zur Rechtspflege und zur elektronischen Vorgangsbearbeitung: provet/ GMD 1994a und provet/ GMD 1994b.

zur Begrenzung der Bildschirmarbeit oder Formen der Mischarbeit kaum mehr umgesetzt werden.[9]

Ersetzen elektronisch signierte Dokumente herkömmliche Papierdokumente, so können durch die beschleunigte und auch abhörsichere Übertragung Bürotätigkeiten möglicherweise leichter ausgelagert werden. Dies kann zumindest in einigen Bereichen zu einer Zunahme der Telearbeit führen. Dadurch könnten die mit dieser Arbeitsform verbundenen Probleme, mangelhafte Interessenvertretung und gewerkschaftliche Organisation, verstärkt auftreten.[10]

Über eine Gestaltung von Sicherungsinfrastrukturen sind diese Aspekte jedoch kaum zu beeinflussen.[11]

Technische statt sozialer Kommunikation

Werden Datenverarbeitung und Telekommunikation sicherer, so kann dies auch deren Einsatz im privaten Alltag wesentlich fördern. Sicherheitsrelevante Anwendungsformen der Telekommunikation im Alltag, wie Teleshopping, Telebanking und Tele(heim)arbeit, könnten weiter verbreitet werden, als dies bisher trotz Ausbau der Kommunikationsnetze der Fall war. Die Möglichkeit zur Verschlüsselung und zum elektronischen Signieren ist keine Voraussetzung für diese Entwicklung. Telekooperation setzt sich bereits ohne diese Infrastrukturen zunehmend durch. Wie zum Beispiel beim elektronischen Shopping oder beim Telebanking per Telefon. Verschlüsselung und Signaturverfahren jedoch können diese Formen der Telekooperation gegenüber kritischen Nutzern akzeptabler werden lassen und für einen größeren Anwenderkreis sorgen.

Durch die Zunahme der Telekooperation über elektronische Medien treten sich Menschen immer weniger persönlich gegenüber. Immer mehr Kontakte werden ausschließlich medial vermittelt. Neue mit Sicherungsinfrastrukturen realisierbare Telekooperationsformen, wie elektronische Chiffredienste (anonyme Kontaktaufnahme und Kommunikation) und pseudonyme Teletransaktionen können diese Entpersönlichung des Alltags zusätzlich fördern. Folge dieser Mediatisierung der Kommunikation[12] kann einer Abnahme sozialer und kommunikativer Kompetenz sein, die zu Störungen der Persönlichkeitsentwicklung von Menschen führt und über eine Zerstörung der zwischenmenschlichen Kommunikation auch die gesellschaftliche Desintegration verstärkt.[13]

Entsinnlichung des Alltags

Telekooperation ersetzt nicht nur zwischenmenschliche Kommunikation, sondern auch herkömmliche Formen physischer Informationsverarbeitung. Die wichtigste Veränderung in dieser Hinsicht dürfte der Übergang herkömmlicher papiergebundener Dokumente auf elektronische Formen der Dokumentbearbeitung sein.

---

[9] Siehe hierzu z. B. Kubicek/ Rolf 1987, 284 ff. und provet/ GMD 1994a, 249.
[10] Roßnagel/ Wedde/ Hammer/ Pordesch 1990b, 175 ff.
[11] Hierzu auch provet/ GMD 1994a, 243 ff.
[12] Mettler-Meibom 1987, 40.
[13] Mettler-Meibom 1990, 84 ff.

Dieser Übergang wird mit dem Aufbau von Sicherungsinfrastrukturen, insbesondere für elektronische Signaturverfahren, wesentlich beschleunigt werden. Elektronische Dokumentbearbeitung und versendung ist mit einem Verlust an Transparenz und Stofflichkeit verbunden. Dokumente sind nicht mehr unmittelbar erfaßbar und bearbeitbar. Vielmehr sind dazu eine Vielzahl technischer Komponenten notwendig. Diese sind für die Benutzer nur begrenzt durchschaubar und schränken die Möglichkeiten der Wahrnehmung und individuellen Bearbeitung ein.[14] Der Umgang mit abstrakten Objekten ersetzt dann zunehmend den Kontakt mit physischen Objekten, wie z. B. Papier. Formale Bedienprozeduren mit dem Austausch standardisierter Nachrichten ersetzen informelle Abläufe. Damit werden die ohnehin vorhandenen Tendenzen der Entsinnlichung der Alltagswahrnehmung und des Verlustes unmittelbarer Erfahrungen verstärkt. Auch dies kann nachteilige Folgen für die Persönlichkeitsentwicklung haben.

Der Verlust von Erfahrungen und direkter zwischenmenschlicher Kommunikation und seine möglichen nachteiligen Folgen für die Persönlichkeitsentwicklung sind ebenfalls nicht unmittelbar auf den Einsatz der Sicherungstechniken und Sicherungsinfrastrukturen zurückzuführen. Sie sind Ergebnis der Ausbreitung der Telekooperation im Allgemeinen. Nur einige Aspekte, wie die Verlagerung von Verantwortung auf technische Systeme oder anonyme Institutionen eines "vertrauenswürdigen Dritten" und deren psychosoziale Folgen, lassen sich direkt auf Sicherungsinfrastrukturen beziehen.[15]

Erhöhte Abhängigkeit

Sicherungsinfrastrukturen können viele Anwendungen von Informations- und Kommunikationstechniken sicherer machen und auf diese Weise die Wahrscheinlichkeit von Mißbräuchen reduzieren. Werden die auf diesen Sicherungsinfrastrukturen aufbauenden Sicherungstechniken in die Anwendungssysteme integriert, so werden diese jedoch auch vom einwandfreien Funktionieren der Sicherungsinfrastruktur abhängig werden. Beispiele hierfür sind der elektronische Zahlungsverkehr, elektronische Mautsysteme und der elektronische Dokumentenaustausch. Erste Ansätze zur Gestaltung der Sicherungsinfrastruktur zur Reduzierung dieser Verletzlichkeit wurden bereits diskutiert.[16]

Solche Gestaltungsmaßnahmen können die Wahrscheinlichkeit von Manipulationen, Fehlern und Ausfällen innerhalb der Sicherungsinfrastruktur verringern. Doch selbst wenn diese Maßnahmen innerhalb von Sicherungsinfrastrukturen trotz der damit verbundenen Kosten realisiert würden, kann sich die Verletzlichkeit der Gesellschaft insgesamt erhöhen. Denn durch eine allgemeine Zunahme der Anwendungen der Telekooperation, die gerade durch die Sicherungsinfrastrukturen möglich wird, erhöht sich die Abhängigkeit von Informations- und Kommunikationstechnikanwendungen und damit das Schadenspotential bei den verbleibenden Fehler- und Mißbrauchsmöglichkeiten. Besonders hervorzuheben

---

[14]   provet/ GMD 1994a, 252 ff.
[15]   Siehe hierzu Kumbruck, Kap. 6., in diesem Band.
[16]   Hammer, Kap. 3., 96 ff., in diesem Band.

ist, daß viele Anwendungen und die Sicherungsinfrastruktur selbst auf das rei-
bungslose Funktionieren der Telekommunikationsinfrastruktur angewiesen sind.
Ausfälle oder Teilausfälle in dieser Infrastruktur können deshalb zu weitreichenden Störungen in einer Vielzahl von Telekooperationsanwendungen führen, wesentlich mehr als dies heute der Fall ist. Deren komplexe Wechselwirkung
könnte sehr große Schäden bewirken.[17]

Um diese Probleme zu handhaben, dürfen Verletzlichkeitsuntersuchungen
nicht auf die Sicherungsinfrastruktur als Teilsystem beschränkt werden. Vielmehr muß die Abhängigkeit von anderen Systemen, insbesondere von der Telekommunikationsinfrastruktur, mitbeachtet werden. Die Verletzlichkeit muß mit
den notwenigen Redundanz- und Diversifizierungsstrategien reduziert werden.[18]

7.2 Die Spaltung der Gesellschaft

Sicherungsinfrastrukturen werden kaum unmittelbar die Handlungen der Anwender beeinflussen. Ihre Sicherungsdienstleistungen sollen "selbstverständliches"
Vertrauen für Telekooperation durch die mit ihrer Hilfe abgesicherten Signaturen und Verschlüsselungsmechanismen bieten.[19] Dennoch dürfte das Verständnis
der in Sicherungsinfrastrukturen geltenden Regeln mit dem Ausbau rechtsverbindlicher Telekooperation in immer mehr Anwendungssituationen Bedeutung
erlangen. Ihr impliziter Einsatz und die kompetente Nutzung würden zu einer
wichtigen Voraussetzung sozialen und wirtschaftliche Handelns für den einzelnen. Damit stellt sich die Frage, ob der Zugang zu Sicherungsinfrastrukturen für
alle potentiellen Nutzer gleichermaßen gewährleistet sein wird.

Sicherungsinfrastrukturen sind komplexe sozio-technische Systeme. Sie bestehen aus einer Vielzahl von organisatorischen und technischen Teilsystemen und
Komponenten, die auf vielfältige Art und Weise in Wechselwirkung stehen. Gestaltungsvorschläge im Hinblick auf rechtliche Anforderungen und die Verletzlichkeit können diese Komplexität weiter erhöhen.

Die geltenden rechtlichen Rahmenbedingungen lassen für viele Anwendungen
Sicherungsinfrastrukturen in privater Trägerschaft mit unterschiedlichen Sicherungspolitiken zu.[20] Zusätzliche Gestaltungsmaßnahmen im Interesse des Datenschutzes, wie die Zulassung von Pseudonymen, wären wünschenswert. Um die

---

[17] Hierzu näher Roßnagel/ Wedde/ Hammer/ Pordesch 1990a, 1 ff. und 101 ff.; Pordesch, Zivilverteidigung 1989.

[18] Siehe hierzu Roßnagel/ Wedde/ Hammer/ Pordesch 1990a, 231 ff. und Bizer/ Ham-
mer/ Pordesch/ Roßnagel DuD 1990, 178 ff.

[19] Vgl. dazu auch Kumbruck, Kap. 6., in diesem Band.

[20] Siehe hierzu Roßnagel, Kap. 4., 143 ff., in diesem Band. Zu einem Szenario mehrerer bereichsspezifischer Sicherungsinfrastrukturen siehe Hammer/ Schneider, Kap.
1., 24 ff., in diesem Band.

Verletzlichkeit zu minimieren, können mehrere Signatur- und Verschlüsselungsverfahren und Infrastrukturen bereitgestellt werden.[21] Querzertifikate können es ermöglichen, Teletransaktionen weiter durchzuführen, auch wenn bestimmte Zertifizierungsinstanzen aufgrund vermuteter oder tatsächlicher Manipulationen nicht mehr als vertrauenswürdig gelten und Zertifizierungspfade gesperrt werden müssen. Dezentrale Sperrverzeichnisse beim Teilnehmer könnten das Risiko des Ausfalls zentraler Sperrdienste vermindern.

Wissende und Unwissende

Anders als herkömmliche Unterschriften sind digitale Signaturen nicht direkt durch Augenschein, sondern nur mit Hilfe komplexer Techniksysteme erzeugbar und überprüfbar. Die Abläufe bei der Verschlüsselung und bei der Signaturerzeugung und Prüfung sind für den Benutzer nur anhand abstrakter Modelle nachvollziehbar, nicht jedoch unmittelbar erfahrbar. Ein besonderes Problem liegt darin, daß alltagsweltliche Deutungsmuster für das Verständnis der Abläufe fehlen. Durch die Gestaltung von Benutzeroberflächen alleine ist die für die korrekte (sichere) Anwendung notwendige Benutzerkompetenz kaum zu erreichen.[22] Alte, Behinderte, Menschen mit geringerer Schulbildung oder Intelligenz und viele andere Menschen werden auch künftig kaum in der Lage sein, diese Abläufe zu verstehen.

Schon einfach aufgebaute Signaturen und Bedienprozeduren mit wenigen Auswahlmöglichkeiten sind für normale EDV-Anwender nur schwer zu durchschauen. Experimentelle Untersuchungen in zwei Simulationsstudien zur Vorgangsbearbeitung und Rechtspflege zeigten, wie die Teilnehmer aufgrund dieser Undurchschaubarkeit mit subtilen Methoden getäuscht werden konnten.[23] Gestaltungsmaßnahmen zur Reduzierung der Verletzlichkeit und zur Verbesserung der Verfassungsverträglichkeit können zu zusätzlichen Konfigurierungsmöglichkeiten, Anzeigen und Bedienelementen im Anwendungssystem führen, die die Undurchschaubarkeit der Technik möglicherweise noch erhöhen werden. Wer schon Schwierigkeiten mit der Handhabung von Chipkarten hat, wird kaum in der Lage sein, mit einem eigenen Techniksystem Schlüssel selbst zu generieren. Wer die Gültigkeitszeiträume von Zertifikaten nicht beachtet, wird sich kaum für die Bedeutung und Berechtigung von Qualifizierungen in Zertifikaten interessieren. Wer die Bedeutung von Zertifkatketten nicht erkennen kann, wird erst recht nicht die Querzertifikate nachvollziehen oder verstehen können, warum Namens- und Zertfikathierarchie nicht übereinstimmen. Dies alles wäre aber Voraussetzung für einen kompetenten Umgang mit den Sicherungstechniken.

Die Komplexitätserhöhung gegenüber ungesicherter Telekooperation dürfte zumindest Teile der Bevölkerung überfordern. Diese Überforderung kann zu negativen Einstellungen und daraus folgend zu erheblichen Akzeptanzhindernissen

---

[21]   Hammer, Kap. 3., 107 ff., in diesem Band.
[22]   Siehe hierzu z. B. Möller 1990, 145 und 157.
[23]   Siehe hierzu provet/ GMD 1994a, 121 ff.

führen.[24] Viele Menschen werden dann, wo irgend möglich, darauf verzichten wollen, die Telekooperation zu nutzen und weiter auf herkömmliche Verfahren zurückgreifen. Sie können in diesem Fall die Vorzüge der Telekooperation, ortsunabhängig und zeitlich nicht gebunden Dienstleistungen in Anspruch nehmen zu können, nicht nutzen. Oder aber sie werden zumindest auf die kompetente Nutzung der Sicherheitsfunktionen verzichten und mit weniger Sicherheit und Datenschutz leben als andere. In beiden Fällen können sie finanzielle, berufliche oder private Nachteile erleiden.

Um die durch die Informatisierung der Gesellschaft ohnedies drohende Spaltung in Wissende und Unwissende[25] nicht noch zu vertiefen, müssen die Verfahren dem jeweiligen Bildungsniveau und den Möglichkeiten ihrer Benutzer angepaßt werden. Grundwissen über die Anwendung der Verfahren und deren Risiken sollte im Rahmen der beruflichen Ausbildung, aber auch in der Schulbildung jedem vermittelt werden.

Sicherheit als Kostenfrage

Viele Sicherungsdienstleistungen sind mit erheblichen personellen, organisatorischen und technische Maßnahmen verbunden. Die vielfältigen Gestaltungsmöglichkeiten zur Erhöhung der Sicherheit und zur Verbesserung des Datenschutzes erfordern allerdings einen höchst unterschiedlichen Aufwand. Hoch dürfte er beispielsweise für On-line-Sperrdienste mit ständiger Aktualisierung der Verzeichnisse sein, niedriger für Off-line-Sperrdienste mit Aktualisierung in regelmäßigen Abständen. Gestaltungsmaßnahmen zur Erhöhung der Sicherheit und des Datenschutzes, wie die Einführung von Querzertifikaten, Pseudonymen oder qualifizierenden Zertfikaten werden mit zusätzlichem Aufwand verbunden sein.[26]

Die entstehenden höheren Kosten werden die Dienstleister auf ihre Kunden oder der Staat, angesichts leerer Kassen, auf seine Bürger verlagern. Dabei können sich, je nachdem welche Maßnahmen zur Erhöhung der Sicherheit ergriffen werden, sehr unterschiedliche Kosten ergeben, die den Anwendern in Form stark gestaffelter Preise für Einzeldienstleistungen in Rechnung gestellt werden.

Als Folge dieser Entwicklung können sich, je nach Einkommenssituation der Betroffenen, erhebliche Unterschiede im Grad der Sicherheit ergeben. Einkommensschwache Personen werden sich kaum das Geld für Pseudonyme und einen guten Benutzerservice leisten können. Unter Umständen werden sie Teletransaktionen mit nur einer einfachen Chipkarte und nur einem Schlüsselpaar durchführen und sich generell identifizieren. Sie werden auf kostenpflichtige Daten-

---

[24] Siehe hierzu z. B. Untersuchungen zur Einstellung alter Menschen gegenüber neuen Techniken (Staka/ Nolte/ Schaefer-Bail 1988). Diese zeigen, daß je weiter sich Technik vom unmittelbaren Kontakt entfernt und je unüberschaubarer und undurchschaubarer ihr Einsatz und ihre Funktionsweisen werden, desto skeptischer und ablehnender wird ihr begegnet (Staka/ Nolte/ Schaefer-Bail 1988, 99).

[25] Vgl. Roßnagel/ Wedde/ Hammer/ Pordesch 1990b, 69 ff.

[26] Siehe hierzu näher provet/ GMD 1994a, 206 ff.

schutzmaßnahmen, wie pseudonyme Zahlungsweise verzichten. Für ihre private Kommunikation werden sie vielleicht einfache Verschlüsselungsverfahren von PC-Discountern oder in Kommunikations- oder Textverarbeitungssysteme integrierte Verfahren nutzen, die für Experten leicht zu brechen sind. Sie werden sich preiswert Zertifikate von Zertifizierungsinstanzen ausstellen lassen müssen, die sie als Einkommensschwache sofort erkenntlich machen. Hingegen werden sich einkommenstarke Anwender leicht die besten Verschlüsselungsangebote, mehrere Pseudonyme und einen erstklassigen Benutzerservice leisten können. Sie werden sich "teure" Zertifikate ausstellen lassen, um ihren sozialen Status auszudrücken und gegenüber anderen bevorzugt zu werden.

Um die soziale Deklassierung einkommenschwacher Personen nicht noch im Hinblick auf Datenschutz und Sicherheit zu verstärken, sollte jedem zumindest ein ausreichendes Maß an Sicherheit als Grundversorgung garantiert werden.[27] Dazu gehört beispielsweise, daß sichere Verschlüsselungsverfahren und Signaturverfahren, mit der Möglichkeit pseudonym zu handeln, als integrierter Bestandteil von Telekommunikationsdiensten angeboten werden müssen. Sie dürfen keine zusätzlichen Kosten verursachen.

7.3   Sicherungsinfrastruktur als Kontrollinfrastruktur

Verdatung

Schon heute werden über Kommunikationsnetze viele personenbezogene Daten übertragen und in Rechnersystemen verarbeitet. Mit dem Ausbau der Telekooperation nimmt dieses Datenvolumen erheblich zu. Alleine im Zuge von Abrechnungsvorgängen in der Telekommunikation, im Handel, im Verkehr und in anderen Bereichen können je nach Form des elektronischen Abrechnungsverfahrens eine Reihe personenbezogener Daten über Handlungen des Anwenders entstehen. Sie können unabhängig davon, ob Sicherungsinfrastrukturen vorhanden sind, von den Dienstleistungsanbietern zu aussagekräftigen Kommunikations- und Interessenprofilen einer Person verknüpft und zu Verhaltenskontrollen verwendet werden.

Auch der Aufbau von Sicherungsinfrastrukturen schafft neue Datenbestände und Formen der Verarbeitung personenbezogener Daten. Werden künftig elektronische Nachrichten aus Sicherheitsgründen signiert, so können diese Nachrichten um zusätzliche personenbezogene Daten ergänzt werden, wie Attributwerte in Zertfikaten (Qualifizierungen aller Art) und Zeitstempel (Datum, Uhrzeit der Telekooperation). Zertifizierungsinstanzen und Betreiber von Sperrdiensten müssen eine Reihe von Zertifikat- und Antragsdaten verarbeiten. Diese Daten können, je nachdem, welche Formen der Telekooperation der Anwender

---

[27]   Siehe hierzu näher Roßnagel, Kap. 4., 165 ff., in diesem Band.

nutzt, detaillierte Informationen über Arbeitsverhältnisse, Mitgliedschaften in Vereinen und Verbänden, Zahlungsfähigkeit und viele andere Lebensumstände enthalten. Sie können es erheblich erleichtern, elektronisch Personenprofile zu erstellen.

Schon heute werden auf der Basis von konventionellen Telefonbüchern auf Compact Disk computerlesbare und verknüpfbare Telefonverzeichnisse mit Namens- und Adreßdaten von Millionen Telefonteilnehmern vertrieben. Diese sind sogar für die Sicherheitsbehörden interessant, weil sie ihnen längere Wege über die Melderegister ersparen könnten.[28] Werden Datenbanken mit personenbezogenen Zertifikatdaten aufgebaut, so könnten künftig zusätzlich zu Namens- und Adreßdaten weitere sensitive Daten von Millionen von Bürgern elektronisch abgerufen oder sogar auf Datenträgern (z. B. CD-ROM) in elektronischer Form vertrieben werden.

Überwachung der Telekommunikation

Derzeit ist die Telekommunikation in Netzen relativ leicht abzuhören. Besonders hoch ist das Risiko in Funknetzen und leitungsgebundenen Netzen mit analoger Übertragungstechnik. Doch auch Netze mit digitalen Übertragungsverfahren können mit entsprechender Technik, die z. B. für Prüfzwecke entwickelt wird, leicht überwacht werden.[29] Wirksamer Schutz gegen das Abhören ist alleine durch Verschlüsselung zu erreichen. Diese ist jedoch bisher nur in den neuen Funknetzen nach GSM-Standard (D1 und D2) und dort auch nur für die Funkstrecken realisiert, nicht jedoch in leitungsgebundenen Netzteilen.

Mit dem Aufbau von Sicherungsinfrastrukturen könnte auch der Einsatz sicherer Verschlüsselungsverfahren zwischen Endstellen beliebiger Teilnehmer möglich werden. Gegen die Anwendung von Verschlüsselungsverfahren stehen allerdings die Interessen der Sicherheitsbehörden.[30] Die Polizei hat nach § 100 a und 100 b StPO das Recht, zur Bekämpfung schwerer Straftaten den Fernsprechverkehr abzuhören. BND, Verfassungsschutz und MAD haben entsprechende Rechte nach dem G10-Gesetz zur Gefahrenabwehr, insbesondere von schweren Straftaten gegen die innere und äußere Sicherheit der Bundesrepublik. Die deutschen Geheimdienste haben auch das Recht zur strategischen Telefonüberwachung, wobei ungezielt Verbindungen auf sensitive Inhalte abgehört werden können.[31]

Um illegales Abhören zu vermeiden und gleichzeitig legale Abhörmöglichkeiten zu erhalten, werden seit einiger Zeit Kompromißvorschläge zur Verschlüsselung diskutiert. In den USA hat die Clinton Administration hierzu im April 1994 eine Initiative bekanntgegeben.[32] Unter mutmaßlich wesentlicher Beteiligung des US-Geheimdienstes NSA wurde ein Chip zur Verschlüsselung entwik-

---

[28] DER SPIEGEL 20/ 1991, 279.
[29] Siehe zum folgenden Pordesch Funkschau 1993, 46 ff.
[30] Siehe hierzu auch die juristische Diskussion Bizer, Kap. 5., in diesem Band.
[31] Siehe hierzu näher Bizer, Kap. 5., 201 ff., in diesem Band.
[32] Rueppel DuD 1994, 443 ff.

kelt ("Clipper-Chip"), der unter anderem in Telefone eingebaut werden soll. Jeder Chip soll geheime Schlüssel für die Ver- und Entschlüsselung enthalten. Um den Sicherheitsbehörden Abhörmöglichkeiten zu eröffnen, werden die geheimen Schlüssel auch noch nach der Produktion und Konfigurierung der Chips von "Treuhändern" in Schlüsseldatenbanken gespeichert. Im Betrieb wird vom Verschlüsselungsgerät neben der verschlüsselten Sprache auch eine Identifikation des Verschlüsselungschips übermittelt, die von den Sicherheitsbehörden ausgewertet werden kann, um damit die Herausgabe der Schlüssel von den die Datenbanken verwaltenden "Treuhändern" zu verlangen. Damit können dann die Inhalte der übertragenen Nachrichten entschlüsselt und ausgewertet werden.

Konsequent umgesetzt könnten solche Konzepte die Abhörsicherheit der Telekommunikation wesentlich erhöhen. Voraussetzung dafür ist allerdings, daß Verschlüsselungschips breit angewendet und als Regelleistung in Endgeräte eingebaut werden. Problematisch ist jedoch, daß die Abhörmöglichkeiten nicht nur auf das zulässige Maß beschränkt werden. So können im konkreten Fall des Clipper-Chips und des vorgesehenen Verschlüsselungsalgorithmus die Sicherheitsbehörden die ihnen übergebenen Schlüssel über den Zeitraum der befristeten Abhörgenehmigung hinaus so lange verwenden, wie der Chip in Betrieb ist. Es können auch bereits vor einer Genehmigung aufgezeichnete Gespräche und andere Nachrichten im Nachhinein noch entschlüsselt werden. Außerdem dürften Datenbanken mit den Verschlüsselungsschlüsseln von Millionen Bürgern und Firmen herausragende Angriffsziele darstellen und die mißbräuchliche Weitergabe dürfte kaum zu verhindern sein.

Kommunikationsprofile

Neben dem Risiko, daß übertragene Nachrichten abgehört werden, muß auch das Risiko berücksichtigt werden, daß Verbindungsdaten aus den Vermittlungsstellen der Telekommunikationsnetze ausgewertet werden, um Kommunikationsprofile zu bilden. Werden mit dem Ausbau von Sicherungsinfrastrukturen die telekommunikativen Dienstleistungen für die Menschen notwendiger oder akzeptabler und damit mehr angewandt, so fallen in erheblich größerem Umfang solche sensitiven Kommunikationsdaten an. Diese Daten beziehen sich dann nicht mehr nur auf Telefonverbindungen, sondern verstärkt auch auf Text-, Bild- und Datenkommunikation aller Art. Nach den oben genannten Rechtsvorschriften haben die Sicherheitsbehörden auch das Recht, auf diese Kommunikationsdaten zuzugreifen.

Grundsätzlich könnten Verschlüsselungsverfahren eingesetzt werden, welche die Möglichkeiten von Netzbetreibern auf diese Verbindungsdaten zuzugreifen, in Kommunikationsnetzen zumindest erheblich erschweren.[33] Die heute im Aufbau befindlichen Telekommunikationsnetze, wie ISDN oder GSM und Mailsysteme, sehen den Einsatz dieser Verfahren jedoch bisher nicht vor.

---

[33] Vorschläge hierzu siehe z. B. Pfitzmann 1990.

Potentiale für den Überwachungsstaat
Verschlüsselungsverfahren könnten so eingesetzt und Sicherungsinfrastrukturen so aufgebaut werden, daß die Telekommunikation und Telekooperation nicht abhörbar und außerdem Kommunikationsverbindungen unbeobachtbar sind. Dem stehen jedoch die Interessen der Sicherheitsbehörden entgegen. Deshalb könnten sich Kompromißvorschläge durchsetzen, die eine Überwachung und Aufhebung der Anonymität im Einzelfall und aufgrund einer gesetzlichen Grundlage ermöglichen.

Der Mißbrauch personenbezogener Daten durch Private könnte damit im Prinzip weitgehend ausgeschlossen werden. Allerdings würde eine Telekommunikationsinfrastruktur aufgebaut, die durch einfache Gesetzesänderungen in ein umfassendes Überwachungssystem verwandelt werden könnte. Welche umfangreichen Überwachungsmöglichkeiten schon heute durch Sicherheitsbehörden bestehen, hat die Aufdeckung von Aktivitäten der STASI gezeigt, die erhebliche Teile der Telefonkommunikation in der Bundesrepublik und der ehemaligen DDR computergesteuert und mit Tausenden von Mitarbeitern überwacht hat. Eine Entwicklung zu immer größerer Verletzlichkeit der Gesellschaft vorausgesetzt, könnte ein erheblicher Druck entstehen, die gesetzlichen Grundlagen für den direkten staatlichen Zugriff auf alle Schlüssel zu schaffen und damit auch eine Möglichkeit zu umfassender Überwachung.[34]

Zur Sicherung der Freiheitsrechte wären solche Verfahren und Techniken besser geeignet, in denen Kontrollmöglichkeiten nicht vorgesehen und auch nicht ohne weiteres eingebaut werden können. Vorschläge hierzu liegen für die verschiedensten Anwendungsbereiche bereit.[35]

7.4 Internationale Abhängigkeiten

Im Zuge der Internationalisierung von Produktion und Dienstleistungen nimmt das Ausmaß des internationalen Informations- und Datenaustauschs ständig zu. Zur Sicherung der Datenströme werden bereits seit geraumer Zeit Verschlüsselungs- und Authentifizierungsverfahren eingesetzt. Der Einsatz dieser Verfahren beschränkt sich jedoch auf Netze international tätiger Firmen oder geschlossene Benutzergruppen in Branchennetzen, wie z. B. für den internationalen Zahlungsverkehr. Damit auch international offene Telekooperation möglich wird, werden auch auf internationaler Ebene Sicherungsinfrastrukturen aufgebaut bzw. nationale Sicherungsinfrastukturen geeignet miteinander verknüpft werden müssen.

---

[34] Roßnagel/ Wedde/ Hammer/ Pordesch 1990a und Pordesch 1989, 102 ff.
[35] Zur Telekommunikation siehe z. B. Pfitzmann 1990.

Damit verbunden werden auch einige Anbieter von Sicherheitshard- und -software sowie von Sicherheitsdienstleistungen international auftreten.

Schon länger wird davor gewarnt, daß sich aus der Internationalisierung der Datenströme und Informationsflüsse Souveränitätsverluste in der Wirtschafts-, Kultur- und Rechtspolitik der Nationen und eine wachsende Abhängigkeit von Konzernen ergeben können, die im Informations- und Kommunikationssektor international tätig sind.[36] Mit der Internationalisierung der Produktion und Distribution von Sicherheitsdienstleistungen und dem Aufbau internationaler Sicherungsinfrastrukturen könnte dieser Souveränitätsverlust verstärkt werden.

Umgehung nationaler Datenschutzbestimmungen

Sollen sichere Telekooperations- und Telekommunikationsverfahren international angewendet werden, so müssen auch die für die Realisierung der Sicherungsfunktionen notwendigen Daten zumindest aller international tätigen Benutzer auch international zugänglich sein. Zu diesen personenbezogenen Daten gehören unter anderem Zertifikatdaten und Verschlüsselungsschlüssel. Die Orte, an denen diese Daten gespeichert und verarbeitet werden, können von den Dienstleistungsanbietern wegen der international gut ausgebauten Telekommunikationsinfrastruktur im Prinzip frei gewählt werden.

Wie in anderen Bereichen der Datenverarbeitung besteht die Gefahr, daß die Datenverarbeitung verteuernde und reglementierende nationale Rechtsnormen durch eine Verlagerung der Datenbestände in andere Länder umgangen werden. Wenn etwa in der Bundesrepublik Abfragemöglichkeiten aus Sperrverzeichnissen aufgrund des Datenschutzes auf wenige Anfragen und bestimmte Daten beschränkt werden oder falls hohe Anforderungen an die Gewährleistung der Datensicherheit beim Betrieb bestehen, so kann der Dienstleistungsanbieter dies durch Verlagerung seiner Datenbestände in ein anderes europäisches oder außereuropäisches Land mit niedrigerem Datenschutzstandard umgehen. Auch Datenbestände mit Sicherheitsdaten von nur in der Bundesrepublik tätigen Unternehmen und Privatpersonen können in Rechenzentren an beliebigen Punkten der Erde vorgehalten und dann telekommunikativ in der Bundesrepublik angeboten werden.

Einschränkung der Rechtssicherheit

Bieten ausländische Anbieter Sicherheitsdienstleistungen für bundesdeutsche Anwender an, so betrifft dies nicht nur den Datenschutz, sondern auch die Rechtssicherheit. Die Betreiber einer Sicherungsinfrastruktur entscheiden auch über die in ihr verfolgte und durchgesetzte Sicherheitspolitik. So ist ein ausländischer Anbieter von Zertifizierungsdiensten in der Lage, die Gültigkeit von Zertifikaten, die Bedingungen für den Nachweis der Identität eines Zertifikats, die Namensgebung, die zulässigen Eintragungen in Zertifikate, die Bedingungen der Sperrung und seine Auskünfte in gerichtlichen Streitverfahren nach den jeweils

---

[36]   Schiller 1985, 67 ff.

gültigen rechtlichen Rahmenbedingungen selbst festzulegen. In ähnlicher Weise könnte er für von ihm vertriebene Verschlüsselungsverfahren festlegen, ob er geheime Schlüssel an bundesdeutsche Sicherheitsbehörden weitergibt. Er muß sich dabei lediglich an die gesetzlichen Bestimmungen seines Geschäftssitzes bzw. des Standorts der Rechenzentren halten, aber nicht ohne weiteres an die geltenden rechtlichen Bestimmungen innerhalb der Bundesrepublik.

Inwieweit sich derartige Probleme praktisch auswirken werden, hängt unter anderem davon ab, ob ausländische Anbieter einen großen Marktanteil an Sicherungsdienstleistungen erreichen oder inwieweit dem durch den Aufbau nationaler Sicherungsinfrastrukturen und gesetzlicher Vorschriften zu deren Nutzung entgegengewirkt wird. Schon heute bietet beispielsweise die amerikanische Firma RSA Inc. in der Bundesrepublik über ihren "Certifikate Service Center" eine eigene Sicherungsinfrastruktur an, liefert die Hard- und Software für Zertifizierungsinstanzen aus und tritt selbst als Zertifizierungsinstanz für Benutzerzertifikate und als Wurzelzertifizierungsinstanz für andere Zertifizierungsinstanzen auf.[37] Die führenden Hersteller von Betriebssystemen verwenden Lizenzen von RSA und setzen entwickelte Toolkits für die Implementierung RSA-basierter Signaturverfahren in ihren Betriebssystemen und Anwendungssystemen ein. Vorreiter hierfür sind Apple mit seinem neuen Betriebssystem 7 und Microsoft mit WINDOWS for WORKGROUPS, die Signier- und Verschlüsselungsfunktionen auf RSA-Basis enthalten. Jeder Anwender kann sich selbst Schlüssel generieren, die er dann von RSA nach notarieller Bestätigung seiner Identität und Postversand der Unterlagen in die USA zertifizieren lassen kann. Ähnliche Entwicklungen sind bei anderen Herstellern zu erwarten. Schon bald könnten auch Hersteller die von ihnen vertriebenen Chips mit geheimen Schlüsseln für Signier- oder Verschlüsselungsverfahren ausstatten, auf die dann mittels der Anwendungsprogramme zugegriffen werden könnte. Innerhalb weniger Jahre könnte so ein Teil der geschäftlichen und auch privaten Anwender mit von amerikanischen Firmen zertifizierten Schlüsseln Dokumente signieren oder ihre Nachrichten und Daten mittels eines im Chip gespeicherten Schlüssels verschlüsseln.

Würde auf diese Weise eine von ausländischen Unternehmen dominierte Sicherungsinfrastruktur entstehen, so könnte es schwer sein, eine auf nationalen Interessen und gesetzlichen Regelungen basierende Sicherheitspolitik noch durchzusetzen. Vielmehr könnten sich Abhängigkeiten von der ausländischer Firmen oder deren Regierungspolitik ergeben. Deren Sicherheitsanforderungen an Algorithmen, Implementierungen, den Betrieb von Zertfizierungsinstanzen und Benutzerservices könnten dann auch für die Telekooperation in der Bundesrepublik maßgeblich werden. Und würden Chips mit Verschlüsselungsschlüsseln ausländischer Hersteller, wie beispielsweise der Clipper-Chip, in Rechnern standardmäßig eingebaut, so könnten die Geheimdienste der Herstellerländer die verschlüsselten Nachrichten mit von den Herstellern erhaltenen Schlüsselduplikaten jederzeit entschlüsseln.

---

[37]   RSA-DSI 1993.

Abhängigkeit von internationalen Standards
Eine Voraussetzung für die Verminderung der Abhängigkeit ist die Normierung und Standardisierung von Verschlüsselungsverfahren und Signaturverfahren und aller mit der Sicherungsinfrastruktur zusammenhängender Techniken und Schnittstellen in Anwendungssystemen. In den USA wurde für die Verschlüsselung der DES-Algorithmus und für elektronische Signaturverfahren der Digital Signature Standard (DSS) von der nationalen Standardisierungsbehörde NIST normiert. Für Verzeichnisdienste, die auch für Sperrdienste und Zertifkate verwendet werden sollen, wurde 1988 auf internationaler Ebene mit dem X.500 ein erster Standard geschaffen.

Allerdings hat auch die Standardisierung Einfluß auf die nationalen Gestaltungsspielräume und den Grad an erreichbarer Sicherheit. Schon in der Diskussion um das ISDN, speziell um das Leistungsmerkmal "Anzeige der Rufnummer", hat sich gezeigt, wie stark internationale Normierungen Gestaltungsmöglichkeiten einschränken können und wie schwer einmal beschlossene Normen noch zu ändern sind.[38] Werden beispielsweise Qualifizierungen in Zertifikaten in den Normierungen nicht vorgesehen, so können diese auch zumindest international nicht verwendet werden. Da aus Gründen der Internationalisierung der Märkte zunehmend nur noch Verfahren eingesetzt werden können, die international verkehrsfähig sind, können sich daraus auch Begrenzungen für die technischen und rechtlichen Gestaltungsmöglichkeiten auf nationaler Ebene ergeben. Dem ist nur durch eine frühzeitige Einbeziehung von bundesdeutschen rechtlichen Anforderungen in die Normung zu begegnen.

7.5   Konsequenzen

Die vorangegangenen Überlegungen haben gezeigt, daß Sicherungsinfrastrukturen neben ihrem Vorzug, die Telekommunikation sicherer zu machen, eine Reihe von nachteiligen sozialen und politischen Folgen haben können. Trotz dieser Risiken wäre es jedoch unverantwortlich, auf den Aufbau von Sicherungsinfrastrukturen zu verzichten oder diesen zu behindern. Der Versuch dies zu tun, würde mittel- und langfristig nicht durchzuhalten sein und nur dazu führen, daß sich der Aufbau von Sicherungsinfrastrukturen ungeplant oder entsprechend den gerade mächtigsten Interessen durchsetzen würde. Die dabei eintretenden nachteiligen sozialen und politischen Folgen könnten erheblich größer sein.

Statt zu versuchen, den Aufbau von Sicherungsinfrastrukturen zu verhindern oder zu verzögern, muß es darum gehen, die Entwicklung zu steuern und vorhandene positive Entwicklungsmöglichkeiten gezielt zu fördern. Allerdings darf

---

[38] Zu den Problemen der Reglementierungen durch Normung siehe auch Höller 1993, 238 ff.

sich die Gestaltung, wie gezeigt, nicht alleine auf Sicherungsinfrastrukturen beschränken, und es darf keine Fixierung alleine auf technische Lösungen der Sicherungsprobleme geben. Neben den in dieser Untersuchung beachteten Kriterien Verletzlichkeit und Verfassungsverträglichkeit müssen weitere Kriterien der Sozialverträglichkeit bei der Gestaltung berücksichtigt werden.

8. Rechtspolitische Gestaltungsstrategie für Sicherungsinfrastrukturen

Alexander Roßnagel

8.1 Rechtlicher Gestaltungsbedarf

Zur Entwicklung und Nutzung der meisten Techniken reicht es aus oder ist sogar förderlich, wenn der Gesetzgeber sich zurückhält oder Entwicklungspotentiale durch Abbau rechtlicher Begrenzungen freisetzt. Zur Einführung und Fortentwicklung öffentlicher Schlüsselsysteme muß er jedoch gestaltend tätig werden. Dies ist sowohl zur Begrenzung wirtschaftlicher Risiken und zur Vorbereitung der Anwendungsfelder als auch zur verfassungsrechtlich gebotenen Gefahrenabwehr und Risikovorsorge erforderlich. Strukturvorgaben, Verfahren und Auflagen für den Aufbau von Sicherungsinfrastrukturen können Transparenz schaffen und eine gerechte Verteilung der Risiken kann Akzeptanz erzeugen. Klare Rahmenbedingungen bieten außerdem die Voraussetzungen für zuverlässige Entscheidungen über Investitionen. Da die Sicherungsinfrastruktur nur als "Hilfstechnik" benötigt wird, mit der Telekooperationsanwendungen zwischen Beteiligten mit konfligierenden Interessen gesichert werden sollen, dürfte die "kritische Masse" für Infrastrukturanwendungen allein über den Markt nur schwer zu erreichen sein. Schließlich sind rechtliche Regelungen, die zum Beispiel digitale Signaturen oder pseudonyme Erklärungen als rechtliche Handlungsformen anerkennen, Voraussetzungen für deren Einsatz in vielen Anwendungsfeldern. Die Rechtsordnung ist bisher nahezu ausschließlich auf das Medium Papier bezogen. Wird sie für die Anwendungen von elektronischen Sicherungsfunktionen nicht technikadäquat weiterentwickelt und ergänzt, wird dadurch - auch wo diese Handlungsformen formal möglich wären - zumindest für eine längere Übergangszeit eine hohe Rechtsunsicherheit erzeugt. Manche Anwendungen werden durch die Rechtsprechung möglicherweise sogar verhindert. Insgesamt werden die rechtlichen Rahmenbedingungen darüber entscheiden, wie schnell, in welche Richtung und in welcher Form Sicherungsanwendungen und die Sicherungsinfrastruktur sich entwickeln werden.

Ohne baldige rechtspolitische Entscheidungen[1] sind zwei gleichermaßen unerwünschte Entwicklungen zu befürchten: Stillstand oder Wildwuchs. Einerseits könnten Unsicherheiten hinsichtlich der Investitionsbedingungen viele Interessierte vom Angebot von Sicherungsdienstleistungen abhalten. Andererseits könnte die bestehende Regelungslücke manche - vielleicht auch weniger seriöse - Anbieter verlocken, ohne großen Aufwand Konkurrenzvorteile zu erringen. Beide Entwicklungen würden die Chancen öffentlicher Schlüsselsysteme verfehlen.

Müssen aber rechtliche Rahmenbedingungen durch den Gesetzgeber geschaffen werden? Sollte die rechtliche Rahmensetzung nicht lieber den Beteiligten überlassen oder nach und nach durch die Rechtsprechung entwickelt werden? Muß ein rechtlicher Rahmen nicht welt- oder zumindest europaweit gelten, so daß er der Gestaltung durch die Europäische Union zu überlassen ist?

Einige Anwender mit hohem Handlungsdruck preschen bereits vor[2] und schaffen sich selbst durch vertragliche Regelungen einen rechtlichen Rahmen. Diese Regelungen bleiben jedoch notwendigerweise beschränkt und lückenhaft. Sie können sich zum einen nur auf die Rechtsinhalte beziehen, über die die Vertragsparteien entscheiden können. Zwingende gesetzliche Regelungen können sie weder ersetzen noch verändern. Private Rahmensetzung kann zum zweiten immer nur für einen beschränkten Anwendungsbereich gelten. Sie kann keinen gesamtgesellschaftlichen Rahmen schaffen und das Zusammenwirken vieler Instanzen nur bedingt regulieren. Die erforderliche rechtliche Grundlage für eine offene Telekooperation kann nicht ausschließlich auf privatrechtlicher Basis gelegt werden. Außerdem dürften durch private Rahmensetzungen die Interessen der Allgemeinheit und der wirtschaftlich Schwächeren unzureichend berücksichtigt werden. Allgemeine Geschäftsbedingungen - dies ist ihr Zweck - bringen vor allem die Partikularinteressen der wirtschaftlich Stärkeren zur Geltung. Vor Risikoverlagerungen durch Beweisfiktionen,[3] Ausschluß des Rechtswegs[4] und ähnlichen juristischen "Hilfskrücken" für eine technisch und organisatorisch offensichtlich noch nicht ausgereifte Anwendung ist dringend zu warnen.[5] Der für eine verfassungsverträgliche Gestaltung der Sicherungsanwendungen und der Sicherungsinfrastruktur notwendige Interessenausgleich ist in den meisten Fällen

---

[1]   Diese fordern z. B. Goebel/ Scheller 1991, 15; Sponeck, CR 1991, 272f.; Roßnagel 1992, 40 ff.; Seidel 1992, 86; Kilian, DuD 1993, 606 ff.; Rösner, KES 5/ 1993, 46; Roßnagel, NJW-CoR 1994, 96 ff.; Kilian, CR 1994, 660; Bergmann/ Streitz, CR 1994, 77ff.; Rihaczek, DuD 1994c, 132; Seidel 1994b, 148 ff.; Bizer 1994a, 157 ff.; Mittermayr, KES 6/ 94, 43; Weber 1995, 10; Wolfsteiner 1995, 34f.; Melullis, MDR 1994, 109 ff.; Seidel 1994a, 94; Heun CR 1995, 7; Fritzsche/ Malzer, DnotZ 1995, 25.

[2]   Siehe z. B. Hammer/ Schneider, Kap. 1., in diesem Band.

[3]   Siehe § 10 des EDI-Rahmenvertrags.

[4]   Siehe § 22 des EDI-Rahmenvertrags.

[5]   Siehe z. B. Bizer 1994a, 157 ff.; siehe hierzu auch Kilian, CR 1994, 660.

nur durch gesetzliche Regelung zu schaffen. Der faktische Gestaltungsspielraum wird jedoch immer enger, je länger der Gesetzgeber wartet.

Ergänzend zur privaten Rahmensetzung könnte der Gesetzgeber seine Untätigkeit mit der Hoffnung auf richterliche Korrekturen begründen. Er könnte darauf vertrauen, daß die Anwendungen, die sich in der Praxis durchsetzen, von der Rechtsprechung in vielen Rechtsstreitigkeiten nach und nach durch Rechtsauslegung und richterliche Rechtsfortbildung in die bestehende Rechtsordnung eingepaßt werden. Dieses Vorgehen wäre mit dem Vorteil verknüpft, daß die zunehmende Erfahrung im Umgang mit der neuen Sicherungstechnik in den einzelnen Schritten der Rechtsentwicklung verarbeitet werden kann. Dieser Vorteil wäre aber nur um den Preis zu haben, daß - ähnlich wie früher bei der Fax-Kommunikation - für alle Beteiligte eine hohe Rechtsunsicherheit besteht, die nur durch viele Gerichtsprozesse beseitigt werden kann. Ob auf diesem Weg ausreichende Investitionssicherheit geschaffen werden kann, erscheint zweifelhaft. Außerdem ist zu bedenken, daß auch die Rechtsprechung an zwingendes Gesetzesrecht gebunden bleibt. Der wichtigste Grund, der gegen ein ausschließliches Vertrauen auf die Rechtsprechung spricht, ist das Argument der notwendigen Technikgestaltung. Statt nachträglicher Technikbewertung ist zur Vermeidung von Schäden und ungewollten Folgen eine *frühzeitige* und *präventive Technikgestaltung* erforderlich.[6] Für diese aber kommen Korrekturen durch die Rechtsprechung zu spät. Zudem vermögen solche Korrekturen keine alle Fragen durchdringende systematische Lösung der anstehenden Gestaltungsaufgabe zu bieten. Die rechtliche Gestaltung der Sicherungsinfrastruktur für eine offene Telekooperation kann somit nicht auf die Rechtsprechung warten.[7]

Internationale oder europäische Lösungen sind notwendig. Mit ihnen wird aber nicht zuletzt wegen der unterschiedlichen Standpunkte in der Kryptokontroverse[8] nicht so bald zu rechnen sein.[9] Auf europäischer Ebene ist allenfalls eine sehr weite Rahmenvorgabe zu erwarten, die einen großen Spielraum für eine spezifische Ausgestaltung und Einpassung in die Rechtsordnungen der jeweiligen Mitgliedstaaten bieten wird.[10] Eine auf die Bundesrepublik Deutschland bezogene Konzeption einer Sicherungsinfrastruktur wird daher unvermeidlich sein. Auf die europäische Lösung zu warten, käme einer Blockade rechtsverbindlicher Telekooperation gleich. Der Entwurf einer bundesrepublikanischen Lösung muß zwar europäische und weltweite Bezüge berücksichtigen und für internationale Entwicklungen anschlußfähig bleiben, sich aber zu allererst an einer verfassungsverträglichen Gestaltung der Sicherungsanwendungen und der Sicherungsinfrastruktur in der Bundesrepublik Deutschland orientieren.

---

[6]   Siehe hierzu ausführlich Roßnagel 1993, 241 ff.; Roßnagel, Universitas 1994, 831 ff.; Roßnagel, prisma 1994, 3 ff.

[7]   So auch Goebel/ Scheller 1991, 15; Rihaczek, DuD 1994c, 132.

[8]   Siehe zu dieser ausführlich Bizer, Kap. 5., in diesem Band.

[9]   Siehe z. B. Kowalski 1992, 29; Kowalski 1994, 125.

[10]   Siehe Bangemann u.a. 1994.

Zusammenfassend kann festgehalten werde: Eine umfassende gesetzliche Regelung schafft durch klare und feststehende, statt durch unsichere und sich verändernde Rahmenbedingungen *Investitionssicherheit*. Sie erzeugt durch systematisch eingepaßte, statt durch Gerichtsentscheidungen punktuell angepaßte Regelungen *Anwendungssicherheit*. Schließlich vermag sie durch ausgeglichene, statt auf Skandale reagierende rechtliche Risikoverteilungen *Akzeptabilität* und *Akzeptanz* herzustellen.

8.2   Dynamisierung rechtlicher Gestaltung

Die rechtliche Gestaltung des elektronischen Rechtsverkehrs ist ein Jahrhundertwerk. Die gesamte Rechtsordnung basiert weit überwiegend auf dem Medium Papier. Der Übergang von papiernen auf elektronische Dokumente hat letztlich die Dimensionen einer Revolution der Rechtskultur. Der elektronische Rechtsverkehr setzt - um nur wenige Beispiele zu nennen - Änderungen im allgemeinen Vertragsrecht, im Schuldrecht, im Sachen- und Erbrecht, im Beurkundungsrecht, im Prozeßrecht, im Steuer-, Sozial- und Arbeitsrecht, im Urheber- und Patentrecht, im Handels-, Gesellschafts- und Wirtschaftsrecht, im Wertpapier- und Bankenrecht, im Deliktsrecht und Strafrecht, im Verwaltungsverfahrensrecht und in nahezu allen Bereichen des Besonderen Verwaltungsrechts voraus.

Das Gewicht eines solchen Jahrhundertwerks ist nicht auf einmal zu schultern. Diese Aufgabe ist viel zu komplex und ihre Erfüllung zu langwierig. Notwendig ist ein adäquates gestuftes Vorgehen. Der über einen längeren Zeitraum gestufte Gesetzgebungsprozeß sollte an folgenden Kriterien orientiert sein: Er muß zum einen die dringend benötigten ordnungspolitischen Weichenstellungen und rechtlichen Absicherungen bieten. Zum anderen muß er die für das jeweilige Regelungsfeld sachlich erforderlichen, kohärenten und systematischen Regelungen schaffen und drittens an Verfassungszielen gemessen akzeptable und Akzeptanz schaffende Vorgaben erarbeiten. Schließlich sollte er ein auf Erfahrungssammlung, Erfahrungsverarbeitung und Fehlerminimierung zielender Gesetzgebungsprozeß sein.[11]

Die Anwendung dieser Kriterien führt zu dem folgenden Vorschlag einer schrittweisen Gestaltung des elektronischen Rechtsverkehrs.[12] Erste Erprobungen öffentlicher Schlüsselsysteme im elektronischen Rechtsverkehr haben ergeben, daß diese einerseits Sicherungstechniken bieten, die für den Rechtsverkehr eine mehrseitige Sicherheit zu bieten versprechen. Sie haben aber andererseits auch gezeigt, daß diese Techniken nicht völlig manipulationssicher sind,[13] daß

---

[11]   Siehe hierzu Roßnagel, ZRP 1992, 55 ff.

[12]   Für ein schrittweises Vorgehen wohl auch Rihaczek, DuD 1994c, 131, wenn er einen Beginn der Einführung in der Rechtspflege empfiehlt.

[13]   Siehe hierzu z. B. provet/ GMD 1994a, 121 ff.; Pordesch, DuD 1993, 561 ff.

bei ihrem Einsatz mit vielfältigen, erst im Ansatz erkannten Rückwirkungen auf übergeordnete Rechtsziele und bestehende rechtliche Regelungen[14] sowie mit kulturellen, sozialen und psychischen Folgen gerechnet werden muß.[15] In dieser Situation sollte ein ausgewogenes Vorgehen gewählt werden. Um die Chancen, die öffentliche Schlüsselsysteme bieten, nicht zu verlieren, sollte ein kontrollierter Einsatz im Rechtsverkehr ermöglicht werden. Um unübersehbare Folgen zu vermeiden, sollte dieser Einsatz aber auf begrenzte Anwendungsbereiche beschränkt werden. Gefordert ist eine kontrollierte Versuchs- und Irrtumsphase.[16]

Für die ersten Schritte kann es nicht darum gehen, in einem pauschalen Akt rechtlicher Anerkennung das elektronische Dokument einfach dem Papierdokument und die digitale Signatur der eigenhändigen Unterschrift gleichzusetzen. Vom Gesetzgeber muß vielmehr gefordert werden, daß er beide gezielt und behutsam in die bestehende Rechtsordnung gestaltend einpaßt. Denn zum einen muß er für die Umgestaltung des Rechts die wesensmäßigen Unterschiede zwischen Elektronik und Papier, zwischen digitaler Signatur und eigenhändiger Unterschrift beachten und zum anderen bei der rechtlichen Gestaltung neuer Techniksysteme darauf bestehen, daß diese zumindest eine Funktionsäquivalenz zu bewährten Verfahren und Instrumenten bieten. Unnötige Hindernisse zur Einführung digitaler Signaturen sollten beseitigt, zugleich aber notwendige Anforderungen, um übergeordnete Rechtsziele zu erreichen, an die Technik herangetragen werden.

8.2.1 Grundentscheidungen zur Sicherungsinfrastruktur

In einem ersten Schritt sollten grundsätzliche ordnungspolitische Entscheidungen zur Gestaltung der Sicherungsinfrastruktur getroffen werden. Hier sollte geklärt werden, wer unter welchen Bedingungen Instanzen der Sicherungsinfrastruktur betreiben und Sicherungsdienstleistungen anbieten darf.[17] Denn für die Infrastruktur öffentlicher Schlüsselsysteme besteht dringender rechtlicher Handlungsbedarf. Ohne "vertrauenswürdige Dritte" gibt es keine verläßliche Zertifizierung der Verbindung zwischen einer Person und einem Schlüsselpaar. Für viele Anwendungen ist ohne verläßliche Zertifizierung der Beweiswert eines signierten Dokumentes nahe Null. Wie vertrauenswürdig der "vertrauenswürdige Dritte" sein muß, welche personellen, technischen und organisatorischen Anforderungen an ihn zu stellen sind, bedarf einer ordnungspolitischen Gestaltung. Der Gesetzgeber muß einen Rahmen schaffen, damit Interessierte wissen, wie sie ihre Angebote zu strukturieren und ihre Planungen durchzuführen haben.

---

[14] Siehe hierzu z. B. provet/ GMD 1994a, 199 ff.; Roßnagel, CR 1994, 498 ff.
[15] Siehe hierzu z. B. provet/ GMD 1994a, 243 ff.; Kumbruck, DuD 1994, 20 ff.
[16] Siehe hierzu näher Roßnagel, ZRP 1992, 59f.
[17] Siehe zu den Gestaltungsnotwendigkeiten und -möglichkeiten ausführlich Roßnagel, Kap. 4., in diesem Band.

Für die Konzipierung der Sicherungsinfrastruktur bestehen hohe Freiheitsgrade. Sie reichen von der Monopolisierung der Schlüsselverwaltung in einer zentralen, einheitlichen bundes-, europa- oder gar weltweiten Bürokratie bis hin zu einem kontrollierten Angebot von Sicherungsdienstleistungen am freien Markt. Auch ist ungeklärt, ob die einzelnen Funktionen der Schlüsselverwaltung alle einer oder jeweils unterschiedlich spezialisierten Instanzen anvertraut werden sollten. Vermutlich dürfte es sich anbieten, für spezifische Anwendungsbereiche jeweils eigene Schüsselverwaltungen vorzusehen.[18]

Die Sicherungsinfrastruktur enthält hochsensitive Funktionen, die einen starken Einfluß auf die Verletzlichkeit der Informationsgesellschaft haben werden. Je nachdem, wie die Sicherungsinfrastruktur strukturiert sein wird, kann die Verletzlichkeit stark erhöht oder verringert werden.[19] Um nicht planlos Verletzlichkeitspotentiale durch die kumulativen Wirkungen isolierter Strukturentscheidungen zu erhöhen, muß der Gesetzgeber seine strukturierenden Vorgaben auch unter dem Blickwinkel der Verletzlichkeit auswählen.

Die Schlüsselverwaltung wird über viele Verwirklichungsbedingungen von Grundrechten entscheiden. Sie ist die unabdingbare Voraussetzung, um durch die Ausgabe von Schlüsseln und Zertifikaten einen sicheren und offenen elektronischen Rechtsverkehr zu ermöglichen. Die Vertrauensinstanzen bilden eine neue zusätzliche Infrastruktur, die zu den bisherigen staatlichen, sozialen und wirtschaftlichen Strukturen unserer Gesellschaft hinzukommt. Sie schaffen neue Kooperationsbeziehungen, die in die bürokratischen und marktförmigen Beziehungen eingepaßt werden müssen. Hierfür sind Systemlösungen erforderlich, die technische, organisatorische und rechtliche Komponenten geeignet verbinden. Die Gestaltung dieser Infrastruktur stellt dem Gesetzgeber eine große Aufgabe, der er sich dringend stellen muß.

8.2.2   Bereichsspezifische Systemlösungen

Im zweiten Schritt sollten für einzelne, beschränkte Anwendungsfelder Systemlösungen gefunden werden, die umfassend und präzis die rechtliche, organisatorische und technische Einpassung der Sicherungsinfrastruktur und der Sicherungsdienstleistungen regeln. Der Gesetzgeber sollte eine vorsichtige Anerkennung der digitalen Signatur in einzelnen ausgewählten Bereichen erwägen, um in diesen aus einem breiten Praxistest für die Regulierung anderer Anwendungsbereiche und die weitere Technikgestaltung lernen zu können.

Für einzelne abgegrenzte Anwendungsbereiche könnte zum Beispiel auch die digitale Signatur vergleichbar der eigenhändigen Unterschrift oder das elektronische Dokument als Beweismittel vergleichbar der Urkunde geregelt werden. In beiden Fällen sollte allerdings nicht eine platte Gleichstellung erfolgen. Viel-

---

[18]   Siehe hierzu näher Roßnagel, Kap. 4., in diesem Band.
[19]   Siehe hierzu Hammer, Kap. 3., in diesem Band.

mehr sind die Besonderheiten der kryptographischen, elektronisch zu verarbeitenden Signatur und des nur elektronisch als Original existierenden Dokuments zu berücksichtigen. Die Möglichkeiten der Manipulation und die Aussagekraft elektronischer Prüfungen sind zum Teil höher, zum Teil geringer als bei Papierurkunden.[20] Die Funktionen der Schriftform können durch digitale Signaturen zum Teil besser, zum Teil weniger gut substituiert werden.[21] Diese neuen Chancen und Risiken bedürfen einer angepaßten Regelung, nicht einer schlichten Übertragung alter papierbezogener Regelungen auf völlig andere - elektronikbasierte - Sachverhalte.

Mit diesem Vorgehen könnten für Anwendungsbereiche, für die ein drängender Bedarf besteht, die Voraussetzungen für einen rechtsverbindlichen elektronischen Rechtsverkehr geschaffen werden, ohne zugleich Festlegungen für Anwendungsbereiche zu treffen, deren Folgen noch nicht zu übersehen sind. Diese Vorgehensweise schrittweiser Einführung hat der Gesetzgeber bisher zurecht gewählt, als er 1990 durch Änderung des § 690 Abs. 3 ZPO den telekommunikativen Antrag auf Mahn- und Vollstreckungsbescheide und Ende 1993 durch das Registerverfahrensbeschleunigungsgesetz elektronische Register wie das Grundbuch oder das Handelsregister ermöglicht hat. In dieser Form anwendungsspezifischer Einpassung der digitalen Signatur und des digital signierten elektronischen Dokuments in die Rechtsordnung sollte er fortfahren.

Solche Bereiche, in denen ein dringender praktischer Bedarf angemeldet wird, könnten zum Beispiel der Austausch formalisierter Handelskorrespondenz zwischen festen Handelspartnern (EDIFACT), der elektronische Zahlungsverkehr zwischen Banken und Geschäftskunden, die elektronische Kommunikation von Notaren, Banken und Katasterämtern mit dem elektronischen Grundbuch oder der Austausch elektronischer Dokumente innerhalb der öffentlichen Verwaltung sein. Der Gesetzgeber sollte darauf achten, daß er in einer ersten Runde nur solche Anwendungen freigibt, an denen technisch kompetente und wirtschaftlich starke Parteien beteiligt sind, die in der Lage sind, ihre Risiken einzuschätzen und deren Manifestation zu verkraften. Er sollte vermeiden, bereits bei den ersten Anwendungen relevante Probleme des Daten- und Verbraucherschutzes hervorzurufen. Die Freigabe von Anwendungen für ein breiteres Publikum sollte einer dritten gesetzgeberischen Runde vorbehalten werden, für die Erfahrungen aus den dann bereits praktizierten Anwendungen genutzt werden können.

Für die Beschränkung auf begrenzte Anwendungsbereiche spricht auch noch ein wirtschaftliches Argument. Bei einer flächendeckenden Freigabe der digitalen Signatur wird es schwerfallen, in der ermöglichten Breite ausreichend viele Kooperationspartner zu finden, die ebenfalls diese Technik nutzen. Dagegen lohnen sich in den spezifisch ausgewählten Anwendungsfeldern die Investitionen

---

[20] Siehe hierzu z. B. provet/ GMD 1994a, 104 ff., 227 ff.; Bizer/ Hammer/ Pordesch 1995.

[21] Siehe hierzu z. B. Roßnagel 1992, 40 ff.; Bizer, 1994, 157 ff.; provet/ GMD 1994a, 106f.

in diese Technik und der Aufbau einer Sicherungsinfrastruktur, weil in diesen die Technik "schlagartig" breit genutzt wird.

8.2.3 Verallgemeinernde Regelungen

Erst in einem dritten Schritt sollten verallgemeinernde Regelungen getroffen werden. Die Folgen und Risiken einer flächendeckenden, in allen Rechtsbereichen geltenden Veränderung von Form- und Beweisvorschriften sind derzeit nicht zu übersehen. Die Veränderungen einer Rechtskultur, die nicht mehr auf dem materiellen Medium Papier basiert, sondern eine immaterielle Basis in elektronischen Speicher- und Repräsentationsformen findet, kann allenfalls erahnt werden. Daher wäre es nicht zu verantworten, solche Veränderungen in Gang zu setzen, ohne zuvor wenigstens einige Erfahrungen zu sammeln. Erst wenn Erfahrungen in den Bereichen, für die in der zweiten Stufe die Anwendung der digitalen Signatur in beschränktem Umfang reguliert worden ist, gewonnen und wissenschaftlich zu Gestaltungs- und Regelungsvorschlägen ausgewertet worden sind, sollte an eine breite rechtliche Anerkennung gedacht werden.

Die Probleme allzu forscher Verallgemeinerung sollen am Beispiel der Schriftform elektronischer Dokumente und des Beweiswerts digital signierter Dokumente erläutert werden. Die Schriftform wird in vielen Rechtsbereichen für verschiedenartigste Willenserklärungen vorgeschrieben. Sie dient jeweils unterschiedlichen Zwecken, die sich aus dem spezifischen rechtlichen Kontext der Willenserklärungen ergeben. So stehen neben den bekannten Funktionen der privatrechtlichen Willenserklärungen wie Abschluß-, Identitäts- oder Echtheitsfunktion etwa für Bürgschaften der Übereilungsschutz, für Grundbucheinträge die Publizitätswirkung, für die schriftliche Darstellung von Gesetzen im Bundesgesetzblatt die Verbreitungswirkung, für die Begründung von Verwaltungsakten die Rechtsschutzerleichterung der Adressaten, für die schriftliche Fassung von Anlagengenehmigungen deren Vollziehbarkeit, für Testamente die Beweissicherheit, für die schriftlichen Akten der Verwaltungsbehörden die Kontrollfunktion oder für die schriftliche Fassung von Bescheiden die Rechtssicherheit im Vordergrund. Gegenüber den gesetzlich geregelten Fällen sind quantitativ die Fälle erheblich bedeutender, in denen die Schriftform freiwillig vereinbart oder gewählt wird. Auch hier sind die Zwecke, zu denen diese Form verwendet wird, oft sehr unterschiedlich. Meist erfüllt die Schriftform jeweils nicht nur eine, sondern mehrere unterschiedliche Funktionen zugleich, dafür aber Funktionen, die in anderen Kontexten relevant sind, gerade nicht. Oft ist die Schriftform ihrem rechtlichen Kontext gemäß zusätzlich ausgestaltet und in spezifische Verfahrensregeln eingebunden. Die auf das Medium Papier bezogene Schriftform hat sich über Jahrhunderte hinweg als so flexibel und gestaltbar erwiesen, alle diese Funktionen erfüllen zu können.

Diese Funktionen könnten digital signierte elektronische Dokumente möglicherweise auch erfüllen. Dies ist nach dem derzeitigen Stand von Wissenschaft und Technik weder auszuschließen noch zweifelsfrei festzustellen. Hierfür sind vielmehr sowohl bereichsspezifische Anpassungen der Technik an die jeweiligen rechtlichen Funktionen als auch rechtliche Anpassungen an die technischen Funktionsprinzipien und Entwicklungsmöglichkeiten notwendig. So muß - um nur einige Besonderheiten elektronischer Dokumente zu nennen - berücksichtigt werden, daß es keine Unterscheidung mehr zwischen Original und Kopien gibt, daß es sehr schwierig ist, nur ein Unikat herzustellen, daß es kaum möglich ist, ein Dokument sicher zu vernichten, daß die Fähigkeit zu unterschreiben an die Chipkarte und nicht mehr an die Hand des Erklärenden gebunden ist, daß die Echtheit nur durch Programme und nicht mehr durch Augenschein festgestellt werden kann oder daß die Identitätsfestellung nur über Zertifikate und Zuordnungslisten möglich ist. Auch wenn die digitale Signatur dem Grunde nach geeignet ist, die eigenhändige Unterschrift zu ersetzen, so kann sie dies im jeweiligen Kontext doch erst, wenn technisch, organisatorisch und rechtlich aufeinander abgestimmte Systemlösungen gefunden worden sind.[22] Überzeugen werden diese Lösungen aber erst dann, wenn sie durch Lernen aus sozialer Erfahrung so optimiert worden sind, daß sie zu einer akzeptablen Risiko- und Nutzenverteilung geführt haben. Dieser notwendig bereichsspezifische Lernprozeß würde aber durch eine allgemeingehaltene rechtliche Anerkennung der digitalen Signatur ohne spezifische Einpassungen in den Anwendungskontext behindert und nicht gefördert.

Als zweites Beispiel soll der Urkundsbeweis dienen: Dieser erleichtert die Beweisführung aufgrund der gesetzlichen Vermutungen, die mit der Vorlage einer Urkunde verbunden sind. Diese Vermutungen basieren auf dem Umstand, daß Urkunden Gedankenerklärung verkörpern und aus sich heraus verständlich sind. Beides trifft auf digital signierte Dokumente nicht zu. Um die Einführung der digitalen Signatur zu forcieren, wird gefordert, das notwendige Vertrauen in die Technik zu fingieren und die Rechtsordnung den technischen Veränderungen insofern anzupassen, als die Beweisregeln des Urkundsbeweises auf elektronische Dokumente übertragen werden.[23] Ein durch die zertifizierte Hard- und Software des Gerichts akzeptiertes Dokument mit verifizierter digitaler Signatur soll als elektronische Urkunde anerkannt und mit den gesetzlichen Beweisvermutungen der Ausstelleridentität und der Echtheit des Dokuments verbunden werden.

Eine solche Erstreckung des Urkundsbeweises auf elektronische Dokumente wäre allerdings derzeit noch mit Verlusten für die Einzelfallgerechtigkeit verbunden. Denn die Technik der digitalen Signatur weist für solche gesetzliche Fiktionen noch zu viele Unsicherheiten aus:[24] Auch wenn die Sicherheit der

---

[22] Siehe zu alledem z. B. provet/ GMD 1994a, 97 ff.

[23] Siehe z. B. Sponeck, CR 1991, 273; Seidel 1992, 70 ff.; Seidel 1994a, 94; Seidel 1994b, 148 ff.

[24] Siehe zum folgenden z. B. provet/ GMD 1994a, 227 ff.; Roßnagel, NJW-CoR 1994, 99f.; Hammer 1993, 269 ff.; Bizer/ Hammer, DuD 1993, 619 ff.; Hammer/ Bizer, DuD 1993, 689 ff.; Hammer 1994a, 255 ff.; Bizer/ Hammer/ Pordesch 1995.

mathematischen Verfahren und der verwendeten Chipkartentechnik unterstellt wird, führt die Einbettung dieser Techniken in andere technische Systeme und in soziale Anwendungsbedingungen zu Schwachstellen. Diese müssen bedacht und beseitigt werden, wenn diese Technik einen praktisch nutzbaren Sicherheitsgewinn bieten soll. In praktischen Erprobungen während einer Simulationsstudie[25] konnten viele Manipulationen erfolgreich durchgeführt werden, die diese Schwachstellen ausnutzten. So waren recht plumpe Angriffe, wie das Kopieren von Signaturen oder das Entwenden von Chipkarten, allein deshalb erfolgreich, weil die sachverständigen Testpersonen in dem erzeugten Arbeitsstreß sich die Signaturprüfungen ersparten oder die Chipkarten unbeaufsichtigt ließen. Durch aufwendigere Manipulationen gelang es, ihnen Dokumente zu unterschieben, indem die Dateiorganisation verändert, die Dokumentenauswahl manipuliert, Textteile versteckt oder im Hintergrund ablaufende Programme erstellt worden waren.[26]

Der Wechsel von Schriftzeichen, die auf Papier verkörpert sind, zu magnetischen, elektrischen oder optoelektronischen Mustern in Datenträgern und Speicherelementen bewirkt, daß die mit entwendeten Chipkarten signierten gefälschten Dokumente nicht von denjenigen unterschieden werden können, die der berechtigte Inhaber der Karte signiert hat. Ist die Chipkarte entwendet oder verloren, können von fremden Personen *echte* Signaturen des Inhabers erzeugt werden, da hierfür nur der geheime Schlüssel erforderlich ist. Die Zugangssicherung zur Chipkarte über eine Persönliche Identifikationsnummer (PIN) ist für sensitive Anwendungen unzureichend. Sie kann erspäht, entlockt oder entwendet werden. Daher sollte ein gestaffeltes Sicherungskonzept bis hin zu biometrischen Identifikationsverfahren vorgesehen werden. Gegen das Erstellen echter Signaturen schützen auch Sperrlisten nur begrenzt. Denn der Zeitpunkt der Signatur kann durch eine Änderung der Systemzeit des Rechners in den Zeitraum vor der Sperrung zurückdatiert werden, ohne daß dies erkannt werden kann. Dagegen können chemische und physikalische Analysen des verwendeten Papiers und der Schriftproben in vielen Fällen zumindest annähernd feststellen, wie alt ein Schriftstück oder eine Unterschrift ist. Die Möglichkeit, durch Rückdatierung noch nachträglich echte elektronische Signaturen zu erzeugen, kann nur verhindert werden, wenn die echte Zeit in gesicherter Weise in der Signatur mitversiegelt wird. Dies könnte zum Beispiel dadurch realisiert werden, daß ein zertifiziertes Sicherheitsmodul, das mit Uhr in das Endgerät integriert ist, oder ein vertrauenswürdiger Zeitserver im Netz alle Telekooperationsakte in Kurzfassung mit Datum und Uhrzeit signiert. Für sensitive Anwendungen sollte der sichere Einbezug der Zeit in die Signatur zur Pflicht gemacht werden.

Unsicherheiten, die noch durch solche Technikschwächen verursacht werden, gingen aufgrund der Fiktionen eines Urkundsbeweises zu Lasten des Signierenden. Seine Behauptung, die Signatur sei ihm nicht zuzurechnen, weil der Text

---

[25]   Zur Simulationsstudie Rechtspflege siehe provet/ GMD 1994a.
[26]   Siehe hierzu näher provet/ GMD 1994a, 121 ff.; Pordesch, DuD 1993, 561 ff.

vor dem Signieren verfälscht oder ihm unterschoben worden ist oder weil ihm die Chipkarte plus PIN gestohlen oder erpreßt worden ist, hätte nur dann Erfolg, wenn er sie anderweitig beweisen kann. Aus diesen und weiteren Gründen sollte ein "elektronischer Dokumentenbeweis" nur dann eingeführt werden, wenn zugleich die Voraussetzungen und Rechtsfolgen für eine an dem Stand der Technik orientierte Risikoverteilung präzis bestimmt würde.[27] Dieser Schritt wäre aber allenfalls dann vertretbar, wenn durch technische Anforderungen an Signaturanwendungen abgesichert wäre, daß Manipulationen nachweisbar und Beweiseinreden des Beklagten widerlegbar sind. Für die Entscheidung einer Einführung eines "elektronischen Dokumentenbeweises" ist zu beachten, daß dieser nicht notwendig ist, um elektronische Dokumente überhaupt als Beweismittel in Entscheidungsverfahren einführen zu können. Vielmehr kann ein elektronisches Dokument im Rahmen eines Augenscheins- oder Sachverständigenbeweises für die umstrittene Behauptung Beweis erbringen.[28]

Um die rechtlichen und technischen Anforderungen in ausreichendem Maße erkennen zu können, ist soziale Erfahrung im Umgang mit dieser Technik erforderlich. Diese Erfahrung sollte der Gesetzgeber in einigen beschränkten und überschaubaren Anwendungsbereichen ermöglichen, hierfür aber nicht die gesamte Rechtspflege als Testfeld wählen. Der Urkundsbeweis ist das Ergebnis einer Jahrhunderte alten Erfahrung mit der prozessualen Bewertung von Papierdokumenten. Mit der Anerkennung eines elektronischen Urkundsbeweises sollte sich der Gesetzgeber zumindest einige Jahre praktische Erfahrung gönnen, statt technische Unsicherheiten durch rechtliche Fiktionen zu überspielen. Das Beweisrecht ist kein geeignetes Instrument zur Forcierung innovativer Techniken. Es sollte nicht einer noch unerprobten Technik angepaßt werden, sondern dieser die Gelegenheit bieten, sich zu bewähren - wozu sich der Augenscheins- oder Sachverständigenbeweis in ausreichendem Maße eignen.

Zusammenfassend kann festgehalten werden: Eine rechtliche Rahmensetzung, die auch zukünftig kontrollierbare ordnungspolitische und grundrechtssichernde Vorgaben für die Sicherungsinfrastruktur setzt und behutsam der digitalen Signatur einzelne Anwendungsfelder gestaltend erschließt, könnte die Chancen öffentlicher Schlüsselsysteme gewinnbringend nutzen und die dabei entstehenden Herausforderungen bewältigen. Eine flächendeckende Freigabe dieser Techniken, die ohne soziale Erfahrungsbildung Vertrauen durch Fiktionen ersetzt, dürfte dagegen die verfassungsrechtliche Akzeptabilität ebenso verfehlen wie die gesellschaftsweite Akzeptanz.

---

[27] Siehe hierzu auch Wolfsteiner 1994, 31.

[28] Aufgrund der hohen Kosten eines Sachverständigenbeweises könnte die Verwendung digitaler Signaturen im Ergebnis jedoch die Gewährleistung eines effektiven Rechtsschutzes für jeden (Art. 19 Abs. 4 GG) beeinträchtigen - siehe hierzu z. B. Roßnagel 1992, 41f.

Zu den Autoren

Dr. jur. *Johann Bizer* ist wissenschaftlicher Mitarbeiter am Institut für öffentliches Recht des Fachbereichs Rechtswissenschaften der Johann Wolfgang v. Goethe-Universität Frankfurt am Main. Seit 1990 ist er Mitglied von provet. Seine Forschungsschwerpunkte sind: Verfassungsrecht, Datenschutz-, (Tele-) Kommunikations- und Medienrecht, Technikgestaltung.

Volker Hammer ist Diplom-Informatiker. Seit 1986 arbeitet er als wissenschaftlicher Mitarbeiter bei provet. Seine Arbeitsschwerpunkte sind: Technikfolgenforschung zu Telekooperation, Gestaltung von Sicherungsinfrastrukturen, Verfassungsverträglichkeit und Verletzlichkeit der Informationsgesellschaft.

Dr. *Christel Kumbruck* ist Arbeitspsychologin und seit 1990 wissenschaftliche Mitarbeiterin bei provet. Ihr Arbeitsschwerpunkt ist die psychosoziale Wirkungsforschung Neuer Medien.

Diplom-Informatiker *Ulrich Pordesch* arbeitet seit 1986 als wissenschaftlicher Mitarbeiter bei provet. Seine Arbeitsgebiete sind Verletzlichkeit der Informationsgesellschaft, Datenschutz, Datensicherung und Revision bei Informations- und Kommunikationssystemen, Technikfolgenforschung und -gestaltung.

Alexander Roßnagel ist Professor für Öffentliches Recht mit dem Schwerpunkt Recht der Technik und des Umweltschutzes an der Universität Gesamthochschule Kassel. Er ist seit 1988 stellvertretender Richter am Staatsgerichtshof Baden-Württemberg. Seit 1986 ist er wissenschaftlicher Leiter von provet. 1993 erhielt er den Forschungspreis der Alcatel-SEL-Stiftung. 1995/96 hat er die Forschungsprofessur für Interdisziplinäre Technikforschung an der Technischen Hochschule Darmstadt inne. Seine Forschungsschwerpunkte sind: Verfassungsrecht, Umweltrecht, insbesondere Atom- und Immissionsschutzrecht, rechtswissenschaftliche Technikfolgenforschung, Kriterien und Methoden zur Gestaltung von Informations- und Kommunikationstechniken sowie die Verletzlichkeit der Informationsgesellschaft.

Michael J. Schneider studierte Informatik und ist seit 1990 wissenschaftlicher Mitarbeiter bei provet. Seine Forschungsschwerpunkte sind rechtsverbindliche Telekooperation, elektronischer Zahlungsverkehr und die Sozialverträglichkeit von Erreichbarkeitsmanagementsystemen.

Die *Projektgruppe verfassungsverträgliche Technikgestaltung - provet e.V.*, Darmstadt, arbeitet seit 1986 mit einem interdisziplinären Team von Wissenschaftlern zu Fragen der Technikfolgenforschung und Technikgestaltung.

Verzeichnis der Gesprächspartner

Teilnehmer des Projektworkshops am 4. Juli 1994:

Dr. Knut Bahr, GMD, Darmstadt
Wendelin Bieser, Bundesministerium des Innern, Bonn
Dr. Johann Bizer, provet, Darmstadt
Heinz-Jürgen Burkhardt, GMD, Darmstadt
Sigrun Erber-Faller, Bundesnotarkammer, Köln
Gerhard Fuchs, Akademie für Technikfolgenabschätzung, Stuttgart
Volker Hammer, provet, Darmstadt
Anja Hartmann, BSI, Bonn
Siegfried Herda, GMD, Darmstadt
Sven-Eric Heun, Universität Frankfurt
Thomas Krebs, Informatikzentrum der Sparkassenorganisation, Bonn
Dr. Christel Kumbruck, provet, Darmstadt
Johannes Landvogt, Bundesministerium des Innern, Bonn
Paul Mertes, Telesec, Siegen
Dr. Heribert Peukert, Siemens AG, München
Ulrich Pordesch, provet, Darmstadt
Kai Rannenberg, Universität Freiburg
Prof. Dr. Eckard Raubold, FTZ, Darmstadt
Prof. Dr. Helmut Reimer, TeleTrusT Deutschland e.V., Erfurt
Dr. Karl Rihaczek, Redaktion DuD, Bad Homburg
Prof. Dr. Alexander Roßnagel, provet, Darmstadt
Heinz Sarbinowski, GMD, Darmstadt
Michael Schneider, provet, Darmstadt
Klaus-Werner Schröder, BSI, Bonn
Bruno Struif, GMD, Darmstadt
Dr. Heinz Thielmann, GMD, Darmstadt
Dr. Otto Ulrich, BSI, Bonn

Expertengespräche wurden geführt mit:

Frau Mäder, Einwohnermeldeamt, Darmstadt
Dr. Rüdiger Grimm, GMD, Darmstadt
Wolfgang Schneider, GMD, Darmstadt
Thomas Sabisch, GMD, Darmstadt
Gerhard Kramarz, DeTeMobil, Bonn

Literaturverzeichnis

AK-GG - Alternativkommentar zum Grundgesetz (1989): Kommentar zum Grundgesetz für die Bundesrepublik Deutschland, Reihe Alternativkommentare, R.Wassermann (Hrsg.), 2. Aufl. 1989.

AK-StPO - Alternativkommentar zur Strafprozeßordnung (1992): Kommentar zur Strafprozeßordnung in drei Bänden, Reihe Alternativkommentare, R.Wassermann (Hrsg.), Band 2 Teilband 1, §§ 93 - 212b, 1992.

Ansorge, P. / Klein, S. / Kubicek, H. / Schleusener, S. (1993): Die Verbreitungschancen von Wertkarten im kartengestützten Zahlungsverkehr, Teilnehmerunterlage zu einem Expertenworkshop, Universität Bremen, 1993.

Apple Computer GmbH (1994): Apple Power Talk, Benutzerhandbuch.

Bair, J. H. (1989): Supporting Cooperative Work With Computers: Adressing Meeting Mania, Proc. COMPCON Spring 89, DC: IEEE Computer Society Press, 208 ff.

Bangemann, M. u. a. (1994): Europa und die globale Informationsgesellschaft - Empfehlungen für den Europäischen Rat, Brüssel 1994.

Bär, W. (1992): Der Zugriff auf Computerdaten im Strafverfahren, 1992.

Bär, W. (1993): Die Überwachung des Fernmeldeverkehrs. Strafprozessuale Eingriffsmöglichkeiten in den Datenverkehr, CR 1993, 578 ff.

Bauer, F. L. (1994): Kryptologie, Methoden und Maximen, 2. Aufl. 1994

Baumgart, R. (1992): Evaluierung von Chipkartensystemen, in: Reimer, H. / Struif, B. (Hrsg.): Kommunikation und Sicherheit, Bad Vilbel, Darmstadt, 1992, 34 ff.

Bäumler, H. (1992): Polizeiliche Datenverarbeitung und vorbeugendes Handeln, in: Lisken / Denninger (Hrsg.), Handbuch des Polizeirechts, München, 1992, 501 ff.

Beck, U. (1986): Risikogesellschaft - Auf dem Weg in eine andere Moderne, Frankfurt, 1986.

Beheim, J. (1994): Sicherheit und Vertraulichkeit bei europaweiter Mobilkommunikation - Zellulare Digital-Mobilfunksysteme D900 und D1800 bieten sicheren Informationsschutz über GSM-Standards hinaus, DuD 6/1994, 327 ff.

Bergmann, K. (1986): Lehrbuch der Fernmeldetechnik, Band 1, 5. Auflage, Hrsg: Slabon, W., Berlin, 1986.

Bergmann, M. / Streitz, S. (1994): Beweisführung durch EDV-gestützte Dokumentation, CR 1994, 77.

Beutelspacher, A. (1993): Kryptologie, 3. Aufl. 1993.

Beutelspacher, A. / Hueske, T. / Pfau, A. (1993): Kann man mit Bits bezahlen?, Informatik Spektrum 2/1993, 99 ff.

BfD - Bundesbeauftragter für den Datenschutz (1993): 14.Tätigkeitsbericht - Berichtszeitraum Anfang 1991 bis Anfang 1993.

Bitzer, W. (1994): Geräte für die End-zu-End-Verschlüsselung, in: Eberspächer, H. (Hrsg.), Sichere Daten, sichere Kommunikation, 1994, 96 ff.

Bizer, J. (1991): Ein Bundesamt für die Sicherheit in der Informationstechnik, in: Kubicek, H. (Hrsg.), Telekommunikation und Gesellschaft, Kritisches Jahrbuch der Telekommunikation, Karlsruhe 1991, 226 ff.

Bizer, J. (1992): Forschungsfreiheit und informationelle Selbstbestimmung, Baden-Baden, 1992.

Bizer, J. (1994a): Rechtliche Probleme der elektronischen Signatur, in: Kubicek, H. / Müller, G. / Raubold, E., Roßnagel, A. (Hrsg.): Jahrbuch Telekommunikation und Gesellschaft, Heidelberg, 1994, 157 ff.

Bizer, J. (1994b): Rechtliche Möglichkeiten und Schranken der Patientenchipkarte, provet-Arbeitspapier 142, Darmstadt, 1994.

Bizer, J. (1995): Die Kryptokontroverse - Innere Sicherheit und Sicherungsinfrastruktur, in diesem Band, 179 ff.

Bizer, J. / Hammer, V. (1993): Elektronisch signierte Dokumente als Beweismittel, DuD 11/1993, 619 ff.

Bizer, J. / Hammer, V. / Pordesch, U. (1995): Gestaltungsvorschläge zur Verbesserung des Beweiswerts digital signierter Dokumente, in: Pohl, H. / Weck, G. (Hrsg.): Beiträge zur Informationssicherheit, München, 1995 (i. E.).

Bizer, J. / Hammer, V. / Pordesch, U. / Roßnagel, A. (1990): Ein Bundesamt für Sicherheit in der Informationstechnik - Kritische Bemerkungen zum Gesetzentwurf der Bundesregierung, DuD 4/1990, 178 ff.

Bizer, J. / Roßnagel, A. (1990): Änderungsvorschläge zum Entwurf eines Gesetzes über die Errichtung des Bundesamtes für Sicherheit in der Informationstechnik, KJ 1990, 436 ff.

BK - Bonner Kommentar (1965): Kommentar zum Bonner Grundgesetz, Hrsg. von R. Dolzer, Loseblatt, 71. Lieferung, Oktober 1993.

BMV - Bundesminister für Verkehr (1993): Strategiepapier Telematik im Verkehr zur Einführung und Nutzung von neuen Informationstechniken, Bonn, 1993.

BMV - Bundesminister für Verkehr (1994a): Mit Telematik zu einer Autobahn der Zukunft, Autobahn-Tech 1/1994.

BMV - Bundesminister für Verkehr (1994b): Informationen zum Versuchsfeld A555 Autobahntechnologien, Autobahn-Tech 2/94, Referat StB 13, Bonn, 1994.

Borgs-Maciejewski, H. / Ebert,F. (1986): Das Recht der Geheimdienste, 1986.

Böttger, A. / Pfeiffer, C. (1994): Der Lauschangriff in den USA und in Deutschland, ZRP 1994, 7 ff.

Brand, Th. (1992): SIGNUM Sichere Kommunikation bei Interpol, in: Reimer, H. / Struif, B. (Hrsg.): Kommunikation und Sicherheit, Bad Vilbel, Darmstadt, 1992, 43 ff.

Braun, I. (1991): Geflügelte Saurier - Systeme zweiter Ordnung: ein Verflechtungsphänomen großer technischer Systeme, WZB Berlin, 1991.

Brockhaus (1989): Brockhaus-Enzyklopädie, 19. Auflage Mannheim, 1989.

BSI - Bundesamt für Sicherheit in der Informationstechnik (1992): IT-Sicherheitshandbuch - Handbuch für die sichere Anwendung der Informationstechnik (Version 1.0), Bonn, 1992.

BT-Drs. 11/7029 - Bundesregierung (1990): Entwurf eines Gesetzes über die Errichtung des Bundesamtes für Sicherheit in der Informationstechnik (BSI-Errichtungsgesetz - BSIG), 1990.

Bundesnotarkammer (1993): Stellungnahme zum Projekt "Bestandsaufnahme über die elektronischen Signaturverfahren" (RESIGN), Köln, 1993.

Bundesnotarkammer (1994): Notarielle Funktionen im elektronischen Rechtsverkehr, Manuskript, Az.: U X 80, Stand: Mai 1994.

CCITT (1989): Data Communications Networks Directory Recommendations X.500-X.521 - Blue Book Volume VIII - Fascicle VIII.8, Geneva, 1989.

Chaum, D. (1987): Sicherheit ohne Identifizierung - Scheckkartencomputer, die den großen Bruder der Vergangenheit angehören lassen; Informatik Spektrum, 1987, 262 ff.

Coy, W. (1981): Geheime Schriften - geheime Dienste, in: Michel, K. M. / Spengler, T. (Hrsg.): Kursbuch 66, Die erfaßte Gesellschaft, Berlin, 1981, 83 ff.

Danmont (1990): Danmont Presentation, Tagungsunterlage, Kopenhagen, 1990.

Debold, P. (1994): Die Versichertenkarte - Erfahrungen mit der Einführung einer Großanwendung, in: Struif, B. (Hrsg.): 4. GMD-SmartCard Workshop Tagungsband, GMD, Darmstadt, 1994.

Deeg, E. (1990): EDIFACT - Eine neue Herausforderung für die Kreditinstitute, Computer und Recht 11/1990, 739 ff.

Denninger, E. (1988): Der Präventions-Staat, KJ 1988, 1 ff. = in: Denninger, E.: Der gebändigte Leviathan, Baden-Baden, 1990, 33 ff.

Denninger, E. (1990): Verfassungsrechtliche Anforderungen an die Normsetzung im Umwelt- und Technikrecht, Baden-Baden, 1990.

Dethloff, J. (1994): 25 Jahre Chipkarten-Technik - Rückblick und Ausblick, in: Struif, B. (Hrsg.): 4. GMD-SmartCard Workshop Tagungsband, GMD, Darmstadt, 1994.

Diffie, W. / Hellman, M. E. (1976): New directions in Cryptography, IEEE Transactions on Information Theory (IEEE.IT) 6/1976, 644 ff.

Dix, A. (1994): Das weltweite Directory und persönliche Numerierungssysteme, DuD 9/1994, 484 ff.

Dörr, E. / Schmidt, D. (1991): Neues Bundesdatenschutzgesetz, Handkommentar, Köln, 1991.

ECMA - European Computer Manufactures Association (1989): Standard ECMA-138 - Security in Open Systems, Geneva, 1989.

Effing, W. (1994): Das 'Electronic Purse'-Konzept von CEN/TC244/WG10, in: Struif, B. (Hrsg.): 4. GMD-SmartCard Workshop Tagungsband, GMD, Darmstadt, 1994.

EG-Kom - Kommission der Europäischen Gemeinschaft (1990): Vorschlag für eine Richtlinie des Rates zum Schutz personenbezogener Daten und der Privatsphäre in öffentlichen digitalen Telekommunikationsnetzen, nach: DuD 9/1990, 458 ff.

EG-Kom - Kommission der Europäischen Gemeinschaften (1993): Green Book on the Security of Information Systems, Draft 3.7, 1993.

EG-Kom - Kommission der Europäischen Gemeinschaften (1994a): European Model EDI Agreement, Draft Januar 1994, Brussels, 1994.

EG-Kom - Kommission der Europäischen Gemeinschaften (1994b): Proposal for a Council Decision adopting a multi-annual action concerning the establishment of Europe-wide Trust Services for non-classified information Services (ETS), Discussion Draft, nach: DuD 8/1994, 453 ff.

Ekardt, H.-P. (1993): Bautechnische Infrastruktur, Manuskript, Universität Gesamthochschule Kassel, 1993.

Ekardt, H.-P. (1994): Unter-Gestell - Die bautechnischen Fundamente großer technischer Systeme, in: Braun, I. / Joerges, B. (Hrsg.): Technik ohne Grenzen, Frankfurt, 1994, 166 ff.

ElGamal, T. (1985): A Public Key Cryptosystem and a Signature Scheme Based on Discrete Logarithms, IEEE Transactions on Information Theory (IEEE.IT) 4/1985, 469 ff.

Engel, T. (1995): Das elektronische Grundbuch, in: Struif, B. (Hrsg.): 5. GMD-SmartCard Workshop Tagungsband, GMD, Darmstadt, 1995.

Evers, U. (1960): Privatsphäre und Ämter für Verfassungsschutz, 1960.

Falberg, A. (1993): The Danmont-Concept, in: Struif, B. (Hrsg.): 3. GMD-SmartCard Workshop Tagungsband, GMD, Darmstadt, 1993.

Fietta, K. (1989): Chipkarten - Technik, Sicherheit, Anwendungen, Heidelberg, 1989.

Fölsing, A. (1981): Die Hohe Schule der Kryptologie, in: Michel, K. M. / Spengler, T. (Hrsg.): Kursbuch 66, Die erfaßte Gesellschaft, Berlin, 1981, 92 ff.

Frey, R. L. (1978): Infrastruktur, in: Handwörterbuch der Wirtschaftswissenschaften Bd. 4, Stuttgart, 1978, 200 ff.

Fries, O. / Fritsch, A. / Kessler, V. / Klein, B. (1993): Sicherungsmechanismen, München, 1993.

Fritzsche, J. / Malzer, H. M. (1995): Ausgewählte Probleme elektronisch signierter Willenserklärungen, DNotZ 1995, 3.

Fumy, W. / Landrock, P. (1993): Principles of Key Management, IEEE Journal on Selected Areas in Communications (IEEE.SAC) 5/1993, 785 ff.

Fumy, W. / Rieß, H. P. (1994): Kryptographie, 2. Aufl. 1994.

Gaal, W. (1994): Die Chipkarte als Instrument der Informationssicherheit, in: Bundesärztekammer u. a. (Hrsg.): Vertrauenswürdige Informationstechnik für Medizin und Gesundheitsverwaltung, Gedruckte Manuskripte der Vorträge der Veranstaltung vom 15. und 16. September 1994 in Bonn, 1994.

Geihs, K. (1993): Infrastrukturen für heterogene verteilte Systeme, Informatik Spektrum 1/1993, 11 ff.

Goebel, J. W. / Scheller, J. (1991): Elektronische Unterschriftsverfahren in der Telekommunikation. Rechtliche Rahmenbedingungen und Einzelfragen, Braunschweig, 1991.

Grau, Th. (1994): Alles integriert - Informationssurfen im World Wide Web, c't 6/1994, 76 ff.

Grimm, R. (1994): Sicherheit für offene Kommunikation - Verbindliche Telekooperation, Mannheim, 1994.

Grimm, R. / Nausester, R.-D. / Schneider, W. / Viebeg, U. (1990): Secure DFN - Principles of Security Operations and Specification of Security Interfaces, Arbeitspapiere der GMD 491, Sankt Augustin, 1990.

Guggenberger, B. (1987): Das Menschenrecht auf Irrtum, München, Wien, 1987.

Gürgens, S. (1994): Kryptographische Aspekte beim Einsatz von Smartcards als elektronischer Dokumenten-Träger, in: Struif, B. (Hrsg.): 4. GMD-SmartCard Workshop Tagungsband, GMD, Darmstadt, 1994.

Gusy, C. (1986): Das Grundrecht des Post- und Fernmeldegeheimnisses, JuS 1986, 89 ff.

Gusy, C. (1991): Befugnisse des Verfassungsschutzes zur Informationserhebung, DVBl. 1991, 1288 ff.

Gusy, C. (1992): Vorbeugende Verbrechensbekämpfung nach dem Außenwirtschaftsgesetz, StV 1992, 484 ff.

Häfele, W. (1974): Hypotheticality and new Challanges: The Pathfinder Role of Nuclear Energy, Minerva, 1974.

Häfner, K. (1985): Die neue Bildungskrise, Reinbek, 1985.

Hammer, V. (1993): Beweiswert elektronischer Signaturen, in: Weck, G./ Horster, P. (Hrsg.): Verläßliche Informationssysteme - Proceedings der GI-Fachtagung VIS '93, Braunschweig/Wiesbaden, 1993, 269 ff.

Hammer, V. (1994a): Gestaltungsanforderungen zum Nachweis der Urheberschaft digital signierter Dokumente, in: Bauknecht, K. / Teufel, S. (Hrsg.): Sicherheit in Informationssystemen, Zürich, 1994, 225 ff.

Hammer, V. (1994b): Mehrfachzertifikate in Zertifizierungshierarchien, provet-Arbeitspapier 148, Darmstadt, 1994.

Hammer, V. (1994c): Strukturoptionen für Sicherungsinfrastrukturen, provet-Arbeitspapier 149, Darmstadt, 1994.

Hammer, V. (1994d): Begriffsbildung: Infrastruktur und Sicherungsinfrastruktur, provet-Arbeitspapier 150i, Darmstadt, 1994.

Hammer, V. (1994e): Simulationsstudien im Prozeß der Technikgestaltung, in: Bundesamt für Sicherheit in der Informationstechnik (Hrsg.): Computersimulation: (K)ein Spiegel der Wirklichkeit - interdisziplinärer Diskurs zu querschnittlichen Fragen der IT-Sicherheit, 1994, Ingelheim, 126 ff.

Hammer, V. (1995a): Gestaltungsbedarf und Gestaltungsoptionen für Sicherungsinfrastrukturen, in diesem Band, 41 ff.

Hammer, V. (1995b): Exemplarische Verletzlichkeitsprobleme durch die Anwendung von Sicherungsinfrastrukturen, in diesem Band, 87 ff.

Hammer, V. (1995c): Digitale Signaturen mit integrierter Zertifikatkette - Gewinne für den Urheberschafts- und Autorisierungsnachweis, in: Brüggemann, H. H. / Gerhardt-Häckl, W. (Hrsg.): Verläßliche IT-Systeme VIS '95, Braunschweig, 1995, 265 ff.

Hammer, V. (1995d): Vor- und Nachteile von Mehrfachzertifikaten für öffentliche Schlüssel, in: Bundesamt für Sicherheit in der Informationstechnik (Hrsg.): Fachvorträge 4. Deutscher IT-Sicherheitskongreß 1995, Bonn, 1995.

Hammer, V. / Bizer, J. (1993): Beweiswert elektronisch signierter Dokumente, DuD 12/1993, 689 ff.

Hammer, V. / Pordesch, U. / Roßnagel, A. (1993): Betriebliche Telefon- und ISDN-Anlagen rechtsgemäß gestaltet, Heidelberg, New York, 1993.

Hammer, V. / Pordesch, U. / Roßnagel, A. / Schneider, M. J. (1994): Vorlaufende Gestaltung von Telekooperationstechnik am Beispiel von Verzeichnisdiensten, Personal Digital Assistants und Erreichbarkeits-Management in der Dienstleistungsgesellschaft, GMD-Studie 235, Sankt Augustin, 1994.

Hammer, V. / Roßnagel, A. (1993): Soziale und politische Implikationen einer künftigen Sicherungsinfrastruktur (Projektbeschreibung), provet-Arbeitspapier 114, Darmstadt, 1993.

Hammer, V. / Schneider, M. J. (1995): Szenario künftiger Sicherungsinfrastrukturen für Telekooperation, in diesem Band, 1 ff.

Hantke, W. (1992): Die Verschärfung des Außenwirtschaftsrechts, NJW 1992, 2123 ff.

Herda, S. (1992): Technische und organisatorische Aspekte der elektronischen Unterschrift, in: Herda, S. / Seidel, U. / Struif, B.: Bestandsaufnahme über die elektronischen Signaturverfahren, Studie der GMD für das Bundesamt für Sicherheit in der Informationstechnik, 1992.

HessDSB - Hessischer Datenschutzbeauftragter (1992): 21.Tätigkeitsbericht, Wiesbaden, 1992.

Heun, S. E. (1995): Elektronisch erstellte oder übermittelte Dokumente und Schriftform, CR 1995, 2.

Heuser, J. (1993): TV-Werbung für die PIN, Bank und Markt 2/1993, 34f.

Hocke, E. / Berwald, S. / Maurer, H. D. (1994): Außenwirtschaftsrecht, Loseblatt, 56. Ergänzungslieferung, Stand: März 1994.

Höller, H. (1993): Kommunikationssysteme - Normung und soziale Akzeptanz, Wiesbaden, 1993.

Hörning, K. (1988): Technik im Alltag und die Widersprüche des Alltäglichen, in: Joerges, B. (Hrsg.): Technik im Alltag, Stuttgart, 1988.

Horster, P. / Portz, M. (1994): Privacy Enhanced Mail - Ein Standard zur Sicherung des elektronischen Nachrichtenverkehrs im Internet, DuD 8/1994, 434 ff.

Hughes, T. P. (1987): The Evolution of Large Technological Systems, in: Bijker, W. E. / Hughes, T. P. / Pinch, T. J. (Ed.): The Social Construction of Technological Systems, Cambridge/Mass., 1987, 51 ff.

Hund, H. (1992): Überwachungsstaat auf dem Vormarsch - Rechtsstaat auf dem Rückzug, NJW 1992, 2118 ff.

Jahnke, J. (1992): Mit den Mitteln des Rechtsstaats gegen die Verbreitung von Massenvernichtungs-Technologie, ZRP 1992, 83 ff.

Jansen, K. D. / Schwitalla, U. / Wicke, W. (Hrsg., 1989): Beteiligungsorientierte Systementwicklung, Opladen, 1989.

Jarass, H. D. / Pieroth,B. (1992): Kommentar zum Grundgesetz, 2.Aufl., München, 1992.

Jochimsen, R. / Gustafsson, K. (1970): Infrastruktur. Grundlage der marktwirtschaftlichen Entwicklung, in: Handwörterbuch der Raumforschung und Raumordnung, 2. Aufl. 2. Bd., Hannover, 1970; ergänzter Nachdruck in: Simonis, U. E. (Hrsg.): Infrastruktur, Köln, 1977, 1970, 39 ff.

Joerges, B. (1992): Große technische Systeme, in: Bechman, G. / Rammert, W. (Hrsg.): Technik und Gesellschaft, Jahrbuch 6, Frankfurt/M, 1992, 41 ff.

Jordan, F. / Medina, M. / Cruellas, J. C. / Gallego, I. (1994): A Step Ahead in the Directory Authentication Framework, in: Medina, M. / Borenstein, N. (Hrsg.): Upper Layer Protocols, Architectures and Applications - Proceedings of the IFIP TC6/WG6.5 International Conference 1994 in Barcelona, Amsterdam u. a., 1994, 89 ff.

Kahn, D. (1967): The Codebrakers, New York, 1967.

Kaliski, B. S. (1993): An Overview of the PKCS Standard, Redwood City, CA 94065, USA, 1993.

Källström, L. (1992): Der elektronische Führerschein als Beispiel für den Einsatz der SmartCard als elektronisches Ausweisinstrument, in: Struif, B. (Hrsg.): 2. GMD-SmartCard Workshop Tagungsband, GMD, Darmstadt, 1992.

Kämmerer, L. / Eidenmüller, A. (1991): Post und Fernmeldewesen, Loseblatt, 48. Lieferung, Mai 1991.

Kausch, E. (1991): Die gesellschaftlichen Funktionen des Rechts, in: Grimm, D. (Hrsg.): Einführung in das Recht, Heidelberg, 1991, 1 ff.

Kent, S. (1993): Privacy Enhancement for Internet Electronic Mail - Part II: Certificate-Based Key-Management, Internet Network Working Group RFC 1422, 1993.

Kersten, H. (1992): Neue Aufgabenstellungen des Bundesamt für Sicherheit in der Informationstechnik, DuD 1992, 293 ff.

Kersten, H. (1993): Von Akkreditierung bis Zertifizierung, BSI-Forum 2/1993, in KES BSI-Forum 4/1993, 25 ff.

Kilian, W. (1993): Möglichkeiten und zivilrechtliche Probleme eines rechtswirksamen elektronischen Datenaustauschs (EDI), DuD 11/1993, 606 ff.

Kilian, W. (1994): Zweck und Inhalt des deutschen EDI-Rahmenvertrages, CR 1994, 657.

Kilian, W. u. a. (1994): Electronic Data Interchange (EDI), Baden-Baden, 1994.

Kiranas, A. (1995): Sicherheitskonzepte von Point of Sale (POS)-Systemen - 2. Teil, DuD 1/1995, 35 ff.

Kissinger, S. / Schiller, G. (1992): Elektronische Unterschriftsprüfung kontra PIN, à la Card aktuell 13/1992, 27 ff.

KK-StPO (1993): Karlsruher Kommentar zur Strafprozeßordnung und zum Gerichtsverfassungsgesetz, hrsg. von G.Pfeiffer, 3.Aufl. 1993.

Klein, S. (1993): Hürdenlauf Electronic Cash, Hamburg, 1993.

Klein, S. / Weller, S. (1991): Informationssicherheit beim elektronischen Geschäftsaustausch - dargestellt am Beispiel von EDI in der Versicherungswirtschaft, 1991.

Kleinknecht, T. / Meyer, K. (1992): Kommentar zur Strafprozeßordnung, 40. Aufl., München, 1992.

Klesczewksi, D. (1993): Das Auskunftsersuchen an die Post: die wohlfeile Dauerkontrolle von Fernmeldeanschlüssen? StV 1993, 382 ff.

Koch, H.-J. (1994): Verfassungsrechtlicher Bestandsschutz als Grenze der Deregulierung und der umweltpolitischen Steuerung im Bereich der Elektrizitätswirtschaft?, DVBl 1994, 840 ff.

Köhler, C. O. (1992): Einsatz der SmartCard in der Krebsnachsorge, in: Struif, B. (Hrsg.): 2. GMD-SmartCard Workshop Tagungsband, GMD, Darmstadt, 1992.

Köhrer, C. (1992): Die digitale Unterschrift im Bereich Banken, in: Reimer, H. / Struif, B. (Hrsg.): Kommunikation und Sicherheit, Bad Vilbel, Darmstadt, 1992, 50 ff.

Kowalski, B. (1992): Trust Center Dienstleistungen für Anwender von Signatur-Funktionen, in: Reimer, H. / Struif, B. (Hrsg.): Kommunikation und Sicherheit, Bad Vilbel, Darmstadt, 1992, 27 ff.

Kowalski, B. (1994): Aufgaben und Management eines Trustcenters, in: Bundesnotarkammer (Hrsg.), Elektronischer Rechtsverkehr. Digitale Signaturverfahren und Rahmenbedingungen, Köln, 1994, 121.

Kowalski, B. / Wolfenstetter, K.-D. (1990): Trust Center für öffentliche Netze, it 1/1990, 46 ff.

Kowalski, B. / Wolfenstetter, K.-D. (1994): Sicherheitsstandards im Rahmen der ETSI-Normungsarbeiten, DuD 1/1994, 30 ff.

Kreft, H.-D. (1991): RASEC - per Funk aktualisierte Sperrdateien von Kreditkarten, in: Struif, B. (Hrsg.): GMD-SmartCard Workshop Tagungsband, GMD, Darmstadt, 1991.

Kreft, H.-D. (1994): Technischer Hintergrund des Stereo-Effekts bei kontaktlosen Chipkarten, in: Struif, B. (Hrsg.): 4. GMD-SmartCard Workshop Tagungsband, GMD, Darmstadt, 1994.

Kruse, D. (1987): Mit Chipkarte und Kryptographie gegen Computerkriminalität, CR 1987.

Kubicek, H. u. a. (1993): Die Verbreitungschancen von Wertkarten im kartengestützten Zahlungsverkehr, Workshop-Dokumentation, Universität Bremen, 1993.

Kubicek, H. (1992): Die Organisationslücke beim Austausch von Geschäftsdaten (EDI) zwischen Organisationen, Forschungsberichte des Studiengangs Informatik 2/92, Universität Bremen, 1992.

Kubicek, H. / Klein, S. (1994): Co-Organisation - Wege zur Überwindung der Organisationslücke bei branchenübergreifenden Kartenlösungen, in: inTime (Hrsg.): Kongreßdokumentation der Multicard '94, Berlin, 1994, 47 ff.

Kubicek, H. / Müller, G. / Raubold, E. / Roßnagel, A. (Hrsg., 1994): Jahrbuch Telekommunikation und Gesellschaft, Heidelberg, 1994.

Kubicek, H. / Rolf, A. (1987): Mikropolis, 2.Aufl., Hamburg, 1987.

Kumbruck, C. (1993a): Anwendergerechtheit in der Rechtspflege, provet-Arbeitspapier 105, Darmstadt, 1993.

Kumbruck, C. (1993b): Auswertung der Langzeitstudie "Elektronische Urlaubskarte", Technikversion DISCO2, unter dem Kriterium der Anwendergerechtheit, provet-Arbeitspapier 119, Darmstadt, 1993.

Kumbruck, C. (1993c): Die elektronische Urlaubskarte, provet-Arbeitspapier 84, Darmstadt, 1993.

Kumbruck, C. (1994): Der "unsichere Anwender" - vom Umgang mit Signaturverfahren, DuD 1/1994, 20 ff.

Kumbruck, C. (1995): Digitale Sicherheit und Sicherheitskultur, in diesem Band, 217 ff.

Langer, S. (1994): Verfassungsfragen des Gesetzentwurfs zur Neuregelung des Energiewirtschaftsrechts, ET 1994, 158 ff.

Lenk, K. / Goebel, J. W. / Schmalz, R. (1986): Das elektronische Informationsgeschäft. Rechts- und Organisationsprobleme im Zusammenhang mit dem Projekt OSIS (Open Shops for Information Services), Frankfurt, 1986.

Löwe / Rosenberg (1988): Die Strafprozeßordnung und das Gerichtsverfassungsgesetz, hrsg. von P. Rieß, 24. Aufl., 1. Band. §§ 1-111n, 1988.

Lühe, J. (1992): Directory-Aktivitäten von Zertifizierungsinstanzen, Sankt Augustin, 1992.

Luhmann, N. (1989): Vertrauen - Ein Mechanismus der Reduktion sozialer Komplexität, 3. Aufl. Stuttgart, 1989.

Marcus, P. / Baur, J. F. (1994): Anmerkungen zu den energie- und kartellrechtlichen Novellierungsvorschlägen des BMWi, ET 1994, 407 ff.

Maunz, T. / Dürig, G. (193): Kommentar zum Grundgesetz, Loseblatt, 30. Lieferung, München, Oktober 1993.

Maurer, H. (1994): Allgemeines Verwaltungsrecht, 9. Aufl. München, 1994.

Mayntz, R. (1988): Zur Entwicklung technischer Infrastruktursysteme, in: Mayntz, R. / Rosewitz, B. / Schimank, U. / Stichweh, R. (Hrsg.): Differenzierung und Verselbständigung. Zur Entwicklung gesellschaftlicher Teilsysteme, Frankfurt/M, New York, 1988, 233 ff.

Medert, K. M. / Süßmuth, W. (1992): Paß- und Personalausweisrecht, Band 1, Personalausweisrecht des Bundes und der Länder, 2. Aufl., Köln, 1992.

Mehrings, J. (1989): Datenschutzrechtliche Aspekte beim Aufbau und Betrieb von Online-Datenbanken, DuD 12/1989, 598 ff.

Meister, G. (1992): Die SmartCard-Sicherheitstechnik am Beispiel STARCOS, in: Reimer, H. / Struif, B. (Hrsg.): Kommunikation und Sicherheit, Bad Vilbel, Darmstadt, 1992, 19 ff.

Melullis, K. J. (1994): Zum Regelungsbedarf bei der elektronischen Willenserklärung, MDR 1994, 109.

Mettler-Meibom, B. (1987): Soziale Kosten der Informationsgesellschaft, Frankfurt, 1987.

Mettler-Meibom, B. (1990): Wie kommt es zur Zerstörung zwischenmenschlicher Kommunikation, in: Rammert (Hrsg.), Computerwelten - Alltagswelten, Opladen, 1990, 65 ff.

Meyer-Abich, K. M. (1989): Aus Politik und Zeitgeschichte Bd. 36/1989.

Michalke, R. (1993): Die strafrechtlichen und verfahrensrechtlichen Änderungen des Außenwirtschaftsgesetzes, StV 1993, 262 ff.

Mittermayr, E. (1994): Probleme des elektronischen Datenaustauschs, KES 6/94, 41.

Möller, R. (1990): Der Weg zum "User" - Probleme von EDV-Novizen bei der Aneignung des Phänomens Computer, in: Rammert (Hrsg.), Computerwelten - Alltagswelten, Opladen, 1990, 144 ff.

Möller, S. / Pfitzmann, A. / Stierand, I. (1994): Rechnergestützte Steganographie: Wie sie funktioniert und warum folglich jede Reglementierung von Verschlüsselung unsinnig ist, DuD 1994, 318 ff.

Müller, K. (1994): Digitale Signaturen: Referenzszenarien und Risikoanalysen, in: Reimer, H. (Hrsg.): TeleTrusT Jahresbericht 1993, Erfurt, 1994.

Müller, K. / Pfau, A. (1992): Biometrische Verfahren zur Verifikation der Personenidentität, DuD 7/1992, 346 ff.

Müller-Berg, M. (1991): EDI und Sicherheit, DuD 10/1991, 514 ff.

Müller-Reißmann, K. F. / Bohmann, K. / Schaffner, J. (1988): Kriterien der Sozialverträglichkeit Teil B: Kriteriensystem zur Bewertung der neuen Informations- und Kommunikationstechnik, Bericht des ISP - Institut für angewandte Systemforschung und Prognose, Hannover, 1988.

Münch, I. v. / Kunig, P. (1992): Grundgesetz-Kommentar, Band 1, Präambel bis Art 20, 4. Aufl., München, 1992.

Neuberger, O. (1991): Unternehmenskultur, in Flick, U. (Hrsg.): Handbuch qualitativer Sozialforschung, München, 1991, 302 ff.

NSEP - Commitee on Review of Switching, Synchronisation and Network Control in National Security Telecommunications (1989): Growing Vulnerability of the Public Switched Networks: Implications for the National Security Emergency Preparedness, Washington, D. C., 1989.

Ordemann, H.-J. / Schomerus, R. / Gola, P. (1992): Bundesdatenschutzgesetz, München, 1992.

Pfitzmann, A. / Pfitzmann, B. / Schunter, M. / Waidner, M. (1995): Vertrauenswürdiger Entwurf portabler Benutzerendgeräte und Sicherheitsmodule, in: Brüggemann, H. H. / Gerhardt-Häckl, W. (Hrsg.): Verläßliche IT-Systeme VIS '95, Braunschweig, 1995, 329 ff.

Pfitzmann, B. / Waidner, M.: Fail-Stop-Signaturen und ihre Anwendung, in: Pfitzmann, A. / Raubold, E. (Hrsg.): VIS '91 Verläßliche Informationssysteme, Berlin, Heidelberg, 1991, 289 ff.

Pfitzmann, A. (1990): Diensteintegrierende Kommunikationsnetze mit teilnehmerüberprüfbarem Datenschutz, Berlin, Heidelberg, 1990.

Picot, A. / Neuburger, R. / Niggl, J. (1992): Wirschaftlichkeitsaspekte des Electronic Data Interchange (EDI), Office Management 6/1992, 38 ff.

Pieroth, B. / Schlink, B. (1993): Grundrechte. Staatsrecht II, 9.Aufl., Heidelberg, 1993.

Podlech, A. (1970): Verfassungsrechtliche Probleme öffentlicher Datenbanken, DÖV 1970, 473 ff.

Podlech, A. (1972): Verfassungsrechtliche Probleme öffentlicher Informationssysteme, DVR 1972/73, 159 ff.

Podlech, A. (1976): Aufgaben und Problematik des Datenschutzes, DVR 1976, 23 ff.

Podlech, A. (1982): Individualdatenschutz - Systemdatenschutz, in: Brückner, K. / Dalichau, G. (Hrsg.): Beiträge zum Sozialrecht, Festgabe für H. Grüner, Percha, 1982, 451 ff.

Pohlmann, N. (1990): Das RSA-Verfahren und dessen Anwendung, DuD 1/1990, 14 ff.

Pordesch, U. (1989): Informatisierung und neue Polizeistrategien, in: Roßnagel A. (Hrsg.), Freiheit im Griff, Stuttgart, 1989.

Pordesch, U. (1989): Zum Katastrophenpotential der Telekommunikation, Zivilverteidigung, II/1989, 41 ff.

Pordesch, U. (1993): Experimente zur Verletzlichkeit im Rahmen der Simulationsstudie formularorientierte Vorgangssysteme, provet-Arbeitspapier 106, Darmstadt, 1993.

Pordesch, U. (1993): Risiken elektronischer Signaturverfahren, DuD 10/1993, 561 ff.

Pordesch, U. (1993): Zur Abhörsicherheit in der Telefonkommunikation, Funkschau 19/1993, 46 ff.

Pordesch, U. (1994): Anwendungsrisiken digitaler Signaturverfahren, provet-Arbeitspapier 144, Darmstadt, Februar 1994.

Pordesch, U. (1995): Gesellschaftliche Folgen von Sicherungsinfrastrukturen und Grenzen der Technikgestaltung, in diesem Band, 247 ff.

Pordesch, U. / Hammer, V. / Roßnagel, A. (1991): Hicom, Mitbestimmung und Datenschutz. Teil I, Wissenschaftliche Analyse. Gutachten im Auftrag der Siemens AG, provet-Projektbericht 6a, Darmstadt, Juli 1991

Pordesch, U. / Roßnagel, A. (1994): Elektronische Signaturverfahren rechtsgemäß gestaltet, DuD 2/1994, 82 ff.

Pordesch, U. / Roßnagel, A. / Schneider, M. J. (1993): Erprobung sicherheits- und datenschutzrelevanter Informationstechniken mit Simulationsstudien, DuD 1993, 491 ff.

Pordesch, U. / Schneider, M. J. (1993): Anwendungsrisiken elektronischer Signaturverfahren, GMD-Spiegel 2/1993, 35 ff.

Pottmeyer, K. (1994): Kriegswaffenkontrollgesetz (KWKG), Kommentar, 2. Aufl., Köln, 1994.

provet (1993): Die Simulationsstudie elektronische Vorgangsbearbeitung. provet-Projektbericht 8, Darmstadt, 1993.

provet / GMD (1994a): Die Simulationsstudie Rechtspflege - Eine neue Methode zur Technikgestaltung für Telekooperation, Berlin, 1994.

provet / GMD (1994b): Computerunterstützte Vorgangsbearbeitung im Büro der Zukunft, provet-Projektbericht 11, Darmstadt, 1994. Erscheint als GMD-Studie 261, St. Augustin, 1995.

Rachor, F. (1992): Polizeihandeln, in: Lisken / Denninger (Hrsg.): Handbuch des Polizeirechts, München, 1992, 187 ff.

Randow, G. v. (1993): Schlüssel für Abhörer, in: Die Zeit Nr. 39 vom 24. 9. 1993, 49f.

Raubold, E. (1986): Elektronische "Vertrauens-Übertragung" - Ein Problem für die Nutzung offener Kommunikationssysteme, GMD-Spiegel 1/1986, 9 ff.

Raubold, E. (1994): Sicherheitskonzepte für »offene« IT-Anwendungen, in: Cyranek, G. / Bauknecht, K. (Hrsg.): Sicherheitsrisiko Informationstechnik - Analysen, Empfehlungen, Maßnahmen in Staat und Wirtschaft, Braunschweig/Wiesbaden, 1994, 35 ff.

Reimer, H. / Struif, B. (Hrsg., 1992): Kommunikation und Sicherheit, Bad Vilbel, Darmstadt, 1992.

Reisin, F.-M. / Schmidt, G. (1989): Steps - Ein Ansatz zur evolutionären Systementwicklung, in: Jansen, K. D. / Schwitalla, U. / Wicke, W. (Hrsg.): Beteiligungsorientierte Systementwicklung, Opladen, 1989, 94 ff.

Riegel, R. (1991): Rechtliche Neuerungen und politische Veränderungen des Gesetzes zu Art. 10 GG (G 10), ZRP 1991, 392 ff.

Rihaczek, K. (1987a): Datensicherheit amerikanisch, DuD 1987, 240 ff.

Rihaczek, K. (1987b): Ein Kompromißvorschlag zur Datenverschlüsselung, DuD 1987, 299 ff.

Rihaczek, K. (1988a): Fernmelde-Directory und Distinguished Name: Neue Herausforderung für den Datenschutz?, DuD 1988, 336 ff.

Rihaczek, K. (1988b): Eine Art "Seidene Schnur" zur Realisierung einer auf ambulante Teilnehmer verteilten Sperrdatei, DuD 2/1988, 84 ff.

Rihaczek, K. (1992): Rechtlicher Regelungsbedarf zur Beweiseignung elektronischer Kommunikation, DuD 8/1992, 409 ff.

Rihaczek, K. (1993): Kryptoalgorithmen in offenen Kommunikationssystemen - Notwendigkeit und Gefahren ihrer Normung, DuD 4/1993, 220 ff.

Rihaczek, K. (1994a): Die KEG und "Trusted Services" - Kommunikationsdienste mit öffenlichem Vertrauen, DuD 8/1994, 452 ff.

Rihaczek, K. (1994b): ISDN-Datenschutzrichtlinie, DuD 1994, 489 ff.

Rihaczek, K. (1994c): Der elektronische Beweis - die Lücke bei der Umsetzung von Technik zum Rechtsgebrauch, DuD 1994, 127 ff.

Rivest, R. / Shamir, A. / Adleman, L. (1978): A method for obtaining digital signatures and public-key cryptosystems, Communications of the ACM (C.ACM), 120 ff.

Roewer H. (1987): Nachrichtendienstrecht der Bundesrepublik Deutschland, Köln, 1987.

Rohlf, D. (1980): Der grundrechtliche Schutz der Privatsphäre, Berlin, 1980.

Rösner, V. (1993): Rechtliche Aspekte der elektronischen Unterschrift, KES 5/1993, 43.

Roßnagel, A. (1983): Bedroht die Kernenergie unsere Freiheit, München, 1983.

Roßnagel, A. (1984): Radioaktiver Zerfall der Grundrechte, München, 1984.

Roßnagel, A. (1990): Das Recht auf (Tele-)kommunikative Selbstbestimmung, KJ 3/1990, 267 ff.

Roßnagel, A. (1992): Die parlamentarische Verantwortung für den technischen Fortschritt, ZRP 1992, 55 ff.

Roßnagel, A. (1992): Digitale Unterschriften und Verfassungsverträglichkeit, in: Reimer/Struif (Hrsg.): Telekommunikation und Sicherheit, TeleTrusT e. V., Darmstadt, Bad Vilbel, 1992, 40.

Roßnagel, A. (1993): Rechtswissenschaftliche Technikfolgenforschung, Baden-Baden, 1993.

Roßnagel, A. (1993): Sicherheitsphilosophien im Technikrecht - am Beispiel des Atomrechts, UPR 4/1993, 129 ff.

Roßnagel, A. (1994): Digitale Signaturen im Rechtsverkehr, NJW-CoR 2/1994, 96 ff.

Roßnagel, A. (1994): IT-Sicherheit und Recht, BSI-Forum in KES 4/1994, 45 ff.

Roßnagel, A. (1994): Kommunikative Selbstbestimmung - Verfassungsverträgliche Gestaltung von Informations- und Kommunikationstechniken, prisma Nr. 48 (1994), 3.

Roßnagel, A. (1994): Technikgestaltung am Beispiel der Informations- und Kommunikationstechniken, Universitas 1994, 831 ff.

Roßnagel, A. (1994): Telekooperative Rechtspflege, CR 1994, 498 ff.

Roßnagel, A. (1994a): Grundrechtliche Risiken und Chancen der Chipkartennutzung, in: Wolfinger, B. (Hrsg.): Innovationen bei Rechen- und Kommunikationssystemen. Eine Herausforderung der Informatik, 24. Jahrestagung der Gesellschaft für Informatik im Rahmen des 13th World Computer Congress, IFIP-Congress '94, Berlin u. a., 1994, 267 ff.

Roßnagel, A. (1994b): Freiheit durch Systemgestaltung - Strategien des Grundrechtsschutzes in der Informationsgesellschaft, in: Nickel, E. / Roßnagel, A. / Schlink, B. (Hrsg.): Die Freiheit und die Macht - Wissenschaft im Ernstfall - Festschrift für A. Podlech, Baden-Baden, 1994, 227 ff.

Roßnagel, A. (1994c): Verfassungsverträglichkeit - Ein Bewertungskonzept für Techniksysteme, in: Bechmann, G. / Petermann, T. (Hrsg.): Interdisziplinäre Technikforschung, Frankfurt, 1994, 185 ff.

Roßnagel, A. (1995a): Rechtliche Gestaltung informationstechnischer Sicherungsinfrastrukturen, in diesem Band, 135 ff.

Roßnagel, A. (1995b): Rechtspolitische Gestaltungsstrategie für Sicherungsinfrastrukturen, in diesem Band, 265 ff.

Roßnagel, A. / Bizer, J. (1992): Altlastenerhebung und Datenschutz in Baden-Württemberg, BWVBl 1992, 361 ff.

Roßnagel, A. / Pordesch, U. (1994): Rechtliche Anforderungen an Telematiksysteme im Verkehr, provet-Projektbericht 12, Darmstadt, 1994.

Roßnagel, A. / Pordesch, U. (1995): Road-Pricing-Systeme und Datenschutz, DuD 2/1995, 77 ff.

Roßnagel, A. / Wedde, P. / Hammer, V. / Pordesch, U. (1990a): Die Verletzlichkeit der 'Informationsgesellschaft', Opladen, 1990.

Roßnagel, A. / Wedde, P. / Hammer, V. / Pordesch, U. (1990b): Digitalisierung der Grundrechte? Zur Verfassungsverträglichkeit der Informations- und Kommunikationstechnik, Opladen, 1990.

RSA-DSI - RSA Data Security Inc. (1993): Certificate Services - An RSA White Paper, Redwood City, CA 94065, USA, 1993.

Rueppel, R. A. (1994): "Clipper" - Der Krypto-Konflikt am Beispiel der Amerikanischen ESCROW Technologie, DuD 1994, 443 ff. Auch in: Tinnefeld, M.-Th / Phillipps, L /

Weis, K. (Hrsg.): Institutionen und Einzelne im Zeitalter der Informationstechnik, München, 1994, 183 ff.

Rueppel, R. A. / Massey, J. L. (ohne Jahr): Feind hört mit - Die Sicherheit des zukünftigen europäischen Mobiltelefonnetzes GSM, in: ascom (Hrsg.): Mobile Telekommunikation - 4. Berner Technologieforum, Technische Rundschau, 16 ff.

Rütter, P. M. (1991): Die Telekommunikationsdienstleistungsfreiheit und ihre rechtlichen Rahmenbedingungen, jur-pc 12/1991, 1357 ff.

Schaar, P. (1992): Datenspuren und schwarze Listen, à la Card aktuell 4-5/1992, 10 ff.

Schäfer, W. (1994): Zertifikate und Trustcenterfunktionen, in: Bundesärztekammer u. a. (Hrsg.): Vertrauenswürdige Informationstechnik für Medizin und Gesundheitsverwaltung, Gedruckte Manuskripte der Vorträge der Veranstaltung vom 15. und 16. September 1994 in Bonn, 1994.

Schapper, H. C. / Schaar,P. (1989): Poststruktur und Datenschutz, CR 1989, 309 ff.

Scheble, R. (1994): Perspektiven der Grundversorgung, Baden-Baden, 1994.

Scheidegger, P. / Zbornik, S. (1993): Sicherheitskonzepte für offene elektronische Märkte auf der Basis von EDI, St. Gallen, 1993.

Scherer, J. (1983): Rechtsprobleme des Staatsvertrags über Bildschirmtext, NJW 1983, 1832 ff.

Scherer, J. (1987): Nachrichtenübertragung und Datenverarbeitung im Telekommunikationsrecht, Baden-Baden, 1987.

Schiller, H.-I. (1984): Die Verteilung des Wissens, Frankfurt, New York, 1984.

Schmidt, J. (1990): Wann haftet der Staat, München, 1990.

Schmitt-Glaeser, W. (1989): Schutz der Privatsphäre, in: Isensee, J. / Kichhof, P. (Hrsg.): Handbuch des Staatsrechts (HdbStR), Band VI, § 129, München, 1989.

Schneider, W. (1992): PASSWORD Ein EG-Projekt zur pilotmäßigen Erprobung von Authentisierungsdiensten, in: Reimer, H. / Struif, B. (Hrsg.): Kommunikation und Sicherheit, Bad Vilbel, Darmstadt, 1992, 63 ff.

Schneier, B. (1993): Applied Cryptography - Protocols, Algorithms, and Source Code in C, New York, 1993.

Schönke, A. / Schröder, H. (1991): Kommentar zum Strafgesetzbuch, 24. Aufl., München, 1991.

Schramm, Ch. (1992): Informationssicherheit - ein Tresor ohne Rückwand?, KES 2/1992, 76 ff.

Schyguda, G. / Schneider, M. J. (1992): Mobilfunkkommunikation, provet-Arbeitspapier 88, Darmstadt, 1992.

Sedlak, H. (1994): Funktionalitätstrends bei Chipkarten-ICs, in: Struif, B. (Hrsg.): 4. GMD-SmartCard Workshop Tagungsband, GMD, Darmstadt, 1994.

Seidel, U. (1990): Die Erprobung des DFÜ-Mahnverfahrens, CR 1990, 613 ff.

Seidel, U. (1992): Signaturverfahren und elektronische Dokumente - Rechtliche Bewertung und Regelungsvorschläge, in: Herda, S./ Seidel, U./ Struif, B.: Bestandsaufnahme über die elektronischen Signaturverfahren, Studie der GMD für das Bundesamt für Sicherheit in der Informationstechnik, St. Augustin, 1992.

Seidel, U. (1994a): Zertifizierung rechtsverbindlicher und urkundensicherer Dokumentverarbeitung, in: Bundesnotarkammer (Hrsg.): Elektronischer Rechtsverkehr. Digitale Signaturverfahren und Rahmenbedingungen, Köln, 1994, 89.

Seidel, U. (1994b): Rechtliche Probleme von elektronischen Dokumenten und elektronischer Signatur, in: Kubicek, H. / Müller, G. / Raubold, E. / Roßnagel A. (Hrsg.): Jahrbuch Telekommunikation und Gesellschaft, Heidelberg, 1994, 148 ff.

Siemens AG (1994): Automatische Gebührenerhebung: anonym, sicher, komfortabel, Geschäftsgebiet Straßenverkehrstechnik, Bereich Anlagentechnik, o. Dat., Bestell-Nr. E 100003-A800-S20.

Simitis, S. / Dammann, U. / Geiger, H. / Mallmann, O. / Walz, S. (1994): Kommentar zum Bundesdatenschutzgesetz, 4. Aufl., Loseblatt, 21. Lieferung, Stand: April 1994.

SK-StPO (1994): Systematischer Kommentar zur Strafprozeßordnung und zum Gerichtsverfassungsgesetz, Hrsg. von Rudolphi / Frisch / Rogall / Schlüchter / Wolter, Loseblatt, 10. Lieferung, April 1994.

Sponeck, H. v. (1991): Beweiswert von Computerausdrucken, CR 1991, 269.

Staka, G. A. / Nolte , H. / Schaefer-Bail, C. (1988): Ältere Bürger und neue Technik, Ministerium für Arbeit, Gesundheit und Soziales des Landes Nordrhein-Westfalen, Mensch und Technik, Werkstattbericht Nr. 52, Düsseldorf, 1988.

Starr, Ch. (1969): Sozialer Nutzen versus technisches Risiko; Übersetzung von Rader, M. in: Bechmann, G. (Hrsg.): Risiko und Gesellschaft, Opladen, 1993, 3 ff.

Staudinger, B. (1994): Sicherer Datentransfer in heterogenen Netzen, KES 2/1994, 12 ff.

Steinmüller, W. (1993): Informationstechnologie und Gesellschaft. Einführung in die angewandte Informatik, Darmstadt, 1993.

Stelzer, D. (1993): Sicherheitsstrategien in der Informationsverarbeitung, Wiesbaden, 1993.

Stohler, J. (1965): Zur Rationalen Planung der Infrastruktur, Konjunkturpolitik 11. Jg. 1965, 279 ff.; gekürzter Nachdruck in: Simonis, U. E. (Hrsg.): Infrastruktur, Köln, 1977, 17 ff.

Strübing, J. (1992): Arbeitsstil und Habitus. Zur Bedeutung kultureller Phänomene in der Programmierarbeit, Werkstattberichte 34, Wissenschaftliches Zentrum für Berufs- und Hochschulforschung der GHS Kassel, Kassel, 1992.

Struif, B. (1991): Auf Angriffe vorbereitet, à la Card aktuell 21/1991, 46 ff.

Struif, B. (1992): Das SmartCard-Anwendungspaket STARCOS, GMD-Spiegel 1/1992, 28 ff.

Struif, B. (1992a): Die Smartcard, Signaturanwendungsfelder aus funktioneller Sicht und Signatur-Dienstleistungsinstanzen, in: Herda, S./ Seidel, U./ Struif, B.: Bestandsaufnahme über die elektronischen Signaturverfahren, Studie der GMD für das Bundesamt für Sicherheit in der Informationstechnik, St. Augustin, 1992.

Struif, B. (1992b): Das elektronische Rezept mit digitaler Unterschrift, in: Reimer, H. / Struif, B. (Hrsg.): Kommunikation und Sicherheit, Bad Vilbel, Darmstadt, 1992, 71 ff.

Struif, B. (1992c): Die SmartCard - Technik und Normung, in: Reimer, H. / Struif, B. (Hrsg.): Kommunikation und Sicherheit, Bad Vilbel, Darmstadt, 1992, 15 ff.

TDSV (1991): Verordnung über den Datenschutz bei Dienstleistungen der Deutschen Bundespost TELEKOM (TELEKOM Datenschutzverordnung, TDSV), nach DuD 8/1991, 401 ff.

Tinnefeld, M.-Th. / Ehmann, E. (1994): Einführung in das Datenschutzrecht, 2. Aufl., München, 1994.

Ulrich, O. (1993): Sicherheitszugewinn durch Prozesse der Technikfolgenabschätzung, in: Bundesamt für Sicherheit in der Informationstechnik (Hrsg.): 3. Deutscher IT-Sicherheitskongreß, Bonn, 1993.

Waidner, M. (1994): CAFE - Conditional Access for Europe, in: Struif, B. (Hrsg.): 4. GMD-SmartCard Workshop Tagungsband, GMD, Darmstadt, 1994.

Waidner, M. / Pfitzmann, B. (1987): Verlusttolerante elektronische Brieftaschen, DuD 10/1987, 487 ff.

Waidner, M. / Pfitzmann, B. / Pfitzmann, A. (1987): Über die Notwendigkeit genormter kryptographischer Verfahren, DuD 1987, 293 ff.

Walz, S. (1990): Datenschutz und Telekommunikation II, CR 1990, 138 ff.

Weber, D. (1995): Ansprache, in: Bundesnotarkammer (Hrsg.): Elektronischer Rechtsverkehr. Digitale Signaturverfahren und Rahmenbedingungen, Köln, 1995, 7.

Wehner, T. (1992): Fehlerfreie Sicherheit - weniger als ein günstiger Störfall, in: Wehner, T. (Hrsg): Sicherheit als Fehlerfreundlichkeit, Opladen, 1992, 14 ff.

Wehner, T. / Reuter, H. (1992): Wie verhalten sich Unfallbegriff, Sicherheitsgedanke und eine psychologische Fehlerbehandlung zueinander?, in: Wehner, T. (Hrsg.): Sicherheit als Fehlerfreundlichkeit, Opladen, 1992.

Weingart, P. (1989): Großtechnische Systeme - ein Paradigma der Verknüpfung von Technikentwicklung und sozialem Wandel, in: Weingart, P. (Hrsg.): Technik als sozialer Prozeß, Frankfurt, 1989, 175 ff.

Weißbach, H. - J. u. a. (1994): Technikrisiken als Kulturdefizite, Berlin, 1994.

Weizsäcker, C. v. / Weizsäcker, E. U. v. (1987): Warum Fehlerfreundlichkeit, in: Das Ende der Geduld. Carl Friedrich von Weizsäckers 'Die Zeit drängt' in der Diskussion, München, 1987, 97 ff.

Welp, J. (1994): Strafprozessuale Zugriffe auf Verbindungsdaten des Fernmeldeverkehrs, NStZ 1994, 209 ff.

Wiese, H. (1990): Netzeffekte und Kompatibilität, Stuttgart, 1990.

Wirtz, B. (1994): Automatische Unterschriftsverifikation, DuD 7/1994, 385 ff.

Wolfsteiner, H. (1995): Elektronischer Rechtsverkehr: Einführung in die rechtliche Problematik, in: Bundesnotarkammer (Hrsg.): Elektronischer Rechtsverkehr. Digitale Signaturverfahren und Rahmenbedingungen, Köln, 1995, 25.

X.500 (1988): The Directory - Overview of Concepts, Models and Services, in: CCITT: "Data Communications Networks Directory Recommendations X.500-X.521 - Blue Book Volume VIII - Fascicle VIII.8", Geneva, 1989, 3 ff.

X.501 (1988): The Directory-Models, in: CCITT: "Data Communications Networks Directory Recommendations X.500-X.521 - Blue Book Volume VIII - Fascicle VIII.8", Geneva, 1989, 19 ff.

X.509 (1988): The Directory - Authentication framework, in: CCITT: "Data Communications Networks Directory Recommendations X.500-X.521 - Blue Book Volume VIII - Fascicle VIII.8", Geneva, 1989, 48 ff.

Zimmerli, E. / Liebl, H. (1984): Computermißbrauch - Computersicherheit, Ingelheim, 1984.

Abkürzungsverzeichnis

CCITT .... Comité Consultatif International Télégraphique et Télépho-
nique, internationale Standardisierungsorganisation für
Telekommunikation
CR .... Computer und Recht (Zeitschrift)
D1, D2 .... Betreibernetze des GSM
DE .... Darmstädter Echo
DES .... Data Encryption Standard, symmetrisches Schlüsselverfah-
ren
DIN .... Deutsches Institut für Normung
DM .... Deutsche Mark
DN .... Distinguished Name
DNotZ .... Deutsche Notar-Zeitschrift
DÖV .... Die Öffentliche Verwaltung (Zeitschrift)
DSS .... Digital Signature Standard
DuD .... Datenschutz und Datensicherung (Zeitschrift)
DVBl .... Deutsches Verwaltungsblatt (Zeitschrift)
DVR .... Datenverarbeitung im Recht (Zeitschrift)
ECMA .... European Computer Manufactures Association
EDIFACT .... Electronic Data Interchange for Administration, Commerce
and Transport
EG .... Europäische Gemeinschaft
EG-Kom .... Kommission der Europäischen Gemeinschaften
ELV .... elektronisches Lastschriftverfahren
EnWG .... Energiewirtschaftsgesetz
ET .... Energiewirtschaftliche Tagesfragen (Zeitschrift)
EU .... Europäische Union
FAG .... Fernmeldeanlagengesetz
Fn .... Fußnote
FR .... Frankfurter Rundschau
GG .... Grundgesetz
GMD .... Gesellschaft für Mathematik und Datenverarbeitung
GSM .... Groupe Spéciale Mobile, definierte einen internationalen
Standard für Mobilfunknetze = Global System for Mobile
Communication
GWB .... Gesetz gegen Wettbewerbsbeschränkungen
G 10 .... Gesetz zur Beschränkung des Brief-, Post- und Fernmelde-
geheimnisses (Gesetz zu Artikel 10 GG)
HdbPolR .... Handbuch des Polizeirechts
HdbStR .... Handbuch des Staatsrechts
HessDSB .... Hessischer Datenschutzbeauftragter
Hrsg .... Herausgeber
i. E. .... im Ergebnis
ICE .... Intercity Express

IEEE.................. Institute of Electrical and Electronics Engineers, US-ameri-
kanisches Normungsgremium
IEEE.IT .... IEEE Transactions on Information Theory (Zeitschrift)
IEEE.SAC .... IEEE Journal on Selected Areas in Communications
(Zeitschrift)
ISDN .... Integrated Services Digital Network
it .... Informationstechnik (Zeitschrift)
IT .... Informationstechnik
JuS .... Juristische Schulung (Zeitschrift)
Kap .... Kapitel
KES .... Zeitschrift für Kommunikations- und EDV-Sicherheit
KJ .... Kritische Justiz (Zeitschrift)
KK-StPO .... Karlsruher Kommentar zur Strafprozeßordnung
KORA .... Konkretisierung rechtlicher Anforderungen zu technischen
Gestaltungsvorschlägen (Methode)
KWKG .... Kriegswaffenkontrollgesetz
MAC .... Message Authentication Code
MAD .... Militärischer Abschirmdienst
MADG .... Gesetz über den MAD
MDR .... Monatsschrift des Deutschen Rechts (Zeitschrift)
MM .... moduliertes Merkmal, chemische Kennzeichnung für Kar-
tensysteme
mwN .... mit weiteren Nachweisen
NATO .... North Atlantic Treaty Organisation, Nordatlantikpakt
NIST .... National Institute for Standards and Technology (USA)
NJW .... Neue Juristische Wochenschrift (Zeitschrift)
NJW-CoR .... Neue Juristische Wochenschrift - Computerreport
(Zeitschrift)
NSA .... National Security Agency (USA)
NSEP .... National Security Ermergency Preparedness
NStZ .... Neue Zeitschrift für Strafrecht
OLG .... Oberlandesgericht
OSIS .... Open Shops for Information Services
PA .... Personalausweisbehörde
PAuswG .... Gesetz über Personalausweise
PCA .... Policy Certification Authorities, Ebene 2 Zertifizierungsin-
stanzen für das Internet
PDA .... Personal Digital Assistant
PEM .... Privacy Enhanced Mail, Erweiterung des Internet-Standards
um Signatur- und Verschlüsselungsformate und Funktionen
sowie die notwendige Sicherungsinfrastruktur in Anlehnung
an X.500 / X.509
PGP .... Pretty Good Privacy, Verschlüsselungssoftware mit dezentraler Schlüsselverwaltung

PIN .... Persönliche Identifikationsnummer
PKCS .... Public Key Crypto System
PoststrukturG ...... Poststrukturgesetz
POZ .... Point of Sale ohne Zahlungsgarantie
provet .... Projektgruppe verfassungsverträgliche Technikgestaltung
provet-AP .... provet-Arbeitspapier
provet-PB .... provet-Projektbericht
PTNeuOG .... Postneuordnungsgesetz
PTRegG .... Gesetz über die Regulierung der Telekommunikation und
                     des Postwesens
PUK .... PIN Unblock Key
RDN .... Relative Distinguished Name
RegVBG .... Registerverfahrensbeschleunigungsgesetz
Rn. .... Randnummer
RP .... Regierungspräsidium
RSA .... öffentliches Schlüsselverfahren, nach Rivest, Shamir und
                     Adleman
RSA-DSI .... RSA Data Security Incorporation, Lizenzhalter des RSA-
                     Verfahrens
ScheckG .... Scheckgesetz
SGB V .... Sozialgesetzbuch V
SK-StPO .... Systematischer Kommentar zur Strafprozeßordnung
st.Rspr .... ständige Rechtsprechung
Stern .... Zeitschrift
StGB .... Strafgesetzbuch
StPO .... Strafprozeßordnung
StV .... Der Strafverteidiger (Zeitschrift)
TDSV .... Telekom-Datenschutzverordnung
UDSV .... Teledienstunternehmens-Datenschutzverordnung
UPR .... Umwelt- und Planungsrecht (Zeitschrift)
VIS .... Verläßliche Informationssysteme
VO .... Verordnung
VwVfG .... Verwaltungsverfahrengesetz
WG .... Wechselgesetz
wib .... Woche im Bundestag (Zeitschrift)
WZB .... Wissenschaftszentrum Berlin für Sozialforschung
X.500 .... CCITT-Standard für Verzeichnisdienste für Telekommuni-
                     kationsadressen
X.509 .... CCITT-Standard für Authentisierungsdienste
ZfCH .... Zentralstelle für das Chiffrierwesen
ZI .... Zertifizierungsinstanz
ZPO .... Zivilprozeßordnung
ZRP .... Zeitschrift für Rechtspolitik
Zweitb .... Zweitbearbeiter

Springer-Verlag und Umwelt